❖ 역대 노벨 경제학상 수상자 ❖

연도	수상자	생존기간	소속기관	국적	업적분야
1969	Ragnar Frisch	1895~1973	University of Oslo	노르웨이	계량경제학
	Jan Tinbergen	1903~1994	The Netherlands School of Economics	네덜란드	
1970	Paul A. Samuelson	1915~2009	Massachusetts Institute of Technology	미국	경제이론의 수리적 분석
1971	Simon Kuznets	1901~1985	Harvard University	미국	경제성장론
1972	John R. Hicks	1904~1989	Oxford University	영국	일반균형이론과 후생이론
	Kenneth J. Arrow	1921~	Harvard University	미국	
1973	Wassily Leontief	1906~1999	Harvard University	미국	투입–산출분석
1974	Gunnar Myrdal	1898~1987	Stockholm International Peace Research Institute	스웨덴	경제적 · 사회적 · 제도적
	Friedrich August von Hayek	1899~1992	University of Freiburg	오스트리아	현상의 상호의존성
1975	Leonid Vitaliyevich Kantorovich	1912~1986	Academy of Sciences	소련	자원배분론
	Tjalling C. Koopmans	1910~1985	Yale University	미국	
1976	Milton Friedman	1912~2006	University of Chicago	미국	화폐이론
1977	Bertil Ohlin	1899~1979	Stockholm School of Economics	스웨덴	국제무역론
	James E. Meade	1907~1995	University of Cambridge	영국	
1978	Herbert A. Simon	1916~2001	Carnegie Mellon University	미국	기업의 의사결정이론
1979	Sir Arthur Lewis	1915~1991	Princeton University	영국	경제발전론
	Theodore W. Schultz	1902~1998	University of Chicago	미국	
1980	Lawrence R. Klein	1920~	University of Pennsylvania	미국	거시계량모형
1981	James Tobin	1918~2002	Yale University	미국	경험적 거시경제이론
1982	George J. Stigler	1911~1991	University of Chicago	미국	정부규제의 경제효과
1983	Gerard Debreu	1921~2004	University of California, Berkeley	프랑스	수리경제학
1984	Richard Stone	1913~1991	University of Cambridge	영국	국민소득 회계체계 개발
1985	Franco Modigliani	1918~2003	Massachusetts Institute of Technology	미국	가계저축과 금융시장 분석
1986	James M. Buchanan Jr.	1919~	Center for Study of Public Choice	미국	공공부문의 선택이론
1987	Robert M. Solow	1924~	Massachusetts Institute of Technology	미국	경제성장론
1988	Maurice Allais	1911~	Ecole Nationale Superieur des Mines de Paris	프랑스	독점과 자원배분론
1989	Trygve Haavelmo	1911~1999	University of Oslo	노르웨이	경제예측론
	Harry M. Markowitz	1927~	City University of New York	미국	
1990	Merton H. Miller	1923~2000	University of Chicago	미국	금융시장과 투자론
	William F. Sharpe	1934~	Stanford University	미국	
1991	Ronald H. Coase	1910~	University of Chicago	미국	법과 경제
1992	Gary S. Becker	1930~	University of Chicago	미국	사회학에 경제이론 적용
1993	Robert W. Fogel	1926~	University of Chicago	미국	경제사
	Douglass C. North	1920~	Washington University	미국	
1994	John C. Harsanyi	1920~2000	University of California, Berkeley	미국	게임이론
	John F. Nash Jr.	1928~	Princeton University	미국	
	Reinhard Selten	1930~	Rheinische Friedrich–Wilhelms–Universitat	독일	

연도	수상자	생존기간	소속기관	국적	업적분야
1995	Robert E. Lucas Jr.	1937~	University of Chicago	미국	합리적 기대가설
1996	James A. Mirrlees	1936~	University of Cambridge	영국	정보경제학
	William Vickrey	1914~1996	Columbia University	미국	
1997	Myron S. Scholes	1914~	Long Term Capital Management	미국	주식옵션과 파생상품
	Robert C. Merton	1944~	Harvard University	미국	
1998	Amartya Sen	1933~	University of Cambridge	인도	복지경제학과 사회적 선택
1999	Robert A. Mundell	1932~	Columbia University	캐나다	국제금융론
2000	James J. Heckman	1944~	University of Chicago	미국	개인 및 가계에 대한 통계분석
	Daniel L. McFadden	1937~	University of California, Berkeley	미국	
2001	George A. Akerlof	1940~	University of California, Berkeley	미국	정보경제학
	A. Michael Spence	1943~	Stanford University	미국	
	Joseph E. Stiglitz	1943~	Columbia University	미국	
2002	Vernon L. Smith	1927~	George Mason University	미국	실험경제학
	Daniel Kahneman	1934~	Princeton University	미국	
2003	Robert F. Engle III	1942~	New York University	미국	시계열분석
	Clive W.J. Granger	1934~	University of California, San Diego	영국	
2004	Finn E. Kydland	1943~	Carnegie Mellon University	노르웨이	동태거시경제학
	Edward C. Prescott	1940~	Arizona State University	미국	
2005	Robert J. Aumann	1930~	University of Jerusalem, Center for Rationality Hebrew	이스라엘	게임이론
	Thomas C. Schelling	1921~	University of Maryland	미국	
2006	Edmund S. Phelps	1933~	Columbia University	미국	거시경제정책
	Leonid Hurwicz	1917~	University of Minnesota	미국	
2007	Eric S. Maskin	1950~	Institute for Advanced Study	미국	기계식 디자인이론
	Roger B. Myerson	1951~	University of Chicago	미국	
2008	Paul Krugman	1953~	Princeton University	미국	국제무역과 경제지리학 통합
2009	Elinor Ostrom	1933~	Indiana University	미국	경제적 지배구조
	Oliver E. Williamson	1932~	University of California, Berkeley	미국	
2010	Peter A. Diamond	1940~	Massachusetts Institute of Technology	미국	노동시장 탐색모형
	Dale T. Mortensen	1939~	Northwestern University	미국	
	Christopher A. Pissarides	1948~	London School of Economics and Political Science	영국	
2011	Thomas J. Sargent	1943~	New York University	미국	거시경제의 인과관계
	Christopher A. Sims	1942~	Princeton University	미국	
2012	Alvin E. Roth	1951~	Harvard University	미국	안정적 배분이론과 시장설계 관행 연구
	Lloyd S. Shapley	1923~	University of California at Los Angeles	미국	

제2판

생활 경제학

최정표 지음

ECO NOM ICS

도서출판 해남

✠ 머리말

경제학의 인기가 옛날 같지 못하다. 과거 고도성장기에는 경제학이 가장 인기 있는 학문이었다. 경제학자들은 고도성장의 이론적 토대를 제공하였고, 경제학도들은 고도성장의 현장을 이끌어 갔다. 이렇게 하여 오늘날의 한국 경제가 구축된 것이다.

그런데 언젠가부터 경제학의 인기가 시들해져 갔다. 몇 가지 이유가 있겠으나 그 중 가장 분명한 것은 경제학은 어려운 학문이라는 잘못된 인식이 있었기 때문이다. 여기에는 경제학자들의 책임이 크다. 대학에서 경제학 교재를 너무 어렵게 만들고 너무 어렵게 가르쳤다. 미국의 대학원 석 · 박사 과정에서 공부하고 돌아온 경제학 교수들이, 자기가 배운 대학원 수준의 경제이론으로 교과서를 만들고 이를 학부에서 가르쳤으니 학생들에게 어렵게 인식된 것은 당연한 일이다.

이 책은 이를 반성하는 차원에서 만들어진 대학의 초급 경제이론서이다. 미국에서도 학부의 경제학 교과서는 매우 쉽다. 이 책은 그보다도 더 쉽게 만든 책이다. 고등학교를 졸업한 사람이면 누구나 읽을 수 있고, 이해할 수 있는 수준으로 만든 초급 대학교재이다. 대학의 경제학입문, 경제학의 이해, 경제학개론, 경제학원론에서 사용할 수 있는 교재용으로 집필되었다.

이 책은 또한 한국적 경제학으로 집필되었다. 최근에는 미국의 학부 교과서를 직접 번역하여 대학교재로 사용하는 경향이 있다. 이것은 어려운 교재를 쉬운 교재로 바꾼다는 데는 의미가 있다. 그러나 번역한 교재는 그 속의 모든 이야기가 미국의 이야기이다. 우리 사회와는 동떨어진 이야기가 너무 많다. 미국은 우리와 문화도 다르고 생활방식도 다르다. 따라서 미국의 사례는 학생들이 쉽게 이해하지 못하는 경우가 많다. 이 책은 이런 문제를 개선하기 위해 만들어졌다. 이 책은 우리의 경제이야기를 중심으로 만들었다. 말하자면, 토종 경제학 책이다. 학생들이 경제이론을 가능한 한 쉽게 이해하도록 하기 위해서는 우리의 경제현상을 바탕으로 경제이론을 기술해야 한다. 이 점에서 이 책은 미국경제학이 아닌 한국경제학이다.

이 책은 총 17개의 장으로 구성되어 있다. 한 학기용 교재로서 한 주일에 한 개 장을 충분히 끝낼 수 있도록 하였다. 각 장의 맨 앞에는 그 단원의 전체 내용을 압축적으로 소개하는 요약문이 실려 있다. 이 부분을 읽으면 그 단원의 내용을 미리 짐작할 수 있다. 각 장의 본문도 현실과 이론을 연결시켜 전개하였다. 단순히 경제이론만 설명하는 것이 아니라 이론이 현실과 어떻게 연결되는지를 기준으로 이론을 설명하였다. 그리고 각 장마다 사례연구를 10여 개 배치하였다. 사례연구는 주로 경제기사를 중심으로 그 장의 본문 내용과 연결되는 현실 문제를 다루었다. 따라서 학생들은 사례연구를 통해 경제에 대한 현실감각을 증대시킬 수 있을 것이다. 그리고 본문 여기저기에서 주요 경제학자를 소개하기도 하였다. 이들은 경제학사에서 위대한 업적을 남긴 거물들이다. 그들의 위대한 인생에 대한 이야기는 경제학을 더욱 흥미 있게 만들어 줄 것이다.

각 장의 끝에는 본문 내용을 복습할 수 있도록 중요 용어와 개념을 나열하였다. 이들을 통해 본문 내용을 다시 정리해 볼 수 있을 것이다. 그 다음에는 그 장의 내용을 복습할 수 있는 연습문제를 실었다. 연습문제는 단답형과 서술형을 동시에 배치하였다. 연습문제를 자력으로 풀 수 있으면 그 단원의 내용을 그런 대로 잘 이해하였다고 자부해도 될 것이다.

이 책이 2009년에 처음 출판된 이후 많은 독자들로부터 분에 넘치는 사랑을 받았다. 그런데 그 이후에 국내 및 국제적인 경제환경이 크게 바뀌었다. 특히, 세계금융위기는 새로운 경제질서의 구축을 요구하고 있다. 이에 따라 이 책도 많은 부분을 수정하지 않을 수 없었다. 모든 자료를 최근 자료로 대체하고 사례연구도 최근 내용으로 대폭 교체하여 제2판을 내놓게 되었다.

어느 책도 저자의 힘만으로는 만들어질 수 없다. 이 책도 마찬가지이다. 이 책의 집필 과정에서는 너무 많은 사람들의 도움을 받았다. 그 중에서도 꼭 언급하지 않으면 안 될 분은 도서출판 해남의 노현철 사장이다. 출판업계의 어려운 사정에도 불구하고 이 책의 출판을 흔쾌히 받아 주었을 뿐만 아니라 편집 과정에서는 하나에서 열까지 모든 것을 직접 꼼꼼하게 챙겨 주었다. 이 책이 좋은 책으로 평가받는다면 그것은 노현철 사장의 노력 덕분이다. 그리고 이 책의 구성을 한층 짜임새 있도록 사진자료를 제공해 준 모든 분들께 감사드린다.

대학 신입생이 이 책을 통해 경제학에 무리 없이 입문할 수 있다면 저자는 더 없이 행복할 것이다. 이 책이 가진 미비점이나 문제점은 앞으로 계속 보완해 나갈 것이라는 약속으로 해량을 구할 뿐이다. 독자들의 끊임 없는 지도편달을 기다린다.

2011년 한여름에

화양동 1번지 연구실에서

저자

✠ 차례

Contents

Chapter 9 시장일까, 정부일까

Chapter 10 국가경제와 국민생활

Chapter 11 국민소득의 결정과 정부의 재정지출

Chapter 12 화폐와 국민소득

Contents

Chapter 17 경제체제의 문제

✠ 경제학자 이야기 차례

1

인간생활과 경제학

1. 한국 경제와 한국인
2. 경제는 생활이다
3. 왜 경제학을 공부하는가

경제학은 인간에 대해 연구하는 학문이다. 인간의 물질적 사고와 행위에 대해 분석하는 사회과학의 한 분야가 경제학이다. 인간이란 그 본질이 무엇인지 알 수 없는 피조물이다. 인류 역사상 수많은 사람들이 수많은 각도에서 인간에 대해 연구해 왔지만 인간이 가진 복잡하고 오묘한 특성에 대해서는 어느 누구도 명쾌한 답을 내지 못하였다. 어느 철학자는 인간을 생각하는 갈대라고 말하였는데, 이 말 역시 무엇인지 알 수 없다는 것 이외에 더 이상의 의미는 없다. 생각이라는 것 자체가 무한영역을 가진 우주와 같은 것이다. 경제학 역시도 인간의 물질적 욕구를 어떻게 충족시켜 줄 수 있을지에 대해 끊임없이 연구해 왔지만 인간은 언제나 불만족 속에서 살아가고 있을 뿐이다. 하지만 경제학은 가능한 한 더 많은 인간이, 가능한 한 더 골고루, 가능한 한 더 높은 수준의 물질적 욕구를 충족시킬 수 있도록 하기 위해 항상 노력하고 있다. 본장에서는 이러한 경제학의 덕택으로 한국 경제가 얼마나 발전해 왔는지를 간단히 살펴본다. 그리고 이런 역할을 하는 경제학이란 구체적으로 무엇일까에 대해서도 관심을 가져본다.

1. 한국 경제와 한국인

한국 경제의 고도성장

한국 경제는 1960년 이래 40여 년 동안 성공적인 고도성장을 이룩한 나라로 꼽히고 있다. 1997년의 금융위기 이후 큰 어려움을 겪긴 하였지만 세계에서 몇 안 되는 고도성장국의 하나임에는 틀림없다.

고도성장의 결과로 지금은 어느 정도의 물질적 풍요를 누리고 있다. 1960년도에는 상상도 하지 못하였던 꿈의 상품들이 지금은 현실화되었다. 냉장고, TV, 세탁기 등은 미국에서나 존재하는 상품으로 여겨졌고, 마이카(my car) 시대가 올 것이라는 것은 상상도 하지 못하였다. 그러나 이런 상품들이 이제는 우리에게도 필수재가 되어 버렸다. 대부분의 가구가 자동차를 보유하고 있으며, 2대 이상의 TV 보유도 이미 옛말이 되어 버렸다. 뿐만 아니라 한두 번의 해외여행 경험이 없는 사람도 찾아보기 힘들게 되었으며, 또 과잉 영양 공급으로 발생하는 비만증이 국민건강을 위협할 지경이다.

고도성장의 부작용도 만만치 않다. 무분별한 개발로 국토가 파괴되고 있고 오염물질의 배출로 하천이 썩어 가고 있다. 과도한 농약 사용으로 생태계가 파괴되어 가고 있으며, 도시화의 물결 속에 인심은 나날이 각박해지고 있다. 과거 우리 사회에서 흔하게 찾아볼 수 있었던 훈훈한 인간미는 그저 추억에서나 찾을 수밖에 없게 되었다. 과잉 영양으로 인해 다이어트 산업이 새로운 유망업종으로 부상하고 있는 것 역시 경제발전의 아이러니라고 하지 않을 수 없다.

소득이 증가하는 것은 우리가 지향하는 바다. 1960년대는 1인당 GDP가 100달러였었는데 지금은 그 200배인 2만 달러에 이르고 있다. 그렇다면 우리의 행복수준도 그만큼 증가하였을까? 아마 그때의 사회로 되돌아가기를 바라는 사람은 그렇게 많지 않을 것이다. 그러나 지금이 그때보다 200배 더 살기 좋은 사회가 되었다고 인정하는 사람 역시 별로 없을 것이다.

우리 경제가 풍요로운 사회로 성장한 것은 사실이다. 그렇다고 살기 좋은 사회로 발전하였다고 볼 수 있을까? 많은 것이 편리해졌지만 더 각박하고 여유 없는 생활로 변화되었다고 보는 것도 사실이다. 우리는 풍요로우면서 행복한 생활을 바란다. 그러나 이런 사회를 달성하는 일은 결코 쉬운 일이 아니다.

1997년의 금융위기와 한국 경제

1960년대 이후 초고속성장을 구가하던 한국 경제는 1997년 말에 IMF 구제금융이라는 위기를 맞게 된다. 태국, 인도네시아 등 동남아 국가에서 시작된 금융위기는 급기야 한국에까지 밀어닥쳐 단기간에 외환이 급속도로 빠져 나가면서 외환보유고가 바닥나는 국가부도의 위기사태에 이를 지경이 되었다. IMF에서 달러를

생활경제 1-1 통계로 본 건국 60년

1948년 대한민국 정부가 수립된 지 만 60년. 그 동안 전쟁과 군사혁명, 민주화 운동 등 격동의 세월을 거치며 우리 사회와 경제는 얼마나 성장하였을까?

지난 60년 동안 우리나라 경제규모는 746배 성장하였다. 6·25전쟁이 끝난 해이자 통계작성 시점인 1953년 473억 원(13억 달러)에 불과하던 국내총생산(GDP) 규모는 2007년에 901조 1,886억 원(9,699억 달러)으로 커졌다. 지난 4월 한국은행 발표에 따르면 우리나라 경제규모는 2006년 GDP 기준으로 미국, 일본, 독일, 영국, 프랑스, 이탈리아, 중국, 스페인, 캐나다, 인도, 브라질, 러시아에 이어 세계 13위 수준이다. 2004년에는 세계 11위였다.

1인당 국민총소득(GNI) 역시 1953년 67달러, 1963년 100달러 수준에 머물렀으나, 산업화를 거치면서 1977년에 1,000달러, 1995년에 1만 달러, 2007년에는 선진국 진입기준이라 할 수 있는 2만 달러를 넘어섰다.

국제수지를 살펴보면 1950년 이후 외환위기가 발생한 1997년까지 만성적인 경상수지 적자를 기록하였다. 하지만 1998년 404억 달러라는 사상 최대 흑자를 기록한 이후로는 2007년까지 흑자행진을 지속하고 있다. 이에 따라 외환보유액도 기하급수적으로 늘어났다. 올해 6월 말 현재 외환보유액은 약 2,500억 달러로 1960년 말의 1억 6,000만 달러에 비해 약 1,562배, 외환위기 당시인 1997년 말의 204억 달러에 비해서도 약 12배가 늘어났다.

경제규모가 급성장한 만큼 물가도 가파르게 뛰었다. 한국은행과 통계청이 발표한 자료에 따르면 건국 이후 60년간(1948~2008년 6월) 소비자물가지수는 1만 배 이상 상승한 것으로 나타났다. 특히, 건국 직후 20여 년(1948~1965년) 동안 정부수립, 전시(戰時)자금 및 경제개발자금 조달을 위한 통화증발, 재정지출 확대 등의 영향으로 약 4,000배(연평균 50%)나 급등하였다. 물가는 유가 등 국제원자재가격이 안정된 1986년경부터 안정되기 시작하였다. 1990년대에도 기술혁명, 세계화, 중앙은행의 독립성 강화 등의 정책에 힘입어 안정세를 유지해 왔다.

건국 당시의 물가와 현재를 비교해 보면 재미있는 결과가 발견된다. 1948년에는 달걀 1개 값이면 서울에서 버스를 5.5회 탈 수 있었다. 당시 달걀 1개의 가격은 24.8원(圓)으로 서울 시내버스 요

금 4.5원(圓)의 5.5배이다. 그런데 2008년(6월 평균)에는 거꾸로 달걀을 5.5개 모아야 시내버스를 한 번 탈 수 있다. 달걀 한 개 값이 평균 163원, 서울 시내버스 요금이 900원(현금 1,000원)으로 역전된 것이다. 달걀은 60년 전에 비해 6,572배(두 차례 화폐개혁으로 당시 1,000圓이 지금의 1원과 같다)가 올랐지만, 서울시내 버스비는 달걀상승분보다 3배 이상 더 올라 20만 배가 되었다.

리터당 휘발유가격은 1975년 168.07원에서 2,000원 안팎으로 약 12배 상승하였다. 사람들이 흔히 급등하였다고 생각하는 서울지역 땅값은 의외로 1975년 이후 30년간 여타 필수품과 비슷한 수준(30배)의 상승에 머물렀다.

경제발전은 산업구조를 바꾸어 놓았다. 농림어업의 비중이 크게 하락하고, 광공업과 서비스업은 꾸준히 상승해 선진국형 산업구조로 바뀌었다. 1953년에는 전체 산업에서 농림어업의 부가가치액이 차지하는 비중이 47.3%나 되었다. 그러나 산업화 과정에서 농림어업의 비중은 지속적으로 하락, 2007년에는 3.0%에 그쳤다. 반면 광공업 비중은 1953년에는 10.1%에 불과하였으나 2007년에는 28.3%로 3배 가까이 올랐다. 특히, 서울올림픽이 열린 1988년에는 광공업 비중이 전체의 31.7%로 역대 최고치를 기록하였다.

서비스업의 비중도 계속 상승하였다. 특히, 1980년대부터 정보화 등에 따른 경제의 서비스화가 가속화되면서 상승속도가 빨라졌다. 서비스업 비중은 1992년 절반을 넘어서기 시작해 2007년에는 57.6%에 달하였다.

1948년 155만t 수준이던 미곡(쌀) 생산량은 이후 종자개량, 농경기술의 발달에 힘입어 꾸준히 증가, 1988년 최고치(605만t)를 기록하였다. 하지만 이후 산업화에 밀려 더 발전하지 못하고 매년 500만t 내외의 생산량을 보이고 있는데, 조금씩 줄어드는 추세로 2007년 생산량은 450만t이다.

반면에 철강 생산량은 공업화를 위한 기간산업 육성책에 힘입어 1970년대 이후 고도성장을 거듭하였다. 2007년에는 1946년의 800t에 비해 약 7만 배 늘어난 5,480만t을 기록하였다. 이는 중국, 일본, 미국, 러시아에 이어 세계 5위 수준이다. 1955년 최초로 7대가 만들어진 자동차는 2007년에는 408만 6,308대를 생산, 약 59만 배의 증가세를 보였다. 우리나라 자동차 생산능력 역시 미국, 일본, 독일, 중국에 이어 세계 5위 수준이다. 현재 세계 1위의 선박건조량을 자랑하는 조선산업도 1948년에는 8,000CGT 수준에 불과하였다.

대외 수출액은 1952년 2,770만 달러에서 2007년 3,714억 달러로 약 1만 3,400배 증가하였는데, 시대가 바뀌면서 수출구조도 달라졌다. 주요 수출상품을 보면 1960년대 초에는 가공하지 않은 원재료가 대부분이었다. 지식경제부 통계에 따르면 1961년 수출 1, 2위 상품은 철광석(530만 달러)과 중석(510만 달러)이었다. 오징어(5위)와 활선어(6위)도 상위권에 포진하였다.

1970년대에는 섬유, 가발, 합판 등 경공업 제품이 전체 수출액의 70%를 차지하였다. 특히, 섬유는 단일품목으로 3억 달러 이상을 수출하는 효자품목이었다. 가발도 수출 3위를 차지하였다.

현재는 전기전자제품, 석유화학제품, 반도체, 승용차 등 중화학공업 제품이 수출의 90%를 차지한다. 반도체는 1992년 수출 1위 품목(68억 달러)으로 올라선 뒤 줄곧 그 자리를 지키고 있다. 자동차의 경우 '포니 신화'를 연 지 20년 만인 1995년에 연간 100만 대 수출을 돌파하였다.

수출상대국도 미국과 일본 위주에서 벗어나 다변화하였다. 전체 수출액 중 미국과 일본의 비중은 1970년 75.4%에서 25%대로 낮아진 반면, 대(對)중국 수출 비중은 20%대로 미국(16.9%), 일본(8.5%)을 앞질렀다.

삼성경제연구소 자료에 따르면 1955년 국내 100대 기업 가운데 50년이 흐른 2005년에도 순위에 들어 있는 기업(상호변경 포함)은 CJ, LG화학, 현대해상, 한진중공업, 대림산업, 한화, 한국전력

7개에 불과하다. 1964년 당시의 10대 그룹 중 지금도 10대 그룹에 드는 기업은 삼성과 LG뿐이다. 변화하고 혁신하는 기업만이 살아남을 수 있음을 보여 준다.

우리나라 총인구는 2007년 말 현재 4,845만 6,000명으로 1948년 2,000만 명에 비해 약 2.5배 증가하였다. 특히, 총인구의 21.5%인 약 1,040만 명이 서울에 살고 있다. 총인구의 8.5%에 불과하던 1948년(170만 8,000명)에 비하면 6배 이상 증가한 수치다. 인천 · 경기를 포함할 경우 수도권 인구 비중은 48%에 달해 시간이 갈수록 수도권 인구집중현상이 심화되고 있다. 반면에 농가인구는 1949년에 총인구의 74.4%였으나 2005년에는 총인구의 6.9%인 334만 명 정도로 줄었다.

국토 총면적은 2006년 기준 9만 9,678㎢로 1948년 당시 면적(9만 4,229㎢)에 비해 5,449㎢ 확대되었다. 지속적인 간척사업의 결과다. 국토개발의 심장이라 할 도로포장도 괄목할 만한 성장세가 이어졌다. 도로 총길이는 2007년 10만 3,000㎞로, 1944년(2만 5,550㎞)보다 4배가 길어졌다.

주택건설 촉진정책의 결과로 2007년 말 현재 전국 총주택수는 1,379만 가구에 달한다. 1962년(362만 가구)에 비해 약 3.8배 늘어난 수치다. 주택보급률은 인구증가 및 핵가족화에 따른 가구수 증가로 1962년 82.4%에서 1987년 69.2%까지 떨어졌다가 다시 상승하기 시작, 2000년 100%를 넘어서 2007년 말에는 108%를 기록하였다. 하지만 서울시의 주택보급률은 2006년 현재 96%로 여전히 100%에 미치지 못하고 있다.

산업이 발달하고, 경제가 발전함에 따라 경제활동인구도 증가하고, 근로자의 월평균수입도 늘어났다. 2007년 경제활동인구는 1963년에 비해 2.8배 늘어난 약 2,421만 명으로, 총인구의 49.9%를 차지하였다. 1963년은 총인구의 30%만이 경제활동인구였다. 임금 역시 2007년 도시근로자 가족의 월평균소득은 367만 5,000원으로 1970년에 비해 126배가 올랐다. 같은 기간 소비자물가가 약 16배 상승하였으니, 임금상승률이 물가상승률을 8배가량 웃돈 셈이다.

소득 수준의 향상은 다른 통계에서도 확인할 수 있다. 우선, 1955년 200만 원에 불과하던 생명보험의 수입보험료가 2007년에는 82조 원대가 되었다. 또한 주식거래량도 1956년 4억 원 규모에서 1977년 1조 원, 1993년 100조 원을 넘어선 데 이어 2007년에는 1,362조 원으로 천문학적인 증가세를 보였다.

국민의 삶의 질이 윤택해졌음은 자동차 총보유대수에서 확인할 수 있다. 1948년 1만 4,703대였던 자동차가 2008년 5월 현재 1,667만 대로 1,100배 이상 증가하였다. 1955년 3만 2,000명에 불과하던 전화가입자수는 2,300만 명을 넘어서 가구당 1대를 넘어선 지 오래다. 또한 1987년 1만 명 수준이던 이동전화 가입자가 2008년 5월 현재 4,473만 8,000명으로 늘어났고, 초고속인터넷 가입률도 2000년 전체 가구의 49.8%에서 2007년에는 79.8%로 증가하였다.

세계적인 교육열을 보여 주듯 대학생 및 대학원생의 증가도 눈에 띈다. 1952년 3만 명에서 2007년에는 211만 명으로 66배 증가하였다. 대학진학률이 80%를 넘어선 지 오래다. 복지의 척도인 의료기관수는 2007년 6월 현재 5만 2,245개로, 1962년의 6,247개보다 8.36배가 늘어났다.

〈『신동아』 587호, 2008. 8〉

빌려 위기를 모면하는 수습책을 강구할 수밖에 없었다. IMF로부터 구제금융을 받으면서 IMF의 관리를 받는 경제로 들어갔다. 이 위기로 환율은 급등하고, 성장률은 둔화되고, 실업률은 급증하였다. 800원대에 있던 환율이 1997년 말에는 그 2배를 넘어 1,800원대로 뛰어올랐다. 1998년에는 7~8%대를 유지하던 실질성장률이 −6.7%로 뚝 떨어졌다. 그리고 2%대에 있던 실업률은 7%대로 급증하였다.

기업이 부도나고, 많은 직장인들이 일자리를 잃었으며, 국민소득도 감소하였다. 서울역 앞에는 수많은 실업자들이 노숙하는 상황이 벌어졌다. 1996년에 1만 1,380달러까지 올라갔던 1인당 국민소득은 달러환율의 증가로 1998년에는 거의 절반 수준인 6,742달러로 떨어졌다. 우리나라 사람이 해외에 나가면 그 전보다 반으로 가난해져 버린 셈이 되었다.

외환부족을 보충하기 위해 범국민 금모으기 운동이 벌어지기도 하였다. 1998년도의 일이다. 금모으기가 물질적으로 우리 경제에 어느 정도의 도움이 되었는지는 정확하지 않으나 정신적 측면에서는 국민의 마음을 다시 가다듬게 하는 효과를 가져왔다. 그러나 정부의 경제운영 실패로 아직도 경제적 어려움은 계속되고 있는 실정이다. 왜냐하면, 정부의 제반 경제개혁정책이 제대로 성공을 거두지 못하였기 때문이다.

기업 구조조정과 공기업의 민영화

경제회복을 위해서는 기업이 경쟁력을 갖추는 것이 급선무이다. 과거와 같이 과도한 부채에 의존하는 차입경영, 문어발식 다각화로 대변되는 무분별한 다각화 경영, 오너(owner)의 독단경영으로 대변되는 재벌식 경영, 회계장부를 조작하는 불투명 경영 등으로는 더 이상 경쟁력을 갖출 수 없다.

생활경제 1-2 먹을거리가 가장 중요하다

세계적인 기상이변으로 올해 곡물 수확이 감소할 것이란 예상과 함께 '식량대란' 우려가 나오고 있다. 유엔식량농업기구(FAO)에 따르면 1월 중 세계 곡물가격지수는 244.8로 1년 전보다 44% 올랐다. 옥수수와 밀 국제시세는 1년 전보다 80% 이상 뛰었다.

우리나라는 사료(飼料)용을 포함한 곡물자급률이 25%에 지나지 않는다. 해마다 1400만t이 넘는 곡물을 사들이는 세계 5위 곡물 수입국이다. 쌀은 국내 생산만으로 100% 자급할 수 있지만 다른 곡물은 95%를 수입에 의존하고 있다. 국제곡물가격이 뛰면 그 충격이 그대로 장바구니 물가에 나타날 수밖에 없는 구조다. 작년 4분기 농산물과 가공식품, 음료류를 포함한 한국의 식품물가 상승률은 12%였다. 경제협력개발기구(OECD) 회원국 가운데 두 번째로 높은 수준이다.

국내 식품값이 뛰고 있는 게 곡물자급률이 낮아서만은 아니다. 곡물자급률이 우리보다 낮은 일본은 작년 4분기 식품물가 상승률이 1.8%에 지나지 않았다. 일본도 대부분의 곡물을 해외에서 사들이지만 우리와 달리 '곡물파동'의 충격을 흡수할 장치가 마련되어 있기 때문이다.

전문가들은 식량 수급(需給) 불안이 장기화할 가능성이 크다고 내다보고 있다. 기상이변이 되풀이되고 있는데다 중국과 인도 같은 고성장 신흥시장국들의 곡물 수요가 꾸준히 늘고 있기 때문이다. 그렇다고 당장 국내 경작지를 늘리고, 곡물자급률을 끌어올리기도 어렵다. 우리도 일본처럼 다양한 식량확보 방안을 마련할 수 있도록 '식량안보' 차원에서 농업정책을 다시 검토해 볼 때가 되었다.

〈조선일보, 2011.2.8〉

기업의 제반 경영구조가 선진화되지 않고는 선진기업과 경쟁할 수 없다. IMF 금융위기 이후 정부는 기업의 구조조정을 강력히 추진해 나갔다. 부채 비율을 낮추도록 하고 수익성 없는 사업은 처분하도록 유도하였다. 실질적 최고경영자는 경영실패에 대해 책임을 지도록 하고, 기업회계를 정확하고 투명하게 하도록 하는 장치를 마련하였다.

그러나 기업의 구조조정 성과는 별로 나타나지 않고 있다. 정책의 준비부족과 본질적 개혁의 미흡 때문이다. 경쟁력 없는 기업은 시장에서 자연적으로 도태되도록 하는 제도적 퇴출장치들이 마련되어야 하는데, 이것이 제대로 실천되지 못해 시장이 계속 왜곡되고 있다. 망해야 할 기업들이 망하지 않고 계속 유지되면서 경제를 더욱 멍들게 하고 있다. 심지어는 망해야 할 기업을 정부가 계속 지원하여 시장기능을 더욱 왜곡시키기도 하였다. 이것은 정부가 하루 속히 시정해야 할 일들이다.

민간부문에서의 구조조정과 더불어 저효율성의 대명사로 지칭되는 공기업부문의 개혁도 매우 중요하다. 정부는 주요 공기업의 민영화를 추진하고 있다. 포항제철, 한국전력, 한국중공업, 담배인삼공사, 한국가스공사, 한국통신 등의 대규모 공기업을 민영화시키는 것은 효율성 향상과 국가경제의 활성화를 위해 매우 중요한 일이다. 이 중 한국중공업은 두산그룹에 매각되어 재벌의 계열기업으로 민영화되었고, 포항제철, 담배인삼공사(KT&G), 한국통신(KT)은 전문경영인 지배형태로 완전 민영화되었다. 다른 공기업도 민영화가 계속 추진되고 있다.

대규모 공기업 이외에도 정부투자 및 출자기업이 많은데, 이 기업들도 내부 구조조정으로 경영혁신을 이루는 것이 필요하다. 그 동안 이루어져 왔던 정치권에 의한 낙하산 인사는 반드시 지양되어야 할 일이다. 인사구조의 개혁 없이는 공기업의 구조조정이 어렵기 때문이다. 공기업의 독립경영과 책임경영은 구조조정의 목표이어야 한다.

경제개혁과 새로운 도약

한국 경제는 후진국을 벗어나서 선진국을 지향하는 단계에 와 있다. 선진경제가 달성되기 위해서는 제반 제도와 관행이 선진화되어야 한다. 지금까지의 한국 경제는 1960~1970년대의 고도성장기에 만들어진 제반 제도와 틀에 의존해 왔다. 이때는 정부주도하의 성장전략에 의해 경제를 운영해 오던 시기였기 때문에 제도와 틀도 정부개입체제로 되어 있었다.

그리고 그 당시는 경제구조도 단순하고 경제규모도 작았다. 정부가 얼마든지 경제운용을 주도할 수 있는 단계였다. 정부주도 성장전략은 주효하였고, 고도성장은 성공적으로 달성되었다.

그런데 이제는 경제규모도 매우 커졌고 경제구조도 상당히 복잡해졌다. 정부의 계획하에 움직여 나갈 수 있는 단계는 벗어났다. 우리 경제도 이제는 시장에 의존해야 할 단계에 와 있다. 시장에 참여하는 모든 경제주체들의 자발적이고 독립적인 행동에 의해서만 경제가 효율적으로 운영될 수 있다. 정부는 복잡한 경제현상을 정확히 조정할 수 없기 때문에 정부주도 경제운영은 오히려 큰 부작용만 초래할 수 있다. IMF 금융위기 이후 정부의 역할이 제대로 성과를 거두지 못하는 이유가 여기에 있다고 볼 수 있다.

생활경제 1-3 **인간의 물질적 욕망은**

연산군 시대 한양에 올라온 선비들이면 누구나 남산 아래를 헤매기 마련이었다. 99칸만 해도 웅장한데 999칸짜리 거대한 집이 있다는 소문이 파다하였기 때문이다. 그러나 아무도 이 소문난 거대한 집을 찾아볼 수는 없었다. 왜냐하면, 그 칸수가 물리적 공간이 아닌 정신적 공간이어서 눈에 보이지 않았기 때문이다.

당시 판서를 역임한 선비 홍귀달이 남산 아래 단칸 헛간(가옥)을 짓고 당호를 허백당이라 하였다. 좁아서 어떻게 운신하느냐고 물으면 "들어가 누워 눈을 감으면 999칸의 생각을 해도 못다 채우는데 무슨 더 큰 욕심을 내리까" 하였다 해서 999칸 집으로 소문난 것이다. 빈 술통 속을 집을 삼아 굴러다녔다던 고대 아테네의 철학자 디오게네스의 발상 같은 말을 한 것이다.

우리나라 선비정신의 성지라 할 수 있는 허백당이 자리잡았다는 남산 아래, 이번에는 한국사상 가장 비싼 집이라는 건평 253평에 55억 6,000만 원짜리 빌라가 들어서 이목을 끌고 있다. 옛날에는 선비들의 정신 관광거리였던 것이 오늘은 물질 관광거리로 탈바꿈한 것이다.

우리 조상들이 공간을 측정하는 척도는 신척이라 하여 인체의 길이를 단위로 하였다. '한 칸' 하면 혼자 눕고도 뒹굴뒹굴할 수 있는 넓이요, 둘이서 짝지어 누으면 알맞는 공간이다. 그래서 자손 3대가 사는 것을 단위로 하여 이상적인 집의 넓이는 세 칸이었다. 수백 수천 칸 짓고도 남을 달 속에 겨우 초가삼간 지어놓고 부모를 모신다 하지 않던가.

한국 귀신 가운데 불행을 초래하는 모진 귀신이, 아무도 쓰지 않는 빈 방에 안주한다는 공방귀신이다. 그래서 여염에서는 공방귀신 무서워 큰 집 짓기를 기피하였다.

심지어 큰 집을 뜻하는 옥(屋)은 죽음에 이른다 하고 작은 집을 뜻하는 사(舍)는 그 집에 사는 사람을 길하게 한다고 하였다. 55억 원짜리 집의 출현은 사치 차원이 아닌 어딘가 잘못 흐르고 있는 경제 · 사회심리의 돌출현상으로 분석대상이 되어야 한다고 본다.

〈조선일보, 「이규태 코너」, 1999. 9. 7〉

따라서 이제부터 정부의 역할은 우리 경제에 시장이 제대로 작동할 수 있도록 제반 제도와 틀을 갖추는 일에 초점을 맞추어야 한다. 정부가 직접 경제활동에 개입하기보다는 선진적인 새로운 제도를 만들고, 그 제도에 맞추어 경제가 운영될 수 있도록 하는 것이 경제개혁의 방법이 되어야 할 것이다. 기업제도도 바꾸고, 금융제도도 바꾸어, 민간부문에서 견제와 균형이 이루어질 수 있도록 새로운 제도를 만드는 것이 중요하다.

한국 경제는 이제 선진국으로의 도약이 목표이다. 선진국이 되기 위해서는 선진국에 걸맞는 제도와 관행이 들어서는 것이 중요하다. 정부가 직접 경제 운영을 주도하는 것은 선진국형이라고 볼 수 없다. 선진국형은 시장에 의존하는 것이다. 하루 속히 시장을 구축하고 작동시키는 일이 중요하다. 이를 위해서는 경제 관련 제반 법을 바꾸어서 새로운 제도를 도입하고 새로운 관행을 정착시키는 일에 나서야 한다.

2. 경제는 생활이다

자원의 희소성과 욕구의 무한성

인간은 살아가기 위해 물질을 필요로 한다. 기본적으로는 먹어야 생명을 유지할 수 있고, 살 집이 있어야 하고, 입어야 할 옷이 있어야 한다. 이것을 의(衣), 식(食), 주(住)의 문제라고도 한다. 의식주의 문제를 해결해야 하는 것은 인간의 기본적인 생존조건이다.

의식주의 수준을 어느 정도로 해야 하느냐는 그 다음의 문제이다. 한국과 미국의 의식주 수준이 다르고, 오늘날과 천 년 전의 의식주 수준이 다르다. 또 부자와 가난한 사람의 의식주 수준이 다르다.

그런데 인간은 가능한 한 높은 수준의 의식주를 원한다. 가능하면 맛있고 영양가 높은 음식을 먹으려고 한다. 과거 우리 조상들은 고깃국에 하얀 쌀밥을 소원하였다. 그러나 오늘날 기준으로 보면 이것은 웃음거리 정도밖에 되지 않는다. 세계 각지의 일품요리가 들어오고, 과잉된 영양으로 오히려 다이어트를 해야 하는 지경이다.

옷도 추위를 막는 정도에서 결코 만족하지 않는다. 가능하면 질 좋은 천으로 만들어진 최첨단 패션의 옷을 입고 싶어한다. 요즘은 옷이 낡아 해어질 때까지 입는 사람은 거의 없다. 유행이 바뀌면 당장 새로운 옷으로 바꾸려고 한다.

주거환경도 급속도로 향상되고 있다. 10평 오두막집에 옹기종기 모여 살던 시기는 역사의 유물이 되고 있다. 100평이 넘는 호화 빌라에 최신의 편의시설을 모두 갖추어 놓고 살고 싶어한다.

의식주의 조건이 충족되었다고 해서 만족하는 것도 아니다. 수준 높은 문화생활도 하고 싶어하고, 세계여행도 가고 싶어한다. 이와 같이 인간의 욕망(desire)

은 끝이 없다. 인간은 무한대의 욕망(unlimited desire)을 희구하는 동물이다. 어떤 수준에 대해서도 결코 만족하지 않는 것이 인간이다.

그런데 인간의 욕망을 충족시켜 주기 위해 사용되는 자원은 제한되어 있다. 지구상에 존재하는 자원은 그 양이 유한하다. 농사를 지을 땅도 제한되어 있고, 고기를 잡을 바다도 제한되어 있다. 석유도 제한되어 있고, 기술 수준도 제한되어 있다. 이와 같이 자원의 양이 제한되어 있는 현상을 자원의 희소성(scarcity of resources)이라고 한다.

문제는 여기서 발생한다. 인간의 욕망은 무한한데(unlimited desire), 이를 충족시켜 주기 위해 사용하는 자원은 유한하다(limited resources). 제한된 자원으로 끝없는 인간의 욕망을 가능한 한 어떻게 최대한 충족시켜 줄 수 있을까? 이것이 우리가 풀어야 할 과제이다. 이 문제를 풀어 주려고 인간에 대해 연구하고 제반 사회현상에 대해 분석하는 학문이 경제학(economics)이다.

인간은 항상 자기의 욕구를 극대화시키려고 노력한다. 가게에서 물건을 살 때도 회사에 가서 일을 할 때도 항상 추구하는 목적을 가지고 있다. 그런데 어느 것이든 자기가 원하는 대로는 할 수 없다. 오직 어떤 제한된 범위 내에서만 자기가 원하는 것을 할 수 있다. 물건을 살 때도 자기가 가진 돈의 범위 내에서만 물

생활경제 1-4 자연자원은 고갈되고 말까

비관론자들은 많은 자연자원이 우리의 아들이나 손자세대 이내에 고갈될 것이라고 예언하고 있다. 그러나 낙관론자들은 시장이 자동적으로 자원을 적정량으로 사용하도록 하기 때문에 자원고갈은 일어나지 않을 것이라고 하였다.

1980년에 낙관론을 가진 경제학자인 Julian Simon과 비관론을 가진 생물학자인 Paul Ehrlich가 내기를 하였다. Simon이 Ehrlich로 하여금 고갈할 것이라고 예상되는 자연자원 다섯 가지를 선택해서 고갈 가능성이 있는지를 10년 동안 관찰해 보자는 내기를 하였다. 이긴 사람이 1,000달러를 받기로 하였다.

수요-공급의 원리에 따르면 고갈이 예상되는 자원은 가격이 상승할 것이 틀림없다. 따라서 Ehrlich가 선택한 자연자원의 가격이 10년 동안 인플레이션율보다 더 높게 상승하면 Ehrlich가 이긴 것이고, 그렇지 않으면 Simon이 이긴 것으로 하기로 하였다.

10년 후, 1990년에 Simon이 Ehrlich로부터 1,000달러를 받았다. 1980년에서 10년 사이에 다섯 가지 자연자원의 가격은 모두 하락하였다. 놀랍게도 절대가격이 모두 하락하였다.

건을 살 수 있고 물건을 만들 때도 자기가 가진 장비와 원료의 범위 내에서만 생산할 수 있다. 이런 제한은 모두 본질적으로 자원의 희소성에 기인한다.

제한된 범위 내에서 자기의 욕구를 극대화시키려고 하면 선택(choice)이 불가피하다. 물건을 살 때도 자기 예산 내에서 선택을 해야 하고, 물건을 생산할 때도 주어진 조건 내에서 어떤 방법으로 생산을 해야 할지 선택해야 한다. 그러므로 인간은 항상 선택을 하면서 살아간다. 가고 싶은 학교도 선택하고, 사 먹을 점심도 선택하고, 심지어는 사귀고 싶은 상대도 선택해야 한다.

이런 선택행위 그 자체가 바로 경제생활이다. 자원이 제한되어 있기 때문에 선택은 불가피하고, 가장 좋은 선택을 하기 위해 노력하는 행위 그 자체가 바로 경제행위이다.

세 가지 경제 문제

제한된 자원으로 인간의 무한한 욕구를 모두 충족시켜 줄 수는 없다. 여기서부터 문제가 시작된다. 수많은 인간의 무한한 욕구를 어떻게 하면 가능한 한 많이, 그리고 골고루 충족시켜 줄 수 있느냐 하는 것이 우리가 풀어야 할 과제이다. 이를 위해서는 기본적으로 세 가지 문제에 대해 답을 얻어야 한다.

첫째, 무엇을 생산해야 하느냐(what to produce) 하는 문제이다. 제한된 자원으로 상품을 생산해야 하기 때문에 이것을 많이 생산하면 저것은 적게 생산할 수밖에 없다. 예컨대, 민수품을 많이 생산하면 군수품은 적게 생산할 수밖에 없다. 또 사치품을 많이 생산하면 필수품은 적게 생산할 수밖에 없고, 소비재를 많이 생산하면 자본재는 적게 생산할 수밖에 없다. 소형차를 많이 생산하면 대형차는 적게 생산해야 한다.

이와 같이 어느 한 쪽을 많이 생산하면 다른 쪽은 적게 생산해야 하는데, 어느 쪽을 얼마만큼씩 생산해야 하느냐가 우리가 우선적으로 풀어야 할 경제 문제(economic problem)이다.

둘째, 어떤 방법으로 생산하느냐(how to produce) 하는 문제이다. 동일한 상품도 생산할 수 있는 방법은 여러 가지이다. 전기를 생산하기 위해서는 석탄을 사용하는 방법도 있고, 석유를 사용하는 방법도 있고, 원자력을 사용하는 방법도

생활경제 1-5 그 많던 경제학자는 다 어디로 갔을까?

……

요즘처럼 우리 국민들이 경제를 아는 사람들의 목소리에 목말라한 적이 없다. IMF 치하(治下)에서는 "이것은 반드시 해야 하고 저것은 절대로 해서는 안 된다"는 식의 'IMF 교과서'라도 있었다. 겉표지만 'IMF 교과서'지 그게 사실은 '월스트리트 교과서'라는 걸 알 만한 사람은 다 알고 있었다. 미국 금융위기는 그 교과서를 찍어 내던 출판사가 부도를 내고 쓰러진 꼴이나 마찬가지다. 이제 달리 방법이 없다. 부족하더라도 우리 머리로 새 교과서를 엮어 내고, 그걸 해도(海圖) 삼아 난바다의 거친 물살을 가르고 나가 보는 수밖에 없다.

이 다급한 대목에서 경제학자들이 평소보다 더 몸을 사리고 목소리를 아끼고 있다. 골치 아픈 파생금융상품, 그 가운데서도 머리에 쥐가 나게 만든다는 신용파생상품의 소용돌이를 국민들에게 설명한다는 것이 불가능해서일까? 그게 아니면 "마당을 쓸려면 눈이 그치고 나서 빗자루를 들어야 한다"며 진행중인 태풍의 진로에는 입을 다무는 현명한 처세를 하는 것일까?

이 수수께끼를 푸는 힌트(hint) 비슷한 게 있기는 하다. 월스트리트의 주가(株價)가 대폭락한 1929년 10월 24일 '암흑의 목요일' 무렵이다. 주가는 이날부터 1932년 6월까지 매주 · 매월 · 매년 '최악의 기록'을 새롭게 써 가며 폭락을 거듭하였다. US스틸 주가는 1929년 9월 3일 262달러에서 1932년 22달러로, 제너럴모터스는 73달러에서 8달러로, 투자은행들의 주가는 100달러에서 50센트 전후로 내려앉았다.

그러나 주가보다 더 큰 폭, 더 빠른 속도로 추락한 건 은행가의 신용과 경제학자의 명예였다. 은행가의 죄목(罪目)은 부도덕이었다. 객장에서는 고객들의 아우성이 들려 오는데 고객의 예탁금이나 은행 돈을 빼돌려 제 욕심을 차렸다. 경제학자의 죄목은 부정확한 미래 예측이었다. 하버드대학 경제학교수 모임인 하버드경제학회는 대폭락 직후인 1929년 11월 2일 "주식과 실물경기가 후퇴하고 있지만 불황은 아니다"는 걸 시작으로 1931년 11월까지 "최악의 상황은 넘겼다", "회복세가 뚜렷하다", "불황이 터널 끝에 도달하였다"라는 예측을 번갈아 내놓았다. 화살은 단 한 번도 과녁을 꿰뚫지 못하였다. 결국 하버드의 경제학교수들은 미래 예측을 접고 본업인 과거를 분석하는 일로 돌아갔다. 화폐수량설로 교과서에 등장하는 예일대학의 어빙 피셔 교수, 보석 같은 경제학자로 떠받들어지던 프린스턴대학의 신예 조셉 로렌스 교수 등 쟁쟁한 경제학자들이 신(神)의 영역인 내일을 점치는 일에 발을 들여놓았다가 명성에 큰 흠집을 남겼거나 아예 대학을 떠나야 하였다. 우리 경제학자들의 과묵(寡默)함을 이런 옛일에 비추어 본다는 것 자체가 분명한 결례(缺禮)일 터이다.

예측이 빗나갔다고 죄인 취급을 받아야 하고 그게 두려워 입을 봉(封)하고 있어야 한다면 경제학보다 먼저 간판을 내려야 할 학문이 수두룩하다. 스탠퍼드대학 총장 데이비드 조던은 1910년 "유럽의 전쟁부채가 260억 달러에 달한다"며 "밑지는 장사인 전쟁은 더 이상 없다"고 말해 청중의 박수를 받았다. 그리고 4년 후 1,500만 명의 목숨을 앗아간 제1차 세계대전이 터졌다. 더더욱 우리 경제학자들은 '빈민가 사람들의 찌든 얼굴을 바라보며 경제학을 삶의 조건을 향상시키는 도구로 가다듬겠다며 과거 위에서 미래를 목표로 현재와 평생 씨름하였던' 현대경제학의 아버지 '성(聖) 알프레드 마셜'의 후손들이다. 그런 훌륭한 조상을 모시고 있는 한국의 경제학자들이 자신의 명성에 혹시 금이 갈까 이 깜깜한 밤길을 혼자 걷는 국민을 언제까지 모른 척할 리 없다. 정말 그렇게 믿고 싶다.

〈조선일보, 2008.10.4〉

있다. 농사를 짓는 데도 사람을 많이 사용하는 방법이 있고, 트랙터나 콤바인 같은 기계를 많이 사용하는 방법이 있다. 자동차 타이어는 천연고무로 만들 수도 있고 인공고무로 만들 수도 있다. 이와 같이 동일한 상품도 생산하는 방법은 여러 가지가 있다. 어떤 방법으로, 즉 어떤 생산요소를 사용하여 생산하느냐 하는 것도 우리가 풀어야 할 경제문제이다.

셋째, 누구를 위해 생산하느냐(for whom to produce) 하는 문제이다. 생산한 상품은 결국 인간 개개인에게로 나누어져 사용하게 되는데, 누구로 하여금 이것을 사용하도록 분배하느냐 하는 것도 우리가 풀어야 할 경제문제이다. 이것은 분배의 문제이다. 재산상속은 어느 선까지 인정하느냐, 소득의 분배(distribution of income)는 어떻게 이루어지도록 하느냐 하는 것이 바로 누구를 위해 생산하느냐 하는 문제이다. 재산이 많고 소득이 많은 사람이 더 많은 물건을 사용할 것이기 때문이다.

앞의 세 가지 경제 문제는 물론 서로 얽혀 있는 문제이다. 한 문제를 푸는 것이 다른 문제를 푸는 것과 서로 관련되어 있다. 예컨대, 기계라는 자본보다 노동자를 많이 사용하여 생산하겠다고 하면, 이것은 자본가의 소득보다 노동자의 소득을 중요시하면서 노동자들이 생산된 상품을 더 많이 사용할 수 있도록 하는 방법이다.

사회주의 경제는 이 세 가지 문제를 정부가 중앙계획을 통해 인위적으로 풀어 보겠다고 시도한 경제체제이다. 반면에 자본주의 경제는 이 세 가지 문제를 자유경쟁시장에 의존해 풀어 가는 경제체제이다. 중앙계획하에서는 정부의 의도대로 생필품보다는 군수품을, 자본집약적 방법보다는 노동집약적 방법을, 자본가보다는 노동자를 위해 생산할 수 있다. 그러나 시장경제하에서는 시장에서 요구하는 대로 가격에 맞추어 생산할 수밖에 없다. 생필품의 수요가 많으면 생필품을 많이 생산하고, 임금이 높고 자본가격이 싸면 자본을 많이 사용하여 생산하고, 임금이 높으면 노동자들의 소득도 높아진다.

생산과 소비

경제활동이란 생산하고 소비하는 활동이다. 인간이 살아가기 위해서는 끊임없이

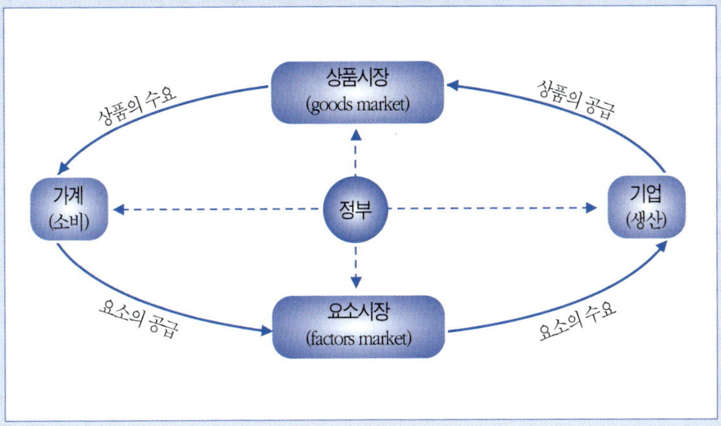

그림 1.1

생산과 소비가 되풀이되는 경제의 순환모형

기업은 상품을 생산하여 공급하고 가계는 이를 수요하여 소비한다. 기업은 또 생산에 소요되는 생산요소를 수요하고 가계는 이를 공급한다. 되풀이되는 가계와 기업의 이런 행위가 바로 경제활동이다.

소비해야 하고, 소비하기 위해서는 생산이 뒷받침되어야 한다. 생산과 소비가 끊임없이 되풀이되는 현상을 경제라고 할 수 있다.

〈그림 1.1〉은 생산과 소비가 어떻게 되풀이되는가를 설명하고 있다. 기업(business firms)은 상품을 생산하여 시장에 내놓는다. 그러면 가계(households)는 시장에서 물건을 사 온다. 이때 기업이 시장에 물건을 내놓는 것을 상품의 공급(supply of goods)이라 하고, 가계가 시장에서 물건을 구하는 것을 상품의 수요(demand for goods)라고 한다.

기업이란 삼성전자, 현대자동차와 같이 상품을 생산하는 조직체를 말한다. 가계란 하나하나의 소비단위가 되어 있는 가구를 지칭한다. 기업은 생산을 담당하는 경제주체이고, 가계는 소비를 담당하는 경제주체이다. 한 사람이 집 안에서 가장으로 가족을 거느릴 때는 가계로서 역할을 하는 것이고, 회사에 나가서 일을 할 때는 기업으로서 역할을 하는 것이다.

가계는 필요한 상품을 구매하기 위해 소득이 필요한데, 이 소득은 자기가 가진 노동과 자본이라는 생산요소를 요소시장을 통해 기업에게 제공함으로써 얻을 수 있다. 예컨대, 가장이 회사에 나가 일을 하고 월급을 받는 것은 요소시장에서 자기 노동력을 판 대가로 임금이라는 형태의 소득을 버는 것이다. 또 기업은 생산한 상품을 판매해서 얻은 수입으로 회사원에게 월급을 준다. 이것은 노동시장

3. 왜 경제학을 공부하는가

경제학이란

경제학(economics)은 경제현상(economy)을 분석하는 학문이다. 경제현상이란 제한된 자원(limited resources)으로 무한한 인간의 욕망(unlimited desire)을 충족시켜가는 과정이라고 할 수 있다. 모든 인간은 항상 이런 과정 속에서 살아가고 있다. 그 과정 속에서 선택행위(choice)도 하고 결정행위(decision)도 한다. 이 행위 자체가 경제행위(economic behavior)이다. 경제학이란 인간의 이런 행위에 대해 분석하는 사회과학(social science)이다.

시장에 가서 쇼핑을 하는 것은 가장 보편적인 경제행위 중의 하나이다. 사람은 일상생활 속에서 수시로 시장에 나가 물건을 구매한다. 이때 자기가 원하는 대로 쇼핑을 할 수는 없다. 일단 소득이라는 제약이 있다. 자기가 가진 돈의 범위 내에서 쇼핑을 할 수밖에 없다. 또 시장에 나와 있는 상품 중에서 고를 수밖에 없다. 비록 자기가 어떤 모양의 상품을 사겠다고 생각하고 있지만 그것이 시장에 나와 있지 않으면 이 물건을 구매할 수 없다. 이와 같이 시장에 가서 물건을 살 때도 여러 가지의 제한된 범위 내에서 구매행위를 할 수밖에 없다. 이런 제한은 기본적으로 자원의 희소성(scarcity of resources)에 기인하는 것이다. 이런 제한된 자원 때문에 인간은 선택을 해야만 한다. 제한된 제반 조건하에서 자기가 가장 원하는 행위를 선택할 수밖에 없다. 그러므로 선택은 경제행위에 필수적으로 수반되는 의사결정 과정(decision making)이다.

우리는 항상 선택이라는 의사결정을 하면서 살아가고 있다. 상품을 소비할 때도, 상품을 생산할 때도, 또 어떤 정책을 추진할 때도 모두 그 행위의 주체는 선택이라는 결정 과정을 거쳐야만 한다. 경제학은 이러한 의사결정 과정에 대해 연구한다.

소비자들은 물건을 살 때 자기의 만족도를 최대화시키고자 한다. 그렇다면 자기가 가진 돈의 범위 내에서 어떤 구매를 하면 그 구매로부터 최대의 만족을 얻을 수 있을까? 이런 것에 대해 분석하고 연구하는 것이 경제학이다.

경제학자 이야기 1 애덤 스미스(Adam Smith, 1723~1790)

1776년에는 인류 역사에 획기적인 전환점을 마련한 두 가지의 큰 사건이 있었다. 그 중 하나는 아메리카 대륙에서 있었던 미국의 독립선언(Declaration of Independence)이고, 다른 하나는 영국에서 있었던 『국부론』(*An Inquiry into the Nature and Causes of the Wealth of Nations*)의 출판이었다. 『국부론』의 저자인 애덤 스미스를 근대경제학의 아버지 또는 경제학의 창시자(founder of economics)라고 불리게 한 불후의 명저작이다. 오늘날 우리가 공부하고 있는 경제학의 기본 개념들은 거의 모두가 『국부론』에서 처음으로 체계화되었다고 볼 수 있다.

애덤 스미스는 스코틀랜드에서 태어나 글래스고(Glasgow)와 옥스퍼드(Oxford)에서 공부하였고 글래스고대학에서 철학 교수를 지냈다. 애덤 스미스는 자유로운 거래가 보장되는 자유시장에서는 개개인이 각자 독립적으로 자기 이익(self-interest)을 극대화시키려는 이기적 경제행위를 할 때 이것이 곧 사회 전체에도 가장 이로운 결과를 가져다 준다고 하였다. 즉, 개개인이 모두 자기의 이익을 위해 최선의 노력을 다하면 그 결과는 '보이지 않는 손'(invisible hand)의 기능에 의해 사회 전체에도 최고의 선이 달성된다고 하였다.

그리고 그는 노동(labor)을 국부의 가장 기초적 원천이라고 보았다. 그는 자유를 가장 중시하였는데 경제적 자유주의의 주창자이기도 하였다. 이것은 당시의 '자유방임주의'(laissez-faire)를 의미하기도 한다. 그런데 오늘날은 이것을 '보수주의'(conservatism)라고 부르고 있다.

또 생산자들은 물건을 만들 때 자기가 버는 수입을 최대화하려고 한다. 어떤 물건을 어떤 방법으로 만들어 팔면 이윤이 최대화될 수 있을지를 판단하는데, 이 때 생산자는 자기가 가진 투자능력의 범위 내에서만 행동할 수 있다. 이런 것들에 대해 분석하고 연구하는 것도 경제학이다.

그리고 정부는 여러 가지 경제정책을 수립하고 집행한다. 이때 정부는 효율성(efficiency), 공정성(equity), 성장성(growth), 안정성(stability) 등과 같은 판단의 기준을 가지고 의사결정을 한다. 적은 투입으로 가능한 한 최대의 효과를 내도록 해야 한다는 효율성 기준, 모든 사람에게 골고루 혜택이 돌아가도록 해야 한다는 공정성 기준, 물질적 풍요를 점점 더 증가시켜야 한다는 성장성 기준, 고용과 물가가 안정되어야 한다는 안정성 기준 등이 어떻게 하면 가장 잘 달성될 수 있을까? 이런 것에 대해 분석하고 연구하는 것도 경제학이다.

이와 같이 경제학은 인간의 물질적 행위 전반에 대해 연구하는 학문이다. 그리고 인간이 모두 골고루 최대의 물질적 풍요를 누릴 수 있는 방책을 찾아 내려고 하는 학문이 경제학이다.

경제학을 공부하면

첫째, 사고하는 방식이 달라진다. 세상사를 경제학적인 방식으로 생각할 수 있게 된다. 경제학적인 사고방식이란 과학적인 사고방식을 의미한다. 예컨대, 기회비용 등과 같은 개념으로 세상사를 생각해 보게 된다.

생활경제 1-7 시카고대학 경제학부

미국 컬럼비아대 간판 경제학자 에드먼드 펠프스가 30여 년 전 시카고대 경제학부 워크숍에 참석하였을 때 일이다. 펠프스가 논문을 발표한 뒤 한 시간 반 넘게 욕설에 가까운 비평이 쏟아졌다. 손님에 대한 배려는 전혀 없었다. 2000년 노벨경제학상 수상자 제임스 헤크먼은 당시 펠프스를 공박하던 1982년 경제학상 수상자 조지 스티글러가 구두로 유엔총회 연단을 내리치던 흐루시초프 같았다고 하였다. 거칠고 무례하였다는 이야기다.

- ▶ 시카고대 경제학부의 워크숍은 악명 높다. 교수건 학생이건 논문발표자는 모멸감을 느낄 만큼 철저한 검증을 받는다. 헤크먼은 "컨트리클럽 비슷한 다른 대학과 달리 시카고는 사람들을 지적(知的)으로 발가벗기는 비인간적 분위기여서 심약한 사람은 맞지 않는다"고 하였다. 시카고에서 그런 대로 받아들여지는 논문은 밖에 나가면 어디서나 히트를 칠 수 있다는 것이 괜한 말은 아니다.
- ▶ 시카고대가 올해 또 한 명의 노벨경제학상 수상자를 배출하였다. 1969년 경제학상이 만들어진 이후 지금까지 61명의 수상자 가운데 시카고에서 배웠거나 가르친 사람이 24명이나 된다. 1989~1993년에는 5년 내리 수상자를 내기도 하였다. 시카고대 경제학부의 저력은 무엇보다 최고 인재들을 혹독하게 단련시키는 지적 풍토에서 나온다. 동부 명문대들과 떨어져 있어 당대의 지배적 경제이론에 구애받지 않는 자유로운 학풍 덕분이기도 하다.
- ▶ 1992년 경제학상 수상자 게리 베커는 색다른 해석을 내놓았다. "시카고대 경제학자들은 워싱턴 정계에 진출하는 것보다 동료와 연구하기를 더 좋아한다." 1976년 경제학상을 받은 시카고학파 대부(代父) 밀턴 프리드먼은 과학하는 사람에게 가장 치명적인 질병이 '포토맥 열병'(Potomac fever)이라고 하였다. 포토맥은 수도 워싱턴을 흐르는 강이다. 학자들이 정치권이나 정부에 발 담그는 것을 경계한 말이다.
- ▶ 우리 교수사회는 전혀 딴판이다. 대선 때마다 이 진영 저 진영으로 보따리를 싸 들고 몰려다니는 교수들이 넘쳐난다. 벌써 넉 달 전에 각 대선주자 캠프에 참여한 교수가 538명이라는 조사도 있었다. 그 뒤에 참여하였거나 이름을 드러내지 않은 교수들까지 합치면 훨씬 많을 것이다. 학자의 현실참여를 무조건 나쁘게 볼 수는 없다. 다만 '한국의 시카고대'는 없고 '한강 열병'만 창궐하니 그게 안타까운 것이다.

〈조선일보, 「만물상」, 2007.10.17〉

학생들이 대학에 진학할 때는 학비를 생각하기 마련이다. 그런데 일반적으로는 등록금과 책값 정도를 대학 학비로 생각한다. 그러나 경제학을 공부하면 다른 방식으로 비용을 생각해 보게 된다. 예컨대, 고등학교를 졸업하고 바로 취직을 하면 1년에 1,000만 원 정도 벌 수 있는데 대학에 진학함으로써 이 1,000만 원을 못 벌게 된다. 이것도 대학 진학의 비용이라는 것이다. 이런 것을 포함해서 대학 학비를 계산한 것을 대학 진학의 기회비용(opportunity cost)이라고 한다. 그러므로 대학에 진학할 것인지를 생각할 때는 기회비용 관점에서 검토해야 더 올바른 선택을 할 수 있다.

어떤 사람이 10억 원을 투자하여 식당을 열었는데 원료비, 종업원 급여, 집세 등 모든 비용을 제하고 한 달에 1,000만 원을 남겼다. 이 사람은 이 사업을 계속할까? 1,000만 원이라는 수입만 생각하면 장사를 계속 할 듯도 하다. 그러나 경제학적 방식으로 생각하면 그렇지 않을 수도 있다. 만약 10억 원으로 식당사업을 하지 않고 은행에 정기예금을 해 두면 한 달에 700만 원은 받을 수 있다. 그리고 자기가 자기 식당에서 일하지 않고 다른 회사에 취직해서 일을 하면 한 달에 400만 원의 월급을 받을 수 있다. 이럴 경우 이 사람은 식당을 하지 않으면 오히려 1,100만 원을 벌 수 있다. 이것은 이 사람이 10억 원이라는 자본으로 식당을 하는 기회비용이 1,100만 원이라는 의미이며, 기회비용 1,100만 원은 식당수입 1,000만 원보다 더 크다. 그러므로 경제학적 방식으로 사고하면 이 사람은 식당업보다 10억 원을 예금하고 자기는 다른 회사에 가서 일하는 것을 선택할 것이다.

둘째, 사회를 이해할 수 있는 안목을 가질 수 있다. 오늘날의 사회현상은 모두 경제활동의 산물이다. 대도시에는 높은 빌딩이 숲을 이루고 있고, 그 속에는 수없이 많은 사무실이 있으며, 매일매일 수많은 사람들이 거기에 가서 일을 하고 돈을 번다. 공장에서는 엄청난 양의 상품들이 끊임없이 생산되고 있고, 거리에는 수많은 가게들이 널려 있으며, 그 곳에서는 매일매일 수많은 상품들이 거래된다. 이것은 현대 사회의 모습이다. 이른바 산업사회의 모습이다.

그러나 과거에는 많은 사람들이 농촌에 묻혀 살았다. 봄이면 논밭을 갈아 씨뿌리고, 여름이면 알뜰살뜰 가꾸고, 가을이면 즐겁게 수확하는 생활을 하였다. 또 겨울이면 다음 해의 농사를 위해 휴식을 취하였다. 이런 것이 지난 농경사회의 모습이다.

미래에는 또 다른 사회가 우리를 기다리고 있다. 이른바 지식정보화 사회이다. 모든 것이 컴퓨터를 통해 처리되는 시대이다. 정보가 재산이고, 가능한 한 많은 정보를 신속하게 입수하는 사람이 유리한 사회이다.

이와 같이 사회는 항상 변하고 있고, 이것은 경제활동과 함께 움직이고 있다. 경제학자들은 이러한 사회현상에 대해 깊은 관심을 가졌다. 근대경제학의 아버지라고 일컬어지는 애덤 스미스(Adam Smith)는 1776년에 『국부론』(*Wealth of Nations*)이라는 책에서 이러한 사회현상을 분석하였고, 그 뒤를 이어 리카도(David

생활경제 1-8 무소유가 행복을 가져올 수 있을까?

사회심리학자 에리히 프롬(1900~1980)은 인간을 존재지향과 소유지향으로 나누었다. 존재지향은 꽃을 보는 것만으로도 좋아서 꼭 가져야 한다고 생각하지 않는다. 소유지향은 꽃이 아름다운 게 중요한 것이 아니라 내 거냐, 네 거냐가 중요하다. 프롬은 현대인들이 점점 소유지향으로 바뀌어 왔다고 본다. 사람에 대한 평가도 '그가 누구냐?'가 아니라 '그가 얼마나 가지고 있느냐'로 판가름된다는 것이다. 프롬은 "소유와 욕망에는 한계가 없어서 소유지향적 삶은 행복하기 힘들다"고 하였다.

▶ 무소유(無所有)의 행복은 때로는 갖지 못한 사람들에게 자기 위안이 되기도 하지만 요즘에는 가진 사람들이 새롭게 선택하는 라이프스타일로 바뀌었다. 17일자 뉴욕 타임스는 집, 차, 가구를 팔거나 남에게 주고 승진과 해고가 없는 자연으로 들어가 전기도 없는 곳에서 나무를 때며 '자발적 간소함'(voluntary simplicity)을 택하는 미국 내 '무소유 가정'이 늘고 있다고 보도하였다.

▶ 19일자 월 스트리트 저널 블로그도 50여 개 투자자문회사를 관리하는 40대 억만장자가 "부자가 되고 보니 소유에 더는 흥미를 잃게 되었다"며 고급 맨션과 차를 팔고 호텔에서 '홈리스'(homeless)로 살고 있다고 소개하였다. 그는 전 재산을 사회에 기부할 계획이라고 한다. 프롬식 표현을 빌리면 '선(先)소유 후(後)존재'를 지향하는 신인류다. 이들에게는 기부행위도 사회적 부채 의식이 없어 쿨(cool)하게만 보인다.

하지만 거기까지다. 가진 게 없어서 무소유의 삶을 살아갈 수밖에 없는 보통 사람들에겐 "다 가져 보았으니 이제 버리겠다"는 말은 좀처럼 가슴에 와 닿지 않는다. "물욕을 억제하라"며 무소유를 권하는 종교인들 말에 솔깃하다가도 '그들 뒤에는 의식주(衣食住)를 해결해 주는 교단(教團)이 버티고 있지' 하는 생각이 들면 공연히 마음이 불편해지는 것과 같다. 물욕은 인간의 자연스러운 본능이다. 어느 사회든 버리는 사람들보다 갖기를 욕망하는 사람들에 의해 발전해 왔다. 버리는 것도 자유고, 갖는 것도 자유다.

〈동아일보, 「횡설수설」, 2008. 5. 29〉

Ricardo), 마르크스(Karl Marx), 맬서스(Thomas Malthus) 등도 이러한 사회변화를 분석하고 예측하였다. 사회현상은 경제활동의 산물이고 경제학자들의 관심사항이다. 그러므로 경제학을 공부하면 사회현상을 이해할 수 있는 안목을 갖게 된다.

셋째, 세계를 이해할 수 있다. 오늘날은 국경의 개념이 점점 엷어지고 있다. 지구촌이라는 말이 나타내듯 지구 전체가 하나의 경제권이다. 그러므로 경제학을 공부하면 세계에서 일어나는 일들을 쉽게 이해할 수 있다. 경제학은 나라와 나라 사이에서 일어나고 있는 경제활동을 잘 정리하고 있기 때문이다.

일찍이 제2차 세계대전 후부터 세계 각국은 자유무역을 존중하는 GATT (General Agreements on Tariffs and Trade)를 맺어 가능한 한 국가 간의 경제교류를 증대시키려고 하였다. 오늘날은 이를 WTO(World Trade Organization)로 발전시켜 국가 간의 자유무역을 최우선 과제로 삼고 있다.

오늘날은 다국적기업의 시대이다. 동일 브랜드의 회사가 세계 여러 나라에서 영업을 하고 있다. 세계 어느 나라를 가든 맥도널드에서 햄버거를 먹을 수 있고, 코카콜라를 마실 수 있다. 또 세계 각국은 유리한 조건을 갖춘 다른 나라에 공장을 지어 그 곳에서 직접 물건을 생산하기도 한다. 뉴욕의 세계무역센터에 대한 테러는 미국뿐만 아니라 전 세계의 경제에 영향을 미치고 있다. 그리고 이 문제의 해결을 위해 어떤 형태로든 전 세계가 개입하고 있다. 경제활동은 한 나라에 국한해서 이루어지는 것이 아니라 전 세계를 하나의 무대로 해서 이루어진다. 그러므로 경제학을 공부하는 것은 바로 전 세계를 이해하는 것이다.

넷째, 주권행사를 정확하게 할 수 있다. 경제와 정치는 밀접하게 연관되어 있다. 정부의 경제정책이 경제의 흐름을 좌우하는데, 이런 경제정책의 입안과 집행은 정치 과정을 통해 이루어진다. 또 정치권력은 국민들의 주권행사, 즉 투표에 의해 결정되어진다. 그러므로 투표를 정확하게 하는 것은 바로 자기에게 혜택이 되는 경제정책을 선택하는 것이 된다. 그러기 위해서는 자기에게 혜택이 되는 경제정책은 무엇이며, 어떤 정당이 이런 정책을 펼 정당인지를 파악해야 한다. 한국 경제는 1997년 말의 IMF 구제금융 위기 후에 매우 어려운 시련을 겪었다. 경제의 각 부문에서 폭넓은 개혁과 구조조정이 이루어졌는데, 이 와중에서 많은 사람들이 고통을 겪었다. 그런데 이런 경제개혁이 성공하였다는 평가는 받고 있지 못하다. 그렇다면 투표권을 가진 개개인은 어느 정치인이, 또 어느 정당이 이런 개혁을 성공시킬 수 있으며, 자기에게 불이익을 가장 적게 주거나 이익을 가장 많이 가져다 줄 것인지를 정확히 파악하는 것이 중요하다. 이를 위해서는 국내의 경제현상에 대한 이해도를 높여야 한다. 경제성장은 어떻게 되어 가고 있으며 실업률은 어떠한가? 또 인플레이션 우려는 없는가? 이런 경제현상에 대한 이해도를 풍부하게 해야 하는데, 그러기 위해서는 경제학을 공부해야 한다.

경제이론과 모형

경제이론(economic theory)이란 경제현상을 설명하는 체계적 논리이다. 다시 말해, 커피값이 오르면 커피 수요가 줄어드는데, 왜 이런 현상이 나타나며, 이런 현상은 구체적으로 어떤 과정을 거쳐 나타나는가 등을 설명하는 체계적 논리를 말한다.

경제현상은 매우 복잡하다. 경제에는 수많은 변수들이 서로 연관관계를 맺으면서 경제활동이 이루어지고 있다. 그러므로 이런 복잡한 경제현상을 이론으로 만들어 내기란 결코 쉬운 일이 아니다. 따라서 경제이론은 복잡한 경제현상을 단순화시키는 작업을 거쳐서 하나의 간단한 틀을 만들어 놓고 이런 경제현상을 설명하려고 한다. 이렇게 만들어진 단순한 틀을 모형(model)이라고 한다. 경제모형은 수식으로 만들어질 수도 있고, 말로 만들어질 수도 있으며, 그래프로 만들어질 수도 있다. "커피의 수요량은 커피의 가격에 따라 달라진다"는 것은 말로 표현된 하나의 모형이다. 이론적으로 커피의 수요량은 수많은 변수에 의해 영향을 받는다. 커피의 수요는 소비자들의 소득, 설탕의 가격, 홍차의 가격, 프림의 가격, 날씨, 소비자들의 기호 등등 수많은 변수에 따라 영향을 받는다. 이것이 이론이다. 그러나 다른 변수들이 모두 일정하다고 가정하면 커피의 수요량은 커피의 가격에 의해서만 영향을 받는다는 하나의 모형을 만들 수 있다. 이 모형하에서 커피의 수요량은 커피가격이 상승 또는 하락할 때 각각 어떻게 어느 정도 영향을 받는지를 분석할 수 있다. 그러므로 경제이론은 하나의 모형으로 단순화시키는 작업을 거쳐 경제현상을 설명한다. 모형이 너무 단순화되면 이 이론은 경제현상을 제대로 설명할 수 없다. 그러므로 단순화는 합리적이고 적절하게 이루어져야 한다.

경제학에는 어떤 분야가 있는가

경제학은 경제의 어떤 현상을 집중적으로 분석하느냐에 따라 여러 분야로 나누어진다. 우선 경제이론은 크게 미시경제이론(microeconomic theory)과 거시경제이론(macroeconomic theory)으로 구분된다. 미시경제학은 개별 소비자나 개별 생산자와 같은 개별 경제주체의 경제행위를 분석하는 이론이다. 반면에 거시경제학은 개별 경제주체 모두로 구성된 국가경제 전체를 하나의 경제단위로 해서 이 경제단위의 경제현상을 총괄적으로 분석한다.

미시경제이론과 거시경제이론을 포함해서 중점 분석대상이 어떻게 되느냐에 따라 경제학은 많은 분야로 구분된다. 가장 보편적인 경제학의 분야들을 열거해 보면 산업조직론(industrial organization), 국제경제학(international economics), 노동경제학(labor economics), 화폐금융론(monetary economics), 공공경제학(public economics), 계량경제학(econometrics), 경제발전론(economic development), 법경제학(law and economics), 경제사(economic history), 경제사상사(history of economic thought), 자원경제학(economics of resources), 환경경제학(environmental economics) 등을 들 수 있다. 이들은 모두 미시경제이론과 거시경제이론을 동시에 사용하여 그 분야의 경제현상을 중점적으로 연구하고 있다.

요약하기

❖ 한국 경제의 특성과 과제: 고도성장, 정부주도 경제, IMF 구제금융, 경제개혁, 시장경제의 복원, 선진경제의 달성

❖ 경제학이 존재하는 이유: 자원의 희소성(scarcity of resources)과 인간욕망의 무한성(unlimited desire)

❖ 경제학이 풀어야 할 과제: 무엇을 어떻게 누구를 위해 생산하느냐(정부가 해결하느냐, 시장이 해결하느냐)

❖ 경제현상: 생산과 소비가 되풀이되는 현상

❖ 3대 경제주체: 가계(households), 기업(firms), 정부(government)

❖ 경제의 세 부문: 민간부문(private sector), 공공부문(public sector), 해외부문(foreign sector)

❖ 경제행위: 선택행위

❖ 경제학을 공부하면: 과학적 사고방식의 함양, 사회현상에 대한 이해도 증진, 세계화에 대한 올바른 이해, 정확한 주권행사

❖ 경제학: 이론(theory)과 모형(model)

복습과 토론하기

1. 1.

신라시대 경주는 주민들이 기와집에 살면서 그을음이 나지 않도록 하기 위해 숯으로 밥을 지어먹었다고 한다. 그 당시의 경제 수준으로 이것이 가능하였을까? 그 당시의 경주 사람들은 오늘날의 서울 사람들보다 더 행복하게 살았을까?

1. 2.

남한에는 식당에서 쏟아져 나오는 남은 음식과 음식물 쓰레기가 골칫거리인데 북한에는 많은 주민들이 굶주리고 있다고 한다. 남북한 모두 자원부존 조건은 거의 비슷한데 왜 이런 차이가 날까? 이런 경제적 차이를 극복하기 위해 남한과 북한이 해야 할 일은 각각 무엇일까?

1. 3.

남한 경제와 북한 경제의 민간부문(private sector), 공공부문(public sector), 해외부문(foreign sector)을 서로 비교해 보아라.

1. 4.

한국 경제가 1997년에 IMF로부터 구제금융을 받는 금융위기를 겪게 되었는데 그 원인은 무엇이었을까? 앞으로 우리 경제가 선진경제로 나아가기 위해서는 먼저 어떤 일들을 해야 할까?

1. 5.

경제학을 공부하는 사람 입장에서 볼 때 경제학은 남을 위한 학문일까, 자기 스스로를 위한 학문일까, 모두를 위한 학문일까? 경제학은 '차가운 머리와 따뜻한 가슴'을 가진 사람이 공부하는 학문이라고 하였는데 이것은 무엇을 의미하는 것일까?

간의 보편적인 성질을 나타내는 것으로서 그 이유를 설명할 수는 없다. 인간을 관찰한 결과 이런 식으로 행동한다는 것을 보여 주는 것일 뿐이다.

수요에 영향을 미치는 요인들

식빵의 수요량은 식빵의 가격뿐만 아니라 식빵과 관련이 있는 다른 상품들의 가격, 소비자들의 소득, 예측되는 미래의 가격, 인구, 소비자들의 기호 등에 의해서도 영향을 받는다. 쌀값이 올라가면 아침식사를 밥 대신 빵으로 하는 사람들이 많이 나타나 식빵의 수요는 증가할 것이다. 반면에 우유값이 올라가면 식빵과 같이 먹는 우유의 소비가 줄어들기 때문에 식빵에 대한 수요가 감소할 것이다.

쌀값이 올라가면 쌀의 수요는 줄어드는 대신 식빵의 수요는 증가하는데, 이것은 쌀과 식빵이 서로 대체관계에 있기 때문이다. 반면에 우유값이 상승하면 우유의 수요가 줄면서 우유와 함께 먹는 식빵의 수요도 주는데, 이것은 우유와 식빵은 서로 보완관계에 있기 때문이다. 그러므로 어떤 상품의 가격이 상승할 때 식빵 수요가 증가하면 이 재화는 식빵과 서로 대체재(substitutes)가 되고, 반대로 식빵 수요가 감소하면 이 재화는 식빵과 서로 보완재(complements)가 된다.

소비자들의 소득(income)이 증가하면 식빵 수요는 증가할 것이다. 소비자들은 소득이 증가할수록 고급스러운 서양식 식사를 하는 빈도가 높기 때문에 식빵

생활경제 2-1 승용차 수요의 변화

현대자동차산업연구소는 최근 2개월간의 기름값 대폭 인상으로 승용차 수요가 연간 19.5% 줄어들 것으로 추정하였다. 차종별로는 중형 이하 및 대형차급이 각각 17.9%, 17.5% 감소하는 데 비해 중형차는 감소율이 24.3%에 달할 것으로 보았다. 중형차 수요가 이처럼 기름값 인상에 민감한 것은 중형차 소유자가 기름값 인상에 따른 유지비 부담을 줄이기 위해 연료비가 적게 드는 소형차로 쉽게 바꾸기 때문이라고 연구소는 설명하였다. 여기에 차고지증명제가 인구 50만 명 이상 대도시를 대상으로 실시될 경우 승용차 수요는 연간 10.5% 더 감소될 것으로 분석하였다.

연구소측은 서울, 부산 등 특별시 및 광역시와 인구 50만 명 이상 대도시 전역에 차고지증명제가 실시되면 승용차 대당 평균유지비 증가율이 72.3%에 달하면서 승용차 수요가 10.5% 추가로 감소하게 된다고 지적하였다. 차종별로는 대형차와 중형차가 각각 1.4%, 7.6% 감소하지만 중형 이하는 12.5% 줄어들게 된다고 연구소는 분석하였다.

〈조선일보, 1998. 1. 22〉

에 대한 수요는 증가한다. 소득이 증가할 때 수요가 증가하는 이러한 재화를 정상재(normal goods)라고 한다. 그런데 마가린이나 돼지고기와 같은 재화는 소득이 증가하면 수요가 오히려 감소할 수 있다. 소득이 증가하면 소비자들은 마가린 대신 버터를, 돼지고기 대신 쇠고기를 소비하는 경향이 있기 때문에 마가린이나 돼지고기 수요는 오히려 감소할 수 있다. 소득증가시 수요가 감소하는 재화를 열등재(inferior goods)라고 한다.

인구(population)가 증가하면 수요도 증가한다. 서울의 인구가 증가하면 그만큼 서울의 식빵시장에는 소비자의 수가 증가하여 식빵에 대한 수요도 증가한다. 또 월드컵대회를 계기로 외국인 관광객수가 증가하면 서울의 식빵시장에는 소비자의 수가 더 증가하고 식빵 수요도 증가한다.

미래의 예측가격(expected prices)도 현재의 소비에 지대한 영향을 미친다.

생활경제 2-2 채소 · 여름 과일가격 소폭 하락

채소가격이 전반적으로 떨어졌다. 무더운 날씨가 계속되면서 공급량이 늘어난 덕분이다. 26일 한국물가정보에 따르면 마늘은 햇물량이 나오면서 지난 주 대비 400g에 500원 정도 떨어졌다. 풋고추, 청오이, 가지 등도 소폭의 하락세를 보였다. 총각무가 출하되기 시작하였다. 요즘이 가장 맛이 좋은 시기로 소비자들이 많이 찾고 있다. 다음 달만 되어도 품질이 떨어지기 때문에 총각김치를 담그기에는 지금이 적기라고 한국물가정보는 설명하였다. 하지만 가격은 지난해보다 약세를 보이고 있다. 이는 주출하지역인 충남 태안, 서산 등에서 공급량은 계속 증가하고 있는 반면 예년보다 소비가 부진하기 때문이다. 배추와 무 또한 약세에서 벗어나지 못하고 있다.

본격적인 더위가 시작되면서 여름 과일이 속속 등장하고 있다. 자두, 복숭아는 다음 달부터 노지상품 출하가 시작될 것으로 전망된다. 현재는 하우스 물량이 나와 있다. 수박은 물량증가로 지난 주 대비 최상품 가격이 2,000원 정도 떨어져 1만 6,000원 정도에 거래되고 있다. 토마토, 참외, 키위 등도 500원씩 떨어졌다.

삼겹살은 소폭 인상되었다. 시기적으로 산지 물량이 달리는 시점으로 지난 주 대비 600g당 100원 올랐다. 닭고기는 소비가 살아나고 있지만 산지 공급물량 증가폭이 더 커 지난 주 대비 kg당 200원 떨어진 2,600원에 거래되고 있다.

햇멸치가 나오기 시작하였다. 아직은 산란기로 큰 배는 조업에 나가지 못하고 작은 고기잡이배 위주로 조업이 이루어지고 있는 상태. 그러나 7월이 되면 원양어선이 출항해 다량의 물량이 들어올 것으로 전망된다. 햇멸치로 인한 물량증가로 지리멸과 가이리는 지난 주 대비 2kg당 5,000원씩 떨어졌다. 오징어채(진미채)도 지난 주 대비 kg당 1,000원 떨어졌다.

〈문화일보, 2007. 5. 26〉

제분공장의 노동자들이 파업을 예고하고 있어서 밀가루 공급이 줄어들어 내달부터 식빵가격이 인상될 것이라고 예측된다면 식빵의 사재기현상이 일어나 현재의 식빵 수요가 급증할 것이다. 내일 아침부터 휘발유가격이 인상된다고 예고되면 그 전날 주유소에 자동차들이 주유를 하려고 줄을 서는 현상이 나타난다. 이런 것은 모두 미래의 예측가격이 현재소비에 영향을 미치는 예들이다.

소비자들의 기호(tastes)도 수요에 지대한 영향을 미친다. 양식으로 아침식사를 하는 것이 유행이 되면 식빵의 수요는 증가한다. 소비자들의 기호가 양식을 선호하는 쪽으로 변하였기 때문이다. 특히, 의류산업에서는 옷에 대한 유행의 변화가 옷의 수요에 크게 영향을 미친다.

수요곡선의 이동

식빵가격 이외의 요인들에 의해 식빵의 수요량이 변할 때는 식빵의 수요곡선이 이동한다. 〈표 2.2〉에서 보는 것처럼 소비자들의 가구당 소득이 증가하면 식빵에 대한 수요가 증가한다. 소비자들의 가구당 소득이 400만 원일 때는 식빵 수요가 〈표 2.1〉과 같았고, 이는 〈표 2.2〉의 (3)열에 나타나 있다. 그런데 소비자들의 가구당 월소득이 500만 원으로 증가하니 식빵가격은 변하지 않아도 식빵 수요량은 크게 증가하였다.

〈표 2.2〉에서 식빵가격이 봉지당 3,500원으로 고정되어 있어도 가구당 월소득이 400만 원에서 500만 원으로 증가하니 식빵 수요량이 800만 봉지에서 1,100만 봉지로 급증하였다. 식빵가격이 2,500원일 때는 가구당 월소득이 400만 원에

표 2.2 식빵 수요의 변화

(단위: 만 봉지)

식빵가격(원) (1)	가구당 월소득=300만 원 (2)	가구당 월소득=400만 원 (3)	가구당 월소득=500만 원 (4)
3,500	400(a'')	800(a)	1,100(a')
3,000	500(b'')	900(b)	1,200(b')
2,500	600(c'')	1,000(c)	1,300(c')
2,000	700(f'')	1,100(f)	1,400(f')
1,500	800(g'')	1,200(g)	1,500(g')

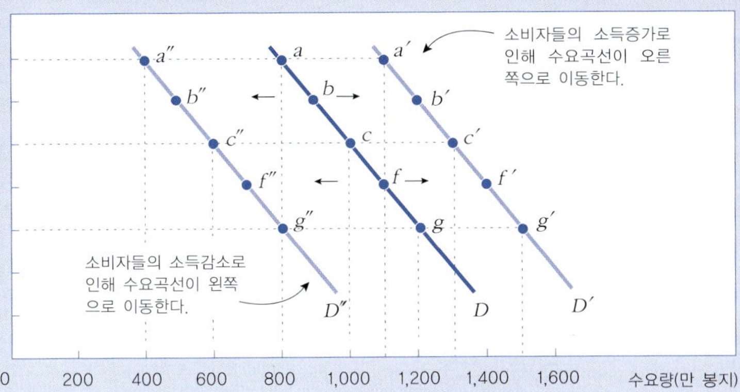

그림 2.2

식빵 수요곡선의 이동

가구당 월소득이 증가하면 식빵 수요곡선은 *D*에서 *D′*으로 이동하고 감소하면 *D*에서 *D″*으로 이동한다.

서 500만 원으로 증가함에 따라 수요량이 1,000만 봉지에서 1,300만 봉지로 증가하였다. 즉, 가격은 2,500원에 머물러 있어도 소비자들의 소득증가로 식빵 수요량이 1,000만 봉지에서 1,300만 봉지로 증가하였다.

다시 말해, 〈표 2.2〉에서 (1)열과 (3)열은 소비자들의 가구당 월소득이 400만 원일 때의 수요표를 나타낸 것인 반면, (1)열과 (4)열은 소비자들의 가구당 월소득이 500만 원일 때의 수요표를 나타낸다. 전자의 수요표를 그래프로 그린 것은 〈그림 2.2〉의 *D*곡선이고, 후자의 수요표를 그래프로 그린 것은 〈그림 2.2〉의 *D′*곡선이다. 소비자들의 가구당 소득이 증가함에 따라 수요점 *a*는 *a′*으로, *b*는 *b′*으로, *c*는 *c′*으로, *f*는 *f′*으로, *g*는 *g′*으로 이동하여 식빵의 수요곡선은 *D*로부터 오른쪽으로 *D′*까지 이동하였다.

반대로 소비자들의 소득이 감소하면 식빵의 수요곡선은 왼쪽으로 이동할 것이다. 〈표 2.2〉에서 소비자들의 가구당 월소득이 300만 원으로 줄어드니 각 가격에서의 수요량도 감소하였다. (1)열과 (2)열은 소득감소 후의 새로운 수요표이고, 이를 그래프로 그린 것은 〈그림 2.2〉의 *D″*이다. 소득감소로 인해 수요점 *a*는 *a″*으로, *b*는 *b″*으로, *c*는 *c″*으로, *f*는 *f″*으로, *g*는

g''으로 이동하여 식빵의 수요곡선은 D로부터 왼쪽으로 D''까지 이동하였다.

소비자들의 소득 외에 식빵과 관련이 있는 다른 상품의 가격, 식빵의 예측되는 미래가격, 인구수, 소비자들의 기호 등이 변할 때도 수요곡선은 이동할 것이다. 이러한 변수들이 수요량을 증가시키는 쪽으로 변하면 수요곡선은 오른쪽으로 이동하고, 수요량을 감소시키는 쪽으로 변하면 수요곡선은 왼쪽으로 이동한다.

수요량의 변화와 수요의 변화

식빵가격이 변하면 〈그림 2.1〉에서처럼 수요곡선을 따라 식빵의 수요량이 변한다. 이런 변화는 수요곡선을 따른 수요량의 변화(movement along the demand curve)라고 한다.

반면에 식빵가격 이외의 변수들이 변하면 〈그림 2.2〉에서처럼 식빵의 수요곡선이 이동한다. 이런 변화를 수요의 변화(change in demand) 또는 수요곡선의 이

생활경제 2-3 황사 오면 돼지고기 수요가 는다?

연일 황사가 계속되자, 미세먼지와 중금속을 씻어 내는 데 효과가 있는 것으로 알려진 돼지고기 소비가 크게 늘고 있다. 그러나 일반인들이 알고 있는 것과는 달리 '돼지고기 효과'는 의학적으로 근거가 없는 것으로 전해졌다.

신세계 이마트는 전국 43개 점포를 기준으로 돼지고기 판매량이 지난 3월 하순까지는 하루 평균 1억 원 정도였으나, 황사가 심해진 이 달 들어서는 9일까지 하루 평균 1억 3,000만~1억 4,000만 원으로 늘었다고 10일 밝혔다. 롯데 마그넷에서도 이 달 들어 돼지고기 판매가 무려 70% 가량 늘었다. 마그넷 영등포점 정육코너의 한 직원은 "평상시 매출액은 300만 원 정도인데 황사가 심해지면 500만 원을 넘는다"며 "돼지고기가 먼지를 씻어 내는 데 좋다는 내용의 안내문을 붙여 놓기도 하였다"고 말하였다.

직장인들이 많이 찾는 서울 종로 2가 식당들에서도 회식 때 삼겹살을 주문하는 건수가 늘어나고 있다. 종로 2가 국세청 근처 한 식당 주인은 "황사가 극심하였던 지난 8~9일 저녁에는 삼겹살 주문이 많아 고기가 달릴 정도였다"고 전하였다.

과거 석탄광산의 광원들 사이에서는 기름기 많은 돼지고기가 탄가루에 의한 진폐증 예방에 좋다는 속설이 전해 내려왔다. 그러나 경희의료원 한방호흡기내과 과장은 "삼겹살이 목에 걸린 먼지를 씻어 내고, 진폐증을 예방한다는 것은 의학적으로 증명된 바 없다"며 광원이나 건설노동자들이 돼지고기를 즐겨 먹게 된 것은 부족한 단백질 보충효과 때문일 것"이라고 말하였다.

〈한겨레신문, 2002. 4. 10〉

동(shift in demand curve)이라고 한다. 이것은 식빵가격과 식빵 수요량 사이의 관계를 나타내는 수요표 전체가 변하는 것이다.

2. 공급의 원리

공급표

사람들의 식생활 양식이 서구화되어 감에 따라 제빵회사들이 많이 생겨나고 있다. 서울시에서는 많은 제빵회사들이 식빵을 생산 · 공급한다. 〈표 2.3〉은 제빵회사들이 1개월 동안에 서울시에 얼마만큼의 식빵을 공급하는지 나타내는 가상적인 표이다. 식빵가격이 한 봉지에 3,500원이면 제빵회사들은 1개월에 1,400만 봉지의 식빵을 공급한다. 가격이 3,000원으로 내려가면 공급량은 1,200만 봉지로 감소한다. 가격이 1,500원까지 하락하면 제빵회사들의 1개월 식빵 공급량은 600만 봉지밖에 되지 않는다.

〈표 2.3〉에서처럼 가격과 공급량 사이의 이러한 관계를 표로 나타낸 것을 공급표(supply schedule)라고 한다. 공급표, 공급, 공급량 등은 서로 구분되는 개념이다. 공급(supply)은 생산자들이 상품을 판매하려는 의지이고, 공급량(quantity supplied)은 그 상품의 가격이 정해졌을 때 생산자들이 구체적으로 얼마만큼을 판매하려고 하는지를 나타낸 것이다.

〈표 2.3〉에서는 식빵가격이 하락하면 식빵의 공급량이 감소한다. 가격이 내

표 2.3 식빵의 공급표

식빵의 공급점	가격(원/봉지)	공급량(만 봉지)
u	3,500	1,400
v	3,000	1,200
w	2,500	1,000
x	2,000	800
y	1,500	600

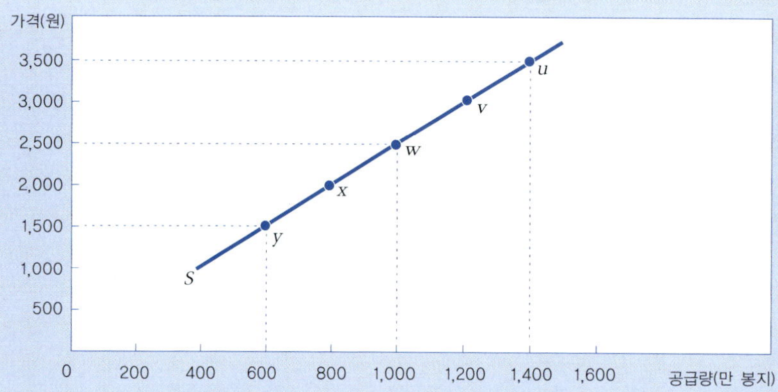

그림 2.3

식빵의 공급곡선

공급곡선은 우상향하는 기울기를 가진다.

려가면 생산자들은 수익성이 낮아지기 때문에 그 상품을 덜 판매하려고 할 것이 당연하다. 그러므로 공급에 영향을 주는 가장 중요한 요소는 그 상품의 가격이다.

공급곡선

〈표 2.3〉의 식빵 공급표를 그림으로 그리면 공급곡선(supply curve)이 도출된다. x축에는 공급량, y축에는 가격을 나타내면서 〈표 2.3〉의 공급표를 그래프로 그리면 〈그림 2.3〉과 같은 우상향하는 공급곡선이 도출된다. 〈그림 2.3〉의 점 u는 〈표 2.3〉의 u에 상응하는 점으로서 식빵가격이 한 봉지에 3,500원일 때 서울시에 공급되는 식빵의 양은 1,400만 봉지가 된다는 것을 나타낸다. 점 w는 가격이 2,500원으로 내려갔을 때 공급량이 1,000만 봉지이고, 점 y는 가격이 1,500원으로 내려갔을 때 공급량이 600만 봉지까지 감소한다는 것을 나타낸다.

〈그림 2.3〉에서 공급곡선 S는 그 기울기가 양(+)이다. 즉, 우상향하는 곡선이다. 이는 가격과 공급량이 서로 같은 방향으로 변한다는 것을 나타낸다.

공급의 법칙

〈표 2.3〉에서는 가격과 공급량이 같은 방향으로 변한다는 것을 수치로 보여 주고 있고, 〈그림 2.3〉에서는 가격과 공급량 사이의 관계가 양(+)의 관계라는 것을 그

래프로 보여 주고 있다. 가격이 하락하면 공급량이 감소하고, 가격이 상승하면 공급량이 증가하는 이런 현상을 공급의 법칙(law of supply)이라고 한다. 제빵업자들은 가격의 변화에 따라 식빵 공급량을 조정하는데, 이는 현실세계에서 보편적으로 관찰되는 현상이다.

공급에 영향을 미치는 요인들

식빵의 공급량은 식빵의 가격뿐만 아니라 식빵과 관련이 있는 다른 상품의 가격, 식빵 원료가격, 식빵 생산기술, 제빵업자들의 수, 미래의 예측가격 등에 의해서도 영향을 받는다.

관련 상품의 가격(prices of other goods)이 변하면 공급이 변하다. 식빵 만드는 기술자들은 파운드빵을 만드는 기술도 가지고 있다. 또 대부분의 식빵 제조업자들은 파운드빵 제조설비도 갖추고 있다. 만약 파운드빵의 가격이 상승하면 식빵 만드는 기술자들은 파운드빵 만드는 일로 옮겨 갈 것이고, 제빵업자들은 식빵

생활경제 2-4 새 차의 수요가 늘면 중고차가격이 하락한다

2001년 11월에는 자동차에 대한 특별소비세가 줄어들면서 새 자동차의 가격이 하락하였다. 새 자동차의 가격이 하락하면 새 자동차에 대한 수요는 증가하는 반면 중고자동차에 대한 수요는 감소한다. 중고자동차에 대한 수요가 감소하면 중고자동차의 가격도 하락한다.

정부가 특별소비세를 인하한 이후 중고차가격이 연일 급락하고 있다. 승용차 소비자들이 신차시장에 대거 몰리며, 중고차 판매상들이 '울며 겨자먹기'식으로 중고차를 할인판매하고 있다.

서울 장안평 중고차 매매시장에서 최근 배기량 2,000cc급 '뉴EF쏘나타'와 'SM5' 중고차가격이 50만~60만 원 정도 떨어졌다. 배기량 2,500cc급 이상의 고급 중고차의 가격하락폭은 더 가파르다. 예를 들어, '그랜저XG Q25'는 최근 90만~100만 원, 3,200cc급 체어맨 리무진은 160만~170만 원이나 하락하였다. 3,500cc급 최고급 에쿠스 JS3.5 중고차는 한 달 전에 비해 250만~300만 원이나 가격이 떨어졌다.

하지만 가격급락에도 불구하고, 중고차시장은 한산한 편이다. 특소세 인하 이후 중고차 대기수요자들까지 신차시장으로 옮겨 가며 중고차의 매기가 한산해진 것. 서울 장안평에서는 "특소세 인하 발표 이후 중고차 매장을 찾는 고객수가 절반으로 줄었다"며, "매매상들이 매입가보다 저렴하게 중고차를 판매하는 사례도 있다"고 말하였다. 특히, 서울자동차매매사업조합은 기존 차량 보유자가 신차를 구입하면서 중고차를 내놓을 경우, 중고차가격이 더 큰 폭으로 떨어질 가능성이 있다고 전망하고 있다.

〈조선일보, 2001.11.25〉

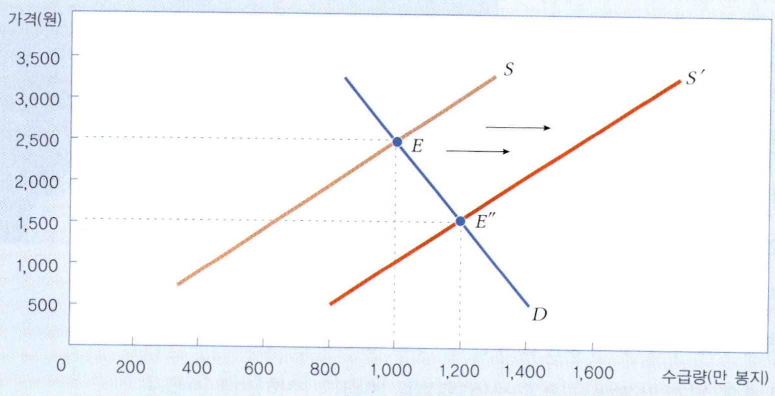

그림 2.7

공급곡선의 이동과 새 균형

공급곡선이 오른쪽으로 이동하면 균형가격은 하락하고 균형거래량은 증가한다.

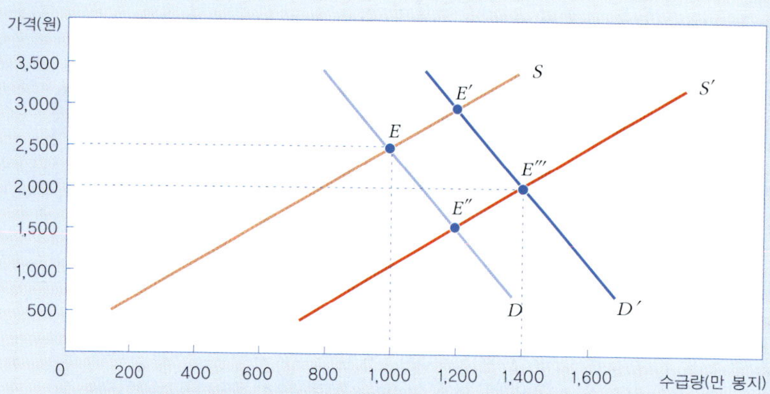

그림 2.8

수요 · 공급곡선의 이동과 새 균형

수요곡선과 공급곡선 모두 오른쪽으로 이동하면 균형거래량은 분명히 증가하지만 균형가격은 상승할 수도 있고 하락할 수도 있다.

동한다. 이번에는 균형점이 E에서 E''으로 이동하였다. 균형가격은 1,500원으로 하락하였고, 균형거래량은 1,200만 봉지로 증가한다. 공급의 증가는 가격을 하락시키면서 거래량을 증가시켰다.

소비자들의 소득이 증가하면서 동시에 원료가격이 하락하면 〈그림 2.8〉에서처럼 수요곡선과 공급곡선이 동시에 이동한다. 수요의 증가로 인해서는 가격이 상승하였으나 공급의 증가로 인해서는 가격이 하락하였다. 그런데 공급의 증가폭이 수요의 증가폭보다 크기 때문에 균형가격은 2,500원에서 2,000원으로 하락

생활경제 2-8 해도 너무한 수입물가 폭리

평균수입가격이 2만 7,000원대인 멕시코산 리바이스와 A&F, AE 브랜드의 남성청바지가 한국에서 10만~20만 원에 팔리고 있다. 관세청이 발표한 90개 수입물품의 1분기 수입가격을 보면 쇠고기, 유모차, 운동화의 경우 수입가격보다 3~4배에서 심지어 7배까지 비싼 가격에 팔린다. 해도 너무한 폭리다.

수입업체와 유통업체들은 물류와 마케팅 비용, 인건비와 이윤을 포함하면 가격이 높아지는 것은 당연하다고 항변한다. 그러나 물가가 비교적 비싼 선진국들과 비교하더라도 가격이 훨씬 높은 편이다. 지난달 한국소비자원이 7개 품목의 생활물가를 조사한 결과를 보더라도 미국 브랜드 스타벅스 커피는 미국, 영국, 일본의 1.6배였다. 똑같은 원두를 쓰는 커피가 한국에서만 유독 비싼 이유가 서울의 땅값 때문만은 아니다. 일본 도쿄의 땅값도 우리 이상으로 비싸다. 업체들이 소비자의 외제 브랜드 선호심리를 이용해 폭리를 취하고 있다고 생각할 수밖에 없다.

상식적으로 수입품은 물가를 낮추는 역할을 한다. 농산물가격이 오르면 정부는 값싼 농산물을 수입해 물가를 잡는다. 하지만 중산층 이상이 주로 소비하는 수입품들은 지나친 유통 마진으로 물가를 도리어 자극한다. 수입품의 가격이 너무 높다 보니 국민은 외국에 나가면 쇼핑 물건으로 여행용 가방을 가득 채운다. 외국 상점의 가격표가 한국의 절반도 안 되는 걸 눈으로 확인하고 충동구매 심리가 생기는 것이다. 이러한 해외소비가 여행 서비스수지 만성적자를 키우는 한 요인이다.

업체들의 폭리가 가능한 것은 비싸도 물건을 사 주는 소비자가 있기 때문이다. 국내에는 고가 수입품을 소비할 수 있는 여유계층이 존재한다. 이들의 무조건적 외제선호는 가격구조를 왜곡시킨다. 디자이너는 "수입명품이라는 단어는 자존심 상한다. 그냥 수입품으로 불러야 한다"고 말하였다. 품질과 가격을 따지기보다 외제 브랜드만 좇는 소비형태를 겨냥한 말이다. 고유가시대, 수입 및 유통업체의 반성과 함께 소비자의 합리적 의사결정이 따라야 한다.

〈동아일보, 「사설」, 2008. 6. 1〉

하였다. 만약 그 반대이면 균형가격은 상승할 수도 있다. 거래량은 수요증가와 공급증가 모두에 의해 증가하였다. 따라서 균형거래량은 1,000만 봉지에서 1,400만 봉지로 대폭 증가하였다.

요약하기

❖ 수요표: 가격과 수요량 사이의 관계

❖ 수요곡선: 수요표를 그래프로 그린 것

❖ 수요의 법칙: 가격과 수요량이 서로 반대 방향으로 변하는 현상(역관계)

❖ 수요에 영향을 미치는 요소들: 관련 상품의 가격, 소비자의 소득, 미래예측가격, 인구, 소비자의 기호

❖ 대체재, 보완재, 정상재, 열등재

❖ 수요량의 변화(자체가격이 변할 때)와 수요의 변화(자체가격 이외의 변수들이 변할 때: 수요곡선의 이동)

❖ 공급표: 가격과 공급량 사이의 관계

❖ 공급곡선: 공급표를 그래프로 그린 것

❖ 공급의 법칙: 가격과 공급량이 서로 같은 방향으로 변하는 현상(양의 관계)

❖ 공급에 영향을 미치는 요소들: 관련 상품의 가격, 원료가격, 생산기술, 공급자 수, 미래의 예측가격

❖ 공급량의 변화(자체가격이 변할 때)와 공급의 변화(자체가격 이외의 변수들이 변할 때: 공급곡선의 이동)

❖ 개별수요곡선, 시장수요곡선, 개별공급곡선, 시장공급곡선

❖ 균형가격: 시장수요곡선과 시장공급곡선이 교차하는(일치하는) 점에서 정해지는 가격

복습과 토론하기

2. 1.

국산 녹차는 비타민의 함유량이 높고 성인병 예방에 특효가 있는 것으로 밝혀지고 있다. 앞으로 국산 녹차의 가격은 어떻게 변할 것이라고 보는가? 그리고 커피에 대한 수요와 커피가격에는 어떤 영향을 미칠까?

2. 2.

국내의 경기불황으로 원화의 가치가 점점 떨어지고 있는데, 이러한 환율인상으로 설탕의 원료가 되는 원당의 수입가격이 급상승하였다. 이때 국내의 설탕시장에는 어떤 변화가 일어날까?

2. 3.

광우병의 공포 때문에 쇠고기에 대한 수요가 급격히 감소하고 있다. 쇠고기 가격은 어떻게 변할까? 그리고 돼지고기가격은 어떻게 변할까? 쇠고기와 돼지고기는 서로 어떤 관계의 재화라고 할 수 있는가?

2. 4.

금년에는 사과에 대한 병충해 때문에 사과의 수확량이 크게 감소하였다. 사과가격은 어떻게 변할까? 그리고 배의 가격과 귤의 가격은 각각 어떻게 변할까?

1. 가격변화에 대한 수요의 대응

수요의 가격탄력성이란

어떤 상품이든 가격이 오르면 수요량이 감소한다. 그러나 수요량이 감소하는 정도는 상품에 따라 차이가 있다. 자동차는 가격이 10% 오르니까 자동차 수요량이 15% 감소하였다. 그러나 휘발유는 가격이 10% 올랐는데 수요량이 3%만 감소하였다. 이와 같이 두 상품 모두 가격은 10% 올랐지만 수요량이 감소하는 정도는 각기 달랐다.

수요의 가격탄력성(price elasticity of demand)이란 가격이 변할 때 수요량이 얼마만큼 민감하게 변화하느냐를 나타내는 것인데 다음과 같이 정의된다.

$$수요의\ 가격탄력성(\varepsilon) = \frac{수요량의\ 변화율}{가격의\ 변화율} = \frac{\Delta Q^d}{Q^d} \bigg/ \frac{\Delta P}{P} \qquad (3.1)$$

식 (3.1)에서 Q^d는 수요량, P는 가격, ΔQ^d는 수요량의 변화분, ΔP는 가격의 변화분을 나타낸다. 그러므로 $\Delta Q^d/Q^d$는 수요량의 변화율이 되고, $\Delta P/P$는 가격의 변화율이 된다. 식 (3.1)의 분모와 분자에 각각 100을 곱하면 분모와 분자는 모두 %변화율이 되는데, 이는 서로 약분되기 때문에 식 (3.1)에는 표시하지 않았다. 식 (3.1)은 가격이 1% 변할 때 수요량이 몇 % 변할까를 나타내는 것으로서, 이를 수요의 가격탄력성이라고 한다.

앞에서 자동차는 가격이 10% 오를 때 수요량이 15% 감소하였기 때문에 수요의 가격탄력성은 1.5(=15%/10%)이다. 반면에 휘발유는 수요의 가격탄력성이 0.3(=3%/10%)이다. 자동차의 수요는 휘발유보다 훨씬 더 가격탄력적이다.

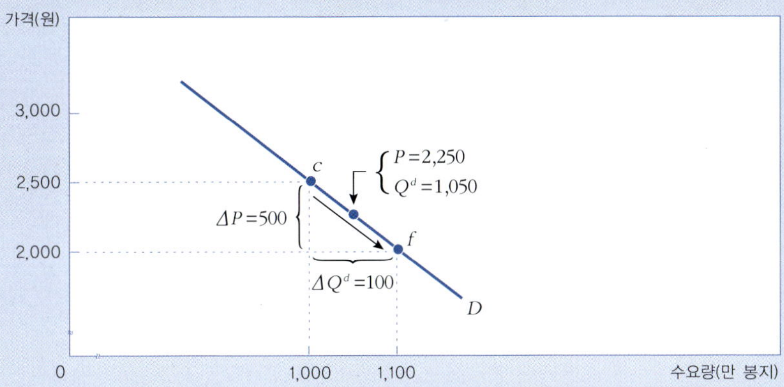

그림 3.1

수요의 가격탄력성 측정

c, f 구간의 중간점을 기준으로 탄력성 값을 측정하기 위해서는 다음과 같은 공식을 사용할 수 있다. 변화 전의 가격을 P_0, 변화 후의 가격을 P_1, 변화 전의 수요량을 Q_0^d, 변화 후의 수요량을 Q_1^d라 두면,

$$\text{수요의 가격탄력성}(\varepsilon) = \frac{(Q_1^d - Q_0^d)}{(Q_1^d + Q_0^d)/2} \Big/ \frac{(P_1 - P_0)}{(P_1 + P_0)/2} = \frac{(Q_1^d - Q_0^d)}{(P_1 - P_0)} \times \frac{(P_1 + P_0)}{(Q_1^d + Q_0^d)} = \frac{\Delta Q^d}{\Delta P} \times \frac{(P_1 + P_0)}{(Q_1^d + Q_0^d)}$$

이 공식에 대입하여 c, f 구간에서의 탄력성 값을 측정하면, $\varepsilon = \frac{100}{500} \times \frac{4,500}{2,100} = \frac{3}{7}$

수요탄력성 값의 측정

수요의 가격탄력성은 식 (3.1)의 공식에 의해 그 값을 측정할 수 있다. 〈그림 3.1〉은 앞 장(제2장)에서 논의한 식빵의 수요곡선을 확장해서 그린 것이다. 〈그림 3.1〉에서는 식빵값이 2,500원에서 2,000원으로 하락하자 식빵의 수요량이 1,000만 봉지에서 1,100만 봉지로 증가하였다. 그리고 수요점이 점 c에서 점 f로 이동하였는데, 이때 가격의 변화분은 500원(ΔP=500)이고, 수요량의 변화분은 100만 봉지이다(ΔQ^d=100). 수요점이 점 f에서 점 c로 이동해도 가격과 수요량의 변화분은 마찬가지이다.

수요점이 c, f 구간에서 이동할 때 수요의 가격탄력성은 식 (3.1)의 공식으로 측정할 수 있다. 그런데 가격 P와 수요량 Q^d를 점 c의 값으로 하느냐, 점 f의 값으로 하느냐에 따라 측정된 탄력성 값은 달라진다. 그러므로 c, f구간에서의 탄력성 값은 주로 c, f의 중간점을 기준으로 측정한다. 즉, P값은 c, f구간의 중간가격인 2,250원으로 하고, Q^d값은 c, f구간의 중간수요량인 1,050만 개로 한다. 이 값들을 식 (3.1)에 대입시켜 수요의 가격탄력성 값을 측정하면 다음과 같다.

$$\varepsilon = \frac{\Delta Q^d}{Q^d} \Big/ \frac{\Delta P}{P} = \frac{100}{1,050} \Big/ \frac{500}{2,250} = \frac{3}{7}$$

수요량은 가격과 반대 방향으로 변하기 때문에 수학적 값으로는 수요의 가격탄력성이 음(−)이 된다. 그러나 경제학적인 의미를 찾기 위해서는 이 값을 양(+)으로 바꾸어야 한다.

수요탄력성 값과 수요곡선

수요의 가격탄력성은 아래와 같이 구분하여 살펴볼 수 있다.

- 탄력적(elastic)
  - 완전탄력적(perfectly elastic): $\varepsilon = \infty$
  - 탄력적(elastic): $1 < \varepsilon < \infty$
- 단위탄력적(unit elastic): $\varepsilon = 1$
- 비탄력적(unelastic)
  - 비탄력적(inelastic): $0 < \varepsilon < 1$
  - 완전비탄력적(perfectly inelastic): $\varepsilon = 0$

탄력성 값이 1보다 크면 가격변화율보다 수요량변화율이 더 크기 때문에 이런 수요는 탄력적 수요라고 한다. 탄력성 값이 1이면 가격변화율과 수요량변화율이 일치하는데 이런 수요는 단위탄력적 수요라고 한다. 탄력성 값이 1보다 작으면 가격변화율보다 수요량변화율이 더 작기 때문에 이런 수요는 비탄력적 수요가 된다.

〈그림 3.2〉는 탄력성 값의 차이에 따라 수요곡선의 모양이 어떻게 달라지는지를 보여 주고 있다. 수요가 가격변화에 대해 완전탄력적이면($\varepsilon = \infty$), 수요곡선의 모양은 〈그림 3.2〉의 (a)와 같이 수평선으로 된다. 이는 가격이 조금만 변해도 수요량이 무한대로 변한다는 것을 나타낸다.

수요가 가격변화에 대해 탄력적이면($1 < \varepsilon < \infty$) 수요곡선의 모양은 〈그림

생활경제 3-1 경차 기름값 깎아 주니 중고차 없어서 못 파네

5월부터 경차에 대한 유류세 인하계획이 확정되자 중고 경차시장에서 기현상이 발생하고 있다. 경차 인기가 올라가며 중고 경차가격이 상승하기 시작한 것이다. 중고차의 가격은 시간이 갈수록 하락하기 마련이어서 이와 같은 현상은 매우 이례적인 것으로 여겨진다.

경차 유류에 부과된 유류세(휘발유 ℓ당 300원, LPG ℓ당 147원)를 환급하여 주는 법안이 지난달 26일 국회 본회의에서 통과되었다. 이에 따라 40ℓ 연료탱크를 가진 경차가 가득 주유하였을 때 1만 2,000원이 절감된다. ℓ당 휘발유값이 1,700원을 넘어섰기 때문에 15% 이상 할인혜택을 보는 셈이다.

국내 최대 중고차 쇼핑몰인 SK엔카에 따르면 기아차 모닝의 중고차 시세는 전월 대비 30만 원가량 올랐다. 이에 따라 2004년형 SLX 모델은 680만 원, 2006년형 SLX 모델은 800만 원 선에서 시세가 형성되고 있다.

SK엔카 관계자는 "오프라인 직영 매매센터에는 중고 모닝 매물을 확보하기가 무섭게 팔리고 있다"고 말하였다. 이렇게 회전율이 높다 보니 거래건수도 크게 늘어나고 있다. SK엔카에 등록된 모닝 매물수는 지난 1월에 전달 대비 2배로 늘었고, 2월에는 1월보다 2배 이상 늘어난 것으로 알려졌다.

지금은 단종된 기아차 비스토, 현대차 아토스도 다시 몸값이 올라가고 있다. 심지어 대우 티코, 구형 마티즈도 찾는 사람이 많아져 시세가 오르는 추세다. 특히, 경차는 특소세, 취득세, 등록세가 면제되기 때문에 더욱 인기를 끌고 있다. 현행 경차의 범위를 1,000cc까지 확대하는 주차장법 개정안과 도시교통정비촉진법 개정안이 국회를 통과함에 따라 국무회의 의결을 거치는 이 달 하순부터 새로운 법이 시행된다.

〈매일경제, 2008.3.5〉

3.2〉의 (b)와 같이 완만한 기울기의 곡선이 된다. 기울기가 완만하다는 것은 가격이 변할 때 수요량이 비교적 많이 변한다는 것을 나타낸다.

수요가 가격변화에 대해 단위탄력적이면($\varepsilon=1$) 수요곡선의 모양은 〈그림 3.2〉의 (c)와 같이 쌍곡선 형태의 곡선이 된다. 이 수요곡선은 어느 수요점에서도 수요의 가격탄력성이 1이 된다. 즉, 이 수요곡선상에서는 가격이 어떻게 변해도 가격변화율과 수요량변화율이 항상 똑같다.

수요가 가격변화에 대해 비탄력적이면($0<\varepsilon<1$) 수요곡선의 모양은 〈그림 3.2〉의 (d)와 같이 가파른 기울기의 곡선이 된다. 기울기가 가파르다는 것은 가격이 변할 때 수요량이 비교적 적게 변한다는 것을 나타낸다.

수요가 가격변화에 대해 완전비탄력적이면($\varepsilon=0$) 수요곡선의 모양은 〈그림 3.2〉의 (e)와 같이 수직선으로 된다. 이는 가격이 아무리 변해도 수요량은 전혀 변하지 않는다는 것을 나타낸다.

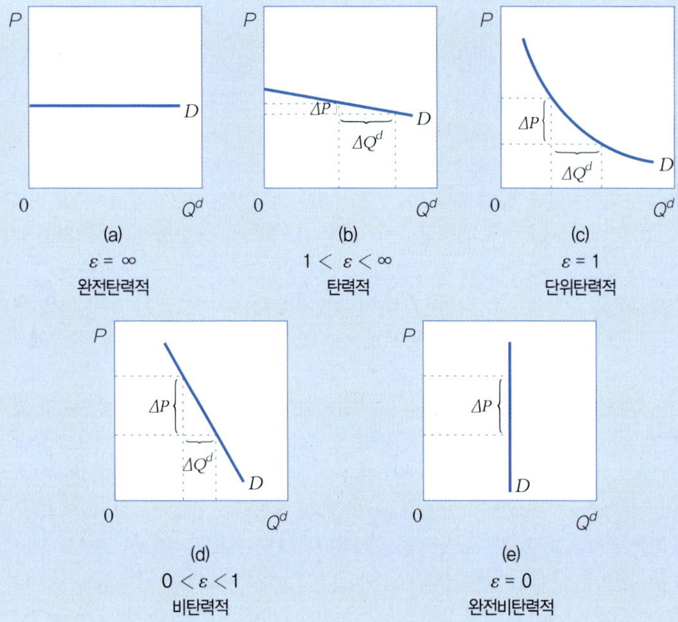

그림 3.2
수요의 가격탄력성과 수요곡선의 모양

수요탄력성에 영향을 미치는 요소들

상품의 성질에 따라 수요의 가격탄력성은 그 크기가 각기 다르다. 어떤 상품은 가격변화에 매우 민감한가 하면, 어떤 상품은 별로 민감하지 않게 반응하기도 한다. 대체재(substitutes)의 수가 많은 상품은 수요의 가격탄력성이 높다. 자장면가격이 오르면 소비자들은 자장면 대신 우동, 짬뽕, 라면, 국수 등 수많은 대체상품으로 소비를 옮겨 갈 수 있기 때문에 자장면 수요는 매우 탄력적으로 감소할 것이다. 그러므로 자장면가격을 올리고 싶을 때는 자장면 이외의 다른 음식들도 가격을 올릴 때 자장면가격을 올려야만 수요가 덜 감소한다.

소득액 중 특정 상품에의 지출 비중이 크면 이 상품에 대한 수요의 가격탄력성이 높다. 이 상품의 소비는 소비자의 소득 중 많은 부분을 차지하기 때문에 이 상품의 가격이 올라가면 소비자들의 부담이 매우 높아진다. 그러므로 소비자들은 이 상품의 소비를 크게 줄여 나갈 수밖에 없다. 즉, 수요가 매우 탄력적일 수밖에 없다. 생수를 사 먹는 가구는 식비 중 생수의 구입에 지출하는 비중이 높은 편이다. 이때 생수가격이 오르면 가계부담이 많이 늘어나기 때문에 생수 소비를 크게 줄이게 된다.

사치성이 높은 재화(luxuries)는 탄력성이 높다. 양주는 사치성이 높은 주류인데 양주값이 오르면 소비자들은 양주보다 급이 낮은 소주나 맥주로 소비를 옮겨 가기 때문에 양주 수요는 매우 탄력적으로 감소할 것이다. 반대로 필수재(necessities)는 수요가 비탄력적이다. 전기는 필수재이기 때문에 전기요금이 올라도 수요가 많이 감소하지 않는다. 전기 없이는 살아가기 어렵기 때문에 전기 수요는 탄력적이 될 수 없다.

장기(long run)에 있어서는 단기(short run)에서보다 탄력성이 더 높다. 상품의 가격이 변한 후, 한 달 후의 수요량 감소는 1주일 후의 수요량 감소보다 더 크다. 소비자들이 가격변화에 대응할 수 있는 시간이 충분해지기 때문이다. 휘발유가격이 증가하였을 때 단기에는 휘발유 수요가 많이 감소하지 않는다. 그러나 장기에는 많은 사람들이 대형차 대신 소형차를 구매하는 등 휘발유가격 인상에 충분히 대응할 수 있기 때문에 수요가 더 탄력적으로 변한다.

수요탄력성과 판매수입

기업들은 가격을 올리면 수입이 증가할 것이라고 생각하기 쉽다. 현대자동차가 자동차 판매가격을 올리면 판매수입이 증가할까? 판매수입은 증가할 수도 있고 감소할 수도 있다.

자동차수요의 가격탄력성이 1보다 크면 가격이 1% 증가할 때 수요량이 1보다 더 많이 감소해 버리기 때문에 자동차 판매수입은 오히려 감소한다. 반면에 수요의 가격탄력성이 1보다 작으면 가격을 1% 인상시킬 때 수요량은 1%보다 적게 감소하기 때문에 판매수입은 오히려 증가한다. 그러므로 가격변화시 판매수입의 변화는 전적으로 탄력성의 크기에 달려 있다. 그런데 수요의 가격탄력성이 1이면 가격증가율과 수요량감소율이 똑같기 때문에 판매수입에는 하등의 변화가 없다.

이와 같이 가격이 변할 때 판매자의 판매수입은 증가할 수도 있고 감소할 수도 있다. 이를 요약하면 다음과 같다.

- 가격상승시

- 탄력적 수요($\varepsilon > 1$) → 가격상승률 $<$ 수요량감소율 → 판매수입 감소
- 단위탄력적 수요($\varepsilon = 1$) → 가격상승률 = 수요량감소율 → 판매수입 불변
- 비탄력적 수요($\varepsilon < 1$) → 가격상승률 $>$ 수요량감소율 → 판매수입 증가

- 가격하락시

- 탄력적 수요($\varepsilon > 1$) → 가격하락률 $<$ 수요량증가율 → 판매수입 증가
- 단위탄력적 수요($\varepsilon = 1$) → 가격하락률 = 수요량증가율 → 판매수입 불변
- 비탄력적 수요($\varepsilon < 1$) → 가격하락률 $>$ 수요량증가율 → 판매수입 감소

2. 가격변화에 대한 공급의 대응

공급의 가격탄력성이란

어떤 상품이든 가격이 오르면 공급량이 증가한다. 그러나 공급량이 증가하는 정도는 상품에 따라 차이가 있다. 쌀가격이 10% 상승할 때 쌀의 공급량은 5% 증가하나 라면값이 10% 상승하면 라면 공급량은 14% 증가한다. 두 상품은 모두 가격이 10% 상승하였지만 공급량이 증가하는 정도는 각각 다르다.

생활경제 3-2 흉년에도 농부의 수입은 증가할 수 있다

가을에 태풍이 불어와서 제주도의 귤이 많이 떨어져 버리면 감귤업자들은 크게 한숨을 짓는다. 그러나 귤 공급이 줄어들어 귤가격이 많이 올라가 버리면 감귤업자들의 판매수입은 오히려 더 증가할 수도 있다. 귤 수요의 가격탄력성이 1보다 작으면 귤의 가격은 많이 올라가도 수요량은 크게 감소하지 않기 때문에 감귤업자들은 오히려 더 큰 수입을 올릴 수도 있다.

농부들이 배추를 너무 많이 재배하여 김장철에 배추값이 너무 낮아지는 경우가 있다. 이때 농부들은 배추밭을 트랙터로 갈아엎어 버리기도 한다. 그러면 배추 공급이 감소하고 배추값이 상승한다. 이때 농부들은 적은 배추를 판매하고도 더 많은 판매수입을 얻을 수 있다. 배추의 수요가 비탄력적이면 그렇게 된다.

공급의 가격탄력성(price elasticity of supply)이란 가격이 변할 때 공급량이 얼마만큼 민감하게 변화하느냐를 나타내는 것인데 다음과 같이 정의된다.

$$\text{공급의 가격탄력성}(\eta) = \frac{\text{공급량의 변화율}}{\text{가격의 변화율}}$$

$$= \frac{\Delta Q^s}{Q^s} \bigg/ \frac{\Delta P}{P} \qquad (3.2)$$

식 (3.2)에서 Q^s는 공급량, P는 가격, ΔQ^s는 공급량의 변화분, ΔP는 가격의 변화분을 나타낸다. 그러므로 $\Delta Q^s/Q^s$는 공급량의 변화율이 되고, $\Delta P/P$는 가격의 변화율이 된다. 식 (3.2)의 분모와 분자에 각각 100을 곱하면 분모와 분자 모두 %변화율이 되는데, 이는 서로 약분되기 때문에 식 (3.2)에는 표시하지 않았다. 식 (3.2)는 가격이 1% 변할 때 공급량이 몇 % 변할까를 나타내는 것으로서 이를 공급의 가격탄력성이라고 한다.

앞에서 쌀은 가격이 10% 상승할 때 공급량이 5% 증가하였기 때문에 공급의 가격탄력성은 0.5(=5%/10%)이다. 반면에 라면은 공급의 가격탄력성이 1.4(=14%/10%)이다. 쌀보다는 라면 공급이 더 가격탄력적이다.

공급탄력성 값의 측정

공급의 가격탄력성은 식 (3.2)에 있는 공식에 의해 그 값을 측정할 수 있다. 〈그림 3.3〉은 앞 장에서 논의한 식빵에 대한 공급곡선을 확장해서 그린 것이다. 〈그림 3.3〉에서는 식빵값이 2,500원에서 3,000원으로 증가하니 식빵의 공급량이 1,000만 봉지에서 1,200만 봉지로 증가하였다. 그러므로 공급점이 점 w에서 점 v로 이동하였을 때 가격변화분은 500원(ΔP=500)이고, 공급량변화분은 100만 봉지이다(ΔQ^s=200). 공급점이 w, v구간에서 이동할 때 공급의 가격탄력성은 식 (3.2)의 공식으로 측정될 수 있다. 그런데 가격 P와 공급량 Q^s를 점 w의 값으로 하느냐, 점 v의 값으로 하느냐에 따라 측정된 탄력성 값은 달라진다. 그러므로 w, v구간에서의 탄력성 값은 주로 w, v구간의 중간점을 기준으로 측정한다. 즉, P 값은 w,

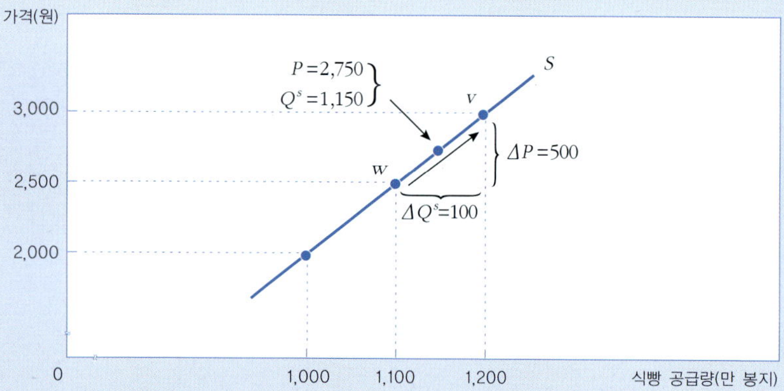

그림 3.3
공급의 가격탄력성 측정

w, v구간의 중간점을 기준으로 탄력성 값을 측정하기 위해서는 다음과 같은 공식을 사용할 수 있다. 변화 전의 가격을 P_0, 변화 후의 가격을 P_1, 변화 전의 공급량을 Q_0^s, 변화 후의 공급량을 Q_1^s라 두면,

$$\text{공급의 가격탄력성}(\eta) = \frac{(Q_1^s - Q_0^s)}{(Q_1^s + Q_0^s)/2} \Big/ \frac{(P_1 - P_0)}{(P_1 + P_0)/2} = \frac{(Q_1^s - Q_0^s)}{(P_1 - P_0)} \times \frac{(P_1 + P_0)}{(Q_1^s + Q_0^s)} = \frac{\Delta Q^s}{\Delta P} \times \frac{(P_1 + P_0)}{(Q_1^s + Q_0^s)}$$

이 공식에 대입하여 w, v구간에서의 탄력성 값을 측정하면, $\eta = \frac{100}{500} \times \frac{5{,}500}{2{,}300} = \frac{11}{23}$

v 구간의 중간 가격인 2,750원으로 하고, Q^s값은 w, v구간의 중간 공급량인 1,150만 개를 사용한다(이 문제는 수요의 가격탄력성에서도 마찬가지이기 때문에 수요의 가격탄력성 부분에서 충분히 설명되었다).

이 값들을 식 (3.2)에 대입시켜 공급의 가격탄력성 값을 측정하면 다음과 같다.

$$\eta = \frac{\Delta Q^s}{Q^s} \Big/ \frac{\Delta P}{P} = \frac{100}{1{,}150} \Big/ \frac{500}{2{,}750} = \frac{11}{23}$$

공급탄력성 값과 공급곡선

공급의 가격탄력성 값도 수요의 가격탄력성에서처럼 아래와 같이 구분하여 살펴볼 수 있다.

- 탄력적(elastic)
  - 완전탄력적(perfectly elastic): $\eta = \infty$
  - 탄력적(elastic): $1 < \eta < \infty$

- 단위탄력적(unit elastic): $\eta=1$
- 비탄력적(unelastic) — 비탄력적(inelastic): $0<\eta<1$ / 완전비탄력적(perfectly inelastic): $\eta=0$

탄력성 값이 1보다 크면 가격변화율보다 공급량변화율이 더 크기 때문에 이런 공급은 탄력적 공급이라고 한다. 탄력성 값이 1이면 가격변화율과 공급량변화율이 일치하는데, 이런 공급을 단위탄력적 공급이라고 한다. 탄력성 값이 1보다 작으면 가격변화율보다 공급량변화율이 더 작기 때문에 이런 공급은 비탄력적 공급이 된다.

〈그림 3.4〉는 탄력성 값의 차이에 따라 공급곡선의 모양이 어떻게 달라지는

생활경제 3-3 부자학

어떻게 하면 돈을 많이 벌어 부자가 될 수 있을까. 부자는 모두가 희망하는 이 시대 최고의 화두가 아닌가 싶다. 그러나 부자가 되는 길은 결코 쉽지 않다. 부자라는 신기루를 쫓다가 지쳐 쓰러지는 사람들이 부지기수다.

그렇다면 부자가 되는 비법은 무엇인가? 미국의 부자연구가인 토머스 스탠리는 검소한 생활, 시간과 에너지의 효율적인 분배, 자신에게 맞는 적절한 직업의 선택 등을 제시한다. 우리 정서와는 다소 동떨어지지만 성인 자녀에게 경제적인 보조를 하지 않는 것도 비법의 하나로 친다.

투자은행인 메릴린치 보고서에는 부자들의 덕목으로 절약과 인내를 꼽고 있다. 사실 부자를 정의하기는 그리 간단치 않다. 부자 소리를 들으려면 얼마를 모아야 하는지 변변한 모델도 없다. 또 돈만 많다고 과연 부자라고 할 수 있을지도 의문이다. 경제력만으로 부자를 따질 수 없다는 이야기다.

최근 부자학연구학회가 마련한 세미나에서 바람직한 부자상을 논의하였다. '어떻게 하면 한국에서 부자가 제대로 존경받을 수 있을까'라는 주제였는데, 만 석의 재산을 일군 경주 최부자 가문의 오랜 가르침이 화제가 되었다. '흉년에는 전답을 사지 마라'는 요즘으로 치면 적대적 인수합병을 금지하는 것이며, '큰 돈 아끼지 말고 작은 돈 아껴라'라는 가훈은 근검절약으로 돈을 모아 좋은 일에 쓰라는 말일 게다. 우리나라에서는 부자에 대한 인식이 곱지 않기에 최부잣집이 종종 회자되곤 한다. 교육사업과 사회사업, 독립운동에 큰 돈을 보태 노블레스 오블리주의 모범을 보였기 때문이다.

지난 해 결성된 부자학연구학회는 부자가 되기 위한 습관과 행동을 연구하고 있지만, 부자들의 금도가 무엇인지도 제시하고 있다. 우리 사회에 만연된 반(反)부자 정서를 완화하기 위해서다. 유럽에서는 부자 가문으로 명성을 얻으려면 4대는 이어져야 한다고 하는데, 재산을 불리면서 음덕(陰德)을 쌓아야 한다는 의미로 들린다. 부자들이 진정으로 존경을 받는 사회가 아쉽기만 하다.

〈한국경제, 2008. 3. 31〉

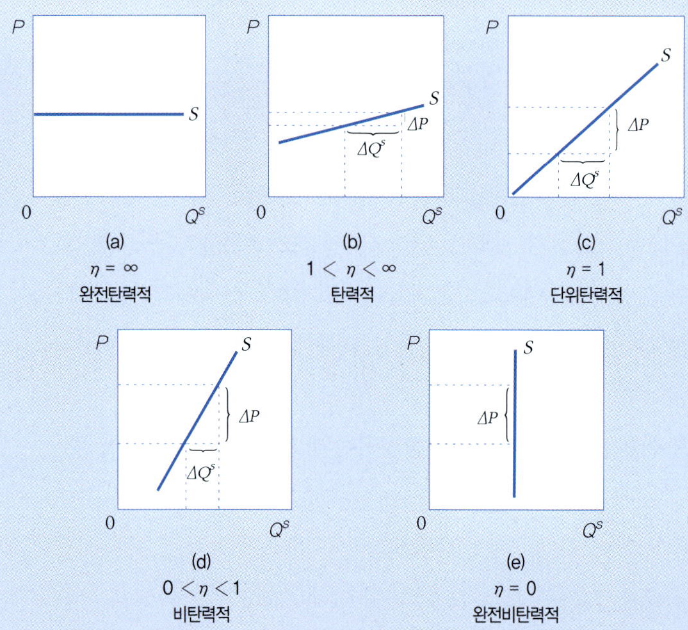

그림 3.4

공급의 가격탄력성과 공급곡선의 모양

지를 보여 주고 있다. 공급이 가격변화에 대해 완전탄력적이면($\eta = \infty$) 공급곡선의 모양은 〈그림 3.4〉 (a)와 같이 수평선으로 된다. 이는 가격이 조금만 변해도 공급량이 무한대로 변한다는 것을 나타낸다.

공급이 가격변화에 대해 탄력적이면($1 < \eta < \infty$) 공급곡선의 모양은 〈그림 3.4〉 (b)와 같이 완만한 기울기의 곡선이 된다. 기울기가 완만하다는 것은 가격이 변할 때 공급량이 비교적 많이 변한다는 것을 나타낸다. 이때 완만하다는 증거는 공급곡선이 원점 윗부분의 P축과 만난다는 것으로 입증된다. 즉, 공급곡선이 원점 윗부분의 P축과 만나면 이런 공급곡선은 탄력적인 공급곡선임을 나타낸다.

공급이 가격변화에 대해 단위탄력적이면($\eta = 1$) 공급곡선의 모양은 〈그림 3.4〉의 (c)와 같이 원점을 통과하는 직선이 된다. 이런 공급곡선은 어느 공급점에서도 공급의 가격탄력성이 1이 된다. 즉, 원점을 통과하는 공급곡선(직선형태)에서는 가격이 어떻게 변해도 가격변화율과 공급량변화율이 항상 똑같다.

공급이 가격변화에 대해 비탄력적이면($0 < \eta < 1$) 공급곡선의 모양은 〈그림

3.4〉의 (d)와 같이 가파른 기울기의 곡선이 된다. 기울기가 가파르다는 것은 가격이 변할 때 공급량이 비교적 적게 변한다는 것을 나타낸다. 이때 가파르다는 증거는 공급곡선이 원점의 오른쪽 부분인 Q^S축과 만난다는 것으로 입증된다. 즉, 공급곡선이 원점의 오른쪽 부분인 Q^S축과 만나면 이런 공급곡선은 비탄력적인 공급곡선임을 나타낸다.

공급이 가격변화에 대해 완전비탄력적이면($\eta=0$) 이 공급곡선의 모양은 〈그림 3.4〉의 (e)와 같이 수직선으로 된다. 이는 가격이 아무리 변해도 공급량은 전혀 변하지 않는다는 것을 나타낸다.

공급탄력성에 영향을 미치는 요소들

상품의 가격이 상승하면 그 상품의 공급량이 증가하는 것은 당연하다. 그런데 공급량이 증가하는 정도는 시간의 길이에 따라 다르다. 생선의 가격이 상승하면 생선의 공급량은 증가할 것이다. 그러나 하루라는 짧은 기간 내에는 공급량이 증가할 수 없다. 노량진 수산시장에 입하된 생선의 공급량은 이미 고정되어 있기 때문에 하루라는 기간 내에는 비록 생선가격이 상승한다고 해도 공급량이 전혀 증가할 수 없다. 즉, 공급의 가격탄력성은 0이다. 이런 기간을 초단기 또는 시장기간(market period)이라고 한다.

초단기는 공급량이 고정되어 있는 기간으로 공급의 가격탄력성이 0인 기간을 말한다. 초단기에는 공급곡선이 수직이다. 그런데 생선가격의 상승이 지속되면 더 많은 어부들이 고기잡이에 나설 것이다. 그러므로 가격이 상승한 후 1주일이 지난 후부터는 노량진 수산시장에 매일매일 더 많은 생선이 공급될 것이다. 즉, 생선가격이 오른 후 어느 정도의 시간이 경과한 후에는 생선의 1일 공급량이 상당히 증가한다. 이제 생선의 공급곡선이 우상향하고, 공급의 가격탄력성은 0보다 큰 값이 된다.

그러나 이 기간도 고기잡이 장비와 고기잡이배가 늘어날 정도로 긴 기간은 아니다. 고기잡이배를 늘리려면 새로운 배를 구입해야 하기 때문에 더 많은 시간이 걸린다. 이 기간은 고기잡이배와 장비는 고정된 채 더 많은 어부들이 승선하여 고기를 더 많이 잡아 온 기간일 뿐이다. 이런 기간을 단기(short run)라고 한다. 단기는 생산설비가 고정된 채 더 많은 노동력이 참가하여 생산을 증가시키는 기간이다. 이러한 단기에서는 초단기에서보다 공급의 가격탄력성이 더 크다.

그런데 생선가격의 상승이 더 오래 지속되면 어부들은 고기잡이 설비 자체를 확대해 나가고, 다른 업종에서 어업으로의 업종전환이 일어난다. 어선의 수가 증가하고 어업장비가 대대적으로 확충된다. 이런 기간을 장기(long run)라고 한다. 생선가격의 상승이 6개월, 1년 등 오랜 기간 지속되면 이런 현상이 일어나 생선의 1일 공급량은 아주 많이 증가할 것이 분명하다. 노량진 수산시장의 1일 생선출하량은 매우 많이 증가할 것이다. 이렇게 되면 생선공급의 가격탄력성은 아주 많이 증가한다.

이와 같이 공급의 가격탄력성은 시간의 길이에 따라 달라진다. 초단기보다는 단기에, 단기보다는 장기에 공급의 가격탄력성이 더 커진다.

3. 탄력성과 조세부담의 귀착

세금부과와 세금의 부담

정부가 술의 소비를 억제시키기 위해 소주 생산업체에 소주 1병당 100원씩의 세금을 부과하면 생산자는 1병당 100원씩의 비용부담을 가지기 때문에 소주의 공급곡선은 〈그림 3.5〉에서처럼 100원만큼 위로 이동한다. 즉, 공급이 줄어든다. 세금부과 이전에는 공급곡선이 S였는데, 세금부과 이후에는 공급곡선이 위로 100원만큼 이동하여 S'이 된다.

세금부과 이전에는 소주시장의 균형이 수요곡선 D와 공급곡선 S가 교차하

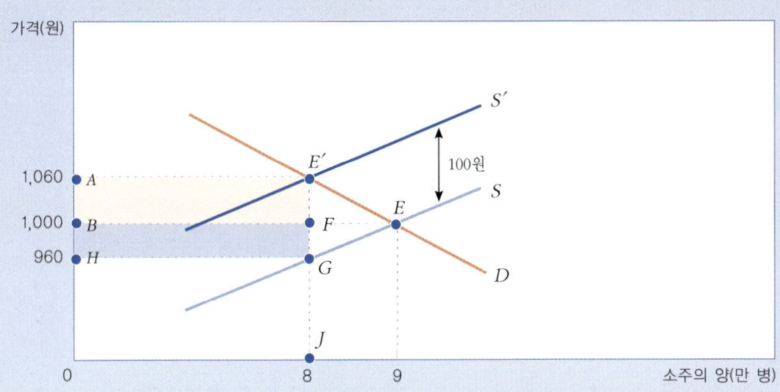

그림 3.5

소주에 세금을 부과하였을 때의 균형점 이동

세금은 소비자도 일부 부담하고 생산자도 일부 부담한다. 누가 더 많이 부담하느냐는 수요곡선과 공급곡선의 탄력성에 의해 정해진다.

는 점 *E*로서 병당 가격 1,000원에 월 9만 병이 소비되었다. 그런데 병당 100원씩의 세금이 부과된 후에는 균형점이 *E*′으로 이동하였다. 세금부과 후에는 공급곡선이 *S*′이기 때문에 수요곡선 *D*와 새 공급곡선 *S*′이 교차하는 균형점은 *E*′이 된다. 따라서 세금부과 후에는 병당 1,060원의 가격에 8만 병이 소비된다.

생산자들은 8만 병을 판매하면서 병당 100원의 세금을 냈기 때문에 정부의 조세수입은 800만 원이다(100원×8만 병). 그런데 800만 원의 조세수입은 실제로 누가 부담하였느냐 하는 문제가 생긴다. 생산자가 800만 원의 세금을 납부하였다고 해서 이 800만 원을 모두 생산자가 부담한 것은 아니다. 세금의 일부는 소비자가 부담하고, 다른 일부는 생산자가 부담하고 있다.

세금부과 이전에는 병당 가격이 1,000원이었지만 세금부과 이후에는 병당 가격이 1,060원으로 올랐기 때문에 소비자들은 세금으로 인해 병당 60원씩을 더 낸 셈이다. 소비자들은 세금으로 인해 8만 병을 병당 60원씩 더 지불하였기 때문에 소비자들의 추가지불액은 480만 원이 된다(□*AE*′*FB*의 면적). 즉, 총세금액 800만 원 중 480만 원은 소비자가 부담한 셈이다.

반면에 생산자들은 세금부과 이전에는 병당 1,000원씩을 받았지만 세금부과 후에는 병당 1,060원 중 100원을 세금으로 내야 하기 때문에 실제로 받은 금액은 병당 960원밖에 되지 않는다. 세금 이전에 비해 병당 40원씩을 덜 받은 셈이다. 세금으로 인해 8만 병에 대해 병당 40원씩 덜 받았기 때문에 총 320만 원을 덜 받은 셈이 된다(□$BFGH$의 면적). 즉, 세금 800만 원 중 320만 원은 생산자가 부담한 셈이 된다.

〈그림 3.5〉에서 소비자와 생산자의 세금부담액을 정리하여 보면 총세금액인 □$AE'GH$(800만 원) 중, 윗부분의 □$AE'FB$(480만 원)는 소비자의 부담이고, 아랫부분의 □$BFGH$(320만 원)는 생산자의 부담이다. 소비자와 생산자 사이의 조세부담 분배 비율은 3 : 2(480만 원 : 320만 원)이다.

탄력성과 조세부담의 변화

조세부담이 소비자와 생산자에게로 나누어지는데, 어느 쪽이 더 많이 부담하게 되느냐는 시장상황에 따라 달라진다. 특히, 수요의 가격탄력성과 공급의 가격탄력성이 어떠냐에 따라 조세부담의 배분이 달라진다.

생활경제 3-4 최대전력수요, 여름보다 겨울에 발생

전력은 수요가 매우 불완전한 상품으로 실시간으로 수요가 변하는 상품이다. 그런데 수요의 변화폭이 크고 불규칙할수록 전력은 낭비되기 쉽다. 전력이란 특성상 대규모 보관이 불가능하기 때문이다.

그 동안은 여름에 전력수요가 최고 기록을 세웠다. 여름에 냉방시설을 많이 가동시키기 때문이다. 따라서 여름에 전기절약운동을 많이 펼쳐 왔었다. 그런데 최근 들어서는 여름철 전력 과부하와 전력예비율 급감을 막기 위한 '에어컨 덜 틀기'식의 에너지 절감대책이 무색해지고 있다. 올해 들어 전력수요가 가장 크게 발생한 날의 순위를 집계한 결과 겨울철이 1~5위를 '싹쓸이'하였기 때문이다.

16일 한국전력과 전력거래소에 따르면, 올해 들어 최대전력수요 발생시점은 여름이 아니라 6,264만 5,000kW의 전력수요가 발생하였던 지난 1월 12일 12시였다. 이 시점의 전력수요량은 지난해 겨울철 최대전력보다 2.8% 늘어난 것이며, 지난 해 최대전력수요가 발생하였던 7월 15일 오후 3시의 6,279만 4,000kW의 99.8%로, 사실상 같은 수준이었다.

1위뿐 아니라 최대전력수요 발생순위 5위까지는 모두 1월이었고, 장마철이기는 하지만 간간이 '찜통더위'가 있었음에도 여름철 최대전력수요는 지난 달 29일 오후 3시에 발생한 6,080만 1,000kW로 6위에 그쳤다. 8월 하순까지 더위가 이어질 전망이어서 이 기간 최대전력수요가 발생할 가능성은 충분하지만 그렇더라도 겨울철 최대전력수요가 여름보다 못하다고 말하기는 힘든 셈이다.

매년 여름철이면 정부와 한국전력 등이 나서서 대대적 전력수요 관리를 진행하고, 에어컨 덜 켜기, 넥타이 풀고 겉옷 안 입기 등의 요란한 대책을 세워 왔지만 이제는 겨울철 전력수요 관리가 필요하다는 이이기다.

……

〈연합뉴스, 2009. 8. 16〉

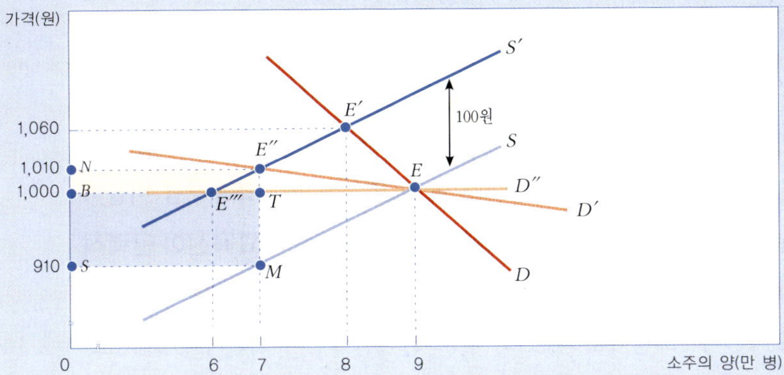

그림 3.6

탄력성의 크기와 조세부담의 배분

수요곡선이 D에서 D′으로, 다시 D″으로 점점 탄력적이 되면 소비자의 상대적인 조세부담은 점점 줄어든다.

〈그림 3.6〉은 〈그림 3.5〉에서보다 수요곡선이 더 탄력적이 되면 생산자와 소비자의 조세부담이 어떻게 변할까를 나타내 준다. 〈그림 3.6〉의 수요곡선 *D*는 〈그림 3.5〉의 *D*와 같은 곡선이다. 그러나 *D*′과 *D*″은 *D*보다 더 탄력적인 수요곡선을 나타낸다.

수요가 더 탄력적이 되어서 수요곡선이 〈그림 3.6〉의 *D*′과 같이 변하면 세금 부과 후의 균형점은 *E*″이 된다. 여기서는 총조세액이 700만 원(100원×7만 병)인

생활경제 3-5 정부의 개입은 항상 성공할 수 있을까

정부는 제주 국제자유도시 지원방안으로 시행중인 제주도 내 골프장에 대한 특별소비세 면제조치를 철회하는 것을 검토하기로 하였다. 제주지역 골프장들이 세금을 감면한 만큼 골프장 이용료를 내리지 않고 있기 때문이다.

재정경제부는 12일 제주도 골프장에 대해 그린피 인하를 촉구하고 이행되지 않을 경우 세금감면을 재검토하겠다는 내용의 공문을 11일자로 제주도지사에 보냈다. 재경부는 제주도의 관광 진흥을 위해 제주도 골프장 이용객에게 특소세와 교육세, 농어촌특별세 등 2만 1,000원 상당의 세금과 문화관광기금 등 5,000원 가량의 기금을 면제해 주고 있다. 하지만 정작 세금과 기금 면제혜택을 보고 있는 골프장 요금은 지난해 12월과 비교해 주중 요금은 1만 9,000~2만 9,000원 정도 내렸으나 주말 요금은 1만 8,000~1만 9,000원밖에 내리지 않아 인하폭이 4만~5만 원에 이를 것이라는 당초 전망에 크게 못 미치고 있다.

제주지역 골프장들은 주말 수요폭증을 이유로 들며 요금인하에 난색을 표시하고 있다.

〈세계일보, 2002.5.12〉

생활경제 3-8 **원유가보다 싼 국제휘발유가…… 정유사 덤핑 '가격역전'**

국제휘발유값이 연일 급락하면서 국제원유가격을 밑도는 비정상적 상황이 벌어지고 있다. 휘발유는 원유를 정제한 제품이기 때문에 제조비용을 따지면 원료보다 값이 높아야 한다. 9일 한국석유공사에 따르면 싱가포르 현물시장에서 7일 거래된 휘발유(옥탄가 92 기준)값은 배럴당 52.76달러로 마감되었다. 이날 거래된 두바이유(배럴당 53.81달러)보다 값이 1.05달러나 낮았다. 휘발유는 2005년 5월 25일(배럴당 52.75달러) 이후, 두바이유는 지난해 1월 31일(53.16달러) 이후 최저치이다.

휘발유가 원유보다 가격이 싼 현상은 국제유가가 급락하였던 8월 1~6일 이후 3개월 만에 처음이다. 8월 가격역전은 2001년 아시아 지역의 외환위기 이후 7년 만이었다. 2001년 당시 가격역전은 휘발유 수요가 감소하자 정유사들이 휘발유를 시장에 덤핑가격으로 쏟아내면서 발생하였다. 이번 가격역전도 계속된 경기침체로 수요는 줄고 있는 반면, 정유사들이 값이 더 떨어지기 전에 팔아버리기 위해 수출을 늘리면서 발생한 것으로 분석된다.

국제휘발유값이 3년 6개월 전으로 돌아간 데 반해, 국내 휘발유값은 1년 전 수준으로 복귀하는 데 그쳤다. 8일 휘발유 전국 평균값은 ℓ당 1,561.59원, 지난해 11월 첫째 주 국내 휘발유값은 ℓ당 1,582.03원 수준이었고, 2005년 5월에는 1,388원으로 현재보다 12% 정도 값이 더 낮았다. 국내 휘발유가격은 지난 2일 ℓ당 1,599.94원을 기록하면서 지난해 11월 첫째 주 이후 처음으로 1,600원 아래로 내려갔다.

〈경향신문, 2008.11.9〉

단하고 있다. 근로자 1인당 최소임금은 적어도 160만 원은 되어야 근로자들의 기본 생계비가 충족될 수 있다고 보고 있다. 따라서 정부는 160만 원에 월임금하한선을 정해 기업들로 하여금 그 이하의 임금은 지불하지 못하도록 하는 최저임금제(minimum wage system)를 도입하고 있다.

그런데 균형점보다 높은 수준에서 가격하한선을 정하면 수요와 공급이 일치하지 않고 초과공급이 발생한다. 월임금이 160만 원이면 120만 명의 근로자가 일하기를 원하는데 기업들은 90만 명만 고용하려고 한다. 그러므로 초과공급되는 30만 명은 실업자가 될 수밖에 없다.

고용자수는 최저임금제가 없을 때보다 10만 명이 줄었다. 즉, 최저임금제가 없을 때는 100만 명이 일자리를 가지고 있었으나 최저임금제가 도입된 후에는 오직 90만 명만 일자리를 가지고 있다. 근로자들의 후생복지 증진을 위해 도입된 최저임금제 때문에 10만 명은 오히려 일자리를 잃게 되었다. 말하자면, 일자리를 그대로 유지하고 있는 90만 명은 임금이 높아져 혜택을 보았으나 일자리를 잃은

10만 명은 최저임금제 때문에 손실을 입게 되었다.

최저임금제 때문에 추가로 노동시장에 나타난 근로자가 20만 명이 되었으나 이들도 일자리를 구하지 못하고 있다. 그러므로 최저임금제가 도입된 후에는 30만 명의 실업자가 발생하게 되었다.

최저임금제라는 가격하한선하에서도 초과공급을 해소시키지 못하면 노동시장에 암시장이 발생한다. 160만 원 이하에서도 일하려는 근로자가 있기 때문에 법을 어겨 가면서 비밀리에 이들을 고용하려는 기업이 나타나게 된다. 법을 어기면서 형성되는 이런 시장을 암시장이라고 한다.

요약하기

❖ 수요의 가격탄력성(ε)=수요량의 변화율/가격변화율: 가격변화에 대응하는 수요의 민감도

- $\varepsilon = \infty$: 완전탄력적 수요
- $1 < \varepsilon < \infty$: 탄력적 수요
- $\varepsilon = 1$: 단위탄력적 수요
- $0 < \varepsilon < 1$: 비탄력적 수요
- $\varepsilon = 0$: 완전비탄력적 수요

❖ 수요의 가격탄력성에 영향을 미치는 요소: 대체재의 수, 소득에서 차지하는 지출액의 비중, 사치재 또는 필수재, 단기 또는 장기

❖ 공급의 가격탄력성(η)=공급량의 변화율/가격변화율: 가격변화에 대응하는 공급의 민감도

- $\eta = \infty$: 완전탄력적 공급
- $1 < \eta < \infty$: 탄력적 공급
- $\eta = 1$: 단위탄력적 공급
- $0 < \eta < 1$: 비탄력적 공급
- $\eta = 0$: 완전비탄력적 공급

❖ 공급의 가격탄력성에 영향을 미치는 요소: 초단기, 단기, 장기

❖ 수요가 가격탄력적일수록 조세의 소비자 부담은 감소

❖ 상한가격 설정→초과수요 발생, 하한가격 설정→초과공급 발생

복습과 토론하기

3. 1.

정부가 담배값을 1,100원에서 1,200원으로 올리려고 하였더니 애연가들은 하루 500만 갑을 소비하다가 450만 갑으로 소비량을 줄이려고 하였고, 담배인삼공사는 하루 500만 갑을 생산하다가 600만 갑으로 생산량을 늘리려고 하였다. 담배에 대한 수요탄력성은 얼마이고 공급탄력성은 얼마인가?

3. 2.

아편은 의약품으로 사용되기도 하고 마약으로 사용되기도 한다. 말하자면, 아편은 의약품으로서 합법적인 시장에서 거래되기도 하고 마약으로 암시장을 통해 거래되기도 한다. 동일한 상품인 아편에 대해 의약품시장에서의 수요의 가격탄력성과 암시장에서의 수요의 가격탄력성은 차이가 있을까? 있다면 왜 그런 차이가 생길까? 범죄단체는 왜 마약시장에 관심을 가질까?

3. 3.

학교 서점에서 책값을 올렸더니 서점의 수입이 오히려 감소하였다. 왜 이런 현상이 일어날까?

3. 4.

토지의 양은 고정되어 있다. 토지의 가격에 대한 공급탄력성은 어떻다고 볼 수 있을까?

3. 5.

최저임금제는 노동자들로 하여금 최소한 일정 수준 이상의 임금을 받도록 하기 위해 도입된 제도이다. 그런데 이러한 최저임금제가 실업률을 높이는 요인이 된다고 주장하기도 한다. 그 이유는 무엇일까?

4

상품의 효용과 소비자의 선택

1. 가계와 소비
2. 효용과 한계효용
3. 소비자의 선택
4. 수요곡선의 도출
5. 소비자잉여

소비자들은 소득의 범위 내에서만 소비활동을 할 수 있다. 그러면서 가능한 한 자기의 만족도를 최대화시키는 방향으로 소비하려고 한다. 만약 소득제약이 없다면 자기가 원하는 것을 무한정으로 살 수 있다. 이렇게 되면 경제학이라는 학문은 필요없게 된다. 모든 사람이 자기가 원하는 것이 무엇이든 원하는 만큼 가질 수 있다면 경제학이 왜 필요하겠는가? 그러나 어느 소비자에게도 이것은 불가능하다. 소득의 범위 내에서만 소비를 할 수 있다. 그리고 소득은 제한되어 있다. 그래서 경제학이 존재하는 것이다. 본장에서는 소비자들이 어떻게 소비할 때 자기의 소득범위 내에서 최대의 만족을 얻을 수 있을까에 대해 공부한다. 소비자들이 가장 효율적으로 소비할 수 있는 방법은 과연 무엇일까?

1. 가계와 소비

사람들은 재화(goods)와 용역(services)을 소비하면서 살아간다. 인간생활의 기본이 되는 의(衣), 식(食), 주(住)가 바로 소비활동이다. 옷을 사 입는 것도 소비활동이고, 음식을 사 먹는 것도 소비활동이며, 좋은 집에서 거주하는 것도 소비활동이다. 더 나아가서 삶의 질을 높이기 위한 문화생활도 소비활동이다.

소비를 직접 수행하는 개별 단위는 인간 개개인이지만, 하나의 조직체로서 소비계획을 수립하고 소비를 집행하는 단위는 가계(households)이다. 그리고 가계는 가계, 기업, 정부라는 3대 경제주체 중 하나로, 소비활동을 수행하는 경제주체이다.

대부분의 경우는 하나의 가족단위가 하나의 가계를 이룬다고 볼 수 있다. 가계는 가구와 비슷한 개념인데, 가구는 법적인 개념인 반면 가계는 경제학적인 개념이다.

가계를 기준으로 예산이 설정되고 그 예산범위 내에서 소비활동이 이루어진다. 예컨대, 김종진 씨는 부인과 2남 1녀의 자녀로 한 가족을 구성하고 있는데, 이 가족은 김종진 씨가 회사에서 벌어 오는 월급으로 생계를 꾸려 가고 있다. 부인과 자녀들은 소득이 없고 김종진 씨만이 소득이 있다. 이 소득이 김종진 씨 가족의 소비를 위한 예산이고, 이 가족 전체의 소비는 이 예산범위 내에서 이루어진다. 이때 이 가족은 하나의 가계가 된다.

2. 효용과 한계효용

효용이란

백화점에 나가 보면 가지고 싶은 물건들이 무수히 많다. 최신형 오디오세트도 가지고 싶고, 좋은 개인용 컴퓨터도 가지고 싶다. 또 청바지도 하나 가지고 싶고,

생활경제 4-1 효용의 크기는 측정할 수 있을까

컴퓨터의 효용이 얼마냐고 물으면 구체적으로 얼마라고 말할 수 있는 방법은 없다. 좋아하는 정도를 말할 수 있는 방법은 오디오세트보다는 컴퓨터가 더 좋다라는 방법밖에 없다. 즉, 효용은 다른 상품과 비교해서 어떤 것을 더 좋아한다는 식으로 측정하는 방법밖에 없다. 이런 식으로 효용이 측정되는 것을 효용의 서수적 측정(ordinally measurable)이라고 한다.

오디오세트, 컴퓨터, TV세트 중 컴퓨터가 첫 번째로 좋고, 오디오세트가 두 번째로 좋고, TV세트가 세 번째로 좋다는 식으로 효용의 크기를 측정할 수밖에 없는데, 이런 식의 효용 측정을 효용의 서수적 측정이라고 한다.

그런데 19세기에는 효용을 구체적인 숫자로 측정된다고 보고 효용이론이 전개되었다. 예컨대, 컴퓨터의 효용은 100이고, 오디오세트의 효용은 90이고, TV세트의 효용은 80이라는 식으로 효용을 측정한다고 보고 효용이론이 전개되었다. 이런 식의 효용 측정을 효용의 기수적 측정(cardinally measurable)이라고 한다. 효용이 기수적으로 측정된다면 서수적으로는 당연히 측정된다.

그렇다면 효용은 기수적으로 측정할 수 있는 것일까? 효용의 크기를 ㎞ 또는 ㎏ 등과 같은 어떤 객관적인 단위로 측정할 수 있을까?

멋있는 운동화도 한 컬레 가지고 싶다. 이와 같이 사람들이 자기가 좋아하는 상품에 대해 가지고 싶다고 느끼는 것을 효용(utility)이라고 한다. 사람들은 원하는 상품을 가지면 만족감을 느끼는데 그 만족감이 바로 효용이다. 그러므로 좋아하는 상품은 모두 효용이 있다.

그런데 가지고 싶다고 느끼는 정도에는 차이가 있다. 오디오세트보다는 컴퓨터가 더 가지고 싶다든지, 청바지보다는 운동화가 더 가지고 싶다든지 하는 것처럼 소비자들은 상품들에 대해 좋아하는 정도에 차이를 두기도 한다. 이 차이는 상품들이 제공하는 효용의 크기에 차이가 있다는 것을 의미한다. 어떤 상품은 큰 효용을 제공하고 또 어떤 상품은 작은 효용을 제공한다.

소비자들은 작은 효용을 제공하는 상품보다는 큰 효용을 제공하는 상품을 더 좋아하는데, 상품들에 대해 소비자들이 좋아하는 정도에 따라 순서를 정해 가는 것을 선호(preferences)라고 한다. 오디오세트와 컴퓨터 중 어느 것을 더 좋아하는지 순서를 정해 가는 것이 바로 선호이다. 오디오세트, 컴퓨터, TV세트 중 컴퓨터가 제일 좋고, 그 다음이 오디오세트, TV세트 등의 순서로 좋아한다면 이 순서가 바로 선호이다.

한계효용

명기식 군은 1주일 동안 먹을 과일을 사기 위해 슈퍼마켓에 들렀다. 과일코너에는 싱싱하고 먹음직스러운 과일들이 많이 진열되어 있었다. 명기식 군은 먼저 사과 4개를 골랐다. 그런데 오늘따라 좋은 사과들이 많이 나와 있어서 사과를 하나 더 살까 하고 생각하였다.

명기식 군이 먼저 사과 4개를 선택하였을 때는 나름대로 4개로부터 얻을 수 있는 어떤 양의 만족도를 가지고 있었다. 이 만족도를 4개의 사과가 명기식 군에게 제공하는 총효용(total utility: *TU*)이라고 한다. 즉, 총효용은 전체 소비량으로부터 소비자가 얻을 수 있는 효용의 총량이다.

그런데 명기식 군이 하나를 더 살까 하고 망설일 때는 하나를 더 보탬으로써 얼마만큼의 만족도가 더 늘어나는지 나름대로 생각하게 된다. 즉, 하나를 더 소비함으로써 4개로부터 얻는 총효용에 얼마만큼의 효용이 더 보태지는지 그 나름대로 생각하게 된다. 이때 4개에 1개를 더 보탬으로써 증가하게 되는 효용을 다섯 번째 사과의 한계효용(marginal utility: *MU*)이라고 한다. 그러므로 한계효용은 다음과 같이 정의된다.

$$\text{한계효용}(MU) = \frac{\text{총효용의 증가분}}{\text{소비량의 증가분}} = \frac{\Delta TU}{\Delta Q}$$

예컨대, 4개의 사과로부터 100이라는 총효용을 얻었는데 5개를 소비함으로써 105라는 총효용을 얻었다면 $\Delta TU=105-100=5$이고 $\Delta Q=5-4=1$이기 때문에 다섯 번째 사과의 한계효용은 5가 된다.

만약 5개에 하나를 더 보태 6개를 소비하려고 하면 여섯 번째 사과의 한계효용이 정의될 수 있다. 그런데 여섯 번째 사과의 한계효용은 다섯 번째 사과의 한계효용보다 작아질 것이 틀림없다. 다섯 번째나 여섯 번째나 똑같이 하나의 사과이지만 소비자에게 제공하는 만족도에는 차이가 난다. 소비자는 사과를 더 많이 가질수록 사과를 추가적으로 더 가지려고 하는 욕구가 줄어들기 때문이다.

표 4.1 사과의 총효용과 한계효용

사과의 양(Q)	총효용(TU)	한계효용(MU) = $\frac{\Delta TU}{\Delta Q}$
0	0	
		40
1	40	
		30
2	70	
		20
3	90	
		10
4	100	
		5
5	105	
		2
6	107	

이런 현상은 사과를 1개 가졌을 때부터 출발해도 마찬가지이다. 〈표 4.1〉에 의하면 명기식 군이 사과를 1개만 가지면 40이라는 총효용을 얻는다. 2개를 가지면 70이라는 총효용을 얻는다. 그러므로 첫 번째 사과의 한계효용은 40인데, 두 번째 사과의 한계효용은 이보다 작은 30이다.

사과가 하나도 없을 때, 처음으로 하나 가질 때의 한계효용은 40인데, 하나를 가진 상태에서 하나 더 추가하였을 때의 한계효용은 이보다 작은 30이다. 세 번째, 네 번째로 갈수록 추가되는 사과 1개의 한계효용은 점점 작아지고 있다. 소비량이 많아질수록 한계효용이 점점 작아지는 이러한 현상을 한계효용 체감의

생활경제 4-2 뷔페식당은 왜 손해를 보지 않을까

요즘은 뷔페식당이 많다. 일정한 금액을 내면 자기가 먹고 싶은 만큼 얼마든지 먹을 수 있는 식당이 뷔페식당이다. 이런 뷔페식당에서는 모든 사람들이 자기가 낸 돈보다 더 많이 먹으려고 할 것이다. 그러나 반드시 그렇게는 되지 않는다. 왜냐하면, 한계효용이 체감하기 때문이다.

사람들이 처음에는 배가 고프기 때문에 많이 먹을 수 있을 거라고 생각한다. 그러나 사실은 한 번 먹고 나면 두 번째는 한계효용이 급격히 감소한다. 따라서 별로 많이 가져다 먹지 않는다. 그리고 곧 한계효용이 마이너스(−)가 되어 버린다. 그렇게 되면 이제 더 먹으려고 하지 않는다.

뷔페식당이기 때문에 더 가져다 먹어도 추가지불은 없지만 더 가져오는 식사의 한계효용이 마이너스(−)이면 총효용이 오히려 감소한다. 따라서 사람들은 더 이상 가져다 먹지 않는다. 뷔페식당에서는 자기가 낸 돈만큼 먹기 전에 한계효용이 마이너스(−)가 되어 버리는 것이 일반적이다. 그러므로 뷔페식당은 장사가 되는 것이다.

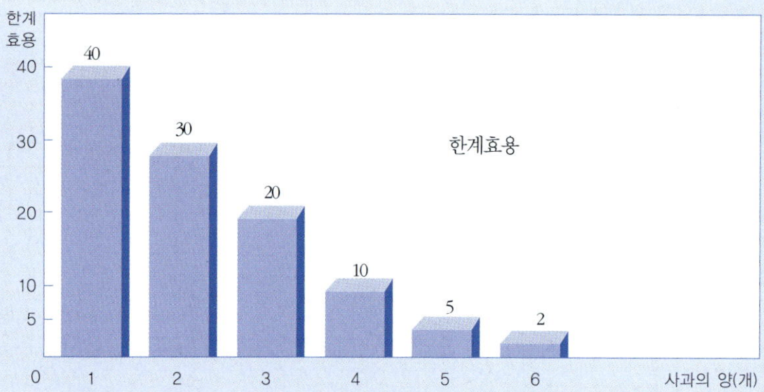

그림 4.1

한계효용 체감의 법칙

사과의 소비량을 증가시켜 나가면 한계효용은 계단처럼 감소해 나간다. 그런데 한계효용을 합해 나가면 총효용이 된다. 사과 2개를 소비할 때의 총효용은 첫 번째 사과의 한계효용(40)과 두 번째 사과의 한계효용(30)을 합한 70이다. 따라서 사과 6개를 소비할 때의 총효용은 모든 한계효용을 합한(40+30+20+10+5+2) 107이 된다.

법칙(law of diminishing marginal utility)이라고 한다.

한계효용 체감의 법칙은 어떤 사람에게나 어떤 상품에 대해서도 나타나는 현상이다. 가장 쉬운 예로, 갈증이 날 때 물 한 컵을 마시면 그 효용은 매우 크다. 그런데 한 컵을 마신 후 추가로 한 컵을 더 마시면 두 번째 한 컵의 효용은 첫 번째 한 컵의 효용보다 작아질 것이 틀림없다. 세 번째 한 컵의 효용은 거의 0이 될 것이다. 이런 현상을 한계효용 체감의 법칙이라고 한다.

〈표 4.1〉의 한계효용을 그래프로 그리면 〈그림 4.1〉과 같다. 이것은 사과의 소비량을 증가시킬 때 사과의 한계효용이 체감하고 있다는 것을 잘 보여 준다.

3. 소비자의 선택

효용의 극대화

명기식 군은 슈퍼마켓에서 사과와 빵을 구입하려고 한다. 명기식 군이 추구하는 것은 자기가 가진 예산범위 내에서 자기의 만족도를 최대화시킬 수 있도록 사과와 빵의 구매조합을 정하는 것이다. 말하자면, 만족도를 최대화시킬 수 있도록 소비행위를 하는 것이다. 인간은 합리적으로 행동한다고 전제하기 때문에 모든 소비자는 이렇게 행동하리라고 본다. 이와 같은 소비행위를 효용극대화(utility maximization) 소비라고 한다.

소비자이론은 소비자가 어떻게 소비할 때 효용극대화를 달성시킬 수 있는지를 찾는 이론이다. 그리고 소비자가 효용극대화를 추구할 때 각 상품에 대한 수요는 어떻게 정해지는지를 찾는 것이 소비자이론이다.

효용이 극대화되도록 사과(apple)와 빵(bread)을 구매하면 사과구매에 사용된 1원의 한계효용과 빵구매에 사용된 1원의 한계효용이 같아진다. MU_A를 사과의 한계효용, P_A값를 사과의 가격이라고 하면 MU_A/P_A는 1원이 사과구매에 사용되었을 때의 한계효용이 된다. 예컨대, 사과의 한계효용이 20이고 사과의 가격이 2,000원이면 20/2,000=0.01은 1원이 사과구입에 사용되었을 때 소비자가 얻는 1원의 한계효용이 된다. MU_B를 빵의 한계효용, P_B를 빵의 가격이라고 두면 마찬가지 논리에서 MU_B/P_B는 1원이 빵구입에 사용되었을 때 소비자가 얻는 1원의 한계효용이 된다. 소비자가 사과와 빵을 구입할 때 $MU_A/P_A > MU_B/P_B$가 되면 1원을 빵구입에서 사과구입으로 돌리는 것이 더 큰 효용을 얻는 방식이다. 사과구매에

생활경제 4-3 술은 효용극대화 점에서 소비량이 정해지는 것일까

"폭탄주, 싫지만 어쩔 수 없이 마신다."

쌍용건설 사보팀이 직원 123명을 대상으로 설문조사한 결과, 108명(88%)이 폭탄주를 마신 적이 있으며 10명 중 4명 꼴로 한 달에 한 번 이상씩 폭탄주를 마시는 것으로 나타났다. 그러나 80명(65%)은 "분위기상 어쩔 수 없이 마신다"고 답하였다. 반면에 아무리 권해도 사양한다는 '소신파'는 7명(6.5%)에 불과하였고, 마시는 주기는 월 1~3회가 37%, 연 1~3회가 34%, 연 4~5회가 17.5%, 그리고 마시는 자리는 회사 회식(26.5%), 친구들과 모임(24.5%), 망년회(20%), 접대 술자리(20%) 등이었다.

맥주와 양주를 섞은 후 손으로 흔들어 먹는 이른바 '회오리주'가 가장 인기가 높으며 그 외에 타이타닉주, 화주, 충성주, 미사일주, 안개주, 물총주 등 다양한 폭탄주가 애용되고 있다. 돈을 절약하기 위해 맥주와 소주를 타서 마시는 'IMF형 폭탄주'도 작년부터 확산중인 것으로 나타났다.

쌍용건설 사보편집장은 "검사나 군인들에게 유행하던 폭탄주가 직장인들 사이에서도 일반화되고 있는 것 같다"고 말하였다.

〈조선일보, 1999.11.6〉

생활경제 4-4 **음주(飮酒)의 사회적 비용**

우리 민족만큼 음주가무(飮酒歌舞)와 풍류를 즐기는 민족은 드물다. 술은 서먹한 사이를 가깝게 해주고 동류의식을 강화하는 효과가 있다. 술 한 잔에 걱정, 스트레스, 긴장, 고독감, 자기회의, 불행감을 날려버리기도 한다. 술에 관한 한국인의 '창의성'은 놀랍다. 찬사와 비난이 엇갈리는 폭탄주 문화가 대표적이다. 퇴근길 음주라면 맥주든 위스키든 한두 잔으로 끝내는 서양과 달리 한국인은 마시기 시작하면 술이 사람을 마실 지경이 되어야 끝나기가 예사다.

- ▶ 지난 해 우리의 소주 소비량은 33억 1,950만 병으로 1인당 69병이나 되었다. 맥주는 41억 921만 병을 마셨다. 위스키 5,155만 병(500mL 기준)을 소비한 '위스키 소비 강국'이다. 참살이(웰빙) 문화의 여파로 와인이 위스키시장을 잠식하고 있지만 전체 술 소비는 줄지 않고 있다. 술잔을 거부하기 힘든 직장 회식문화와 접대문화는 술 소비를 부추기는 주범이다. 술로 인한 실수에 관대한 문화도 무시할 수 없다.
- ▶ 연세대 보건대학원이 조사한 '음주로 인한 사회 · 경제적 비용'은 연간 20조 990억 원이나 되었다. 국내총생산(GDP)의 2.9%에 해당하는 돈이 직 · 간접으로 술 때문에 들어간 것이다. 특히, 음주로 인한 생산성 저하가 7조 8,050억 원으로 가장 비중이 컸다. 술값 자체에 들어가는 4조 4,702억 원 외에 음주 관련 질병의 의료비용, 숙취해소용 음료 구입비, 음주 관련 사고의 재산 피해액까지 포함한 것이다. 캐나다(1.09%), 프랑스(1.42%), 스코틀랜드(1.19%) 같은 선진국보다 2배 이상 많다.
- ▶ 한 양주수입판매업체가 시민단체와 함께 건전음주 캠페인 슬로건으로 '슬로 슬로 퀵 퀵'을 내걸었다. 라틴댄스 리듬처럼 들리는 이 구호는 '술은 천천히 마시고 술자리는 빨리 끝내자'는 뜻이다. 여러 번 나눠마시기, 잔 돌리지 않기, 물 자주 마시기, 2차 3차 강요하지 않기, 끝낼 시간 미리 정해두기와 같은 건전 음주 5대 실천강령도 있다. 지나친 음주는 건강은 물론이고 직장, 가정 그리고 사회에까지 해독을 끼친다.

〈동아일보, 「횡설수설」, 2008.3.17〉

쓰여진 1원의 효용이 빵구매에 사용된 1원의 효용보다 크기 때문이다. 그러므로 이때는 소비자가 사과를 더 구매하고 빵을 덜 구매하는 쪽으로 지출을 조정하는 것이 더 유리하다. 반대로 $MU_A/P_A < MU_B/P_B$이면 이때는 사과구입에 사용된 돈을 빵구입으로 돌리는 것이 더 유리하다. 1원은 사과구매에 쓰일 때보다 빵구매에 사용될 때 더 큰 효용을 가져다 주기 때문이다. 소비자가 더 이상 사과와 빵의 구매조합을 변화시킬 필요가 없게 된 상태는 $MU_A/P_A = MU_B/P_B$인 상태이다.

이렇게 되어 있으면 효용을 더 증가시킬 수 있도록 사과와 빵의 구매조합을 변화시킬 수 없다. 구매조합을 변화시키면 효용은 오히려 줄어든다. 이미 가장 유리한 구매조합에 도달해 있기 때문이다. 말하자면, 소비자는 효용을 극대화시키는 사과와 빵의 구매조합을 선택한 것이다.

이와 같이 소비자는 각 상품구입에 사용된 1원의 한계효용이 모두 똑같도록 구매상품의 조합을 정할 때 자기가 얻는 효용을 극대화시킬 수 있다. 이 원리는 여러 개의 상품을 구입할 때도 그대로 적용된다. 즉, 아래 등식이 성립되도록 여러 상품의 구매조합을 정하면 소비자의 효용은 최대화된다.

$$\frac{MU_A}{P_A}=\frac{MU_B}{P_B}=\frac{MU_C}{P_C}=\cdots\cdots=1\text{원의 한계효용}$$

효용의 극대화를 달성시키는 이런 조건을 한계효용 균등의 법칙이라고 한다.

효용극대화가 달성된 상품조합

명기식 군은 8,000원으로 1주일 간 먹을 사과와 빵을 사려고 한다. 사과와 빵을 각각 몇 개씩 구매하는 것이 그의 효용을 극대화시킬 수 있는 방법일까?

〈표 4.2〉에는 사과와 빵에 대한 명기식 군의 효용함수가 나타나 있다. Q_A는 사과의 양이고, TU_A는 사과를 소비할 때 명기식 군이 얻을 수 있는 총효용이며, MU_A는 사과의 한계효용이다. MU_A/P_A는 사과가격이 2,000원일 때(P_A=2,000원) 1원이 사과구매에 사용됨으로써 얻을 수 있는 1원의 한계효용이다. Q_B, TU_B, MU_B, MU_B/P_B는 빵에 대해 도출된 똑같은 개념들이다.

〈표 4.2〉에서는 사과와 빵 모두 한계효용이 체감한다. 사과를 2개 소비하면 총효용은 70이고, 한계효용은 30이며, 사과구매에 지출된 1원의 한계효용은 0.015이다. 빵을 2개 소비하면 총효용은 23이고, 한계효용은 8이며, 빵구매에 지출된 1원의 한계효용은 0.016이다.

명기식 군이 8,000원으로 사과와 빵을 각각 몇 개씩 구입할지는 〈표 4.3〉을 이용하여 쉽게 찾아 낼 수 있다. 〈표 4.3〉은 〈표 4.2〉로부터 만들어졌다. 〈표 4.3〉에서 MU_A와 MU_B의 상첨자는 사과와 빵의 구입개수를 의미한다. 즉, MU_A^1은 사과

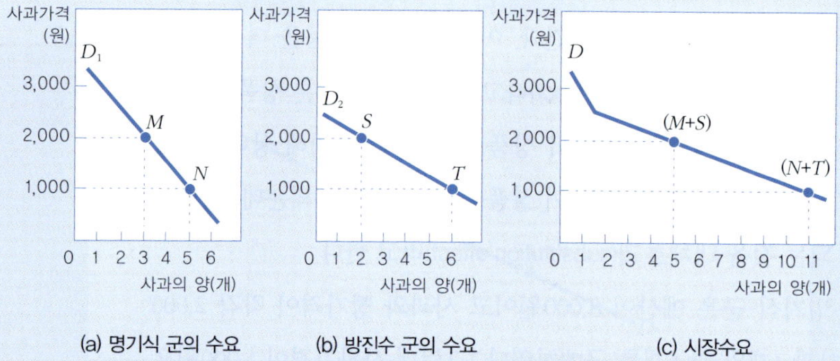

그림 4.3

개별 수요와 시장수요

개별수요곡선을 모두 합하면 시장수요곡선이 도출된다.

〈그림 4.3〉에서 D_1은 명기식 군의 수요곡선이고, D_2는 방진수 군의 수요곡선이다. 이런 개별수요곡선이 모두 합쳐져서 사과에 대한 시장수요곡선(market demand curve)이 만들어진다. 〈그림 4.3〉에서처럼 사과시장에 명기식 군과 방진수 군만이 사과를 구매하려는 소비자일 때는 이 두 사람의 수요곡선을 합치면 사과의 시장수요곡선이 도출된다. 〈그림 4.3〉에서 사과가격이 2,000원이면 명기식 군은 점 M에서 3개를 수요하고, 방진수 군은 점 S에서 2개를 수요한다. 그러므로 시장 전체의 사과 수요량은 두 수요를 합한 5개가 된다. 이 점은 〈그림 4.3〉의 (c)에서 $(M+S)$로 나타내지고 있다. 사과가격이 1,000원으로 내려가면 명기식 군은 점 N에서 5개를 수요하고, 방진수 군은 점 T에서 6개를 수요한다. 그러므로 시장 전체의 사과 수요량은 두 수요를 합한 11개가 된다. 이 점은 〈그림 4.3〉 (c)에서 $(N+T)$로 나타내진다. 점 $(M+S)$와 점 $(N+T)$을 연결하면 사과에 대한 시장수요곡선 D가 도출된다. 즉, 명기식 군의 수요곡선 D_1과 방진수 군의 수요곡선 D_2를 수평적으로 합계하면 D와 같은 시장수요곡선이 도출된다. 개별수요곡선이

우하향하기 때문에 이들을 합해서 도출한 시장수요곡선도 우하향한다.

시장에는 수요자가 무수히 많은 것이 일반적이다. 그러므로 시장수요곡선은 수많은 개별 수요자의 개별수요곡선을 모두 수평적으로 합계하여 도출된다.

5. 소비자잉여

소비자잉여란

사람들은 여름에 대형 에어컨(air-conditioner)을 가지고 싶어한다. 특히, 날씨가 더운 해의 여름에는 에어컨에 대한 수요가 매우 높다. 더위를 아주 못 견디는 한 부자는 1,000만 원이라도 내고 에어컨을 사려고 할 것이고, 이 사람은 에어컨을 가장 강렬히 원하는 사람이라고 볼 수 있다. 그러므로 에어컨에 대한 이 사람의 수요점은 〈그림 4.4〉의 점 e로 표시할 수 있다.

그런데 이 사람만큼 에어컨을 강하게 필요로 하지는 않지만 그래도 에어컨을 꼭 사려고 하는 사람이 있다. 이 사람은 900만 원까지의 가격을 지불할 용의가 있다. 이 사람의 에어컨에 대한 수요점은 〈그림 4.4〉의 점 f로 표시된다.

그 다음으로 에어컨을 간절히 원하는 사람은 800만 원까지 지불할 용의가 있는데, 이 사람의 수요점은 〈그림 4.4〉에서 점 g로 표시되고 있다.

그런데 이 사람들이 원하는 대형 에어컨은 시장에서 500만 원에 거래된다. 말하자면, 시장가격이 500만 원으로 정해진 것이다. 그리고 이 가격에서 실제로 거래된 에어컨은 6대이다. 6명이 한 대에 500만 원을 지불하고 각기 1대씩 구매하였다.

여기서 재미있는 현상은 한 대에 500만 원 이상을 기꺼이 지불할 용의가 있었던 6명의 소비자들이 모두 500만 원만 지불하고 에어컨을 구매하였다. 말하자면, 자기가 생각하고 있었던 가격보다 낮은 가격을 지불하고 에어컨을 구매할 수 있었던 것이다.

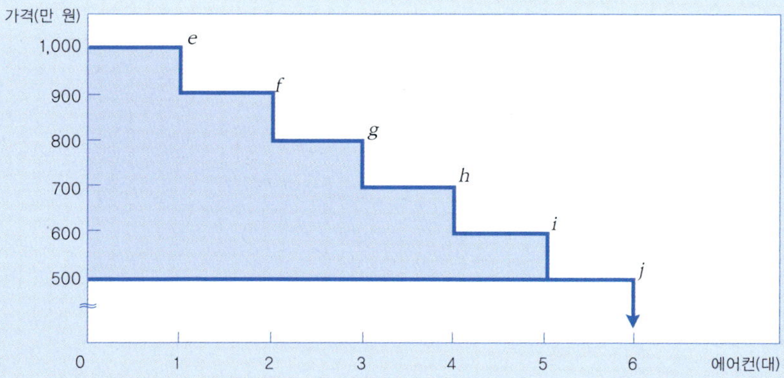

그림 4.4

소비자잉여의 계산

소비자들은 색칠된 부분만큼의 소비자잉여를 누리고 있다.

에어컨을 가장 절실히 원하였던 소비자는 1,000만 원까지 지불할 용의가 있었는데 실제로는 500만 원을 지불하였기 때문에 그 차이인 500만 원만큼 순혜택을 누린 셈이 된다. 두 번째로 에어컨을 절실히 원하였던 소비자는 400만 원만큼, 세 번째 소비자는 300만 원만큼, 네 번째 소비자는 200만 원만큼, 다섯 번째 소비자는 100만 원만큼 순혜택을 누린 셈이 된다. 여섯 번째 소비자는 자기가 생각하였던 가격 500만 원을 그대로 지불하였기 때문에 아무런 순혜택도 누리지 못하였다.

생활경제 4-5 TV가 제공하는 소비자잉여는

오늘날 대부분의 사람들은 잠자는 시간과 직장생활 외에는 TV와 함께 시간을 보낸다. 집에서는 TV가 없으면 무료하기 짝이 없다. TV 때문에 책 읽는 시간은 그만큼 줄어들었다고 볼 수 있다. 그런데 TV가격이 아주 비싸져도 TV를 보려고 할까? 얼마 이상 비싸지지 않는 한 TV를 사려고 할까?

미국에서 조사한 바에 의하면 TV가 10만 달러(1억 3,000만 원)까지 해도 기꺼이 사 보겠다고 하는 사람들이 많았다. 당시 TV가격이 한 대에 350달러(45만 5,000원)이었으니 이 사람들의 소비자잉여는 과연 얼마나 될까?

10만 달러까지 해도 기꺼이 살 의향이 있었는데 실제 가격은 350달러밖에 하지 않았으니 그 차이인 9만 9,650달러(1억 2,954만 5,000원)가 소비자잉여이다. 한 사람의 소비자잉여가 이럴진데 전체 소비자의 소비자잉여는 얼마나 클까?

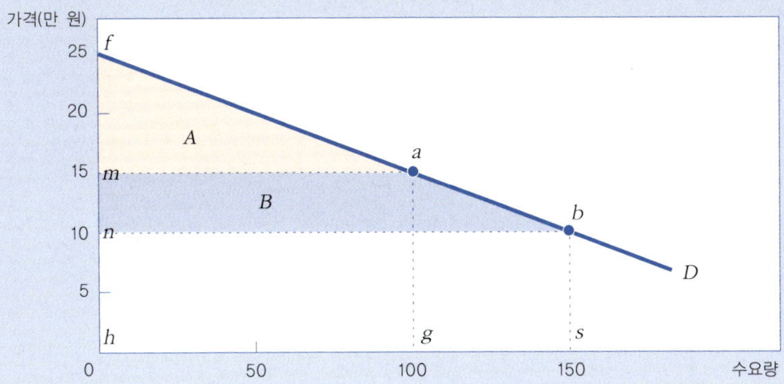

그림 4.5

소비자잉여의 변화

가격이 하락하면 소비자잉여는 증가한다.

지불할 용의가 있었던 가격과 실제로 지불한 가격의 차이로 인해 이들이 누리게 된 순혜택의 합계액은 1,500만 원이다. 이것은 〈그림 4.4〉에서 색칠된 부분의 면적과 일치하는데 이것을 소비자잉여(consumer's surplus)라고 한다. 〈그림 4.4〉에서 소비자 6명이 기꺼이 지불할 용의가 있었던 금액의 합계는 4,500만 원이었는데(1,000+900+800+700+600+500=4,500), 이들이 실제로 지불한 금액은 3,000만 원(6×500만 원)이었기 때문에 그 차이인 1,500만 원이 소비자잉여가 된다. 소비자잉여는 시장가격이 소비자들이 지불할 용의가 있는 가격보다 낮아서 소비자들이 누리게 되는 순혜택을 의미한다.

가격변화와 소비자잉여

〈그림 4.5〉에서 *D*는 수요곡선이다. 만약 이 상품의 가격이 15만 원이면 수요량은 100개가 되는데, 이때 소비자들이 지불하는 총금액은 1,500만 원이 된다(100×15만 원). 이 부분은 □*magh*의 면적과 일치한다. 그런데 소비자들이 기꺼이 지불할 용의가 있는 총금액은 수요량 100개까지의 수요곡선 아랫부분의 면적이 된다. 즉, 〈그림 4.5〉에서 □*fagh*의 면적과 일치한다. 이 면적은 2,000만 원이다. 그러므로 2,000만 원에서 1,500만 원을 뺀 500만 원이 소비자잉여가 되는데, 이것은 〈그림 4.5〉의 *A*부분의 면적과 일치한다.

생활경제 4-6 먹거리 불안 "신선식품도 못 믿어요"

주부 김모 씨(46 · 서울 종로구 무악동)는 최근 한 대형 할인점이 연 '1+1 행사'에서 150g짜리 포장 굴 두 봉지를 샀다. 평소 생굴을 좋아하지만 값이 비싸 자주 사지 못하였던 김씨는 이날 두 봉지에 1,780원에 불과한 가격을 보고 얼른 집어들었다. 그러나 집에 돌아와 굴봉지를 여는 순간 분통을 터뜨릴 수밖에 없었다. 겉포장은 멀쩡하였지만 안에 들어있는 굴은 색이 누렇게 변한데다 맛도 상한 것 같았기 때문이다. 김씨는 "요즘 먹거리가 하도 불안해 재래시장이 아닌 할인점에서 신선식품을 샀는데 할인점도 믿지 못하게 됐다"고 말하였다.

새우깡 · 참치 · 라면 · 치즈 등 가공식품 이물질 파동이 계속되는 가운데 대형 할인점에서 파는 '신선식품'도 소비자들을 불안하게 만들고 있다. 변질이 의심되는 식품을 '덤'이나 '떨이'라며 팔고 있기 때문이다. 주말인 지난 23일 서울 시내 한 할인점은 심야할인시간이 아닌 오후 4~5시쯤 갈치, 홍합, 조개 등을 '반값'에 팔았다. 평소 같으면 한 팩(중간 크기 세 마리)에 9,000~1만 2,000원 하던 갈치가 이때는 두 팩에 1만 원이었다. 싼값 때문에 불티나게 팔려나갔지만 신선도는 엉망이었다.

대형 유통업체들은 "이들 식품은 신선도가 중요한 만큼 유통기한이 지나면 모두 버리는 것을 원칙으로 삼고 있다"고 말하고 있다. 하지만 이런 원칙이 실제 매장에서는 지켜지지 않고 있는 것이다. "상한 식품도 판다"는 소비자들의 불만에 대해 유통업체들은 "할인점에서는 어패류나 육류 등이 금새 팔리기 때문에 유통기한이 지나도록 남아 있는 것은 거의 없다"고 주장하고 있다. 하지만 한 할인점 관계자는 "신선식품은 일정 시간이 지나 신선도가 떨어지면 전국 각 매장별로 싸게 판다"고 말하였다. 또 "점포담당자가 그날그날 할인품목을 결정하기 때문에 진행 여부나 스케줄은 일정치 않다"고 밝혔다.

이에 대해 전문가들은 "재고를 남기지 말아야 하는 판매직원에게 변질이 의심되는 식품을 어떻게 할지를 결정하게 하면 버리는 대신 싸게 팔 가능성이 높다"고 지적하였다.

반찬류나 채소류도 안전성이 의심스럽기는 마찬가지다. 멸치볶음이나 젓갈 등 반찬류는 물론 부추, 시금치, 바나나 등 신선도가 떨어진 식품이 주말에 싼값으로 쏟아져 나오는 실정이다. 한 달 전 서울 동대문구의 대형 쇼핑몰을 찾은 박모 씨(68)는 고사리와 도라지 등 반찬을 8,260원에 구입했다가 모두 버려야 하였다. 포장을 벗겨 나물 맛을 보니 질기고 버석거려 밥상에 도저히 올릴 수 없었기 때문이다.

사정이 이렇지만 이를 막을 제도적인 장치는 없다. 식품의약품안전청 관계자는 "어패류 등은 육안으로 상태를 확인할 수 있기 때문에 관리를 위한 제도를 따로 만들지 않고 유통업체에 맡기고 있다"고 밝혔다. 이에 대해 YMCA 팀장은 "음식은 국민들의 건강에 영향을 크게 미치기 때문에 신선식품에 대해서도 안전을 보장할 수 있는 법을 만들어야 한다"면서 "상한 식품을 판 유통업체에 대해서는 세 번 단속될 경우 영업을 정지시키는 '3진아웃제' 같은 제도를 도입할 수 있을 것"이라고 말하였다.

〈경향신문, 2008.3.26〉

그런데 이 상품의 가격이 10만 원으로 하락하면 수요량이 150개로 늘어나는데, 이렇게 되면 소비자잉여가 〈그림 4.5〉의 B만큼 증가한다. 가격이 하락한 후에는 소비자들이 지불할 용의가 있는 금액이 □$fbsh$의 면적이고, 소비자들이 실제로 지불한 금액은 □$nbsh$의 면적이기 때문에 소비자잉여는 $A+B$의 면적과 일치한다. 그러므로 가격하락으로 인해 증가한 소비자잉여는 B의 면적이다.

이와 같이 가격이 하락하면 소비자잉여는 증가한다. 기술발전으로 대량공급이 이루어지면서 상품의 가격이 하락하면 소비자잉여가 증가하여 소비자들이 큰 혜택을 누릴 수 있다. 대량생산이 이루어지는 현대사회에서는 소비자잉여가 많이 증가하고 있다.

요약하기

❖ 가계: 소비행위를 수행하는 경제주체(3대 경제주체: 가계, 기업, 정부)

❖ 한계효용: 상품을 한 단위 더 소비함으로써 늘어나게 되는 추가효용

❖ 한계효용 체감의 법칙: 소비량을 점점 증가시켜 나가면 한계효용은 점점 감소한다.

❖ 효용극대화의 조건(소비선택의 균형, 한계효용 균등의 법칙)

$$\frac{MU_A}{P_A} = \frac{MU_B}{P_B} = \frac{MU_C}{P_C} = \cdots\cdots = \text{1원의 한계효용}$$

❖ 수요곡선: 한계효용이 체감하기 때문에 수요곡선은 우하향한다(수요의 법칙).

❖ 소득효과와 대체효과: 상품의 가격이 하락하면 소비자의 실질소득이 증가하기 때문에 이 상품을 더 많이 구매하려는 효과(소득효과)도 있고, 상대적으로 이 상품이 더 싸졌기 때문에 다른 상품 대신에 이 상품을 더 구매하려는 효과(대체효과)도 있다.

❖ 개별수요곡선과 시장수요곡선: 시장에는 수요자가 많은데 수요자 한 사람 한 사람의 수요곡선을 개별수요곡선이라고 하고, 이들의 수요곡선을 모두 합한 시장 전체의 수요곡선을 시장수요곡선이라고 한다.

❖ 소비자잉여: 소비자들은 자기가 기꺼이 지불할 용의가 있는 가격보다 낮은 가격으로 상품을 구매하기도 하는데, 특정 상품의 모든 소비자에 대해 이 차이를 모두 합하였을 때 이 값을 소비자잉여라고 한다.

복습과 토론하기

4. 1.

대부분의 상품을 어느 정도 많이 가지게 되면 더 이상 가지고 싶어하지 않는다. 그러나 돈은 가질수록 더 가지고 싶어한다. 돈은 한계효용이 체감하지 않는 것일까? 한계효용은 마이너스(−) 값이 될 수도 있을까?

4. 2.

수요곡선이 우상향하는 상품도 있을까? 가격이 내려가면 대체효과와 소득효과 모두가 상품을 더 구매하려는 방향으로만 나타날까?

4. 3.

날씨가 더울 때는 아이스크림이 매우 먹고 싶어진다. 다섯 사람이 아이스크림을 사 먹으려고 하는데 아이스크림을 가장 좋아하는 사람은 한 개당 8,000원이 넘지 않는 한 아이스크림을 기꺼이 사 먹으려고 한다. 두 번째로 좋아하는 사람은 7,000원, 세 번째로 좋아하는 사람은 6,000원, 네 번째로 좋아하는 사람은 5,000원, 다섯 번째로 좋아하는 사람은 4,000원을 넘지 않는 한 아이스크림을 기꺼이 사 먹으려고 한다. 그런데 아이스크림 가게에 가보니 가격이 하나에 4,000원이었다. 이때 다섯 사람이 누린 소비자잉여는 얼마인가?

4. 4.

소주, 담배, 오징어의 가격 및 한계효용은 아래 표와 같다. 김진평 씨는 3,000원을 가지고 소주 한 병, 담배 한 갑, 오징어 한 마리를 샀다. 이때 김진평 씨에게 1,000원이 더 생기면 이 돈으로는 무엇을 사려고 할까?

상품	가격(원)	한계효용	
		첫 번째 상품	두 번째 상품
소주	1,000	5,000	3,000
담배	1,000	3,000	1,000
오징어	1,000	3,000	1,000

5

생산의 원리와 생산비이론

1. 기업과 생산
2. 생산비와 이윤
3. 단기에서의 생산과 생산비
4. 단기생산비와 장기생산비

물건을 직접 만들어 내는 것도 생산이고 서비스를 제공하는 것도 생산이다. 의류회사는 옷이라는 상품을 만드는 기업이고, 택배회사는 배달이라는 서비스를 제공하는 기업이다. 그 밖에 무역업, 건설업, 통신업, 금융업 등을 영위하는 기업도 많다. 따라서 우리 경제에는 수많은 기업이 무수한 생산활동을 수행하고 있다. 그리고 기업은 학교 앞의 복사점에서부터 현대자동차(주)에 이르기까지 그 규모도 매우 다양하다. 기업이 생산을 계속하기 때문에 사람들이 소비활동을 할 수 있다. 또 다른 측면으로는 사람들이 소비활동을 하기 때문에 기업이 생산활동을 할 수 있다. 본장에서는 기업의 생산활동에 대해 공부한다. 그런데 생산은 반드시 비용을 수반한다. 그러므로 생산에 대한 분석은 비용에 대한 분석을 동반하기 마련이다. 따라서 본장에서는 생산의 원리와 비용의 원리에 대해 동시에 공부한다.

1. 기업과 생산

기업이란

삼성전자(주)는 우리나라의 대표적 기업이다. 2006년 말 기준으로 볼 때 삼성전자(주)는 59조 원의 매출액을 기록하고 있다. 이 중 63%는 반도체 및 통신 관련 제품의 매출액이고, 30.5%는 컴퓨터 관련 매출액, 5%는 가전제품 매출액이다. 59조 원의 매출액 중 13.6%인 8조 원이 순이익이다. 삼성전자의 고용자수는 8만 6,000명에 이르고 있다. 그리고 총자산규모는 58조 원에 달한다.

이와 같이 생산활동을 수행하는 조직체를 기업이라고 한다. 그런데 삼성전자(주)와 같은 큰 조직체만 생산활동을 하는 것은 아니다. 농촌에서 농사를 짓는 농가도 농산물을 생산하는 기업이고, 동네의 구멍가게도 유통서비스를 제공하는 기업이다. 학교 앞의 식당도 하나의 기업이고, 동네의 세탁소도 하나의 기업이다. 은행도 기업이고 지하철회사도 기업이다. 사람들이 소비하는 재화(goods)와 용역(services)을 생산하는 모든 조직체는 규모의 대소를 불문하고 모두 기업이다.

기업은 생산활동을 하면서 이윤(profits)을 추구한다. 말하자면, 기업의 목표는 이윤극대화(profit maximization)이다. 그러나 어떤 학자들은 이윤극대화만이 기업의 목표가 되는 것은 아니라고 주장하기도 한다.

기업은 판매액을 증가시키는 데도 관심을 가지고 있고, 기업의 규모를 키우 고 고용자수를 늘리는 데도 관심을 가지고 있다. 기업이 어느 수준의 이윤만 확보되면 그 다음부터는 이윤보다는 매출액이나 기업규모를 키우는 데 더 큰 관심을 가진다고 주장하는 학자도 있다. 모든 주장이 나름대로 타당성과 설득력을 가지고 있으나 기업은 궁극적으로 이윤의 극대화가 그 목표라고 보는 것이 일반적 견해이다.

기업은 자본(capital), 노동(labor), 원료(materials) 등과 같은 생산요소(inputs)를 투입하여 상품을 생산해 내는 조직체인데, 가능한 한 생산요소를 적게 투입하고 많은 상품을 생산하는 것이 이윤을 증대시키는 방법이다. 적은 양의 생산요소로 많은 양의 상품을 생산할수록 효율적(efficient) 생산이 이루어지기 때문이다.

기업의 형태

개인기업 한 사람이 소유하고 경영하면서 기업의 부채에 대해 무한책임을 지는 기업을 개인기업(proprietorships)이라고 한다. 예컨대, 어떤 사람이 월세 1,000만 원으로 대학교 앞에 조그만 점포를 빌려 라면집을 열었다면 이것은 아마도 개인기업에 해당할 것이다. 그는 자기 돈으로만 그 점포를 운영해 나간다. 그러므로 이윤을 내면 그것은 모두 자기 차지가 된다. 반면에 손해를 보게 되면 그것도 모두 자기의 책임이 된다.

농촌의 농가도 이런 범주의 개인기업이라고 볼 수 있고, 이발소, 소규모 식당, 세탁소, 문방구, 서점 등등도 모두 이런 개인기업이라고 볼 수 있다.

개인기업은 시작하기도 쉽고 수지가 맞지 않을 때는 문을 닫기도 쉬운데, 이것은 개인기업의 이점이라고도 할 수 있다. 또 한 개인이 모든 권한을 가지면서 언제든지 신속하게 필요한 의사결정을 내리고 집행할 수 있다는 것도 개인기업의 장점이다. 그뿐만 아니라 수입에 대해 세금도 한 번만 내면 된다. 회사수입이 바로 개인의 수입이기 때문에 회사가 법인세를 따로 내는 것은 없고 개인소득세 하나만 내면 된다.

그러나 한 개인이 회사와 관련한 모든 책임을 무한으로 져야 한다는 단점이 있다. 그리고 기업을 확장하기 위한 자금조달에도 한계가 있다. 그러므로 개인기업은 소규모 기업에 한정될 수밖에 없다. 그뿐만 아니라 개인기업은 창업자가 사망하면 문을 닫게 되는 경우가 많다. 말하자면, 기업의 영속성이 약하다는 것이다.

동업기업 두 사람 이상이 공동으로 출자하여 공동으로 영업하고 공동으로 모든 책임을 지는 기업형태를 동업기업(partnerships)이라고 한다. 두 사람 이상이 동업한다는 것 이외에는 개인기업과 별 차이가 없는 기업이다. 두 사람 이상이 동

생활경제 5-1 기업가의 자세는?

『동패낙송』(東稗落誦)이라는 문헌에 체질개선이 한참인 요즈음 기업들에 교훈이 되는 소금장수 실화가 실려 있다.

남양(南陽) 산기슭에 먹기보다 굶기를 더하는 김씨 성 양반이 장씨 성 상민 신부를 얻었다. 첫날밤 신부는 친정에서 가져온 버들고리를 열더니 비단처럼 가는 세목 두 필을 꺼내 주며 날이 새면 장에 가 팔아 오도록 시켰다. 40냥을 받아 오자 10냥으로 자기 길쌈을 위해 목화를 사고 나머지 30냥을 남편에게 주면서 "목돈을 아쉬워하는 인근 염장(鹽藏)에 가서 이 돈을 놓고 그 이자턱으로 소금을 타다가 3년 간 백 리 안을 돌아다니며 소금을 파시오. 팔되 당장 소금값을 받지 말고 추수 후에 받음으로써 믿음을 주어 단골을 삼으시오"라고 말하였다.

3년 후 본전과 이자로 받은 소금 판 돈을 합치니 3,000냥이 되었다. 이 소문을 듣고 한강의 주판(舟販)업이니 의주의 무역업이니 유혹이 많았지만 막무가내로 계속 이자 소금을 팔게 하였는데, 수송수단으로 망아지를 사서 기동화하고 판매범위를 200리, 300리로 늘려 나갔다. 이렇게 10년 만에 1만 냥의 갑부가 된 것이다.

요즈음 줄줄이 쓰러지는 대기업 마인드에 장씨의 철학이 주는 교훈이 토실토실하다.

첫째, 남의 돈을 쓰지 않고 본전은 살려 두었다는 점이다. 온통 은행돈이니 지불보증 외채니, 얼마가 내 돈이고 남의 돈인지 모르는 자금구조가 대기업들을 사상(砂上)구조로 만든 것과 대조된다.

둘째, 계획경영을 하여 아무리 자본이 늘고 큰 돈벌이가 있어도 거들떠보지 않았다. 한동안 신화가 되었던 저돌적 경영과는 거리가 멀다.

셋째, 소금 외에는 최악의 파산에 대비하여 길쌈을 지속하였을 따름, 선단식이나 문어발 경영을 하지 않았다.

넷째, 시장점유율 세일이나 덤핑, 매점매석 등에 의하지 않고 인정으로 의리를 얻고 의리에서 신용을 쌓았다.

다섯째, 지게로 지어 나르던 것을 망아지에 실어 나르는 겸손한 기업확대를 하였다. 거품식 기업확대를 하여 구조조정이라는 거품 뺄 일을 아예 하지 않았다.

플라톤의 강의를 들으면 마치 그의 철학의 포도 한 알씩 깨무는 것 같다더니, 장씨의 포도 한 알씩을 음미해 볼 작금이 아닐까 한다.

〈조선일보, 「이규태코너」, 1999.11.8〉

업하기 때문에 규모는 개인기업보다 클 수 있다.

여러 명의 의사가 공동으로 개업한 병원, 여러 명의 변호사가 공동으로 영업하는 법률회사, 여러 명의 공인회계사가 공동으로 운영하는 회계법인 등은 동업기업의 범주에 속한다. 우리나라에서는 합명회사나 유한회사라고 불리는 기업들이 대부분 동업기업이다.

동업기업도 창업이 비교적 용이하다는 장점을 가지고 있다. 또 의사나 변호사 직종과 같이 전문가가 아니고는 업무의 성과를 평가하기 어려운 분야에서 유리한 특성을 가지고 있다. 예컨대, 의사 서너 명이 동업하고 있는 병원에서는 동업자들끼리 상대방의 업무성과를 효과적으로 평가할 수 있다. 동업자 각자가 전문성을 충분히 발휘할 수 있다는 점도 동업회사의 장점이다. 여러 변호사가 동업하는 법률회사에서는 형사, 민사, 국제 등등 분야별 전문변호사가 자기의 전문성을 충분히 발휘할 수 있다. 동업회사에서도 개인회사에서처럼 법인세가 부과되지 않고 동업자에게 개인소득세만 부과되기 때문에 세금을 한 번만 내도 된다는 장점이 있다.

그러나 동업자들이 공동으로 회사채무에 대해 무한책임을 져야 하는 단점도 있다. 동업자 중 한 사람이 잘못한 회사채무도 다른 동업자들이 공동으로 책임을 져야 한다. 또 동업자 사이에 견해차이가 있을 때는 의사결정이 어렵고 회사운영을 어렵게 할 수 있다. 뿐만 아니라 동업자 중 한 사람이 사망하거나 동업대열에서 이탈할 때는 회사가 문을 닫거나 구조조정을 해야 하는데, 이것도 동업회사의 단점으로 지적된다.

회사기업 회사기업은 개인기업이나 동업기업과는 전혀 다른 모습의 기업이다. 삼성전자(주), 현대자동차(주), SK텔레콤(주) 등이 회사기업인데, 이들은 주식회사라고 불리는 회사들이다. 수많은 주주들이 자금을 출자하여 만든 회사가 주식회사인데, 이들은 회사의 소유자이기는 하지만 회사채무에 대해서는 유한책임을 진다. 그리고 오늘날 회사 또는 기업이라고 할 때는 대부분의 경우 회사기업(corporation)을 지칭한다.

삼성전자(주)는 2006년 말을 기준으로 볼 때 9,000억 원의 자본금을 가지고 있으며 주주의 수는 12만 3,756명이다. 주주의 분포를 보면 외국인이 49%, 법인이 42%, 개인이 9%이다. 외국인 중에서는 Citibank N.A.가 9.42%로 지분을 가장 많이 가지고 있는 주주이고, 법인 중에는 삼성생명이 6.28%로 가장 많이 가지고 있는 주주이다. 삼성물산도 4.02%를 소유하고 있다. 개인 중에는 이건희 삼성 회장이 1.86%, 그의 부인 홍라희 씨가 0.74%, 그의 아들 이재용 씨가 0.57%를 소유하고 있다.

는 170,132,764이다. 한 주의 액면가는 5,000원이기 때문에 이 주식의 총액면가치는 8,500억 원이다. 그런데 이 주식은 개인과 법인을 합해 총 123,756명의 주주가 소유하고 있다. 말하자면, 123,756명이 170,132,764주에 달하는 삼성전자의 주식을 분산소유하면서 8,500억 원의 자금을 조달하여 삼성전자라는 회사를 만들고 있는 것이다.

회사채의 소유자는 회사에 대한 채권자인 데 반해 주식의 소유자는 회사의 소유자(owners)이다. 따라서 채권자는 이자(interests)를 받는 반면 주주는 배당금(dividends)을 받는다. 회사는 회사의 수입 중에서 회사채 소유자인 채권자에게 먼

생활경제 5-3 재벌 문제 적극 해결해야

"삼성병원에서 태어나 삼성의 장례식장에서 생을 마감한다." 이는 재벌이 한국인들의 일상생활에 얼마나 깊숙히 개입되어 있는지를 단적으로 표현하는 말이다. 실제로 온갖 가정용품에서 보험, 아파트, 프로야구에 이르기까지 한국 사회에서 재벌은 소위 '유비쿼터스'(ubiquitous)한 존재다.

하지만 재벌에 대한 한국인들의 '인심'도 변하고 있다. 과거에는 경제성장의 주역으로 칭송하였지만 지금은 한국 사회에 대한 일부 회사 위상, 좀더 엄밀하게 말하면 소수 '가문'의 과도한 지배력에 염증을 느끼고 있다는 것이다.

영국 일간지 파이낸셜 타임스(FT)는 27일 요람에서 무덤에 이르기까지 재벌의 손길에서 벗어나지 못하는 한국 사회의 단면을 소개하였다. 그러면서 이명박 대통령이 한국 경제를 한 단계 도약시키려면 무엇보다도 재벌 문제를 외면하지 말고 대담하게 대처해야 한다고 제언하였다.

산업화 시대에는 재벌들이 한국 경제성장의 원동력이었지만 이제는 시대착오적인 지배구조를 유지한 채 창조성보다는 맹목적인 충성심을 선호하는 분위기를 조성하며 오히려 성장에 걸림돌이 되고 있다는 것이 FT의 지적이다. 이와 관련, 신문은 최근 몇 년 동안 한국 중소기업인들이 재벌기업들에 대해 강압적인 납품단가 인하와 지적재산권 침해 같은 불만을 제기해 왔다는 사실을 상기시켰다. 또 몇몇 재벌기업 총수들이 반사회적 행동으로 인해 법정 피고석에 섰음에도 불구하고 미미한 형량을 선고받았던 점도 거론하였다.

이런 식의 부정적인 측면들로 인해 이제 한국인들 사이에서도 재벌의 구태를 개혁해야 한다는 분위기가 확산되고 있다고 신문은 밝혔다. 2003년부터 2005년 사이 소버린 자산운용이 SK주식회사 주식을 사들이며 경영진을 공격한 이후 SK그룹의 지배구조가 개선되었다는 설명도 곁들였다.

그러나 이 대통령은 현재로서는 중소기업의 반대에도 불구하고 금산분리 규제를 완화하고, 일반인과 재벌 총수들에게 다른 법률적 잣대를 적용하는 등 재벌친화적인 정책을 계속 유지할 것으로 보인다고 FT는 강조하였다. 하지만 재벌이 이제는 성장의 엔진이 아닌 족쇄로 작용하고 있는 게 분명한 만큼 이 대통령이 진정으로 한국 경제를 도약시키려면 국익을 위한 대담한 조치, 즉 재벌개혁을 결코 외면해서는 안 될 것이라고 거듭 권고하였다.

〈매일경제, 2008.3.27〉

저 이자를 지불한다. 그리고 모든 생산비를 지불하고 국가에 세금을 낸 후 남는 부분은 주주가 가지게 된다. 남는 부분을 순이윤이라고 하는데, 이윤 중 일부는 재투자를 위해 회사에 남기고 나머지는 주주들에게 배당금으로 지급된다. 그러므로 회사가 이윤을 많이 내면 주주는 많은 배당금을 받을 수 있다. 반면에 회사가 이윤을 내지 못하거나 손해를 보면 주주는 배당금을 받을 수 없다.

소유와 경영의 분리

회사기업의 규모가 비대해지면서 주식이 수많은 주주들에게 광범위하게 분산되면 실제로 회사를 지배하고 경영하는 사람은 주식을 소유하지 않는 전문경영인이 된다. 벌리(A. A. Berle)와 민즈(G. C. Means)는 미국에서는 이미 1900년대 초에 이런 현상이 나타났다는 것을 자료를 통해 증명하였다.* 이런 현상을 소유와 경영의 분리라고 하고, 이런 기업을 경영자지배기업(manager control firms)이라고 한다. 이들은 이런 현상이 나타나는 것을 경영자혁명(managerial revolution)이라고 하였다.

미국의 대기업 중 80% 이상이, 일본의 대기업은 90% 이상이 경영자지배기업이지만 우리나라는 아직 이런 기업이 극히 소수에 불과하다. 공기업에서 민영화된 POSCO, KT 등에서 이런 현상이 나타날 뿐이다. 우리나라의 대표적 기업이라고 할 수 있는 삼성전자(주), 현대자동차(주), SKT(주), LG화학(주) 등은 모두 대주주가 실질적으로 경영권을 행사하는 소유자지배기업(owner control firms)이다.

경영자지배기업은 주식소유와는 관계 없이 경영능력이 가장 우수한 사람이 최고경영자가 될 수 있다는 장점이 있으나 경영자가 소유자의 이익을 위해 경영을 하지 않을 수 있다는 대리인 문제(agency problem)가 나타날 수 있다. 대리인 문제란 주주가 주인(principal)이고 경영자는 대리인(agent)인데, 대리인이 주인을 위해 경영을 하지 않고 자신들의 이익을 위해 경영을 할 가능성이 있다는 문제이다.

소유자지배기업은 소유자가 직접 경영권을 행사하기 때문에 대리인 문제는

* A. A. Berle and G. C. Means, *The Modern Corporation and Private Property*, New York, NY: The MacMillan Company, 1932.

없으나 경영능력에 기초하지 않고 소유지분에 의거해서 경영권을 유지한다는 단점이 있다. 다수 주식을 소유하고 있는 한 능력의 유무에 상관없이 최고경영자직을 계속 유지하면서 세습시킬 수 있다는 것이 문제점으로 지적될 수 있다.

2. 생산비와 이윤

명시적 비용과 암묵적 비용 및 회계학적 이윤과 경제학적 이윤

서울의 신촌에 사는 김길중 씨는 그 동안 다니던 직장에서 정년퇴직을 하고 자기 집 아래층에 조그만 서점을 하나 운영하고 있다. 1년 동안 서점을 운영한 후 수입과 지출을 살펴보니 〈표 5.1〉과 같았다.

책 판매수입은 총 1억 3,000만 원이다(잡지류 판매수입 1,800만 원+일반서적 판매수입 1억 1,200만 원). 그런데 김길중 씨는 1년 동안 서점을 운영하면서 실제로 1억 원을 비용으로 지불하였다. 책의 구매비용을 비롯해서 각종 비용의 합계가 1억 원이다. 이 1억 원은 〈표 5.1〉에서처럼 구체적인 항목별로 명시적으로 지출된 비용이다. 이런 비용을 명시적 비용(explicit costs)이라고 한다. 명시적 비용은 장부상의 비용이다.

총수입 1억 3,000만 원 중 명시적 비용 1억 원을 빼니 3,000만 원이 남았다. 따라서 남는 3,000만 원은 김길중 씨의 이윤이 되는데, 이런 이윤을 회계학적 이윤(accounting profits)이라고 한다. 회계학적 이윤도 장부상의 이윤이다.

그런데 경제학적인 관점에서는 3,000만 원을 이윤이라고 볼 수 없다. 김길중 씨가 서점을 운영하지 않고 다른 직종에서 일을 하였다면 1년에 2,300만 원까지는 벌 수 있는데, 그는 이 수입을 포기하고 서점을 운영한 것이다. 그뿐만 아니라 서점을 하고 있는 가게도 다른 사람에게 전세를 냈으면 1년에 1,000만 원의 임대료를 받을 수 있는 것인데, 그는 자기가 직접 그 점포를 사용하기 위해 1,000만 원의 임대수입을 포기하였다. 또 서점을 열기 위해서 자기 돈 3,000만 원을 투자하였는데, 만약 이 돈을 금융기관에 예금하였다면 1년에 300만 원의 이자수입을

표 5.1 서점의 수입 및 비용 일람표 [단위: 만 원]

잡지류 판매수입	:	1,800	
일반서적 판매수입	:	11,200	
총판매수입			13,000
잡지 구매비	:	1,300	
일반서적 구매비	:	6,200	
종업원 임금	:	1,000	
전화, 전기, 난방, 냉방비	:	500	
홍보비	:	500	
세금	:	500	
명시적 비용			10,000
(회계학적) 이윤			(13,000−10,000)=3,000
포기한 주인의 연봉	:	2,300	
포기한 가게 임대료	:	1,000	
포기한 이자수입	:	300	
암묵적 비용			3,600
(경제학적) 이윤			(3,000−3,600)=−600

벌 수 있었다. 즉, 서점을 하기 위해 3,000만 원에 대한 이자수입도 포기하였다. 그러므로 이것들을 합한 3,600만 원도 경제학적인 관점에서 볼 때는 서점운영의 비용이 된다. 서점을 하지 않았으면 벌 수 있었던 소득인데 서점을 하느라고 벌지 못하게 된 부분이기 때문이다. 이런 비용을 암묵적 비용(implicit costs)이라고 한다. 암묵적 비용은 실제로 지출된 비용은 아니지만 김길중 씨가 서점을 함으로써 포기해야 하는 소득이기 때문에 비용으로 간주한다. 이런 비용은 김길중 씨의 노동, 김길중 씨의 점포, 김길중 씨의 자본에 대한 기회비용(opportunity costs)이 되기도 한다.

기회비용이란 어떤 자원을 한 용도에 사용하기 위해 포기해야 하는 다른 용도에서의 수입을 말한다. 예컨대, 김길중 씨의 노동력, 김길중 씨의 점포, 김길중 씨의 자본은 서점에 사용되기 위해 다른 용도에는 사용되지 못하였는데, 다른 용도에 사용되었더라면 3,600만 원을 벌 수 있었다. 그러므로 이 3,600만 원은 김길중 씨의 노동력, 김길중 씨의 점포, 김길중 씨의 자본에 대한 기회비용이다.

경제학적 의미에서 볼 때는 회계학적 이윤 3,000만 원에서 암묵적 비용 3,600만 원을 뺀 후의 값이 김길중 씨의 순이윤이 된다. 이런 이윤을 경제학적 이윤(economic profits)이라고 한다. 경제학에서 논의하는 이윤은 모두 경제학적 이윤을 지칭한다. 〈표 5.1〉에서 김길중 씨의 경제학적 이윤은 −600만 원인데, 이것은 김길중 씨가 경제학적인 관점에서는 오히려 600만 원 손해를 보고 있다는 의미이다. 회계학적인 관점에서는 3,000만 원의 이윤이 남지만 경제학적 관점에서는 600만 원의 손해를 보고 있는 것이다.

생활경제 5-4 전력 비상, 원가(原價)보다 싼 전기요금이 문제다

정부가 백화점, 대형 마트 등 에너지 다(多)소비 건물 441곳의 실내 난방온도를 오는 24일부터 4주간 20도 이하로 제한하기로 하였다. 오전 10시부터 낮 12시까지 수도권 전철 · 도시철도 운행간격도 지금보다 1~3분 연장된다. 공공기관 난방기 사용도 하루 두 시간 동안 중단된다. 18일 국무회의에서 나온 에너지 절약대책이다.

연일 강추위가 몰아치면서 난방용 전기 수요가 늘어나 전력대란이 우려되고 있다. 17일 낮 12시 전력 사용량은 7,314만kW로 종전 최고 기록 7,184만kW를 훌쩍 뛰어넘었다. 이날 예비전력은 404만kW로 비상 수준인 400만kW를 간신히 웃돌았다.

공교롭게도 이날 오후 4시 8분부터 23분 동안 전남 여수산업단지 일대의 전기 공급이 끊겨 GS칼텍스를 비롯한 입주업체 20여 곳이 수백억 원의 피해를 봤다. 한전은 “전력 수급(需給) 비상과는 무관하다”고 하였지만 정확한 원인은 더 조사해 보아야 한다. 지금처럼 전력 공급이 아슬아슬한 상황에선 앞으로 이런 사태가 더 벌어질 수 있다.

우리 전기요금은 경제협력개발기구(OECD) 30개 회원국 중에서도 가장 싼 편에 속한다. 2004년 이후 도시가스와 등유의 가격은 45% 오른 반면 전기요금은 13% 오르는 데 그쳤다. 그래서 같은 기간 등유 소비는 55% 줄고, 전기 소비는 49% 늘었다. 전기온풍기와 전기 히터가 과거의 석유난로를 대신하면서 겨울철만 되면 전력 공급에 비상이 걸린다.

발전소 하나 짓는 데는 몇 년이 걸려 당장 전력 공급을 늘릴 묘안은 없다. 우선은 에너지 절약을 생활화하고 전기를 아껴 써야 한다. 실내 난방 온도를 3도만 낮춰도 전력 사용량을 300만kW 줄일 수 있다. 정부는 생산원가의 94% 수준인 전기요금을 최소한 원가는 받을 수 있도록 조정하는 방안도 검토해야 한다.

〈조선일보, 2011. 1. 19〉

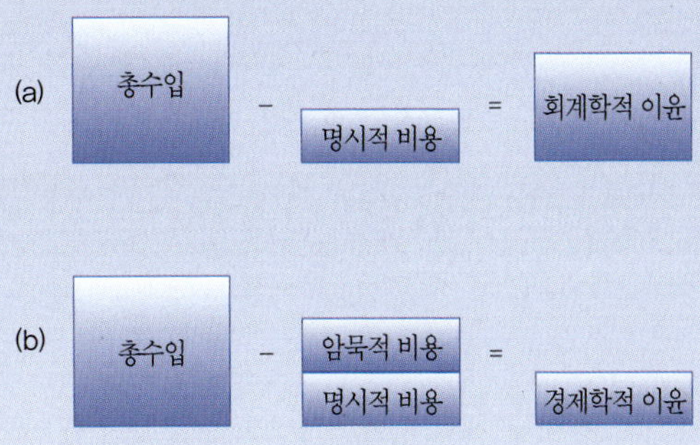

그림 5.1

생산비의 구성

경제학에서는 생산비를 명시적 비용과 암묵적 비용으로 구분하고 있다.

명시적 비용과 암묵적 비용을 합한 값을 경제학적 비용(economic costs)이라고 한다. 그러므로 경제학적 이윤은 총수입에서 경제학적 비용을 뺀 값이다. 명시적 비용, 암묵적 비용, 회계학적 이윤, 경제학적 이윤의 관계는 〈그림 5.1〉에 잘 요약 · 정리되어 있다. 총수입에서 명시적 비용만 빼면 회계학적 이윤이고, 여기서 다시 암묵적 비용까지 빼면 경제학적 이윤만 남는다.

정상이윤

〈표 5.1〉에서 김길중 씨의 회계학적 이윤은 3,000만 원이다. 그런데 김길중 씨가 서점사업을 하는 대신 자기 가게를 임대내고, 투자자금을 금융기관에 예금하고, 자신은 다른 데 가서 일하였다면 3,600만 원을 벌 수 있었다. 따라서 회계학적 이윤이 3,600만 원이 되지 못하면 김길중 씨는 장기적으로 서점사업을 계속하려고 하지 않을 것이다.

김길중 씨가 서점사업을 계속하려면 회계학적 이윤이 적어도 3,600만 원은 되어야 한다. 이런 이윤을 정상이윤(normal profits)이라고 한다. 즉, 그 사업을 계속할 수 있도록 해 주는 최소한의 이윤이 정상이윤이다. 경제학에서는 정상이윤을 생산비로 간주한다. 경제학에서 비용이라고 할 때는 항상 정상이윤을 포함한 개념이다. 기업들이 정상이윤을 벌지 못하면 그 기업은 그 사업을 계속하지 않고 다른 사업으로 옮겨 갈 것이다. 초과이윤(excess profits)은 정상이윤을 초과한 부분의 이윤이다. 그러므로 초과이윤이 존재한다는 것은 경제학적 이윤이 양(+)이라는 의미이다.

3. 단기에서의 생산과 생산비

고정요소와 가변요소 및 단기와 장기

사회의 독서열기가 고조되어 김길중 씨의 서점에서 책이 아주 많이 팔린다면 책 판매수입이 증가하여 김길중 씨는 많은 초과이윤을 낼 것이다. 이렇게 되면 일손이 모자라 김길중 씨는 종업원을 한 사람 더 고용하여 서점을 운영하려고 할 것이다. 그러나 점포는 당장 더 큰 규모로 늘릴 수 없다. 그런데 책 판매가 계속 증가하면 김길중 씨는 점포확장계획을 세울 것이다.

여기서 종업원이라는 노동(labor)과 점포라는 자본(capital)을 생산요소(inputs)라고 하는데, 노동은 책 판매증가와 함께 그 사용량을 곧바로 변화시킬 수 있는 생산요소이기 때문에 이를 가변요소(variable inputs)라고 하고, 자본은 그 사용량을 곧바로 변화시킬 수 없고 고정되어 있는 생산요소이기 때문에 이를 고정요소(fixed inputs)라고 한다.

책 수요가 계속 증가하면 김길중 씨는 점포를 확장하려고 할 것이다. 그런데 점포를 확장하기 위해서는 설계를 해야 하고, 자금을 조달해야 하고, 공사를 해야 한다. 즉, 점포확장은 종업원 채용과 달리 많은 시간이 걸린다. 그러므로 책 수요의 증가와 더불어 김길중 씨는 점포확장 이전에 노동의 증가로 대처할 수밖에 없는데, 이 기간을 단기(short run)라고 한다. 즉, 자본의 양이 고정되어 있는 기간을 단기라고 한다. 그러나 점포확장 공사를 통해 자본까지 변화시킬 때는 이 기간을 장기(long run)라고 한다.

요약하면 고정요소가 존재하는 기간은 단기이고, 모든 생산요소가 가변적이 되는 기간은 장기이다. 단기에는 노동사용량만 변하고 자본사용량은 고정되어 있으나, 장기에는 노동과 자본 모두 그 사용량이 변한다.

경제학자 이야기 4 **제임스 토빈(James Tobin, 1918~2002)**

토빈은 미국의 일리노이주에서 태어났다. 그는 하버드대학을 졸업하고, 제2차 세계대전에 참전하였다가 하버드대학원에서 박사학위를 받았다. 지도교수는 슘페터(Joseph Schumpeter)였다.

그는 하버드대학과 예일대학에서 교수를 지냈으며 1981년에 노벨경제학상을 받았다. 그는 케네디 정부에서 경제자문관으로 일하기도 하였다. 그의 학문적 업적은 주로 거시경제학 분야에서 이루어졌다.

그는 투자이론, 통화정책, 재정정책, 금융시장이론에 많은 공헌을 한 학자이다. 그는 1950년부터 예일대학 교수를 시작하여 한평생 예일대학에서 강의하고 연구하였다.

생산함수와 수확체감의 법칙

생산량은 생산요소 투입량의 함수이다. 단기에는 공장규모와 같은 자본투입량이 고정되어 있기 때문에 생산량은 가변요소인 노동투입량만의 함수로 나타낼 수 있다. 예컨대, 한국제분회사는 하루 75포대의 밀가루를 생산할 수 있는 생산설비를 갖추고 있는데, 밀가루의 생산량은 몇 명의 근로자가 그 공장에서 일을 하느냐에 달려 있다. 〈표 5.2〉는 근로자의 수에 따라 하루 밀가루 생산량이 어떻게 변화하는지를 보여 주고 있다. 한 사람만 일을 하면 하루에 8포대의 밀가루밖에 생산할 수 없다. 그러나 5명이 일을 하면 하루에 56포대의 밀가루를 생산할 수 있다. 근로자의 수와 밀가루 생산량 사이의 이러한 관계를 함수식으로 나타낸 것을 생산함수(production function)라고 한다.

〈표 5.2〉에서 노동투입량이 증가하면 밀가루의 총생산량은 점점 증가한다. 노동투입량이 9단위가 될 때까지는 밀가루의 총생산(total product: *TP*)이 계속 증가한다. 그러나 노동투입량이 9단위를 넘어서고부터는 밀가루의 총생산이 오히려 감소하고 있다. 열 번째 투입된 노동은 밀가루 생산에 도움이 되는 것이 아니라 오히려 해가 되고 있는 것이다. 노동투입량과 밀가루 생산량 사이의 이러한 관계를 그림으로 그리면 〈그림 5.2〉 (a)와 같이 되는데, 이것을 총생산곡선이라고 한다.

〈표 5.2〉에서 노동투입량이 하나씩 늘어나면 밀가루 생산량도 증가하는데,

표 5.2 노동투입량과 하루의 밀가루 생산량

[단위: 포대]

노동투입량(L)	총생산량(TP)	한계생산(MP)=$\frac{\Delta TP}{\Delta L}$	평균생산(AP)=$\frac{TP}{L}$
0	0		–
		8	
1	8		8.0
		12	
2	20		10.0
		14	
3	34		11.3
		12	
4	46		11.5
		10	
5	56		11.2
		8	
6	64		10.7
		6	
7	70		10.0
		4	
8	74		9.3
		1	
9	75		8.3
		−2	
10	73		7.3

증가하는 정도는 노동투입량에 따라 다르다. 첫 번째 노동은 밀가루 생산을 8포대 증가시켰다. 그런데 두 번째 노동은 12포대, 세 번째 노동은 14포대, 네 번째 노동은 12포대의 밀가루 생산량을 증가시키고 있다. 한 단위 추가되는 노동이 밀가루 생산량을 얼마만큼 증가시키는지 나타낸 것을 노동의 한계생산(marginal product: *MP*)이라고 한다.

〈표 5.2〉에서 노동의 한계생산은 14까지 증가하다가 그 이후부터는 계속 감소하고 결국은 마이너스(–)가 되고 있다. 즉, 노동투입량이 3이 될 때까지는 노동의 한계생산이 증가하다가 그 이후부터는 점점 감소하고, 노동투입이 9단위를 넘어서서부터는 음(–)의 값이 되고 있다. 이러한 노동의 한계생산을 그림으로 그리면 〈그림 5.2〉 (b)의 *MP*와 같이 된다. *MP*곡선은 역*U*자 모양이 된다.

제분시설은 일정한 규모로 갖추어져 있는데, 여기서 한 사람만 일을 한다면 노동력이 상대적으로 부족하다. 그러므로 이 단계에서는 노동력 투입을 증가시키면 노동의 생산성이 점점 증가한다. 즉, 노동의 한계생산은 8에서 12, 14로 증가한다. 그러나 노동력 투입이 4단위를 넘어서서부터는 한계생산이 12, 10, 8 등으로 점점 감소한다.

제분설비는 일정한데 노동투입량이 증가하면, 이제는 노동력이 상대적으로

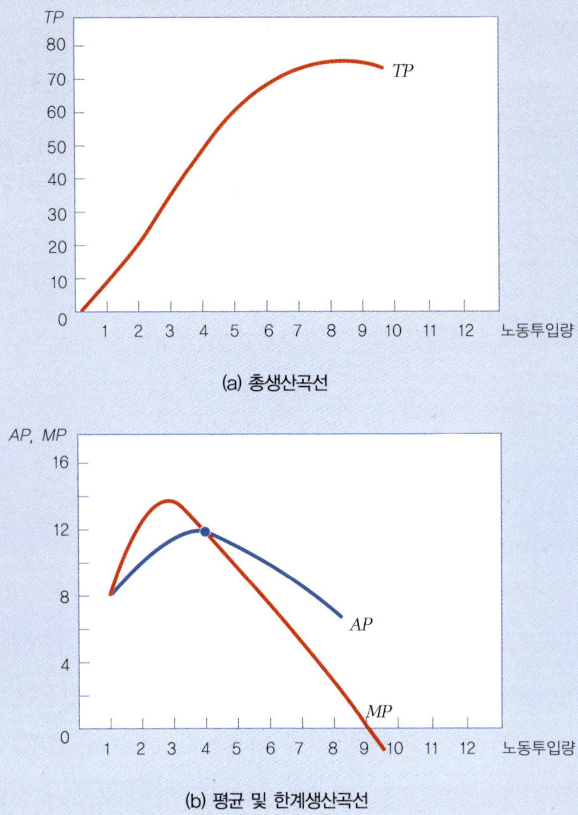

그림 5.2

총생산곡선과 한계생산 및 평균생산곡선

노동투입량의 증가와 더불어 *TP*는 증가하는데 노동투입량이 9단위를 넘어서고부터는 오히려 감소한다. *AP*와 *MP*는 모두 처음에는 증가하다가 나중에는 감소한다. 노동투입량이 3단위가 넘어서고부터는 수확체감의 법칙이 나타난다.

너무 많아 제 능력을 충분히 발휘하지 못하고 노동의 생산성이 점점 떨어진다. 노동투입량이 점점 더 증가하여 10단위가 되면 10단위째의 노동력은 밀가루 생산량을 오히려 감소시키고 있다. 제분설비에 비해 노동력이 너무 많아 넘치는 노동력이 작업하는 데 오히려 방해가 된다.

4단위의 노동투입량부터 노동의 한계생산이 점점 감소하는데 이런 현상을 수확체감의 법칙(law of diminishing returns)이라고 한다.

〈그림 5.2〉에서 *MP*곡선이 점점 하락하는 것은 바로 수확체감의 법칙 때문이다. 노동 1단위당의 평균적인 생산량도 계산할 수 있는데, 이것을 노동의 평균생산(average product: *AP*)이라고 한다. 총생산량을 노동투입량으로 나눈 것이 노동

의 평균생산인데, 〈표 5.2〉에서 노동의 평균생산도 처음에는 점점 증가하다가 노동투입량이 4단위가 넘고부터는 점점 감소한다. 이러한 노동의 평균생산은 〈그림 5.2〉 (b)의 AP곡선으로 그려져 있다. AP곡선도 처음에는 증가하다가 나중에는 점점 감소하는 역U자 모양을 갖는다.

총생산을 기준으로 한계생산과 평균생산을 요약 정리하면 아래와 같다.

$$\text{노동의 한계생산}(MP) = \frac{\text{총생산량의 증가분}(\Delta TP)}{\text{노동투입량의 증가분}(\Delta L)}$$

$$\text{노동의 평균생산}(AP) = \frac{\text{총생산}(TP)}{\text{노동투입량}(L)}$$

비용과 비용곡선

대한철강(주)이 일정한 규모의 제철설비를 갖추고 철강을 생산하고 있는데, 단기에는 철강 생산량이 종업원의 수와 더불어 변화한다. 즉, 단기에는 철강 생산량을 변화시키려면 공장설비는 변화시킬 수 없고, 현재의 설비에 근로자의 수를 변화시켜 철강 생산량을 변화시킨다. 갑자기 철강 수요가 늘어나서 철강 생산량을 증가시키려면 당장은 공장시설을 확장할 수 없고, 현재의 시설에 근로자를 더 고용시키고 가동시간을 늘려 생산량을 증대시킬 수밖에 없다. 생산설비는 고정인 채 노동투입량만 증가시키면서 생산을 늘려 나가는 이 기간은 단기이다. 단기에는 공장시설이 고정되어 있다.

현재의 공장시설을 갖추는 데에는 이미 50억 원의 비용이 투자되었다. 고정된 공장시설에 투입된 50억 원은 고정비용(fixed costs: FC)이 된다. 이 50억 원은 생산을 하든 안 하든 소요되는 비용이다. 〈표 5.3〉에서 생산량이 점점 증가해도 고정비용 50억 원은 변화가 없다. 그런데 생산량을 증가시키기 위해서 원료와 노동력은 더

표 5.3 총비용, 평균비용, 한계비용							[단위: 억 원]
	고정비용, 가변비용, 총비용			평균 및 한계비용			
(1) 철강생산량 (톤)	(2) *FC*	(3) *VC*	(4) *TC* (2)+(3)	(5) *AFC* (2)÷(1)	(6) *AVC* (3)÷(1)	(7) *ATC* (4)÷(1)	(8) *MC* Δ(4)÷Δ(1)
0	50	0	50	–	–	–	–
1	50	15	65	50.00	15.00	65.00	15
2	50	25	75	25.00	12.50	37.50	10
3	50	34	84	16.67	11.33	28.00	9
4	50	42	92	12.50	10.50	23.00	8
5	50	52	102	10.00	10.40	20.40	10
6	50	64	114	8.33	10.67	19.00	12
7	50	79	129	7.14	11.29	18.43	15
8	50	98	148	6.25	12.25	18.50	19
9	50	122	172	5.56	13.56	19.11	24
10	50	152	202	5.00	15.20	20.20	30
11	50	202	202	4.55	18.36	22.91	50

투입되어야 한다. 원료와 노동력 등에 소요되는 비용은 생산량 증가와 더불어 그때그때 변하므로 이런 비용은 가변비용(variable costs: *VC*)이 된다.

〈표 5.3〉에서 철강 생산량이 0톤일 때는 고정비용만 소요된다. 그리고 생산량을 늘려 나가도 이 비용은 50억 원에서 일정하다. 그런데 가변비용은 생산량의 증가와 더불어 점점 증가한다. 예컨대, 생산량이 0일 때는 가변비용도 0이지만 1톤을 생산할 때는 가변비용이 15억 원이고, 2톤을 생산하면 가변비용은 25억 원이 된다.

고정비용(*FC*)과 가변비용(*VC*)을 합하면 총비용(total costs: *TC*)이 된다. 〈표 5.3〉에서 생산량이 7톤이면 고정비용은 50억 원이고 가변비용은 79억 원이어서 총비용은 129억 원(50억 원+79억 원)이 된다.

고정비용, 가변비용, 총비용을 곡선으로 그리면 〈그림 5.3〉의 (a)와 같다. 고정비용곡선(*FC*)은 수평선이고, 가변비용곡선(*VC*)은 증가하는 곡선이다. 그리고 고정비용곡선 *FC*와 가변비용곡선 *VC*를 수직으로 합계하면 총비용곡선 *TC*가

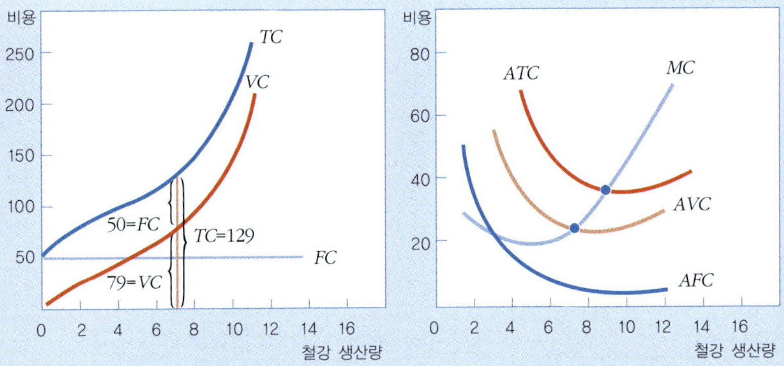

(a) 총비용 (b) 평균 및 한계비용

그림 5.3

총비용곡선, 평균비용곡선, 한계비용곡선

*FC*곡선과 *VC*곡선을 수직으로 합계하면 *TC*곡선이 도출된다. 마찬가지 원리에서 *AFC*곡선과 *AVC*곡선을 수직으로 합계하면 *ATC*곡선이 도출된다. *FC*곡선은 수평인데 *VC*와 *TC*곡선은 계속 증가한다. 그리고 *AFC*곡선은 계속 하락한다. *AVC*, *ATC*, *MC*곡선은 처음에는 하락하다가 나중에는 증가한다.

된다. 따라서 *TC*와 *VC*의 수직적 차이는 *FC*이다.

생산량 1단위당의 고정비용은 평균고정비용(average fixed costs: *AFC*)이다. 그리고 생산량 1단위당의 가변비용은 평균가변비용(average variable costs: *AVC*)이다. 따라서 고정비용을 생산량으로 나누면 평균고정비용이 되고($AFC=FC/Q$), 가변비용을 생산량으로 나누면 평균가변비용이 된다($AVC=VC/Q$). 이때 생산량 1단위당의 총비용은 평균총비용(average total costs: *ATC*)인데, 이는 총비용을 생산량으로 나눈 값이기도 하고 평균고정비용과 평균가변비용을 합한 값이기도 하다($ATC=TC/Q=AFC+AVC$).

〈표 5.3〉의 5열은 평균고정비용을 도출한 값인데, 이를 그림으로 그리면 〈그림 5.3〉 (b)의 *AFC*곡선이 된다. 생산량 증가와 더불어 *AFC*는 계속 하락하는 곡선이다. 〈표 5.3〉의 6열은 평균가변비용을 도출한 값인데, 이를 그림으로 그리면 〈그림 5.3〉 (b)의 *AVC*가 된다. *AVC*는 처음에는 감소하다가 어느 생산량을 지나고부터는 계속 증가하는 곡선이 된다.

〈표 5.3〉의 7열은 평균총비용인데, 이를 그림으로 그리면 〈그림 5.3〉 (b)의 *ATC*와 같이 된다. 평균총비용은 평균고정비용과 평균가변비용을 합한 것이기 때문에 〈그림 5.3〉 (b)에서는 평균고정비용곡선과 평균가변비용곡선을 수직으로 합계하면 평균총비용곡선이 도출된다. 평균총비용곡선도 처음에는 하락하다가

어느 생산량을 지나고부터는 계속 증가한다.

생산량이 1단위씩 증가할 때 추가되는 생산비를 **한계비용**(marginal costs: MC)이라고 한다($MC=\Delta TC/\Delta Q$). 예컨대, 〈표 5.3〉에서 생산량이 4톤일 때의 총생산비는 92억 원인데, 생산량이 5톤일 때의 총생산비는 102억 원이다. 그러므로 4톤

생활경제 5-5 기업의 사회공헌활동

우리나라에서 그 동안 등한시되어 왔던 기업의 사회공헌활동에 대한 관심이 높아지고 실제로 이에 참여하는 기업도 늘고 있어 고무적이다. 보건복지가족부가 지원하고 열매나눔재단, SK에너지 등이 공동투자해 설립한 '(주)고마운 손'이 오늘 오후 부천시에서 개소식을 한다고 한다. 장애인 등 취약계층 종업원들이 직접 핸드백과 지갑을 제조하는 이 회사는 창출된 영업이익을 재투자와 재분배를 통해 저소득층 복지증진과 일자리 창출을 위한 재원으로 활용할 예정이다.

우리나라는 경제규모 등 외형은 선진국 수준에 도달하였으나 내면은 후진국 티를 못 벗고 있다. 기업은 매출과 이익을 극대화하는 데만 몰두하였지 선진국 기업처럼 소외계층 지원이나 기부, 자선 등 사회공헌활동을 하는 데는 소홀하였다.

기업이 고용과 가치창출, 납세 등을 통해 사회에 공헌하고 있는 것은 사실이다. 그러나 이는 기업의 이윤추구 과정에서 나오는 당연한 귀결이다. 좀더 적극적으로 이윤 중 일부를 사회를 위해 쓰는 노력이 필요하다. 지금까지는 비리에 연루되거나 사회적으로 문제를 일으켰던 기업이 이미지를 바꾸기 위한 차원에서 장학사업을 펼치거나 기부금을 내놓는 사례가 많았다. 이러한 보여주기식 태도보다 자발적 참여가 아쉽다.

사회공헌활동에는 비단 기부나 자선뿐 아니라 넓게 보면 오염방지나 지속가능한 에너지 사용, 자연환경 보호나 복원 등도 포함된다. 이 분야에서 적극적인 노력도 필요하다.

정부는 사회공헌활동을 잘하는 기업에 세제혜택이나 금융거래상 우대 등 측면 지원을 해 줄 필요가 있다. 기업은 사회공헌활동이 제품구매력을 높이는 최고 마케팅전략이라는 점을 인식하고 보다 적극적인 모습을 보여야 한다. 우리 국민 10명 중 8명이 사회공헌을 잘하는 기업의 제품을 구입하고 싶어한다는 최근 전경련 조사 결과에 주목해야 한다. 아울러 사회공헌활동을 단발성으로 끝낼 게 아니라 기업문화나 제도로 정착시키는 것이 중요하다.

기업의 사회공헌활동과 더불어 기업의 기부활동은 논리적으로 정리해야 할 점도 있다. 우리나라 기업들은 각종 성금이나 의연금 등을 많이 내고 있다. 대학이나 공익집단에 기부금도 낸다. 그런데 이런 자금은 과연 누구의 돈일까? 대부분의 경우 회사자금에서 나온다. 회사자금은 궁극적으로 주주의 돈이다.

따라서 이런 기부활동은 주주의 동의하에 이루어지는 것이 원칙이다. 그러나 현실적으로는 그렇지 못하다. 경우에 따라서는 대주주만 일방적으로 생색을 내는 경우도 있다. 가장 바람직한 것은 대주주건 소주주건 주주들이 배당을 받은 후에 자기 돈을 자기 이름으로 기부하는 것이다. 그래야만 기부자금의 원천이 확실해진다.

〈매일경제, 「사설」, 2009. 8. 17〉

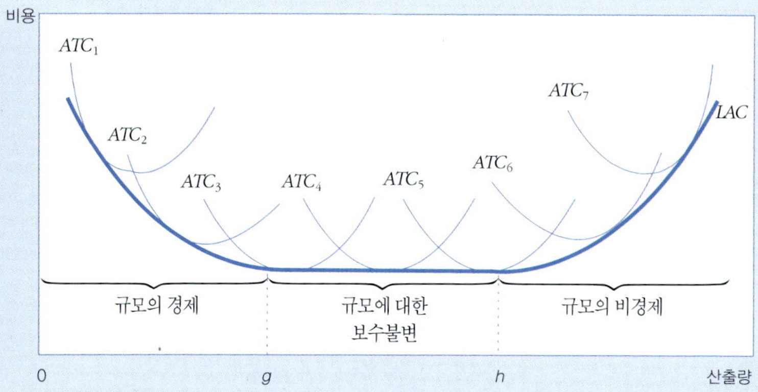

그림 5.5

생산비용에 대한 보수의 변화

생산규모가 커지면 점 *g*까지는 단위당 생산비가 감소하고, *g*에서 *h*까지는 일정하게 유지되고, 점 *h* 이후부터는 점점 증가한다. 따라서 점 *g*까지는 규모의 경제, *g*–*h*구간은 규모에 대한 보수불변, 점 *h* 이후는 규모의 비경제가 나타난다.

점 감소한다. 즉, 생산규모의 증가와 더불어 경제성이 나타난다. 이런 현상을 규모의 경제(economies of scale) 또는 규모에 대한 보수증가(increasing returns to scale)라고 한다. 점 h 이후부터는 생산규모의 증가와 더불어 평균생산비(LAC)가 오히려 증가한다. 즉, 생산규모의 증가와 더불어 비경제성이 나타난다. 이와 같은 현상을 규모의 비경제(diseconomies of scale) 또는 규모에 대한 보수감소(decreasing returns to scale)라고 한다. 점 g부터 점 h까지는 생산규모가 증가할 때 경제성도 없고 비경제성도 없다. 단위당 생산비는 일정하게 유지된다. 이런 현상을 규모에 대한 보수불변(constant returns to scale)이라고 한다.

생산설비를 확장하면서 빵 생산량을 증가시키면 처음에는 빵 1개당 생산비가 감소하는 규모의 경제성이 나타난다. 노동자도 전문화시킬 수 있고 생산원료를 대량 구매하면서 할인을 받기도 하기 때문이다. 그런데 어느 규모 이상으로 확장되어 가면 그때부터는 규모의 경제성이 다 사라져 1개당 생산비가 일정하게 될 것이다. 생산설비를 더 확장해 나가면 이제는 빵공장이 너무 커져서 통제가 잘 되지 않는 비효율성이 나타나고 빵 1개당 생산비는 오히려 증가하게 된다. 빵 생산량의 증가와 더불어 생산비가 이렇게 변해 가면 빵 생산에 대해서도 장기평균비용곡선은 〈그림 5.5〉의 LAC와 같아진다.

생활경제 5-6 조선업은 한국 경제사에서 '신화'(神話)로 통한다

초대형 배를 건조하는 것이 핵심 사업이다보니 일반인들에게 널리 알려지지 않아서 그렇지, 실제로는 반도체와 자동차가 한국 경제의 '기린아'로 등장하기 훨씬 전부터 한국이 세계에 자랑해 온 '대표 산업'이 조선업이다. 현재도 세계 조선업계 7위 안에 무려 6개를 한국 기업이 차지할 만큼, 한국이 세계 1위라고 자신있게 이야기할 수 있는 분야가 바로 조선산업이다.

▶ 신화의 탄생, 현대중공업: 1969~1971년 현대건설이 조선업을 시작하려고 할 때 현대그룹은 선박을 사줄 사람도 없고, 선박을 건조해 본 경험도 전혀 없는 상태에서 '맨손'으로 출발하였다. 고(故) 정주영 현대그룹 명예회장이 현대의 조선업 진출에 매우 부정적이었던 영국의 선박 컨설턴트사 대표 롱바톰에게 거북선이 그려져 있는 500원짜리 지폐를 꺼내들고 "한국은 이미 16세기에 철갑선을 만들었다"고 설득한 것은 역설적으로 우리가 얼마나 내세울 게 없었는지를 보여 주는 일화다. 현대중공업은 각고의 노력 끝에 1983년 드디어 '세계 1위'의 자리에 등극하였다. 말 그대로 '맨땅'에서 일군 현대중공업의 성공은 삼성중공업, 대우조선해양 등 다른 그룹사들이 조선업에 진출하는 발판이 되었다.

▶ 세계 조선업계 석권: 현대중공업이 1983년 세계 1위에 오른 뒤 한국 조선업은 현재까지 세계 1위 자리를 굳건히 지키고 있다. 올 4월 말 현재 수주잔량 기준으로 현대중공업이 '부동의 1위'를 지키고 있으며, 삼성중공업, 대우조선해양, 현대미포조선이 그 뒤를 잇고 있다. 현대삼호중공업과 STX조선도 각각 6위와 7위에 올라 있다. 우리나라 산업계를 통틀어 세계무대를 이렇게까지 압도적으로 장악하고 있는 업종은 조선업종이 유일하다.

▶ 거세지는 중국의 도전: 그러나 한국 조선업계가 현 상태에 머물러 있어도 좋을 만한 상황은 아니다. 중국 조선업체들이 무서운 속도로 뒤를 쫓아오고 있기 때문이다. 현실적으로 값싼 벌크선이 대부분이기는 하지만 올 4월까지 중국의 선박수주량이 우리나라의 선박수주량을 넘어서면서 양적인 측면에서는 한국을 앞서는 모습까지 보이고 있다.

▶ 한국 조선업계 기술개발에 '총력': 이에 따라 한국 업체들의 발걸음도 빨라지고 있다. 중국이 따라오지 못하도록 더욱 멀리 달아나야 하기 때문이다. 현대중공업은 '육상건조공법' 등 신기술을 개발하면서 세계 1위의 기술력을 더욱 강화하기 위해 노력하고 있다. 삼성중공업은 원유를 시추하는 드릴십과 원유를 생산하는 원유생산저장설비(FPSO)를 결합한 '드릴링 FPSO' 등 고부가가치선 개발에 역량을 집중하고 있다. 대우조선해양은 기존 액화천연가스(LNG)선의 고질병인 가스증발현상을 억제할 수 있는 차세대 선박인 sLNGc(Sealed LNG Carrier) 등 LNG선 분야에서 고부가가치를 창출하기 위해 노력하고 있다. 한국조선협회는 "조선업계 세계 1위를 결정짓는 최대의 관건은 설비능력과 기술력"이라며 "중국 조선업계의 추격을 막기 위해서는 기술개발을 통해 중국과의 기술격차를 계속 유지하는 것이 중요하다"고 말하였다.

〈문화일보, 2007. 6. 1〉

비용곡선의 이동

〈그림 5.4〉에서는 생산량이 증가하면 단위당 생산비가 감소하다가 증가하였는데,

생활경제 5-7 공기업, 민간이 소유해야 민영화다

기획재정부 장관이 5일 "공기업의 소유를 바꾸기보다 효율성을 높이는 게 우선"이라며 "정부가 민간 경영인을 공모로 뽑아 모든 권한을 주는 싱가포르 방식을 연구하고 있다"고 밝혔다. 장관의 말은 공기업의 소유는 계속해서 정부가 하고, 경영만 민간에 넘기겠다는 뜻으로 읽힌다. 그런데 실제로 그렇게 한다면 진정한 민영화가 아니고, 민영화 흉내만 내는 것이다.

정부가 기업을 소유하고 경영인 선임이라는 인사결정권을 갖는 한, 그 자리에 민간인을 앉히건 관료를 앉히건 정치인을 앉히건 정부 입김을 받지 않고 자유롭게 독자(獨自)경영을 할 것으로 기대할 수는 없다. 민간인 출신이라 해도 하루아침에 관료화할 수밖에 없는 구조다. 소유를 안 바꾸고도 효율성을 높일 것이라고 하지만 정부가 소유하는 한, 완전한 민영화만큼 효율성을 높이기는 불가능하다고 단언할 수 있다.

이명박 정부가 내건 '작은 정부'는 공무원수 감축과 함께 공기업 민영화가 핵심이다. 공공부문 개혁의 세계적 모델로 꼽히는 영국의 '대처리즘'도 민영화가 핵심이었다. 마거릿 대처는 "개혁의 관건은 딱 한 단어, 바로 '기업'이다"라며 전기, 통신, 도로, 조선 등 제2차 세계대전 이후 국영화된 기간(基幹)사업들을 3단계에 걸쳐 민간에 넘겼다. 대처가 집권한 1979년만 해도 지지자들조차 감히 말을 꺼내지 못했던 민영화를 통해 영국 경제는 극적으로 부활하였다.

민영화가 공익(公益) 서비스를 해칠 우려가 있다고 하지만 최소한의 비용으로 양질의 서비스를 제공하는 것 이상의 공익은 없다. 오히려 공익은 기업 성패의 책임을 스스로 지는 민간소유자 및 경영자의 기업가정신, 창의력, 경영기법 등을 활용해야 더 잘 실현될 수 있다.

장관의 발언이 관치(官治), 관영(官營) 체질에서 비롯된 '민영화 후퇴'의 자락깔기가 아니기를 바란다. 정부는 부처 인사가 마무리되는 대로 소유와 경영을 민간에 넘기는 확실한 민영화를 통해 공공부문 개혁의 고삐를 바싹 죄어야 한다. 공기업 민영화는 집권 초기에 밀어붙이지 않으면 성공하기 어렵다는 것이 세계의 경험칙(經驗則)이다.

〈동아일보, 「사설」, 2008.3.7〉

이는 생산량 이외의 다른 경제변수들은 변하지 않고 일정하다는 전제하에서 성립한다. 그런데 생산원료가격(prices of resources), 세금(taxes), 기술 수준(technology) 등과 같은 다른 경제변수가 변하면 생산비곡선 전체가 이동한다.

예컨대, 자동차 생산의 주요 원료인 철강의 가격이 상승하면 자동차의 단위당 생산비는 증가한다. 이렇게 되면 〈그림 5.6〉에서처럼 자동차의 평균생산비곡선 AC는 AC'으로 이동하게 된다. 만약 철강가격이 하락한다면 AC는 AC''으로 하향이동할 것이다.

자동차 판매세가 증가하면 세금을 포함한 자동차생산비는 증가한다. 그러므로 평균생산비는 AC에서 AC'으로 상향이동할 것이다. 자동차의 생산기술이

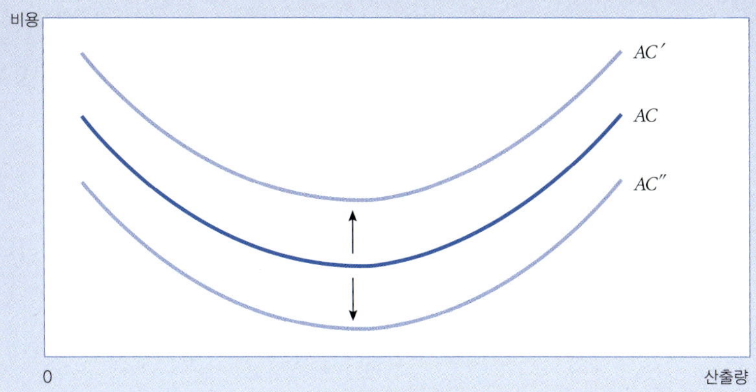

그림 5.6

생산비곡선의 이동

원료가격이 상승하거나, 세금이 인상되면 평균비용곡선은 AC에서 AC'으로 상향이동하고, 원료가격이 하락하거나 기술진보가 이루어지면 평균비용곡선은 AC에서 AC''으로 하향이동한다.

향상되면 자동차의 평균생산비는 하락하여 AC곡선은 AC''으로 하향이동할 것이다.

요약하기

❖ 가계기업: 생산행위를 수행하는 경제주체(3대 경제주체: 가계, 기업, 정부)

❖ 기업의 형태: 개인기업(식당, 문방구 등), 동업기업(법률회사, 회계법인 등), 회사기업(주식회사)

❖ 기업의 자금조달: 회사채발행(타인자본), 주식발행(자기자본)

❖ 경영자지배기업(소유와 경영의 분리), 소유자지배기업(소유와 경영의 미분리)

❖ 회계학적 이윤=수입−명시적 비용
경제학적 이윤=수입−(명시적 비용+암묵적 비용)

❖ 정상이윤: 경제학적 이윤이 0일 때의 이윤

❖ 단기에는 고정요소가 존재, 장기에는 모든 요소가 가변적

❖ 수확체감의 법칙: 한계생산(MP)이 점점 감소

❖ $MP = \Delta TP / \Delta L$, $AP = TP / L$

❖ $AFC=FC/Q$, $AVC=VC/Q$, $ATC=TC/Q$ (Q는 생산량)

❖ $FC+VC=TC$, $AFC+AVC=ATC$

❖ 장기평균비용곡선=단기평균비용곡선에 대한 포락선

❖ 규모의 경제(규모에 대한 보수증가: LAC 감소), 규모에 대한 보수불변(LAC 수평), 규모의 비경제(규모에 대한 보수감소: LAC 증가)

복습과 토론하기

5. 1.

포항제철(주)는 누가 주인인가? 포항제철(주)의 사장은 누가 할까? 포항제철(주)가 돈을 많이 벌면 누가 많은 혜택을 누릴 수 있을까?

5. 2.

박진수 씨는 벤처회사를 하나 만들려고 한다. 좋은 아이디어가 있기 때문에 사업에 꼭 성공할 수 있으리라고 확신하고 있다. 그런데 문제는 자금이다. 이 경우 회사를 만들고 운영하는 자금을 어떤 방법으로 조달할 수 있을까?

5. 3.

광우병에 대한 우려 때문에 많은 사람들이 생선을 선호하게 되었다. 그래서 생선에 대한 수요가 증가하고 생선가격이 올라갔다. 이때 어선 한 척을 가지고 고기잡이를 하는 어부는 단기적으로는 어떻게 하여 어획량을 늘리고, 장기적으로는 어떻게 하여 어획량을 늘릴 수 있을까?

5. 4.

세계의 자동차회사들은 거의 모두가 대규모이다. 자동차회사는 규모가 작으면 왜 불리하고 왜 어느 규모 이상은 되도록 해야 할까? 현대자동차(주)는 회사규모를 계속 증대시키는 것이 유리할까?

5. 5.

학교 근처에는 식당들이 많다. 그런데 문을 닫는 식당들도 가끔 관찰된다. 재료비 등의 생산비를 모두 빼고도 한 달에 100만 원 정도는 남는 것으로 알려져 있는데, 이 식당들이 문을 닫는 이유는 무엇일까?

2. 완전경쟁기업의 단기균형

이윤극대화

'프랑스제과'라는 빵집에서는 식빵을 만들어 파는데, 식빵 하나의 시장가격은 7,000원으로 이미 정해져 있다. 식빵시장이 완전경쟁시장이기 때문에 프랑스제과는 가격을 이보다 더 높게 정할 수는 없고, 이 가격에서 자기가 원하는 양만 판매할 수 있을 뿐이다. 그런데 식빵 한 봉지를 팔면 프랑스제과의 수입도 7,000원

생활경제 6-2 대규모 기업집단 족쇄 더 풀어야

공정거래위원회가 대규모 기업집단(재벌) 기정기준을 현행 '자산규모 2조 원 이상'에서 '자산규모 5조 원 이상'으로 높이는 내용의 공정거래법 시행령 개정안을 입법예고하였다. 개정안에는 현재 자산이나 매출액이 1,000억 원 이상인 기업결합(M&A) 신고대상 기준을 2,000억 원 이상으로 높이는 내용도 포함되어 있다.

공정위의 시행령 개정안 마련은 경제살리기에 대한 적극적인 의지를 보여 주는 것으로 규제완화 차원에서 환영할 일이다. 지금까지 공정거래법이 시대의 변화를 제대로 반영하지 못해 기업활동에 지장을 초래하고 있다는 지적이 일어 온 게 사실이다. 예컨대, 대규모 기업집단의 자산 기준인 2조 원 이상은 2002년에 정해진 후 한 번도 상향조정되지 않았다. 그 동안 경제규모 확대와 함께 기업의 덩치가 커지고 물가도 많이 오른 것을 전혀 반영하지 않았다. 이 때문에 과도하게 많은 기업들이 상호출자와 채무보증 금지 규제를 받아야만 하였다.

기업결합심사 규제도 기업규모 확대를 고려하지 않은 채 경직적으로 운영되어 왔다. 그러다보니 많은 중소 · 중견기업들이 M&A를 통해 더 큰 기업으로 성장하는 데 제약을 받았다.

이제 뒤늦게나마 기업의 족쇄를 풀어 준다니 다행스러운 일이다. 공정위는 앞으로도 자산 기준을 수시로 상향조정해야 하며, 지주회사 전환 등 기업의 지배구조가 개선되는 데 맞추어 대규모 기업집단 지정제도 자체를 아예 폐지해야 한다. 기업규모가 국내 잣대로 보면 클지 몰라도 글로벌 시장에서 보면 보잘 것 없는 경우가 많다.

M&A도 보다 활성화되도록 규제를 풀어야 한다. 신고대상 기업의 자산이나 매출액 기준을 상향조정함과 동시에 시장점유율 규제도 글로벌 기준에 맞도록 해야 한다. 과거 삼익악기와 영창악기의 M&A 불허 사례와 같은 국내 시장 위주의 시장지배적 사업자 판단은 곤란하다.

규제를 위한 규제는 안 된다. 새 정부의 최대 과제는 기업의 투자확대를 통한 경제살리기다. 이를 위해서는 풀 수 있는 규제는 다 풀어야 한다. 기업환경은 급변하는데 법은 과거 그대로 유지한다면 경제가 더 이상 발전할 수 없다. 앞으로 법제처 심사와 차관회의, 국무회의, 국회 등의 의결절차에서 관계기관들이 적극성을 보여 주기를 바란다.

〈매일경제, 「사설」, 2008. 4. 23〉

씩 증가하기 때문에 가격(*P*) 7,000원은 동시에 한계수입(*MR*)이 된다(*P*= *MR*).

그런데 식빵 한 봉지를 추가생산하는 데 소요되는 한계비용(*MC*)이 6,000원이라면 이 빵집은 식빵을 계속 더 생산해서 판매하는 것이 유리하다. 식빵 한 봉지를 더 생산하는 한계비용은 6,000원인데, 이 한 봉지가 벌어들이는 한계수입이 7,000원이기 때문에 이 빵집이 식빵 한 봉지를 더 생산하면 1,000원(7,000−6,000)만큼의 순이윤이 생긴다. 따라서 이 빵집은 식빵을 더 생산하는 것이 유리하다. 반대로 식빵 한 봉지를 더 생산하는 한계비용이 8,000원이라면 이번에는 식빵 한 봉지를 더 생산하면 1,000원(8,000−7,000)만큼 순손실을 보게 된다. 그러므로 이때는 이 식빵을 생산하지 않는 것이 유리하다.

생활경제 6-3 통신요금 낮추려면 진입장벽 없애야

대통령직 인수위는 현행 통신요금체계는 당분간 그대로 유지하되 오는 9월 통신요금 인가제를 폐지하고, 이동전화 재판매제도를 도입하는 등의 경쟁촉진방안을 추진키로 하였다고 밝혔다. 요금인가제를 앞당겨 폐지한다는 것 말고는 최근 정통부가 내놓은 방안과 달라진 것은 없다.

생각해 보면 통신요금을 일률적으로 얼마 내리겠다고 한 것부터가 무리였다. 지금의 통신요금은 독과점 문제, 소비행태, 정부의 규제, 요금체계 등이 복잡하게 얽혀서 나온 결과물이다. 그런데도 당장 통신요금을 내릴 수 있는 것처럼 과잉기대를 불러일으킨 인수위의 성급함을 우선 지적하지 않을 수 없다.

그 동안 인수위에서는 쌍방향요금제, 누진요금제, 가입비와 기본료 인하 등 요금체계에 직접 개입하는 방안을 검토한다는 이야기도 흘러나왔었다. 그러나 이런 것은 말 그대로 인위적으로 정부가 개입하는 것으로서 결코 근본적인 방안이 될 수 없다. 순간적으로 요금인하효과가 나타날지 몰라도 또 다른 왜곡을 초래해 요금인하가 지속되기 어렵다는 이야기다. 또한 표를 의식해 포퓰리즘적으로 정부가 요금체계에 직접 간여하기 시작하면 통신시장의 자율성이나 건전한 발전은 먼 이야기가 될 수밖에 없다. 그렇다고 통신요금이 가계의 큰 부담이 되고 있는 지금의 상황을 그대로 방치하자는 이야기는 아니다. 정상적이고 시장친화적인 방법으로 문제를 해결할 수 있다면 그것부터 시도해 보는 것이 바람직하다는 것이다.

그런 점에서 인수위가 시장지배적 사업자들에 대한 요금인가제 같은 규제를 앞당겨 폐지하겠다는 것은 잘한 일이다. 문제는 요금인가제 폐지가 요금인하로 이어지려면 경쟁활성화가 동시에 이루어져야 한다는 점이다. 재판매를 실질적으로 도입해 신규 진입자들이 늘어날 수 있도록 해야 하는 이유다. 이와 더불어 사용자들이 통신소비 행태를 합리적으로 바꾸는 것도 중요하다. 통신과소비가 지속되는 한 요금인하효과를 체감(體感)하기는 그만큼 어려울 것이기 때문이다.

이렇게 규제완화, 진입촉진, 그리고 소비행태 변화 등이 함께 이루어지면 통신사업자들로서는 경쟁에서 살아남기 위해 요금체계도 스스로 변화시킬 수밖에 없다. 이것이 통신요금 인하의 정도다.

〈한국경제, 「사설」, 2008. 2. 3〉

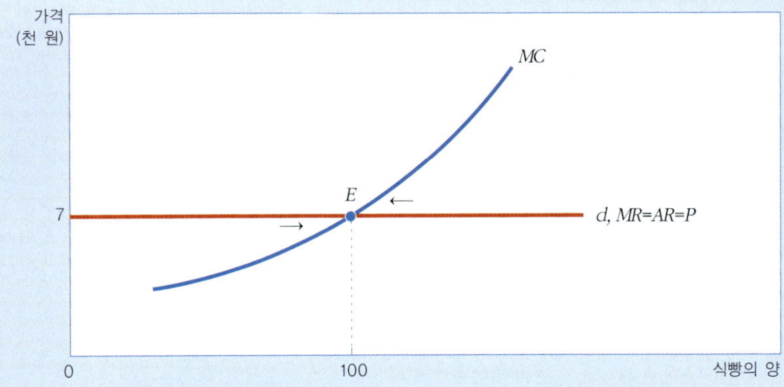

그림 6.2

완전경쟁기업의 균형생산량

점 E에서는 $MR=MC$ 조건이 충족되기 때문에 이 점에서 생산량을 정할 때 기업의 이윤이 극대화된다.

요약건대, 한계수입($MR=P$)이 한계비용(MC)보다 크면($MR>MC$) 식빵을 더 생산하는 것이 유리하고, 반대로 한계수입이 한계비용보다 작으면($MR<MC$) 식빵 생산을 줄이는 것이 유리하다. 그러므로 **이윤이 최대로 증가할 수 있는 식빵 생산량은 $MR(=P)=MC$가 충족되는 생산량이다.** 즉, 식빵의 가격이 7,000원일 때는 식빵의 한계생산비가 7,000원이 되는 점에서 생산량을 정할 때 이윤을 극대화시킬 수 있다.

〈그림 6.2〉에서 이 조건이 충족되는 점은 E이다. 즉, 이 빵집은 식빵 100개를 생산할 때 이윤을 극대화시킬 수 있다. 100개보다 더 생산하면 $MC>MR$이기 때문에 생산량을 줄일수록 이윤이 증가하고, 반대로 100개보다 적게 생산하면 $MR>MC$이기 때문에 생산량을 늘릴수록 이윤이 증가한다. 그러므로 이윤극대화 생산량은 $MR=MC$가 충족되는 100개이다.

이윤 또는 손실

단기에 있어서 프랑스제과는 $P=MR=MC$가 되는 점에서 생산량을 정하는데, 이 점은 〈그림 6.3〉 (a)의 B이다. 즉, 생산량을 100으로 정하면 점 B에서 $MR=MC$의 조건이 충족되고 이윤은 200,000원이 된다. 총수입=가격×판매량인데, 점 B에서는 가격(7,000원)×판매량(100개)=700,000원이기 때문에 총수입은 700,000원이다.

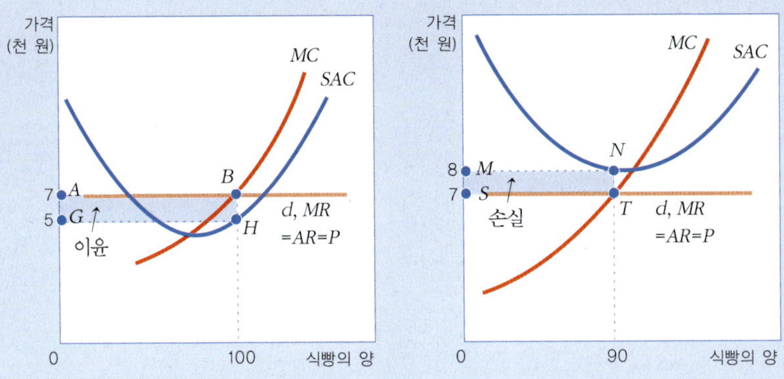

(a) 이윤을 보는 기업

(b) 손실을 보는 기업

그림 6.3

완전경쟁기업이 단기에 이윤을 볼 때와 손실을 볼 때 *MR*=*MC*의 조건이 충족되면 이윤이 극대화되거나 손실이 극소화된다.

그런데 총비용= 평균비용(*SAC*)×생산량이다. 점 *H*에서는 평균생산비(5,000원)×생산량(100개)=500,000원이기 때문에 총비용이 500,000원이다. 그러므로 총수입(700,000원)과 총비용(500,000원)의 차이인 200,000원(=700,000−500,000), 즉 〈그림 6.3〉 (a)에서 □*ABHG*의 면적이 극대화된 초과이윤이다.

〈그림 6.3〉의 (b)에서처럼 생산비가 매우 높으면 점 *T*에서 *MR*= *MC*조건이 충족되기는 하지만 이때의 생산량 90에서는 평균비용(8,000원)이 가격(7,000원)보다 높아 기업이 손실을 보게 된다. 이 경우에 손실의 크기는 90,000원이다. 점 *N*에서 평균생산비(8,000원)×생산량(90개)인 720,000원이 총비용이고, 점 *T*에서 가격(7,000원)×판매량(90개)=630,000원이 총수입이다. 그러므로 총수입(630,000)에서 총비용(720,000)을 빼면 −90,000원이 되고, 이 값이 손실이 된다. 〈그림 6.3〉 (b)의 □*MNTS*의 면적이 손실의 크기이다. 그런데 이 손실은 극소화된 손실이다. *MR*= *MC*의 조건이 충족되면 이윤이 극대화되는데 만약 손실이 생길 때는 그 손실이 극소화된다. 90개보다 더 생산하거나 덜 생산하면 기업의 손실은 더 커진다.

생산계속 또는 생산중단

〈그림 6.3〉 (b)에서처럼 기업이 손실을 볼 때는 손실을 보면서 생산을 계속하는

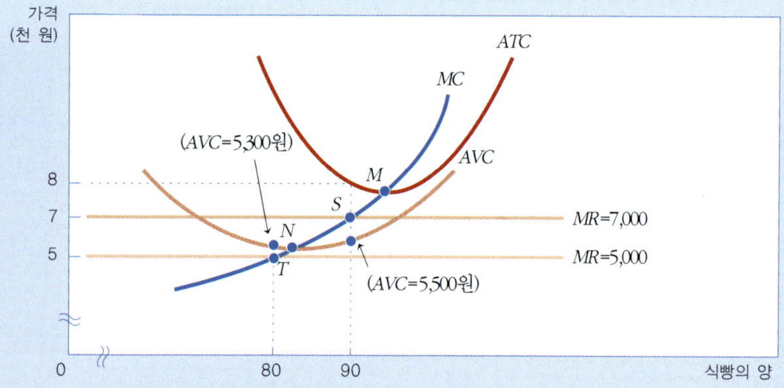

그림 6.4

완전경쟁기업이 손실을 볼 때의 조업 여부 결정

가격이 7,000원이면 손해를 보면서도 생산을 계속하는 것이 유리하고, 가격이 5,000원이면 생산을 아예 중단해 버리는 것이 더 유리하다.

경우도 있고 생산을 아예 중단해 버리는 경우도 있다.

〈그림 6.4〉에서처럼 식빵의 가격이 7,000원이면 점 *S*에서 $P=MR=MC$의 조건이 충족되는데, 이 점에서는 가격(7,000원)이 평균총생산비(*ATC*=8,000원)보다 낮기 때문에 기업은 손실을 감수해야 한다. 그러나 이때 가격(=7,000원)은 평균가변생산비(*AVC*=5,500원)보다 높다. 그러므로 이때는 판매수입으로 가변비용은 충분히 보전할 수 있다. 즉, 이때의 총수입은 가격(7,000원)×생산량(90개)=630,000원인데, 총가변비용은 평균가변비용(5,500원)×생산량(90개)=495,000원이기 때문에 이 수입으로 가변비용을 모두 보전하고도 135,000원(=630,000−495,000)만큼이 남는다. 이 기업의 고정비용은 225,000원(고정비용이 왜 225,000원인지 〈그림 6.4〉에서 찾아보시오. 힌트는 총비용에서 가변비용을 뺀 부분이 고정비용이다.)인데, 판매수입 중 가변비용을 충당하고 남는 부분인 135,000원으로 고정비용의 일부는 보전할 수 있다. 따라서 생산을 유지하면 이 기업의 손실액은 90,000원(=225,000−135,000)이 된다.

그런데 이 기업이 생산을 아예 중단하면 단기에는 고정요소를 처분할 수 없기 때문에 고정비용 모두를 손해보아야 한다. 즉, 가격이 7,000원일 때 생산을 하나도 하지 않으면 이 기업은 고정비용인 225,000원만큼 손해를 보아야 한다. 그러므로 이 기업은 가격이 7,000원일 때 생산을 계속하면 90,000원 손해보고, 생산을

생활경제 6-4 경쟁은 가격을 낮춘다

국내 휴대전화의 요금과 일반전화로 걸고받는 국제전화 요금 중 어느 쪽이 비쌀까. 결론부터 이야기하면 과거에는 국제전화가 압도적으로 비쌌지만 요즘에는 국제전화가 휴대전화 요금과 비슷하거나 오히려 싸다. 이와 같은 현상은 국제전화는 거의 완전경쟁시장으로 가면서 갈수록 저렴한 요금상품이 쏟아져 나오고 있는 반면, 휴대전화 요금은 국내 이동통신 3사의 시장 과점으로 인해 사용자와 통화량이 크게 늘었음에도 요금은 그에 걸맞게 내리지 못하는 하방경직성 때문이라는 분석이다.

7일 업계에 따르면 온세통신은 미국 등 주요 국가에 거는 국제전화 통화요금을 각각 1분당 98원과 120원에 제공하는 '00365 슬림요금제'와 '00365 프리요금제'를 5일부터 도입하였다. 슬림요금제는 월정액 1,000원을 내야 하지만, 프리요금제는 가입비나 월정액마저도 내지 않는다.

이와 같은 요금 수준은 SK텔레콤의 휴대전화 표준요금이 10초당 20원으로 1분당 120원인 것과 비교하면 프리요금제는 같고 슬림요금제는 22원이 싸다. 슬림요금제가 월정액 1,000원을 내는 것이 부담이라고 할 수 있지만, SK텔레콤은 처음 가입할 때 5만 5,000원을 가입비로 내야 하고 또한 통화량이 아무리 적어도 매월 기본료 1만 3,000원이 부과된다. 따라서 이용자가 느끼는 요금부담은 SK텔레콤의 휴대전화가 국제전화쪽보다 클 수밖에 없다.

KTF와 LG텔레콤의 휴대전화 요금은 10초당 18원으로 1분으로 환산하면 108원이고 기본료가 1만 3,000원이어서 SK텔레콤보다는 싸지만 온세통신의 슬림요금제에 비해서는 비싸다.

그 동안 국제전화 요금은 매년 큰 폭의 내림세를 보여 왔다. 업계에 따르면 001, 002, 008 등 3개 인식번호를 보유한 사업자만 서비스를 제공하였던 1990년대 중후반까지만 해도 미국에 거는 국제전화 요금이 1분당 1,000원대였다. 1998년 7월 SK텔링크와 온세통신이 각각 00700과 00365 서비스를 내놓았으며, 2002년 00365가 미국 기준으로 1분당 174원으로 요금을 대폭 내린 이후 요금하락 경쟁이 본격화되었다. 2004년 00365 요금제에 SK텔레콤의 휴대전화 요금 수준인 1분당 120원(10초당 20원)으로 미국 등에 국제전화를 걸 수 있는 가입형 상품이 추가되었다.

하나로텔레콤은 2001년 미국 기준으로 1분당 150원인 00761 서비스를 내놓은 데 이어 2004년 미국 등 주요 국가에 1,000원의 기본료를 내면 1분당 99원, 기본료를 내지 않을 경우 1분당 129원인 005 서비스를 추가하면서 요금인하에 불을 당겼다. KT도 최근 001 국제전화 요금을 월 1,000원의 기본료를 내면 미국, 중국, 캐나다 등지에 1분당 105원에 전화를 걸 수 있는 요금제를 내놓았다. 이와 같은 국제전화의 요금인하 추세에 따라 국내 사업자의 국제전화 매출 총액은 2001년 8,314억 원에서 2006년에는 6,081억 원으로 시장규모가 오히려 줄었다. 국제전화 요금이 업체들의 경쟁으로 인해 가파르게 내리막길을 걸은 반면 이동통신업체들의 요금인하는 매우 인색하였다. SK텔레콤의 경우 1984년 서비스를 시작한 이후 1985년 통화료를 10초당 20원에서 25원으로 올렸으며, 1996년에는 10초당 32원까지 인상하였다. 이후 같은 해 28원으로 다시 내렸고 1997년 26원, 2000년 22원, 2002년 21원, 2003년 20원으로 요금을 조정, 결국 표준요금만 놓고 볼 때는 1984년 처음 수준으로 돌아왔다. 그나마 표준요금은 2003년 이후 전혀 변화가 없다.

업계의 한 관계자는 "국제전화의 경우 망이 없어도 망을 임대해 서비스를 제공할 수 있지만 이동통신의 경우 그렇지 못하다"며, "이동통신시장도 미국 등처럼 주파수를 빌려 서비스를 판매할 수 있도록 MVNO(가상사설망)제도를 도입하는 등 경쟁활성화 정책이 필요하다"고 말하였다.

〈한겨레신문, 2007.6〉

생활경제 6-7 **현대제철 철근가격 동결 경쟁업체 '어부지리'**

현대제철이 철근가격을 추가로 내리지 않음에 따라 대한제강, 한국철강 등 경쟁사들이 혜택을 받을 것이라는 의견이 나왔다.

현대제철은 이 달 초 철근가격을 톤당 10만~12만 원 내리면서 추가인하 가능성은 당분간 없을 것이라는 입장을 밝힌 바 있다. 최근 철근의 원자재인 철스크랩가격 하락과 철강경기 침체로 가격의 추가인하 요구가 제기되고 있는 데 대해 현대제철측은 30일 "철스크랩가격 대비 환율이 높아 위험이 있다"며, 지난 번 인하 후 특별한 가격인하요인은 발생하지 않았다"며 추가인하 가능성을 일축하였다.

김현태 현대증권 연구원은 "현재 시장상황에서 철근가격은 좀더 내려가야 하는 게 맞다"고 밝혔다. 현대제철이 추가인하를 망설이는 이유에 대해서는 "연초 수입 철스크랩가격이 상대적으로 높을 때 물량을 많이 확보해 놓은 것이 독이 되었다"며, "현재의 원가부담과 적은 수요를 생각해 볼 때 가격을 내릴 여력이 없고 굳이 그럴 필요도 못 느끼는 것"이라고 분석하였다.

김 연구원은 국내 철근시장 점유율 1위인 현대제철이 철근가격을 동결함에 따라 현대와 다른 원가구조를 가진 경쟁업체들이 수혜를 볼 것으로 예상하였다. 현대제철의 가격을 벤치마크로 활용하는 경쟁업체 중 대한제강, 한국철강 등에 대해 "수입산 철스크랩 보유량이 상대적으로 낮아 현대제철과 같은 원가부담이 없다"며, "현대제철이 총대를 메고 가격을 동결함에 따라 가격인하 압박을 덜 받게 되어 수혜를 보게 될 것"으로 분석하였다. 한편, 동국제강에 대해서는 "현대제철과 비슷한 시기에 수입 철스크랩을 많이 확보해 수혜를 보기는 힘들 것"으로 전망하였다.

〈매일경제, 2008.12.30〉

선이 *S*까지 왼쪽으로 이동하고 나면 더 이상의 조정은 필요없어진다. 이렇게 되면 가격은 다시 P^*가 되는데, 이때도 $P=MR=MC$가 충족되는 균형점은 〈그림 6.5〉 (b)의 점 E^*가 되고 기업의 생산량은 Q^*가 된다. 이 균형에서는 기업이 아무런 손실도 보지 않는다. 그러므로 더 이상 빵집이 줄어들(퇴출) 이유도 없고, 기존 기업이 생산을 축소할 이유도 없다. 이때도 기업은 장기적으로 균형에 도달한다.

요약하면, 궁극적으로는 $P=MR=MC=SAC=LAC$가 충족되는 점 E^*가 기업과 시장의 장기균형점이 된다. 이 점에서는 초과이윤도 없고 손실도 없다. 기업은 정상이윤(normal profits)만 번다. 정상이윤이란 이 업종에 계속 머물러 있을 정도의 이윤으로, 경제학에서는 이를 비용에 포함시키고 있다. 그러므로 *LAC*는 정상이윤을 포함한 장기평균비용곡선이다. 〈그림 6.5〉 (b)의 점 E^*에서는 장기평균비용이 극소화되고 있는데, 이는 생산이 가장 효율적인 규모에서 이루어진다는 것을 의미한다.

결론적으로 장기균형점에서 생산이 이루어지면 단위당 생산비가 가장 낮아진다. 그리고 기업이 손해를 보지 않는 범위에서 가장 낮은 가격으로 상품이 판매된다.

요약하기

❖ 완전경쟁: 똑같은 상품을 생산하는 기업의 수가 무수히 많은 시장

❖ 완전경쟁기업: P(가격)=MR(한계수입)=AR(평균수입)

❖ 이윤극대화 조건: $MR(=P)=MC$

❖ 가변비용<총수입<가변비용+고정비용이면 기업은 손해를 보지만 단기에는 생산을 계속하는 것이 유리하다.

❖ 총수입<가변비용이면 단기에도 생산을 아예 중단하는 것이 유리하다.

❖ 완전경쟁기업은 장기적으로 $P=SAC=LAC=MC$가 되는 점에서 균형에 도달하고, 이때 기업은 가장 낮은 비용으로 생산해서 가장 낮은 가격으로 판매하고 정상이윤만 번다.

복습과 토론하기

6. 1.

완전경쟁시장의 핵심은 시장 속의 개별 판매자나 구매자는 시장을 좌우할 수 없다는 점이다. 이런 관점에서 볼 때 주식시장은 완전경쟁시장이라고 볼 수 있을까? 큰손이 주가를 조작하는 것은 어떻게 볼 수 있을까? 쌀시장은 완전경쟁시장이라고 볼 수 있을까?

6. 2.

대우그룹이 무너진 후 대우자동차는 손해를 보면서도 생산을 계속하고 있었다. 왜 손해를 감수하면서도 생산을 해야 하였을까? 생산을 아예 중단하는 결정을 왜 하지 않았을까?

6. 3.

PC방이 대인기일 때 PC방은 우후죽순처럼 계속 늘어났었다. 이제는 PC방이 더 이상 늘어나지 않을 것 같다. 그때는 PC방이 늘어나다가 지금은 왜 더 이상 늘어나지 않는 것일까? 그렇다고 줄어드는 것 같지도 않은데 왜 줄어들지도 않는 것일까? PC방 업주들의 이윤은 그때와 지금 각각 어떻다고 판단할 수 있을까?

6. 4.

외국으로부터의 수입은 국내 시장을 경쟁적으로 만든다. 담배와 자동차의 국내 시장이 더욱 경쟁적으로 되기 위해서는 어떤 정책이 필요할까?

7

경쟁이 불완전한 시장에서의 기업행동

1. 독점시장
2. 과점시장
3. 독점적 경쟁시장

한 가지 상품에 대해 이를 판매하는 기업이 몇 개인가 하는 것은 시장상태를 결정짓는 핵심적 요소가 된다. 기업이 하나밖에 없으면 경쟁은 아예 존재하지 않고 이 기업은 시장을 독점한다. 소비자들은 선택의 여지 없이 이 기업으로부터만 구매해야 한다. 기업이 2~3개 있으면 이들은 서로 치열하게 경쟁할 가능성이 있고, 이때는 소비자들이 이득을 볼 수 있다. 반면에 이때에도 기업들이 서로 담합하여 독점시장처럼 행동하면 소비자들은 피해를 볼 수밖에 없다. 기업의 수가 2~3개를 넘어서서 조금 많아지면 기업끼리의 경쟁이 매우 높아진다. 그런데 이들은 가격으로 서로 경쟁하려 하지 않을 수 있다. 가격경쟁을 하면 모두의 이윤이 낮아지기 때문이다. 반면에 이들은 제품경쟁을 시도한다. 각 기업이 제품경쟁을 통해 제품차별화를 시도하면 차별화된 특성을 가지고 소비자들을 어느 정도 독점적으로 확보할 수 있다. 이와 같이 시장에 기업의 수가 얼마나 되고 각 기업들이 제품의 특성을 조금씩 달리하는 제품전략을 어떻게 구사하느냐에 따라 시장경쟁의 정도가 달라지고 소비자들이 누릴 수 있는 혜택도 달라진다. 본장에서는 시장의 이러한 특성에 대해 공부한다.

1. 독점시장

독점의 의미

우리나라에서 전기를 판매하는 회사는 한국전력(주) 하나뿐이다. 우리는 한전 외에는 어느 회사로부터도 전기를 살 수 없다. 즉, 전기의 생산자는 한전 하나이다. 이와 같이 판매자(seller)가 하나뿐인 시장을 독점(monopoly)이라고 한다. 이렇게 우리나라의 전기시장은 독점이다. 그리고 수도도 그렇고 도시가스도 그렇다.

독점이 되면 판매자가 하나뿐이기 때문에 판매가격과 판매량은 독점자(monopolist)가 정하게 된다. 시장에서 수요 · 공급의 원리에 의해 정해지는 것이 아니다. 독점판매자가 자기에게 가장 유리한 가격을 정할 수 있다. 그러므로 독점자는 가격설정자(price maker)가 된다. 이는 완전경쟁기업이 가격순응자(price taker)에 불과한 것과 정반대되는 현상이다.

독점자는 자기가 원하는 대로 가격을 정할 수는 있지만 가격변화에 따라 수요량이 변하는 것은 감수해야 한다. 이와 같이 독점자가 가격을 올리면 소비자들은 수요량을 줄이게 되고, 반대로 독점자가 가격을 내리면 소비자들은 수요량을 늘리게 된다. 그러므로 독점자는 자기가 원하는 대로 가격을 정할 수 있기는 하지만 그 가격의 높낮이에 따라 소비자들이 수요량을 변화시킬 것이라는 점은 받아들여야 한다.

〈표 7.1〉은 전기료가 변할 때 사람들이 전력소비를 어떻게 변화시킬 것인가를 나타내는 하나의 가상적 모형이다. kW/h당 전기료가 1,200원이라면 전력수요는 0이 된다. 그러나 전기료를 1,100원으로 낮추면 전력소비는 1kW/h가 된다. 전기료를 1,000원으로 더 낮추면 전력소비는 2kW/h로 더 증가한다. 이와 같이 독점시장에서는 독점자가 가

표 7.1 독점판매자의 총수입과 한계수입

[단위: 원]

(1) 가격(P)	(2) 판매량(Q)	(3) 총수입(TR) ($P \times Q$)	(4) 한계수입(MR) ($\Delta TR/\Delta Q$)
1,200	0	0	
1,100	1	1,100	1,100
1,000	2	2,000	900
900	3	2,700	700
800	4	3,200	500
700	5	3,500	300
600	6	3,600	100
500	7	3,500	−100
400	8	3,200	−300
300	9	2,700	−500
200	10	2,000	−700
100	11	1,100	−900

격을 정하는데, 가격을 내리면 수요량이 증가해 간다.

가격과 수요량 사이의 이러한 관계를 그림으로 그린 것이 〈그림 7.1〉 (a)의 수요곡선 D이다. 수요곡선 D는 우하향하는 기울기를 갖는다.

독점자의 총수입(total revenue: TR)은 가격(P)에 판매량(Q)을 곱한 것이다. 이 값은 〈표 7.1〉의 (3)열에 계산되어 있다. 가격이 1,200원일 때는 총수입이 0이다. 가격이 1,100원으로 낮아지면 총수입은 1,100원이다. 그리고 가격이 1,000원으로 더 낮아지면 총수입은 2,000원이 된다. 독점기업의 총수입곡선을 그림으로 그리면 〈그림 7.1〉 (b)의 TR과 같이 그려진다.

한계수입(marginal revenue: MR)은 판매량이 1단위 증가할 때 추가되는 총수입이다. 즉, $MR = \Delta TR / \Delta Q$이다($\Delta TR$은 총수입의 증가분, ΔQ는 판매량의 증가분). 이 값을 계산하면 〈표 7.1〉의 (4)열이 된다. 판매량이 3일 때는 총수입이 2,700원인데, 판매량이 4일 때는 총수입이 3,200원이기 때문에 판매량이 3에서 4로 한 단위 증가할 때 총수입은 500원(3,200−2,700) 증가하였다. 따라서 네 번째 판매단위의 한계수입은 500원이다. 이와 같이 한계수입을 그림으로 그리면 〈그림 7.1〉 (a)의

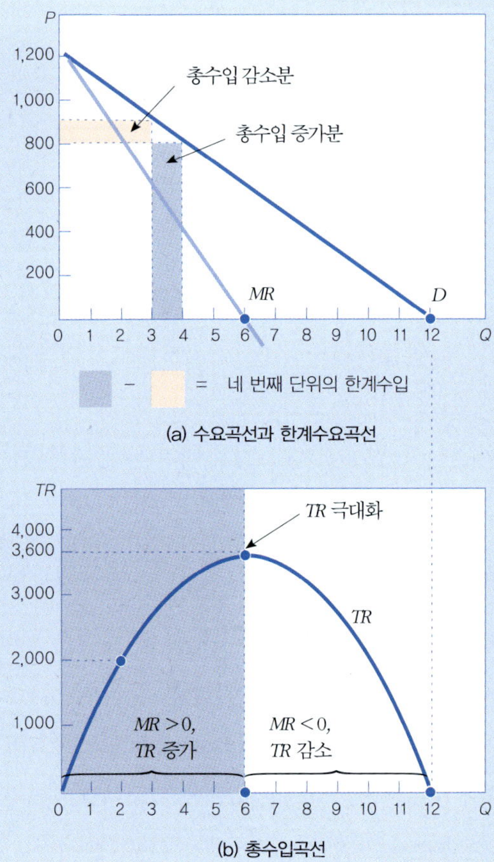

그림 7.1

독점기업의 수요곡선, 한계수입곡선, 총수입곡선

독점하에서는 수요곡선이 우하향하고 한계수입곡선은 그 아래에 위치한다. 그리고 총수입곡선은 증가하다가 감소한다.

*MR*과 같다.

〈그림 7.1〉 (a)에서 네 번째 판매단위의 한계수입은 총수입의 증가분 면적에서 총수입의 감소분 면적을 뺀 값과 일치한다. 판매량이 3단위에서 4단위로 증가하면 독점기업은 위쪽 사각형 부분만큼의 총수입이 줄어드는 대신 오른쪽 사각형 부분만큼의 총수입이 늘어나기 때문에 그 차이는 총수입의 순증가분이 되는데, 이는 바로 한계수입이 된다.

한계수입곡선은 〈그림 7.1〉 (a)에서처럼 우하향하는 기울기를 가지면서 수요곡선의 아래에 위치한다. 그리고 판매량이 6단위를 넘어서면서부터는 그 값이

생활경제 7-1 세계의 산업용 다이아몬드시장

산업용 다이아몬드는 석유시추공이나 절단기 등에 사용되는 최첨단 소재이다. 산업용 다이아몬드는 1954년에 General Electric사가 개발한 비밀기술로 합성해서 만드는 최첨단 소재인데 세계시장의 80%를 General Electric사와 Debeers of South Africa사가 장악하고 있다. 이 두 회사는 1960년대 이후 카르텔 형태로 세계의 산업용 다이아몬드시장을 통제하고 있다.

그런데 이 두 회사에 의한 세계시장의 복점체제(duopoly)는 최근 도전을 받고 있다. 첫째, 미국 법무부가 이 두 회사를 독점금지법 위반으로 제소해 놓고 있다. 둘째, 독일과 한국이 개발한 새로운 산업용 다이아몬드와 경쟁해야 하는 입장에 처하게 되었다. 그런데 General Electric사는 이 두 나라가 자기 회사의 기술을 불법으로 도용하였다고 비난하고 있다.

어쨌든 카르텔은 결코 오래 가기 어렵다. 그들은 가격을 쉽게 통제할 수도 없고 경쟁자로부터 영원히 벗어나 있을 수도 없다.

〈*New York Times*, "How G.E. Plays for Keeps in Diamonds," 1994. 9. 18〉

마이너스(−)가 된다. 따라서 이때부터는 판매량이 증가할 때 총수입이 감소한다.

독점이 발생하는 이유는 여러 가지가 있을 수 있다. 전기 · 수도 · 가스처럼 여러 회사가 있으면 사회적으로 생산비가 오히려 더 높아지기 때문에 독점이 불가피한 업종이 있다. 우리나라에 전기회사가 두 개 있으면 전기가설을 2중으로 해야 하기 때문에 전기 공급비용이 더 소요된다. 그러므로 이런 경우에는 전기회사가 하나만 존재하는 것이 소비자에게 유리하다. 수도 · 가스 등도 마찬가지이다. 이런 업종은 자연적으로 독점이 될 수밖에 없다고 해서 이런 독점을 자연독점(natural monopoly)이라고 한다.

그 밖에 정부가 법적으로 1개 회사만 허용하기 때문에 발생하는 독점도 있고, 생산원료를 한 사람이 독점하고 있기 때문에 불가피하게 독점이 되는 경우도 있다. 독점이 계속 유지되는 것은 진입장벽(barriers to entry)이 완벽하게 처져 있기 때문인데 정부의 허가와 원료의 독점 등은 진입장벽을 쌓는 요인이 된다.

독점기업의 균형

독점기업도 이윤을 극대화시키는 것이 목적이다. 그런데 독점기업은 가격설정자이기 때문에 이윤을 극대화시킬 수 있는 산출량(output)과 판매가격(price)을 자기가 정할 수 있다. 이윤을 극대화시키는 산출량만 정하고 가격은 시장에서 정해져

온 대로 받아들이는 완전경쟁기업(가격순응자)과는 이 점에서 확연히 구분된다.

독점기업도 〈그림 7.2〉에서와 같이 *U*자 모양의 비용곡선을 갖는다. *LAC*는 장기평균비용곡선이고, *SAC*는 단기평균비용곡선이다. 그리고 *MC*는 단기한계비용곡선이다. *MC*는 *SAC*의 극소점을 통과한다. 그런데 수요곡선은 완전경쟁기업과는 달리 우하향한다. 따라서 한계수입곡선(*MR*)은 수요곡선(*D*)의 아래에 위치하면서 우하향한다.

기업이 이윤을 극대화시킬 수 있는 조건은 *MR*=*MC*이다. 완전경쟁기업에서는 *P*=*MR*이기 때문에 균형에서 *P*=*MR*=*MC*의 조건이 충족되었지만 독점기업에서는 *P*>*MR*이기 때문에 *MR*=*MC*만이 이윤극대화를 위한 조건이다. 〈그림 7.2〉 (a)에서 이 조건이 충족되는 점은 *E*이다. 그러므로 이 독점기업은 100개를 생산할 때 이윤을 극대화시킬 수 있다. 그런데 이 기업은 100개를 판매하기 위해 9원까지 높은 가격을 책정할 수 있다. 9원에서 100개가 수요되기 때문이다. 그러므로 이 독점기업은 이윤을 극대화시키기 위해 100개를 생산하여 9원에 판매하면 된다. 이때의 이윤은 색칠된 부분의 면적인데 그 크기는 200원이다. 점 *A*에서는 100개를 9원에 판매하기 때문에 총판매수입은 900원(100개×9원)이 된다. 점 *B*에서는 100개를 1단위당 7원으로 생산하기 때문에 총생산비는 700원(100개×7원)이다. 그러므로 총이윤은 200원(900−700)이 된다.

그런데 100개를 생산해 9원에 판매하는 것은 단기적으로만 균형이 될 뿐이다. 그 이유는 점 *B*와 점 *C*의 차이 때문이다. 점 *B*는 100개를 생산할 때 1개당 평균생산비가 7원이라는 것을 나타내는데, 점 *C*는 장기적으로 생산설비를 더 큰 규모로 적절히 조절하면 1개당 평균생산비가 6원으로 낮아질 수 있다는 것을 나타낸다. 그러므로 기업은 장기적으로 생산설비를 조정해 나가면 더 큰 이윤을 벌 수 있는 여지가 있다. 점 *A*에서의 생산량과 가격은 생산설비의 조정이 불가능한 단기에서의 이윤극대화점일 뿐이다.

장기적으로 생산설비를 조정하면서 이윤이 극대화되는 생산량을 찾아보면 〈그림 7.2〉 (b)의 점 *G*가 된다. 생산설비를 조정하면 생산량도 조정해야 하기 때문에 생산량은 더 이상 100개에 머물러 있을 수 없다. 말하자면, 생산설비와 생산량을 동시에 조정하면서 장기적으로 이윤이 극대화되는 점을 찾으면 다시

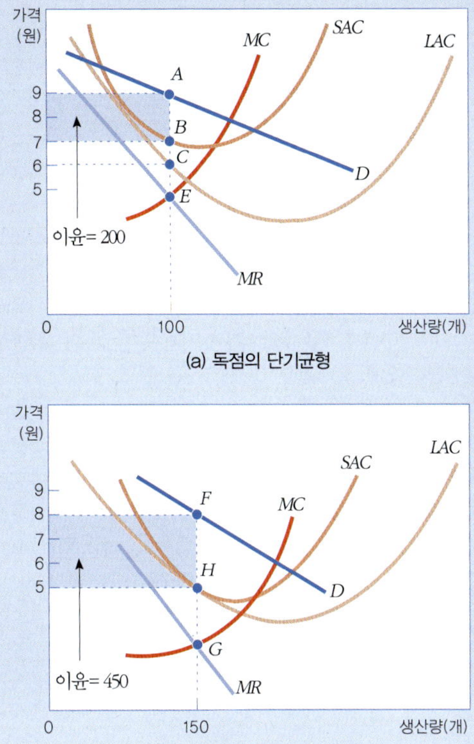

(a) 독점의 단기균형

(b) 독점의 장기균형

그림 7.2

독점기업의 균형

독점기업은 장기에 단기보다 더 큰 초과이윤을 벌 수 있다.

MR= *MC*가 충족되는 점 *G*를 찾을 수 있고, 이때의 생산량은 150개가 된다. 이 생산량에서는 점 *H*에서처럼 *SAC*= *LAC*가 된다. 이렇게 되면 더 이상 생산설비를 조정할 필요가 없다. 150개를 생산하는 데 생산비를 점 *H*보다 더 낮출 수는 없기 때문이다. 이 독점기업의 이윤은 어떤 수단을 동원해도 이보다 더 커질 수는 없다. 즉, *MR*= *MC*이면서 *SAC*= *LAC* 일 때 독점기업의 이윤이 장기적으로 최대화된다. 〈그림 7.2〉 (b)에서 이때의 이윤은 청색부분의 면적으로서 450원이 된다. 단기에서보다는 장기에 더 큰 이윤을 벌 수 있다.

생활경제 7-2 2009년 세수, IMF 이후 처음으로 줄어

세계 금융위기 영향과 감세 등으로 지난 해 국세청이 거둬들인 세금이 외환위기 이후 처음으로 줄어들었다. 국민 조세부담률도 2년 내리 낮아져 2006년 이후 처음으로 20%선 아래로 떨어졌다. 20일 국세청이 발간한 『2010년판 국세통계연보』를 보면, 지난 해 국세청 소관 세수는 모두 154조 3,000억 원으로, 2008년(157조 5,000억 원)에 견주어 3조 2,000억 원(2.0%) 줄었다. 1966년 국세청이 문을 연 이래 세수가 줄어든 것은 외환위기 직후인 1998년에 이어 두 번째다. 세목별로는 법인세와 소득세가 2008년에 견주어 각각 3조 9,000억 원, 2조 원 감소하였고, 종합부동산세도 9,000억 원 줄어들었다. 세목 가운데 가장 높은 비중을 차지하는 부가가치세만 43조 8,000억 원에서 47조 원으로 3조 2,000억 원 증가하였다.

경제규모가 커졌음에도 조세부담이 되레 줄어들면서 지난 해 우리 국민이 감당한 조세부담률은 19.7%로 2008년(20.7%)보다 1.0%포인트 낮아졌다. 조세부담률이란 조세부담액을 그 해의 명목국민총생산으로 나눈 수치로, 우리나라 조세부담률은 2007년(21.0%)을 정점으로 이명박 정부 들어 2년째 감소하고 있다. 한편, 지난 해 말 현재 전체 근로소득자 수는 1,429만 5,000명으로 2008년 말(1,404만 6,000명)보다 24만 9,000명 늘어난 것으로 나타났다. 이 가운데 총급여에서 각종 소득공제 후 소득금액이 남아 근로소득세 부과대상이 된 근로자는 모두 854만 1,000명(59.8%)이었다. 특히, 연간 총급여가 1,200만 원을 밑도는 근로자가 456만 7,000명으로 전체의 32%를 차지하였다. 신규 입사자나 중도 퇴사자가 포함되어 있기는 하나, 지난 해 한 달 평균근로소득이 100만 원을 밑도는 근로자가 어림잡아 3명 가운데 1명꼴이었던 셈이다.

〈한겨레신문, 2010. 12. 21〉

독점의 문제점

경제학자들은 독점을 나쁜 것이라고 보고 있다. 그렇게 보는 데는 몇 가지 이유가 있다.

첫째, 독점하에서는 소비자들에게 선택의 여지가 없어진다. 한국전력이 서비스가 나빠도 우리는 다른 회사로부터 전기를 공급받을 수 없다. 한전은 전기산업에서 독점이기 때문에 우리는 한전으로부터만 전기를 구매할 수밖에 없다. 전력의 경우와는 달리 식당의 경우에는 선택의 여지가 많다. 한 식당이 불친절하면 우리는 그 옆의 식당으로 가면 된다. 우리 주변에는 식당이 많기 때문에 맛있고 친절한 식당으로 찾아 갈 수 있다. 이와 같이 독점이 아닌 경우에는 소비자들이 품질이 좋은 상품을 찾아다니면서 선택할 수 있다. 그러나 독점하에서는 기껏해야 그것을 구매할 것인가 구매하지 않을 것인가의 선택밖에 할 수 없다.

둘째, 독점하에서는 기업이 가격을 높이기 위해 생산량을 줄인다. 생산량이 축소되면 이 부문으로는 적정한 자원배분이 이루어지지 않는다. 말하자면, 자원배분의 비효율성(allocative inefficiency)이 초래된다.

셋째, 경쟁하에서는 비효율적인 기업은 도태되고 효율적인 기업만 살아 남는다. 그러나 독점하에서는 진입장벽이 높기 때문에 비효율적인 기업도 계속 살아 남을 수 있다. 독점기업은 비록 비효율적일지라도 이를 밀어 낼 경쟁기업이 없기 때문에 그 비효율성이 그대로 유지되면서 높은 가격에 의해 비효율성의 부담이 소비자에게로 전가된다.

넷째, 정부로부터 독점권을 인정받아서 독점을 유지하는 기업은 그 독점권을 계속 인정받기 위해 많은 비용을 지불한다. 정부에 로비도 하고 대외적인 홍보도 한다. 경제 전체로 볼 때 이런 것들은 하나의 자원낭비가 된다.

2. 과점시장

과점의 의미와 특성

우리나라의 설탕회사는 CJ, 삼양사, 대한제당이다. 이들의 2005년 시장점유율을 보면(매출액 기준) 제일제당이 48.9%, 삼양사가 32.4%, 대한제당이 18.7%이다. 설탕시장은 생산자가 하나보다 많기 때문에 일단 독점은 아니다. 그러나 빵집처럼 아주 많지는 않기 때문에 완전경쟁도 아니다. 이와 같이 생산자가 하나보다는 많지만 매우 많지는 않은 시장을 과점(oligopoly)이라고 한다. 일반적으로 생산기업이 2~3개인 시장을 전형적인 과점으로 보고 있다.

과점시장에는 기업의 수가 복수이기 때문에 경쟁은 존재한다. 그런데 이 경쟁은 무수히 많은 기업 사이에서 이루어지는 완전경쟁(competition)과는 달리 특정 회사와 서로 대립적인 관계에서 대항적인 경쟁(rivalry)이 이루어진다. 완전경쟁시장에서는 경쟁대상이 무수히 많기 때문에 경쟁이 불특정 다수 사이에서 이루어지는 막연한 경쟁이지만 과점시장에서는 경쟁대상이 분명히 정해져 있기 때문에 이때의 경쟁은 이해관계가 서로 대립적인 상태에서 이루어지는 대항적인

생활경제 7-3 명품시장 할인전쟁 불붙는다

신세계첼시 여주프리미엄 아웃렛이 오는 6월 1일 오픈하는 가운데 이에 맞추어 롯데·현대·신세계·갤러리아 백화점들도 일제히 명품세일에 돌입하기로 해 국내 명품시장에 '전운'이 감돌고 있다. 그 동안 명의변경을 통한 편법개장 논란 등 '말 많고, 탈 많았던' 과정만큼이나 여주 프리미엄 아웃렛 개장은 국내 명품시장에 상당한 파장을 몰고 올 전망이다.

▶ "120개 명품을 평균 40% 싸게": 28일 유통업계에 따르면 여주 프리미엄 아웃렛은 8,200평 규모로 일본 고텐바 아웃렛에 이어 아시아 2위 규모다. 입점 브랜드만 120개에 이른다. 서울 강남에서 자동차로 1시간 거리에서, 6개월~1년 지난 명품 브랜드 제품을 25~70% 저렴하게 살 수 있다는 것은 비싼 가격 때문에 명품구입을 망설였던 고객들에게는 희소식임에 틀림 없다. 신세계첼시측은 서울을 포함한 수도권과 지방, 해외 등에서 개장 첫 해에만 최소 200만 명의 고객이 몰릴 것으로 기대하고 있다. 아웃렛에는 명품 '빅3'로 꼽히는 샤넬, 루이비통, 에르메스를 제외한 웬만한 명품 브랜드들이 모두 입점한다. 휴고보스, 안나몰리나리, 버버리, 캘러웨이골프, 닥스, 에스까다, 구찌, 살바토레 페라가모, 아르마니 등 디자이너패션·스포츠웨어가 많지만 액세서리·귀금속이나 신발, 주방용품, 아동복, 고급가죽 및 가방 등도 들어온다. 할인율은 브랜드별로, 또 제철에서 얼마나 지났는지에 따라 차이가 나지만 평균 40% 정도다. 이월상품인 만큼 디자인이나 색상, 사이즈별 선택폭은 좁을 수밖에 없다.

▶ 백화점들, "명품세일로 맞불 놓으면서 예의주시": 이에 맞서 서울시내 주요 백화점들은 6월 1일부터 일제히 올해 봄·여름에 나온 명품 할인판매에 나선다. 갤러리아 명품관은 6월 1일 여성의류를 시작으로 명품세일을 벌인다. 현대백화점에서는 토즈, 로에베, 에뜨로, 발리가 6월 1일부터 7월 말까지 할인판매를 할 예정이다. 롯데백화점에서는 아쿠아스큐텀이 6월 1일부터 50% 가격을 인하하는 등 50여 개 브랜드가 명품 브랜드 세일에 참여하고, 신세계백화점에서는 막스마라·발렌티노 등 40여 개 명품 브랜드가 6월 1일부터 차례로 세일을 벌인다. 백화점들은 프리미엄 아웃렛의 성공 여부를 예의주시하고 있는 모습이다. 백화점의 한 관계자는 "여주 프리미엄 아웃렛에 특급 명품 브랜드는 입점하지 않았고, 물량이 얼마나 공급될지 여부도 모르기 때문에 성공 여부는 좀더 지켜봐야 할 것 같다"고 평가하였다. 또 다른 관계자는 "프리미엄 아웃렛이 기존 백화점 명품시장을 잠식하는 대신 새로운 시장을 창출할 가능성이 높다고 본다"고 말하였다.

〈문화일보, 2007. 5. 28〉

경쟁이 된다. 대항적인 관계가 존재하는 이유는 기업의 수가 적기 때문이다. 이런 시장에서는 기업들 사이에 상호의존성이 매우 높다. 예컨대, 한 기업이 시장을 확장하면 다른 경쟁기업은 시장을 잃을 수밖에 없다. 그러므로 이 기업들 사이에는 이해관계가 첨예하게 대립되는 상호의존성을 가질 수밖에 없다. 기업들 사이에서의 이러한 상호의존성(interdependency)은 과점시장의 주된 특성이 된다.

대한항공과 아시아나항공만이 영업하는 국내 항공시장은 2개의 회사만 존재하는 과점시장이다. 2개의 회사만 존재하는 과점을 복점(duopoly)이라고 부르기도 한다. 복점인 과점에서는 새로운 소비자가 창출되지 않는 한, 한 기업이 시장을 확장해 가면 다른 기업은 그만큼 시장을 뺏기게 된다. 그러므로 각 기업은 서로 많은 시장을 차지하기 위해 경쟁해야 한다. 따라서 이러한 과점에서는 기업끼리의 상호의존성이 매우 높을 수밖에 없다.

우리나라에는 과점시장이 매우 많다. 이동통신시장은 SKT(2006년 가입자 기준 시장점유율: 50.4%), KTF(32.2%), LGT(17.4%)가 영업하는 과점시장이다. 라면시장도 농심(2004년 시장점유율: 66.8%), 오뚜기(13.4%), 삼양식품(11.2%), 한국야쿠르트(8.6%)가 영업하는 과점시장이다.

과점시장의 균형

과점기업들의 균형은 상대 기업과의 관계가 어떻게 설정되느냐에 따라 다양하게 나타날 수 있다. 두 과점기업이 서로 치열하게 가격경쟁을 한다면 이런 과점의 균형은 완전경쟁의 균형과 비슷하게 될 것이다. 반면에 두 기업이 서로 협조적으로 담합을 한다면 이런 과점의 균형은 독점균형처럼 될 것이다. 만약 치열하게 경쟁하지도 않고 협조적인 담합도 하지 않는다면 이런 과점의 균형은 독점균형과 경쟁균형의 중간 정도에서 정해질 것이다.

〈그림 7.3〉에서는 과점시장의 시장수요곡선이 D와 같이 주어졌을 때 그 과점의 균형이 어떻게 나타날 수 있는지를 간단하게 보여 주고 있다. 이때 생산비는 편의상 0이라고 가정해 둔다. 즉, Q축이 한계생산비곡선(MC)과 일치한다고 해 둔다.

과점기업들이 서로 치열하게 가격경쟁을 한다면 각 기업은 서로 상대 기업보다 가격을 낮추어 가면서 시장을 확장하려고 할 것이다. 예컨대, A기업이 가격

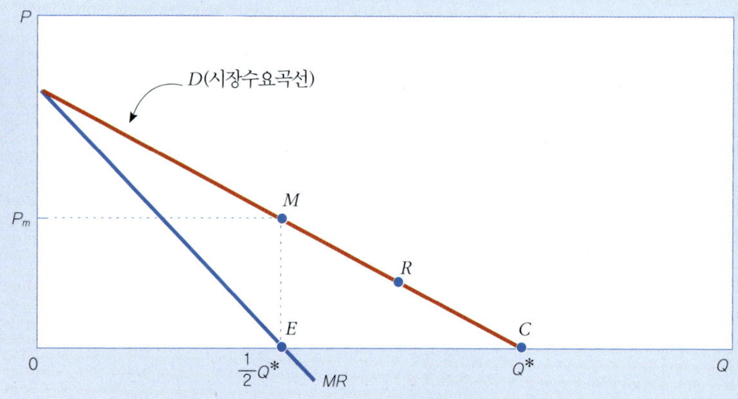

그림 7.3

과점시장의 균형

과점기업들이 치열하게 경쟁하면 과점균형은 완전경쟁균형에 접근하고, 반대로 경쟁을 하지 않고 서로 담합하면 과점균형은 독점균형에 접근해 간다.

을 100원으로 정하면 B기업은 이보다 낮은 99원에서 정할 것이고, 그러면 A는 다시 이보다 낮은 98원에서 정할 것이다. 이런 과정이 되풀이되면 가격은 궁극적으로 생산비 수준으로 낮아질 것이다.

〈그림 7.3〉에서 생산비는 0이라고 가정하였기 때문에 이런 과점의 균형은 점 C에서 정해지고 가격은 0으로 떨어질 것이다. 즉, $P = MC = 0$이 된다. 그리고 시장 거래량은 Q^*가 된다. 이런 균형은 완전경쟁균형과 일치한다.

만약 과점기업들이 서로 협조적인 담합을 형성한다면 이들은 뭉쳐서 마치 하나의 독점기업인 것처럼 행동할 것이다. 이렇게 되면 이윤극대화를 위해 $MR = MC$가 되는 점에서 생산량을 정할 것이다. $MC = 0$이기 때문에 이 점은 E이다. 과점기업들은 생산량을 $\frac{1}{2}Q^*$로 줄이면서 가격을 P_m까지 올려 극대이윤을 확보하려고 할 것이다. 시장균형은 점 M이 되는데, 이것은 독점균형과 일치한다.

치열하게 경쟁하지도 않고 서로 담합하지도 않는다면 이런 과점시장의 균형은 독점균형과 경쟁균형의 중간이 되는 어느 점에서 정해질 것이다. 〈그림 7.3〉에서 살펴보면 이런 과점의 균형은 점 R과 같은 곳에서 정해질 수 있다. 실제 과점시장에서의 균형은 대부분이 경쟁균형과 독점균형의 중간이 많다고 볼 수 있다. 과점기업들끼리 서로 치열하게 경쟁하면 기업들은 서로가 손해를 보기 때문에 이들은 가능한 한 경쟁을 자제하려는 노력을 한다. 그렇다고 독점이윤을 노려 담합을 시도하는 것도 어렵다. 이것은 대부분의 나라에서 반독점법 위반으로 처벌을 받기 때문이다. 대부분의 선진국이 반독점법(antitrust law)을 운용하면서 독점금지정책을 시행하고 있다. 독점을 금지시켜 모든 시장을 가능한 한 경쟁적으로 유도하려고 하는 것이 독점금지정책의 목표이다. 따라서 과점시장의 실제 균형은 독점과 경쟁의 중간 점에서 정해질 가능성이 높다.

3. 독점적 경쟁시장

독점적 경쟁의 의미

우리 주변에는 카페(cafe)가 매우 많다. 특히, 서울 외곽에는 많은 카페들이 영업

생활경제 7-4 과점시장에서는 가격담합이 일어날 수 있다

우리나라의 정유시장은 과점시장이다. 과점기업들은 서로 치열하게 경쟁할 수도 있지만 가격담합을 하기도 쉽다.

공정거래위원회는 19일 국제원유가 하락에도 불구하고 주유소에서 파는 기름값이 떨어지지 않아 주유소의 가격담합 여부에 대해 예비조사를 벌이고 있다고 밝혔다. 공정위 당국자는 "서울 및 수도권을 중심으로 주유소의 석유제품 판매가격과 유통경로 등에 대한 자료를 수집, 가격담합 여부 등을 조사하고 있다"면서, "특히 유가하락 이전인 8월에 비해 가격이 거의 내리지 않은 지역 주유소를 대상으로 집중적으로 자료를 모으고 있다"고 말하였다. 이 당국자는 "주유소들이 기름값을 내리고는 있지만 가격인하 속도와 폭은 납득하기 어려운 부분이 있다"고 덧붙였다.

국제유가는 두바이유의 경우 9월 초 배럴당 24~25달러선에서 최근 17달러 내외로 떨어졌으나 서울과 수도권의 상당수 주유소들은 같은 기간 휘발유 판매가격을 리터당 1,314원에서 1,294원으로 20원 정도 내리는 데 그쳤다. 같은 기간 정유업체들은 휘발유 공장도가격을 리터당 49원씩 내렸다. 정유업계에서는 원유가격이 배럴당 1달러 떨어지면 휘발유가격은 리터당 10~13원의 인하요인이 있는 것으로 추산하고 있다.

한편, 공정위의 발표가 나온 뒤 LG칼텍스정유는 주유소에 대한 휘발유 공급가격을 20일 0시부터 리터당 1,170원에서 1,150원으로 20원 내린다고 밝혔다. S-오일도 휘발유 공급가격을 리터당 1,190원에서 1,150원으로 40원 내린다. 현대정유와 SK도 조만간 휘발유 판매가격을 인하할 방침으로 알려졌다.

〈동아일보, 2001.11.19〉

을 하고 있다. 그런데 이들 카페는 나름대로 모두 특색이 있다. 카페마다 내부의 디자인이 각양각색이고, 판매하는 음료수의 종류도 다르다. 그리고 틀어 주는 음악과 창 밖의 풍경도 다르다. 또 종업원의 친절도도 다르다.

이와 같이 카페들은 그 수가 늘어남에 따라 각자 나름대로의 특성을 살리면서 영업을 하고 있다. 이러한 카페시장은 경쟁적 요소와 독점적 요소가 동시에 존재한다. 일단 카페의 수가 매우 많기 때문에 경쟁이 높게 이루어지는데 이것이 바로 경쟁적 요소이다. 그런데 각 카페는 나름대로의 장점과 특성을 가지고 있기 때문에 이 특성에 집착하는 고객에게는 이 카페가 독점적 힘을 가지고 있다. 예컨대, 바하의 음악에 향기 높은 헤즐넛커피를 제공하는 카페는 이것을 좋아하는 고객들을 독점적으로 사로잡는다. 이러한 경우에 이 카페가 가격을 올려도 이 곳의 이러한 특성에 집착하는 소비자들은 여전히 이 카페를 애용한다. 이것은 바로 카페시장의 독점적 요소이다. 독점적 요소는 가격을 높일 수 있는 힘을 의미한다. 반면에 경쟁적 요소는 가격을 무리하게 높게 올릴 수는 없다는 특성을 의미한다.

이와 같이 독점적 요소와 경쟁적 요소가 동시에 존재하는 시장을 독점적 경쟁(monopolistic competition)시장이라고 한다. 여기서 경쟁적 요소는 기업의 수가 많아서 기업 간에 경쟁이 이루어지고 있다는 데서 나오고, 독점적 요소는 각 기업이 제품차별화(product differentiation)를 시도하며 차별화된 특성에 대해서는 독점력을 행사한다는 데서 나온다. 말하자면, 각 기업은 제품차별화를 통해 고객유치경쟁을 한다.

이러한 독점적 경쟁시장은 완전경쟁에서처럼 기업의 수는 많지만 독점적 요소 때문에 수요곡선은 〈그림 7.4〉의 D처럼 우하향한다. 예컨대, 미사리 지역에 있는 수많은 카페 중 한 카페가 커피가격을 P_1에서 P_2로 올리면, 가격에 민감한 고객들은 다른 카페로 옮겨 가지만 이 카페의 독특한 특성에 매료되어 있는 고객들은 쉽게 이 곳을 떠나지 않고 계속 이용한다. 그러므로 수요는 급격히 감소하는 것

생활경제 7-5 정유업계, 높은 기름값 여론악화에 '곤혹'

정유업체들이 코너로 몰리고 있다. 석유제품 가격의 가파른 고공비행이 지속되면서 지난 해 기록한 사상 최고치에 육박하는 등 '폭리' 논란이 또다시 불거지고 있는데다 검찰이 최근 공정거래위원회의 의뢰에 따라 조사한 결과 SK(주), GS칼텍스, 현대오일뱅크 등 정유 3사의 경유담합 혐의를 확인하였다며 이들 3사를 약식기소하였기 때문이다.

여기에 민주노총 전국운수산업노조 화물연대와 전국건설노조 조합원 526명이 이들 3사와 에쓰오일을 상대로 석유제품 가격담합에 따른 소비자 피해를 주장하며 1인당 50만 원씩 모두 2억 6,300만 원의 손해배상 청구소송을 서울중앙지법에 냈다. 정유사들이 사상 처음 소비자들에 의해 손배소 청구를 당한 사례다.

29일 업계에 따르면 정유사들은 무엇보다 화학제품 가격담합으로 곤욕을 치른 상황에서 "우리는 결백하다"고 하였던 석유제품의 일부(경유)에 대해서마저 검찰이 담합혐의를 들어 벌금을 부과하는 내용의 약식기소를 하자 당혹스러움을 감추지 못한 채 입장정리에 애를 먹고 있다.

정유사들은 공정위가 검찰에 조사를 의뢰할 당시에는 "석유제품 가격담합은 절대 없었다"며 강력히 반발하면서 공정위에 이의신청을 하거나 행정소송을 내는 등 강경한 입장을 보였으나 검찰이 이번에 공정위 일부 판단에 손을 들어 주는 상황에 직면하자 난감해 하는 분위기다. 특히, 이번 조사를 담당한 서울중앙지검 형사6부가 경유가격 인상을 담합한 혐의로 매긴 벌금이 SK(주)는 1억 5,000만 원, GS칼텍스와 현대오일뱅크는 각각 1억 원에 불과하기에 각 업체는 이러지도 저러지도 못하는 처지에 몰리고 있다. 담합혐의를 인정하지 않고 정식재판으로 가자니 여론의 부담이 견디기 쉽지 않고, 순순히 벌금을 내자니 담합을 인정하는 꼴이 돼 '자기 모순'에 빠지는 결과가 되기 때문이다.

한 업체 관계자는 "이번 검찰의 약식기소는 소비자들이 가장 민감해 하는 휘발유와 등유값의 경우 담합이 없었다는 판단을 내렸다는 데 오히려 더 큰 의미가 있는 것 아니냐"면서 "이는 공정위가 무리한 판단을 하였다는 증거가 아니겠느냐"고 반문하였다. 그러면서도 이 관계자는 "검찰이 경유에 대해서만큼은 담합을 확인하였다며 미미한 액수나마 벌금을 부과하였기에 우리로서는 벌금을 내고 검찰의 판단을 인정하는 수순으로 가야 할지, 아니면 벌금을 내지 않고 정식재판을 받는 수순으로 가야 할지 신중히 검토해야 할 문제"라고 말하였다.

또다른 업체의 관계자는 "최근 석유제품 가격이 곧 사상 최고치를 넘어설 것이라는 등의 뉴스가 나오고 가격을 올릴 때는 많이 올리고 내릴 때는 조금 내린다는 일반의 인식이 퍼지고 있는데다 정유사들이 폭리를 취한다는 지적마저 제기되니 참으로 답답하다"면서 "정유사, 대리점, 주유소 등이 얼마나 이익을 챙기는지는 한 번 살펴봤으면 한다"고 항변하였다. 이 관계자는 "정유사들이 통상 휘발유 1,000원어치를 팔면 마케팅비용 등을 제외한 순수한 '법인이익'은 16원에서 17원 사이"라고 주장하고 "그런데도 폭리논란이 불거지고 있는 것은 소비자들의 막연한 '부정적 정서' 때문이라고 본다"고 덧붙였다. 아울러 "기름값의 57% 안팎이 세금이라는 것은 이미 널리 알려져 있는 사실"이라며 "소비자 여론의 초점이 세금인하에 맞춰져야 하는 것 아니냐"고 반문하였다.

〈중앙일보, 2007. 5. 29〉

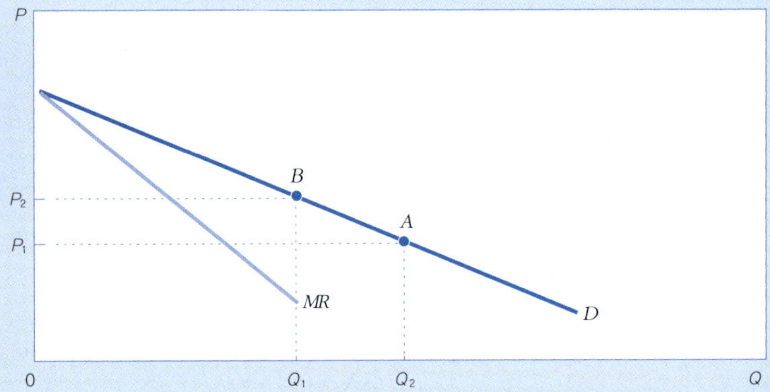

그림 7.4

독점적 경쟁기업의 수요곡선

독점적 경쟁기업의 수요곡선은 우하향한다. 따라서 한계수입곡선도 우하향하고 수요곡선의 아래에 위치한다.

이 아니라 Q_2에서 Q_1으로만 감소한다. 만약 이 카페가 어떤 독특한 특성도 가지고 있지 않고 완전경쟁에서처럼 다른 카페와 완전히 똑같다면 가격을 올릴 때 소비자들은 모두 다른 카페로 옮겨 갈 것이다.

독점적 경쟁기업의 수요곡선은 수평이 아니고 독점기업처럼 우하향하는 기울기를 갖는다. 그것은 독점적 경쟁기업의 독점적 요소 때문이다. 그러나 독점보다는 탄력적으로 된다. 만약 카페가 하나밖에 없는 독점이라면 가격을 올려도 고객들은 다른 카페로 옮겨 갈 선택이 없기 때문에 수요는 조금만 줄어들 것이다. 즉, 수요가 비교적 비탄력적이 될 것이다. 그러나 독점적 경쟁하에서는 한 카페가 가격을 올리면 많은 고객들이 다른 카페로 옮겨 갈 것이기 때문에 수요가 독점의 경우보다는 비교적 탄력적으로 될 것이다.

독점적 경쟁기업의 균형

독점적 경쟁기업도 이윤극대화를 추구한다. 이윤이 극대화되기 위해서는 $MR=MC$의 조건이 충족되도록 생산량과 판매가격을 정해야 한다. 〈그림 7.5〉 (a)에서 $MR=MC$조건이 충족되는 점은 E이다. 그러므로 이 기업은 Q^*를 생산하여 P^*까지 높은 가격을 책정할 때 최대이윤을 벌 수 있고, 그 이윤의 크기는 색칠된 부분의 면적이 된다. 생산량 Q^*에서 가격은 점 F까지 높게 정할 수 있는데, 평균생산비는 점 G에서 정해지기 때문에 그 차이인 FG와 생산량 OQ^*를 곱한 값의 크기가 이윤이 된다. 이 이윤의 크기는 바로 색칠된 부분의 면적이다.

그런데 이런 균형은 고정요소의 변화가 불가능하고 기업의 수가 고정되어 있는 단기에서만 나타날 수 있을 뿐이다. 색칠된 부분만큼의 초과이윤이 있으면 이 업종은 수익성이 높은 업종이기 때문에 장기적으로는 이 업종으로의 신규 진입이 계속 일어난다. 예컨대, 미사리 지역의 카페들이 초과이윤을 벌면 장기적으

생활경제 7-6 설탕가격 알고 보니 15년간 담합…… 511억 과징금

서민 생필품인 설탕을 제조하고 있는 CJ, 삼양사, 대한제당 등이 15년간 출고물량과 가격을 담합해 막대한 부당이익을 챙긴 사실이 적발되었으며, 이에 따라 이들 업체에 과징금 511억 3,300만 원이 부과되었다. 특히, 지난 해 밀가루 · 세제에 대한 담합행위가 적발된 데 이어 설탕에서까지 기업체 불법행위가 드러남에 따라 1963년 삼분(三粉, 시멘트 · 설탕 · 밀가루) 폭리사건에 버금가는 신삼분사건이 발생하였다는 비판의 목소리가 높아지고 있다.

공정거래위원회는 CJ, 삼양사, 대한제당 등 국내 3개 설탕 제조업체들이 1991년부터 2005년 9월까지 제품출고량과 가격을 담합한 행위를 적발하였다고 22일 밝혔다. 공정위는 이들 업체에 위반행위 금지명령과 함께 과징금 511억 3,300만 원을 부과하였으며, 삼양사와 대한제당은 검찰에 고발하기로 하였다고 덧붙였다. 업체별 과징금규모는 CJ 227억 6,300만 원, 삼양사 180억 200만 원, 대한제당 103억 6,800만 원이다. CJ는 담합행위를 자진신고해 고발대상에서 제외되었으며 과징금도 50% 감면받았다.

조사 결과 이들 3사는 1990년 말 각 사 영업본부장들이 참석한 회의에서 이듬해 원당수입 자유화로 인한 경쟁과열을 막기 위해 CJ 48.1%, 삼양사 32.4%, 대한제당 19.5% 등으로 내수시장에 대한 물량반출규모를 정하였다. 이들 업체는 또 매년 초 또는 매월 임직원들이 참석하는 회의를 열어 물량반출규모를 점검 · 조정하였으며, 합의준수 여부를 확인하기 위해 1999년 말까지는 특별소비세 납부실적을, 2000년부터는 출고실적 자료를 주고받았던 것으로 드러났다. 공정위는 "3사 중 한 업체가 합의를 위반해 상당량을 몰래 출고한 사실이 드러나자 이를 이듬해 물량에서 정산하고 재발방지를 약속받은 문건이 발견되기도 하였다"고 설명하였다.

이들은 가격담합도 해 왔다. 3사는 1997년 이후 가격변동요인이 발생할 때마다 영업담당 임직원들이 모임을 열고 가격인상폭과 시기를 합의한 뒤 실행에 옮긴 것으로 밝혀졌다.

이들 3사의 관련 제품 매출액은 2001년부터 2005년까지만 2조 6,000억 원에 이른다. 관련 매출액 대비 15~20%를 소비자 피해액으로 보는 경제협력개발기구(OECD) 기준을 적용할 때 소비자들에게 수천억 원에서 많게는 1조 원 이상 피해를 입힌 것으로 추정된다.

공정위는 담합으로 인해 15년간 3사 시장점유율이 일정하게 유지되었으며, 설탕가격도 원가에 비해 매우 높은 수준을 지속하였다고 설명하였다. 2002년 이들 3사 매출이익률은 46~48%로 제조업 평균(19%)에 비해 2.4~2.5배에 달하였으며 2005년까지 비슷한 상황이 계속되었다.

〈매일경제, 2007.7.22〉

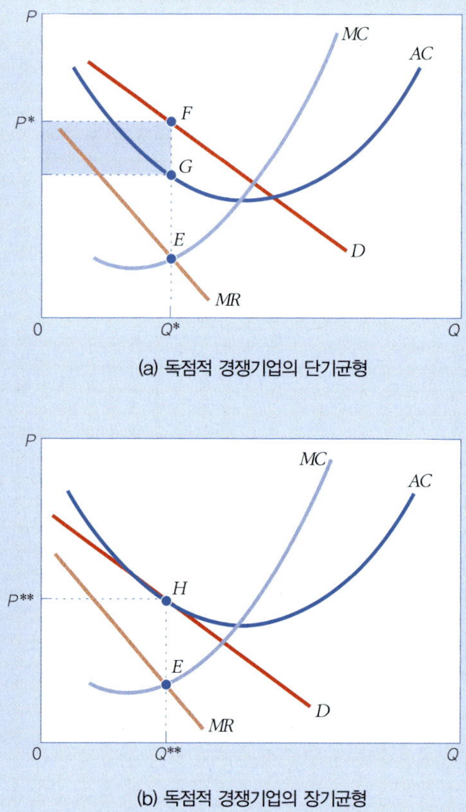

그림 7.5

독점적 경쟁기업의 균형

독점기업은 단기에는 초과이윤을 벌 수 있지만 장기적으로는 정상이윤만 번다.

로는 이 지역에 카페가 계속 생겨날 것이다. 그러므로 〈그림 7.5〉 (a)는 독점적 경쟁기업의 단기균형이 될 뿐이다.

기존 기업들이 초과이윤을 벌고 있어서 신규 진입이 계속 일어나면 기업수가 늘어나기 때문에 개별 기업의 시장 몫이 줄어든다. 즉, 개별 기업의 수요곡선 D가 왼쪽으로 이동한다. 이러한 변화는 기업이 초과이윤을 전혀 벌 수 없을 때까지 일어난다. 그런 상황이 〈그림 7.5〉 (b)의 점 H이다. 각 기업은 $MR=MC$의 조건이 충족되는 점에서 새롭게 장기균형에 도달하게 되는데, 이때의 생산량은 Q^{**}이고 가격은 P^{**}에서 정해질 수 있다. 그런데 이 가격에서는 가격(P^{**})= 평균생산비(AC)이기 때문에 기업은 초과이윤을 벌어들일 수 없다. 평균생산비에는 이

생활경제 7-7 마트 · 백화점 '납품업체 쥐어짜기' 여전

대형 유통업체들이 납품업체들에게 부당 판촉행사나 반품 같은 불공정거래행위를 여전히 강요하고 있는 것으로 드러났다. 이에 따라 대형 유통업체들의 이와 같은 횡포를 막기 위해 지난해 11월 공정거래위원회가 마련한 '공정한 유통거래 질서 확립 종합대책'이 효과가 없는 것 아니냐는 지적이 나오고 있다.

공정위는 2일 백화점, 대형마트, 인터넷쇼핑몰, 홈쇼핑, 편의점, 대형 서점 등의 대형 유통업체들과 거래하는 1,233개 납품업체들을 상대로 서면 실태조사를 실시한 결과, 판촉 관련 부당강요와 부당반품, 수수료 부당인상, 배타적 거래관계 요구, 서면계약서 미교부, 수시장려금 요구 등 불공정거래행위가 여전한 것으로 나타났다고 밝혔다.

조사 결과를 보면 판촉행사를 하면서 서면약정을 맺지 않은 경우가 24.6%에 이르렀고, 염가 납품 및 사은품 제공 강요가 있었다는 답변도 15.2%에 이르렀다. 판촉사원을 파견한 484개 업체 가운데 21%는 대형 유통업체의 강요에 의해 파견했다고 답변하였다. 대형 유통업체가 직접 관리하는 직원의 인건비를 납품업체에 전가한 사례도 있었다. 공정위는 "대형 유통업체가 '10년 전 가격으로 드립니다'라는 판촉행사를 하면서 납품업자에게 염가로 납품하도록 강요해 손실을 입히는 사례가 많았다"고 말하였다.

부당반품을 경험한 납품업자는 20.7%에 이르렀는데, 백화점과 홈쇼핑은 주로 소비자가 마음을 바꿔 반품한 것을 이유로, 대형마트와 편의점은 유통기한 경과 또는 임박을 이유로 반품하는 경우가 많았다.

공정위는 지난 해 11월 유통종합대책을 통해 대형 유통업체들의 불공정거래 관행에 제동을 걸겠다는 강한 의지를 밝힌 바 있다. 공정위는 대형 유통업체들이 판촉행사를 할 때 판촉비의 일정 비율을 꼭 분담하도록 하고, 명절용 선물세트 등만 반품이 가능하도록 제한하였으나, 납품업체의 어려움은 여전한 것으로 나타난 셈이다.

〈한겨레신문, 2008. 11. 2〉

업종에 계속 남아 있게 할 정도의 이윤인 정상이윤(normal profits)이 이미 포함되어 있기 때문에 이 균형에서 독점적 경쟁기업은 초과이윤을 벌지 못하고 정상이윤만 벌고 있다. 이런 균형을 독점적 경쟁기업의 장기균형이라고 한다.

미사리에 카페가 계속 생겨나면 어느 카페도 초과이윤을 벌지 못한다. 장기적으로 각 카페는 카페업에서 다른 업종으로 옮겨 가지 않을 정도의 정상이윤만 벌게 될 뿐이다.

1. 생산요소시장

생산요소란

POSCO에서는 철강을 생산하고 있다. 그런데 철강을 생산하기 위해서는 용광로 등과 같은 생산설비도 있어야 하고, 여기서 일하는 노동자도 있어야 한다. 말하자면, 공장을 짓고 이 공장에서 일하는 종업원이 있어야 POSCO는 철강을 생산할 수 있다. 이때 POSCO에서 만들어 낸 철강은 생산물(output) 또는 상품(product)이라고 하고, 이것을 생산하기 위해 갖추어 놓은 제반 설비와 여기서 일하는 노동자들의 노동력을 생산요소(inputs or factors)라고 한다.

공장 등과 같은 제반 생산설비는 자본이라고 하기 때문에 생산요소는 크게 노동(labor)과 자본(capital)으로 나누어진다. 노동은 기업에서 일하는 노동자들이 투입한 노동력을 의미하고, 자본은 생산설비를 갖추는 데 투입된 자금을 의미한다. 말하자면, 노동은 노동자 그 자체가 아니라 투입된 노동력의 크기이다. 자본에 있어서는 공장이나 기계, 토지 등은 물리적 자본(physical capital)이라고 하고, 이러한 자본설비를 갖추는 데 투입된 자금을 일반적으로 자본이라고 한다.

물리적 자본은 업종에 따라 그 형태가 매우 다양하기 때문에 그 양을 간단하게 측정하기 어렵다. 따라서 일반적으로는 물리적 자본을 갖추는 데 투입된 자금의 크기를 자본이라고 한다. 그러나 때에 따라서는 물리적 자본과 화폐량으로 표시된 자본을 구분 없이 사용하기도 한다.

어떤 상품을 생산하든 노동과 자본은 반드시 필요하다. 때에 따라서는 생산원료(materials)를 별도의 생산요소로 구분하기도 하지만 생산원료도 자본과 노동을 투입하여 생산한 하나의 생산물이기 때문에 기본적으로는 자본과 노동만을 본원적인 생산요소로 보고 있다. POSCO에서 철강을 생산하기 위해서는

생활경제 8-1 **'연봉 1,223억 원' 받는 CEO는 누구?**

지난 해 미국 최고의 고액연봉자가 한 해 동안 벌어들인 금액은 1억 3,370만 달러(약 1,223억 원)에 이른 것으로 집계되었다. 미국 경제전문지 『포천』이 3일 발표한 지난 해 미국의 25대 남녀 상위 연봉자 순위에 따르면 건축자재 유통업체 홈디포의 전 회장 겸 최고경영자(CEO)인 로버트 나델리가 이와 같은 금액을 벌어들이며 통합 1위에 올랐다고 CNN머니 인터넷판이 4일 보도하였다.

연봉이 가장 높은 여성 최고경영자는 3,000만 달러를 받은 모건스탠리의 공동대표이사 조 크루즈였으나 그 액수는 나델리의 22%에 불과하였으며, 남성 25위인 앨런 슈워르츠 베어스턴스 회장(3,730만 달러)에도 못 미쳐 적잖은 남녀 격차를 드러냈다. 연봉 25위 내의 남성 경영자들이 벌어들인 금액은 13억 달러로, 여성 상위 25명의 연봉 총액의 4.35배에 달하였다.

여성 CEO들이 남성 CEO에 비해 상대적으로 작은 규모의 기업을 경영한 것도 연봉격차의 한 원인을 제공하였다는 분석이다. 연봉 상위 남성 CEO의 경우 10명 중 8명꼴로 500대 주요 기업의 경영자였으나, 여성 CEO의 경우 500대 기업의 경영자가 10명 중 4명꼴에 그쳤다.

그 외 남성 상위 연봉자로는 바이어콤 전 대표이사인 톰 프레스톤(7,830만 달러)과 테리 세멜 전 야후 대표이사(7,170만 달러), 헨리 실버먼 전 세던트 대표이사(6,460만 달러), 로버트 심슨 XTO 에너지 대표이사(5,950만 달러)가 나델리의 뒤를 이었다.

한편, 나델리가 지난 해 홈디포로부터 받은 보수 가운데 74%(9,850만 달러)가 퇴직금에 해당하는 등 고액연봉자 1~4위까지의 보수 상당수가 퇴직보상 차원이어서 지나친 퇴직수당 지급을 둘러싼 논란이 확산될 수 있다는 전망이 제기되었다.

〈매일경제, 2007.10.4〉

철광석이라는 원료를 투입해야 하는데, 철광석은 노동과 자본의 투입으로 생산된 하나의 중간재 상품이다.

또 자본으로부터는 토지(land)를 별도로 구분하여 하나의 생산요소로 정의하기도 한다. 그리고 노동으로부터는 기업가정신(entrepreneurship)을 별도의 생산요소로 구분하여 하나의 생산요소로 정의하기도 한다. 그러나 일반적으로는 노동과 자본 두 가지를 본원적인 생산요소로 정의하고 있다.

생산요소에 대한 보수

생산요소는 생산활동에 투입되고 생산에 공헌한 만큼 보수를 받는다. 노동에 대한 보수는 임금(wages)이라고 하고, 자본에 대한 보수는 이자(interests)라고 한다. 토지를 별도의 생산요소로 구분하였을 때는 토지에 대한 보수를 지대(rent)라고 한다. 그리고 기업가정신을 별도의 생산요소로 구분하면 여기에 대한 보수를 이

생활경제 8-2 **경제적 지대란**

우리나라에서는 2000년과 2001년도에 야구선수들이 선수협의회를 만들려고 하다가 구단주와 마찰을 일으킨 적이 있다. 선수협의회는 선수노조로 가서 결국 선수들의 연봉을 올릴 것이기 때문에 구단주들은 이를 수용할 수 없다고 본 것이다.

미국에서는 야구선수들이 노조를 형성하고 있다. 그런데 1994년에 선수노조가 파업을 하고 1년간 프로야구 경기가 없었다. 이때 어느 쪽이 가장 크게 잃었을까? 선수일까? 구단주일까? 이것은 지대 개념으로 한 번 설명해 볼 수 있다. 프로선수들은 평균적으로 100만 달러의 연봉을 받았다. 그런데 이들은 파업기간에 한 푼도 받지 못하였다. 이들이 파업기간에 프로선수 이외에서 가장 좋은 직장을 구한다고 해야 연 5만 달러 이상은 받기 어렵다. 중·고등학교 야구코치나 단순노동 일을 할 수 있을텐데 이로서는 연 5만 달러 정도밖에 벌 수 없다.

그러므로 파업 때문에 이들은 95만 달러를 못 번 셈이 된다. 이때 이 95만 달러를 경제적 지대(economic rent)라고 한다. 경제적 지대란 기회비용(opportunity cost)을 초과해서 버는 수입을 말한다. 기회비용이란 지금 쓰여지고 있는 용도를 위해 포기해야 하는 용도에서 벌 수 있는 최고의 수입을 말한다. 프로야구 선수는 프로야구 선수를 위해 포기해야 하는 직업이 중·고등학교 야구코치이고, 이로부터 벌 수 있는 최고의 수입이 5만 달러이기 때문에 프로야구 선수의 기회비용은 5만 달러인 셈이다. 현재의 직장에서 이 5만 달러라는 기회비용을 초과해서 버는 수입을 경제적 지대라고 하는데, 프로야구 선수의 경제적 지대는 100만 달러에서 기회비용 5만 달러를 뺀 95만 달러라고 할 수 있다.

윤(profits)이라고 한다.

POSCO에서 일하는 노동자들이 1년에 3,000만 원을 받는다면 이들은 1년 동안 POSCO의 생산활동에 자기의 노동력을 투입한 대가로 3,000만 원이라는 임금을 받는 것이다. POSCO의 자본은 여러 가지 형태로 조달되고 있다. 주식발행으로 자본이 조달되기도 하고, 각종 회사채와 금융기관으로부터의 차입으로 자본이 조달되기도 한다. 말하자면, POSCO의 모든 생산설비는 이런 자본을 이용해 갖추어진 것이다. 그러므로 이러한 자본에 대해서도 각기 회사의 생산활동에 공헌한 만큼 대가를 지불해야 한다.

예컨대, POSCO의 회사채 이자율이 10%라고 하면, 이 회사채를 산 사람은 1년에 10%의 이자를 받는다. 그리고 은행 대출이자율이 13%라고 하면 은행으로부터 빌린 자본에 대해서는 13%의 이자를 지불한다. 주주들에게는 배당률에 따라 배당금이 지급된다. 생산요소에 대한 보수는 시장에서 정해진다. 노동에 대한 보수도, 자본에 대한 보수도 자본주의 시장경제에서는 시장에서의 수요 · 공급원리에 의해 정해진다. 임금이든 이자든 결정원리는 마찬가지이다. 여기서는 노동의 가격인 임금이 어떤 원리에 의해 정해지는지를 살펴본다. 이를 위해서는 먼저 노동의 수요와 공급의 원리에 대해 알아볼 필요가 있다.

2. 노동의 수요

기업의 이윤추구

기업은 이윤을 추구하는 조직체이다. 기업은 이윤을 극대화시킬 수 있는 양만큼 생산요소를 고용한다. 그러므로 노동투입량도 이윤극대화 원리에 의해 정해진다. 이윤극대화의 원리에 따라 기업이 얼마만큼의 노동력을 고용하려고 하느냐가 노동의 수요(demand for labor)이다. 따라서 노동의 수요자는 기업이다.

명동빵집이라는 기업에서 점원을 몇 명 고용할지는 몇 명 고용하는 것이 가장 큰 이윤을 내느냐에 달려 있다. 빵가격은 1상자에 10만 원이고 임금은 1주당 20

생활경제 8-3 삼성전자, '일하고 싶은 기업' 6년 연속 1위

대학생이 뽑은 '일하고 싶은 기업'에 삼성전자가 6년 연속으로 1위를 차지하였다. 취업포털 인크루트는 최근 4년제 대학교 재학생 1,481명을 대상으로 일하고 싶은 기업을 조사한 결과 삼성전자가 1위를 차지해 2004년부터 6년 연속으로 대학생이 가장 선호하는 직장으로 나타났다고 17일 밝혔다.

2위는 국민은행, 3위는 유한킴벌리였으며, 그 뒤로 SK텔레콤, 포스코, 한국전력공사, 현대자동차, 아시아나항공, CJ제일제당, 대한항공 등 순이었다.

삼성전자를 선택한 이유로는 '구성원으로서의 자부심'(25.3%)과 '만족스러운 급여와 보상제도'(25.3%)가 가장 많았으며, 국민은행 또한 '만족스러운 급여와 보상제도'(26.9%)를 가장 많이 꼽았다.

이 밖에 유한킴벌리는 '즐겁게 일할 수 있는 기업문화'(33.3%), SK텔레콤은 '동종업계와 지역사회에서 선도기업의 이미지'(38.9%)가 주된 선택의 이유였다.

한편, 업종별로는 ▲건설: 포스코건설 ▲석유화학: SK에너지 ▲외식·식음료: CJ제일제당 ▲유통무역: 신세계 ▲자동차: 현대자동차 ▲전기전자: 삼성전자 ▲정보통신: SK텔레콤 ▲제약: 유한양행 ▲기타제조: 유한킴벌리 ▲물류운송: 대한항공 등이 가장 일하고 싶은 기업으로 선정되었다.

〈연합뉴스, 2009.8.17〉

만 원으로 시장에서 이미 정해져 있다면 빵집 주인은 이 가격을 그대로 받아들일 수밖에 없다.

이때 빵집 주인이 정할 수 있는 것은 종업원 몇 명을 고용하여야 이윤을 최대화시킬 수 있느냐 하는 것이다. 〈표 8.1〉에서 보면 종업원 1명을 고용하면 1주당 5상자를 생산해 상자당 10만 원을 받고 이를 팔아 총 50만 원을 번다. 반면에 그 종업원에게 1주당 20만 원을 지급해야 하기 때문에 비용으로는 20만 원이 나간다. 이때 빵집 주인은 그 차이인 30만 원(=50만－20만)만큼의 이윤을 번다.

종업원 2명을 고용하면 9상자를 생산한다. 이때는 90만 원을 벌고 40만 원의 비용이 나가기 때문에 50만 원의 이윤을 벌 수 있다. 종업원 3명을 고용하면 110만 원의 판매수입에 60만 원의 비용이 나가기 때문에 이때도 50만 원의 이윤을 벌 수 있다. 종업원 4명을 고용하면 120만 원의 판매수입을 벌고 80만 원의 비용을 지불하기 때문에 이윤은 40만 원이 된다. 이윤은 〈표 8.1〉의 제(10)열에서처럼 50만 원까지 올라갔다가 하락하기 시작한다. 그러므로 빵집 주인은 2명 아니면 3명

생활경제 8-4 대기업 남녀 연봉차 2,215만 원

국내 대기업에 다니는 남성 직원들의 연봉이 여성 직원에 비해 평균 2,215만 원 더 많은 것으로 나타났다. 채용정보업체 잡코리아는 금융감독원에 사업보고서를 제출한 매출액 상위 100대 기업 중 89곳을 대상으로 '2006년 평균연봉'을 조사해 30일 발표하였다. 조사 결과 남성 직원의 평균연봉은 5,625만 원, 여성 직원은 3,410만 원으로 나타났다. 이는 2005년에 비해 각각 9.6%, 7.2% 증가한 금액이다. 남녀 연봉차이는 2005년(1,951만 원)에 비해 264만 원 늘어났다. 전체 평균연봉은 5,258만 원이었다.

남녀 연봉차이가 가장 작은 기업은 KT&G(580만 원)로 조사되었다. 이어 대우건설(600만 원), KT(733만 원), 대우인터내셔널(795만 5,000원), GS리테일(840만 원) 등의 순이었다. 전체 연봉이 가장 많은 기업은 여천NCC(7,550만 원)였다. 삼성토탈(7,400만 원), 한국씨티은행(7,200만 원)이 각각 2, 3위를 차지하였다. 이어 포스코건설(6,948만 원), SK(주)(6,923만 6,000원), 신한은행(6,900만 원) 등의 순이었다. 성별 연봉을 집계한 결과 남성 직원은 하나은행(9,000만 원)이, 여성 직원은 KT&G(5,490만 원)가 연봉이 가장 많은 기업으로 꼽혔다.

잡코리아는 "대기업의 남녀 평균연봉 차이가 큰 이유는 상대적으로 높은 연봉을 받는 관리자급에 남성 직원이 많기 때문"이라며 "국내 주요 대기업들의 경우 차장, 부장급 등 핵심 관리직에 여성의 비율이 5%도 안 되는 것이 현실"이라고 말하였다.

〈동아일보, 2007.5.31〉

표 8.1 명동제과점의 이윤극대화

노동자수 (1)	빵생산량 (2)	노동의 한계생산 MP (3)	빵가격 P (4)	노동의 한계 생산물 가치 VMP (5) (3)×(4)	임금 W (6)	한계비용 MC (7) (6)÷(3)	총판매수입 (8) (2)×(4)	총비용 (9) (1)×(6)	이윤 (10) (8)−(9)
1(명)	5(상자)	5(상자)	10(만 원)	50(만 원)	20(만 원)	4(만 원)	50(만 원)	20(만 원)	30(만 원)
2	9	4	10	40	20	5	90	40	50
3	11	2	10	20	20	10	110	60	50
4	12	1	10	10	20	20	120	80	40

을 고용하는 것이 가장 유리하다. 그런데 같은 값이면 다홍치마라고 같은 이윤이라면 자기 빵집을 키워서 시장점유율을 높이는 것이 유리할 것이다. 그렇다면 빵집 주인은 2명보다 3명을 고용하려고 할 것이다.

노동수요량의 결정

명동빵집 주인은 점원을 고용할 때 그 사람이 벌어들이는 추가수입과 그 사람을 고용하는 데 소요되는 추가비용을 비교하려 할 것이다. 만약 전자가 후자보다 크다면 그 사람을 고용하는 것이 유리하고 후자가 전자보다 크다면 그 사람을 고용하지 않는 것이 유리하다.

한 사람을 추가고용할 때 그 사람이 벌어들이는 추가수입을 **한계생산물가치(value of marginal product: *VMP*)**라고 하는데, 이것은 한계생산(marginal product: *MP*)에 생산물의 가격을 곱해서 도출된다($VMP = MP \times P$).

〈표 8.1〉에서 두 번째 종업원의 한계생산은 4상자인데, 이것은 두 번째 종업원이 총생산을 증가시킨 양이다. 1상자당 가격이 10만 원이기 때문에 이것의 시장가치는 40만 원(=4상자×10만 원)이 되는데 이 값을 한계생산물가치(*VMP*)라고 한다. 〈표 8.1〉의 제5열이 이 값을 나타낸다. 그런데 한 사람을 추가고용할 때, 그 사람을 추가로 고용하는 데 소요되는 추가비용은 〈표 8.1〉의 제6열인 임금(wage: *W*)이다. 빵집 주인은 한계생산물가치와 임금을 비교하여 $VMP > W$이면 그 종업원을 고용하고, $VMP < W$이면 그 종업원을 고용하지 않으려고 한다.

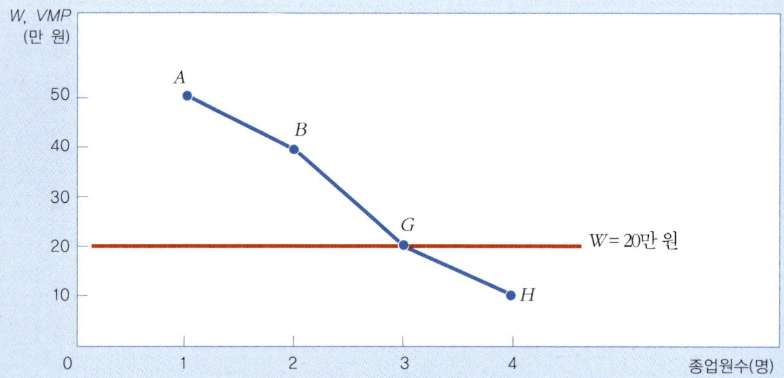

그림 8.1

노동의 수요곡선

노동의 *VMP*곡선은 노동의 수요곡선이 된다.

〈표 8.1〉에서 고용량이 2명일 때는 *VMP*(40만 원) > *W*(20만 원)이기 때문에 두 번째 사람을 고용하는 것이 유리하고, 고용량이 4명일 때는 *VMP*(10만 원) < *W*(20만 원)이기 때문에 네 번째 사람은 고용하지 않는 것이 유리하다.

고용량은 *VMP* = *W*가 충족되는 선에서 정해진다. *VMP* = *W*의 조건이 충족되지 않으면 빵집 주인은 고용량을 늘리거나 줄임으로써 이윤을 더 증대시킬 수 있다. 〈표 8.1〉에서는 이 조건이 만족되는 고용량이 3명이다.

노동수요곡선

임금이 변하면 기업의 노동수요량도 변한다. 임금 수준의 변화에 따라 기업의 노동수요량이 어떻게 변하느냐를 그래프로 나타낸 것이 노동수요곡선(demand curve for labor)이다.

기업은 *VMP* = *W*가 되는 점에서 노동고용량을 정할 때 이윤이 극대화된다는 것은 이미 살펴보았다. 〈표 8.1〉에서 이 조건이 만족되는 고용량은 3이다. 말하자면, 고용량이 3명이면 노동의 한계생산물가치는 20만 원이 되는데, 이것은 임금이 20만 원이면 노동수요량이 3명이 된다는 것을 의미한다. 이 점은 〈그림 8.1〉의 *G*이다.

만약 임금이 40만 원으로 오른다면 〈표 8.1〉의 제(6)열이 모두 40만 원으로 바꿔어야 하고 *VMP*= *W*가 성립되는 점은 고용량이 2명일 때이다. 이것은 임금이 40만 원으로 오르면 노동수요량이 2명으로 감소한다는 것을 나타낸다. 빵집 주인 입장에서는 임금이 오를 때 노동수요를 줄일 것은 당연하다. 이 점은 〈그림 8.1〉의 *B*이다. 즉, 임금이 오르면 노동수요량은 감소한다.

똑같은 원리에 따라 임금이 50만 원이 된다면 노동수요량은 1명으로 줄 것이고, 반대로 임금이 10만 원으로 감소한다면 노동수요량은 4명으로 증가할 것이다. 이 점은 각각 〈그림 8.1〉의 *A*와 *H*로 표시된다.

따라서 임금이 50만 원에서 40만 원, 20만 원, 10만 원으로 변하면 노동수요량은 1명에서 2명, 3명, 4명으로 증가하고, 이 점들을 연결한 것이 〈그림 8.1〉의 *ABGH*선이 된다. 이 선이 바로 노동의 수요곡선이다.

그런데 명동빵집의 노동수요곡선은 *VMP*곡선과 완전히 일치하고 있다. 〈그림 8.1〉에서 *ABGH*곡선은 〈표 8.1〉의 *VMP*를 그래프로 그린 것과 완전히 일치하기 때문이다. 말하자면, **노동의 *VMP*곡선이 바로 노동수요곡선이다.** 노동수요곡선은 우하향하고 있다. 오른쪽으로 가면서 아래로 기울어지는데, 이것은 **임금과 노동수요량이 서로 역관계에 있다**는 것을 나타낸다. 임금이 오르면 노동수요량이 줄고, 반대로 임금이 내리면 노동수요량은 증가한다.

〈그림 8.1〉에서 *VMP*곡선은 *MP*곡선으로부터 도출되고 있다. *MP*×*P*= *VMP*인데, *P*= 10만 원으로 고정되어 있기 때문에 *VMP*곡선의 모양은 바로 *MP*곡선으로부터 도출된다. 그런데 *MP*곡선은 수확체감의 법칙(law of diminishing marginal returns)에 따라 우하향할 수밖에 없다. 자본의 크기는 일정한 채 노동투입량만 증가시키면 노동생산성은 결국 하락할 수밖에 없는데 이것을 수확체감의 법칙이라 한다. 이와 같은 이유로 *MP*곡선은 우하향하고, 또한 *VMP*곡선도 우하향하게 된다. 그리고 ***VMP*곡선이 우하향하기 때문에 결국은 노동의 수요곡선도 우하향한다.**

한 기업의 노동수요곡선이 우하향하면 이런 기업들로 구성된 노동시장에서의 노동수요곡선도 당연히 우하향한다. 서울 시내의 모든 빵집들이 점원을 구할 때 이것은 제빵집 노동력에 대한 시장수요가 된다. 이 시장수요는 개별 빵집의 수요를 전부 합한 것이다. 말하자면, **개별 기업의 노동수요를 모두 합치면 시장**

5. 자본시장과 이자율의 결정

자금의 수요와 공급

가계(households)와 기업(business)은 쓰고 남는 수입을 저축한다. 가계나 기업이 저축하는 자금(loanable funds)은 은행이나 제2금융기관으로 들어가 금융시장(자본시장)에서의 자금 공급(supply of loanable funds)이 된다. 만약 이자율이 높다면 이런 자금은 금융기관을 통해 더 많이 공급될 수 있다. 말하자면, 가계나 기업은 금융기관에 더 많이 저축하려고 할 것이다. 그러므로 이자율과 자금 공급은 서로 양의 관계를 가지며, 자금에 대한 공급곡선은 〈그림 8.6〉의 S_K처럼 우상향하는 곡선이 된다.

생활경제 8-7 정부가 돼지고기 관세 없애자 해외업체만 이득?

최근 구제역으로 돼지고기 값이 오르자 정부가 수입 돼지고기에 대해 관세를 없앴다. 하지만 이 소식을 들은 해외 수출업자들이 없앤 관세만큼 고기값을 올려 정부의 조치를 무색케 하고 있다. 19일 MBC 보도에 따르면 지난달 25일 정부가 수입 돼지고기에 대해 관세를 부과하지 않겠다고 발표한 이후 미국과 유럽 현지의 돼지고기 수출업체들은 없어진 관세만큼 도매가격을 올렸다. 당시 캐나다에서 수출 돼지고기의 가격을 협상하였던 국내 한 수입업자는 인터뷰에서 "(정부가 발표한) 다음날 보니까 오퍼 가격이 급상승하였다"며 "(수출업자들이) '한국 정부에서 그렇게 발표를 하였지만 우리만 좋아졌다'고 이야기하였다"고 전하였다. 정부의 관세 잠정 폐지 발표 직후 현지 수출업체의 태도가 돌변한 것이다.

한 미국 수출업계 관계자는 "(현지 도매가격이) 평균 25% 올랐다고 보면 된다. 관세만큼 오른 것"이라며 "정부가 관세를 유예할 만큼 한국의 돼지고기 수급이 시급하다는 점을 전 세계의 팩커(수출업자)들이 다 인지하였다"고 말하였다. 이에 대해 농림수산식품부 측은 관세 폐지와 수입 도매가격 상승은 전혀 관련이 없다고 설명하였다. 농림부 축산경영과장은 MBC와의 인터뷰에서 "외국산, 수입산에 대한 돼지고기 수요가 올라갔기 때문에 (가격이) 올라간 것으로 생각된다"며 "만약 할당관세를 적용 안하게 된다면 관세만큼 국내 공급가격이 올라가게 되는 것"이라고 말하였다. 하지만 보도가 나가자 네티즌들은 "정부가 호구짓을 하였다" "그 돈으로 축산농민들 마음이나 위로하라"며 반발하였다. 한 네티즌은 인터넷 포털사이트에 올린 글에서 "정부가 국제육류시장의 동향도 파악하지 않고 돼지고기가격 인하에만 급급하였다"며 "결국 1,000억 원이 넘는 세금으로 국제육류수출업자들의 배만 채워 주는 글로벌 호구 노릇을 하였다"고 지적하였다.

〈경향신문, 2011. 2. 20〉

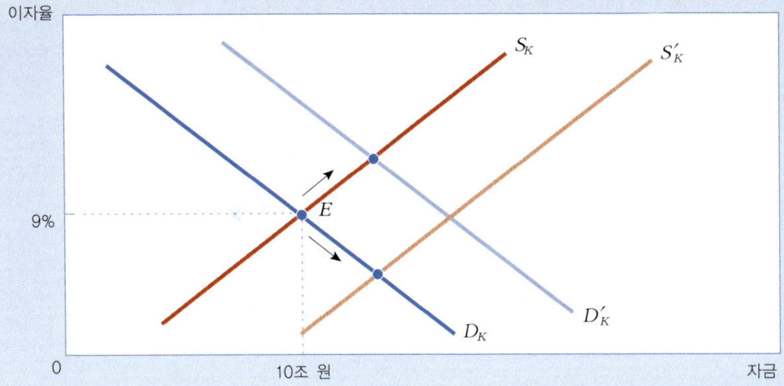

그림 8.6

자본시장의 균형

우상향하는 자금공급곡선과 우하향하는 자금수요곡선이 서로 교차하는 점에서 균형이자율이 정해지고 자금 수급량이 정해진다.

그런데 기업들은 금융기관으로부터 투자자금을 빌려 온다. 가계도 주택구입 자금 등을 금융기관으로부터 빌려 온다. 이런 것은 자금에 대한 수요(demand for loanable funds)가 된다. 기업은 이자율이 높으면 자금을 적게 빌려 오려고 한다. 왜냐하면, 높은 이자율을 감당할 수 있을 만큼 수익성이 높은 투자처는 그렇게 많지 않기 때문이다.

이자율이 높으면 그 이자율보다 높은 수익률을 보장하는 사업에만 투자하려고 하기 때문에 기업의 자금 수요는 적어질 수밖에 없다. 반면에 이자율이 낮아지면 이 이자율보다 높은 투자처는 많아 기업의 자금 수요가 증가한다. 가계도 이자율이 높아지면 적게 빌리려 하고, 낮아지면 많이 빌리려 한다. 이와 같이 이자율과 자금 수요는 반대 방향으로 변한다. 따라서 **자금에 대한 수요곡선은 〈그림 8.6〉의 D_K처럼 우하향하게 된다.**

다른 모든 상품의 가격에서와 마찬가지로 이자율도 자금시장의 수요와 공급에 의해 정해진다. 〈그림 8.6〉에서처럼 자금의 수요곡선(D_K)과 공급곡선(S_K)이 교차하는 점 E에서 자금시장의 균형이 달성되는데, 이 점에서의 이자율은 9%이고 자금거래액은 10조 원이다. 9%는 시장균형이자율이다.

생활경제 8-8 실질이자율과 명목이자율

인플레이션(inflation)은 물가 수준이 일반적으로 상승하는 것을 의미한다. 인플레이션율이 높을 것이라고 예상되면 돈을 빌리려고 하는 사람은 많으나 빌려 주려는 사람은 적을 것이다. 인플레이션이 일어나면 돈의 가치가 떨어지기 때문에 돈을 빌려 준 사람은 손해를 보기 마련이기 때문이다. 예컨대, 인플레이션율이 30%라면 100만 원 하는 상품이 1년 후에는 130만 원이 된다. 반면에 이자율 10%로 100만 원을 빌려 준 사람은 110만 원만 되돌려 받을 수밖에 없기 때문에 20만 원만큼 손해를 볼 수밖에 없다. 이렇게 되면 10% 이자율로는 어느 누구도 돈을 빌려 주려고 하지 않을 것이다.

이런 사정은 빌리는 사람(borrowers)이나 빌려 주는 사람(lenders)이나 모두 다 알고 있다. 그러므로 빌리는 사람도 당연히 인플레이션율만큼은 보상해 주려고 할 것이다. 이렇게 되면 빌려 주는 사람은 인플레이션율 30%에 자기가 실질적으로 받고 싶어하는 이자율을 합해서 돈을 빌려 주려고 할 것이다. 그리고 빌리는 사람은 이것을 수용할 것이다. 빌리는 사람이나 빌려 주는 사람이 모두 수용하는 실질적 이자율이 10%라고 하면 인플레이션율이 30%일 때는 돈의 대차관계가 이자율 40%에서 이루어질 것이다. 이때 40%를 명목이자율(nominal interest rate)이라고 하고, 10%를 실질이자율(real interest rate)이라고 한다.

말하자면, 명목이자율은 실질이자율과 인플레이션율을 합한 값이다. 따라서 실질이자율은 명목이자율에서 인플레이션율을 뺀 값이다.

균형이자율

균형이자율이 9%이면 수익률이 9%보다 낮은 사업에는 실제 투자가 이루어질 수 없다. 수익률이 9%보다 높은 사업에만 실제로 자금이 조달될 수 있다.

만약 정보통신부문의 기술진보로 모든 자본의 생산성이 높아진다면 모든 투자자본의 수익률이 높아져 더 많은 투자가 일어날 것이다. 더 많은 투자가 일어난다면 자금수요곡선(D_K)은 〈그림 8.6〉의 D_K'처럼 오른쪽으로 이동한다. 이렇게 되면 균형이자율이 높아질 것이다. 이자율이 높아지면서 실제 투자액도 증가한다. 반면에 국민들의 절약성이 높아져 저축이 증가한다면 〈그림 8.6〉의 자금공급곡선(S_K)이 S_K'처럼 오른쪽으로 이동한다. 이렇게 되면 균형이자율은 낮아진다. 이자율이 낮아지면서 더 많은 사업에 실

생활경제 8-9 올해 대기업 임금 사실상 '마이너스'

올 들어 국내 대기업 직원들의 급여가 소폭 증가하였으나 물가상승을 감안하면 사실상 마이너스인 것으로 나타났다. 16일 금융감독원 전자공시와 증권정보업체 에프엔가이드에 따르면 시가총액 상위 100개 제조업체(금융회사와 비교 불가능한 회사 제외)의 반기보고서를 분석한 결과 이들 기업의 올해 상반기 직원 1인당 평균급여는 2,618만 원이었다. 지난 해 상반기 1인당 평균급여(2,554만 원)에 비해 2.89% 늘어났지만 올해 상반기 소비자물가가 전년 동기보다 3.33% 오른 것을 감안하면 실질소득은 줄어든 셈이다.

100대 기업의 총종업원수는 6월 말 현재 모두 63만 9,063명으로, 지난 해 6월 말 현재(63만 7,201명)보다 0.29%(1,862명) 증가하였다. 지난 해 말(63만 5,690명)에 비해서는 0.53%(3,373명) 늘었다. 지난 해 글로벌 금융위기 이후 해외기업들이 대대적인 감원에 나선 것에 비하면 선방한 셈이지만 국내 대기업들도 신규 투자를 꺼려 고용이 크게 늘지는 않은 것으로 전문가들은 분석하였다.

지난 1년 사이에 종업원이 가장 많이 늘어난 기업은 LG디스플레이로 4,593명이 늘어 27.27%의 증가폭을 보였다. 반면, 삼성SDI, 삼성전자는 각각 3,115명과 2,874명이 감소하였고, 삼성SDI는 종업원 감소율이 32.75%로 집계되었다.

〈경향신문, 2009. 8. 16〉

제 투자가 이루어진다.

요약하기

❖ 생산요소: 상품의 생산을 위해 투입되는 자본, 노동, 토지, 기업가정신 등

❖ 생산요소에 대한 보수: 노동에 대한 보수는 임금, 자본에 대한 보수는 이자, 토지에 대한 보수는 지대, 기업가정신에 대한 보수는 이윤

❖ 노동수요곡선: 노동의 한계생산물가치(*VMP*)로부터 도출된다. 수확체감의 법칙 때문에 *VMP*곡선도 우하향하고, 노동수요곡선도 우하향한다.

❖ 노동공급곡선: 임금 수준에 따른 노동자들의 일하려는 의지로 우상향하는 곡선

❖ 생산요소시장의 균형: 생산요소의 수요와 공급이 일치하는 점에서 균형요소가격 결정

❖ 한계생산력이론: 생산요소의 가격은 그 요소의 생산성에 의해 결정

복습과 토론하기

8. 1.

사람들은 가능한 한 학력을 높이려고 노력한다. 그리고 교육을 많이 받았거나 직업훈련을 많이 받은 사람은 일반적으로 임금이 높다. 왜 이들의 임금이 높아지는 것일까?

8. 2.

기업의 생산물에 대한 수요가 증가하면 이 생산물의 가격이 올라간다. 이렇게 되면 이 생산물을 생산하는 데 필요한 노동의 수요는 어떻게 변하며, 임금률은 어떻게 변할까?

8. 3.

시간당 임금률이 올라가면 사람들은 더 많이 일을 하려고 할까, 더 적게 일을 하려고 할까? 남북통일이 되어 북한 인력이 남한으로 급속히 이동하면 남한의 노동시장에는 어떤 변화가 일어날까? 그리고 임금률은 어떻게 변할까?

8. 4.

기술진보가 많이 이루어지면 임금률은 올라갈까, 내려갈까? 그리고 자본축적이 많이 이루어지면 임금률은 내려갈까, 올라갈까?

1. 시장실패는 왜 일어날까

경제활동이란 생산과 소비가 되풀이되는 과정이다. 이 과정에서 무엇을(what), 어떻게(how), 누구를 위해(for whom) 생산해야 하느냐가 경제학이 풀고자 하는 핵심적 과제이다. 자본주의 경제에서는 이런 문제들이 시장을 통해 자동적으로 풀려진다고 보고 있다. 시장경쟁을 거치면서 이 문제들이 가장 바람직한 형태로 풀려나간다는 것이다.

그러나 현실은 그렇지 않다. 시장에 따라서는 독점이 나타나 가격을 너무 높이고 경제활동의 결과를 사회적으로 바람직하지 않은 방향으로 이끌어 가기도 한다. 또 소득분배는 사회가 수용하기 어려울 정도로 왜곡되기도 한다. 이런 문제들이 발생하면 정부가 나서서 이를 고쳐 보려고 한다. 정부는 반독점정책(antitrust policy)으로 경쟁을 촉진시키기도 하고, 세금이나 보조금을 이용해 부자로부터 가난한 사람에게로 소득을 재분배시켜 보려고도 한다.

시장을 통한 가격제도가 각 부문의 생산과 소비를 사회적으로 적정한 수준을 보장해 주지 못할 때 이를 **시장실패(market failure)**라고 한다. 시장실패가 나타날 수 있는 원인은 많다. **공해(pollution)** 등과 같이 시장을 거치지 않는 재화가 있기도 하고, **공공재(public goods)**와 같이 시장에서 제대로 그 가격이 형성되지 못하는 재화도 있기 때문이다.

시장실패가 일어나면 정부개입이 불가피하게 되는데, 정부가 개입한다고 해서 반드시 가장 이상적인 결과를 초래하는 것은 아니다. 정부가 오히려 일을 그르쳐서 상황을 더 악화시킬 수도 있다. 이런 것을 **정부실패(government failure)**라고 한다. 시장실패를 고치기 위해 정부가 개입할 때는 정부실패를 초래하지 않도록 하는 것이 매우 중요하다.

2. 외부효과와 정부의 역할

환경공해

정화시설을 갖추고 있지 않은 공장들은 공기와 수질을 오염시킨다. 이런 환경공해는 사람들에게 피해를 주지만 그들에게 아무런 보상을 해 주지 않는다. 말하자면, 사회에 피해를 끼치면서 거기에 상응하는 비용을 지불하지 않는다. 이것은 공해라는 재화는 시장을 거치지 않기 때문이다. 즉, 공해는 시장 밖에서 사람들의 편익(benefits)에 영향을 미친다. 이런 것을 외부효과 또는 외부성(externalities)이라고 한다.

북한강 주변에 식당과 러브호텔이 들어서면 북한강 수질이 오염된다. 따라서 많은 사람들이 피해를 본다. 그러나 식당과 러브호텔은 수질오염에 대해 아무런 비용을 지불하지 않기 때문에 식당과 러브호텔이 자꾸 들어선다. 수질오염은 시장을 거치지 않기 때문에 여기에 대해 어떤 가격을 지불하도록 할 수 있는 방법이 없다. 따라서 식당과 러브호텔은 적정량을 넘어 자꾸 들어서게 된다.

생활경제 9-1 정부정책은 독이 되기도 하고 약이 되기도 한다

서울시와 각 구청이 최근 길거리에서 음식물을 만드는 행위를 단속하자 떡볶이, 튀김, 어묵 등이 밀려나고 햄버거, 핫도그, 샌드위치 등 데워서 바로 먹는 서양식 패스트푸드가 그 자리를 차지하고 있다고 한다.

이 소식을 접하니 독일 바이에른공국의 군주였던 빌헬름 4세가 1516년 발동한 '맥주순수령'이 떠오른다. 맥주에 물, 보리, 호프 이외의 다른 물질을 일절 쓰지 못하게 한 명령이다. 이 덕분에 독일에서 저질 맥주는 사라지고 순수한 맛과 높은 품질의 제품만 남았다. 이후 독일 맥주는 세계적 명성을 얻었고 국가대표 상품이 되었다.

반대로 1916년 일제가 이 땅에 강제하였던 '주세령'은 한국 술의 명맥을 끊었다. 집에서 마시려고 담그는 극소량을 제외하고는 가정에서 술을 담그는 것을 금지한 악법이다. 이 법이 시행되고 2년이 지난 1918년에 거둔 주세가 경술국치 한 해 전인 1909년에 거둔 액수보다 열두 배나 많다는 사실이 일제의 의도를 확실히 보여 준다. 1988년 올림픽을 전후해 전통주를 되살리려고 많은 이들이 노력하였으나 부활한 술은 많지 않다.

〈중앙일보, 2001.11.13〉

사회적인 관점에서 볼 때 북한강 주변에는 식당과 러브호텔이 너무 많을 수밖에 없다. 이것은 외부성으로 인한 하나의 시장실패이다.

정부의 개입

북한강 주변에 식당과 러브호텔이 계속 들어서면 정부는 이것을 그냥 방치할 수 없다. 사회적으로 적정하다고 생각되는 선을 넘어서면 정부가 개입해서 막을 수밖에 없다. 정부가 건축규제를 강화하고 금지구역을 설정하고 공해부담금을 물리는 등으로 식당과 러브호텔의 증가를 억제시키는 것이 필요하다.

생활경제 9-2 페놀오염이 보여 주는 '대운하'의 미래

낙동강 주변 지역에 다시 페놀 공포가 엄습하였다. 엊그제 경북 구미 광역취수장 상류에서 페놀이 검출되어, 구미와 칠곡 일부 지역에 수돗물 공급이 한동안 중단된 것이다. 대구 등 중·하류 지역 주민들도 긴장을 풀지 못하였다. 사고는 김천의 코오롱 유화공장에서 난 불을 끄던 중 페놀이 소방용수에 섞인 채 흘러나가 발생하였다. 불을 끄는 동안 조금만 대비를 하였으면 피할 수 있는 사고였다.

상수원 지역에서 생긴 이런 사소한 사고와 부주의가 얼마나 큰 재앙을 부르는지는 이미 17년 전 경험하였다. 경북 구미시 두산전자에서 발생한 페놀 유출사고가 그것이다. 누출된 페놀은 낙동강으로 흘러들어 갔고, 페놀이 섞인 물을 정수해 마신 대구 주민들은 구토·복통 등을 일으켰다. 그 여파로 부산까지 취수가 중단되는 등 낙동권 중·하류 지역이 일대 혼란에 빠졌다. 이후 정부는 30조 여 원을 들여 상수원 보호를 위한 각종 대책을 마련하였고, 4대강 특별법도 제정하였다. 그러나 이런 대책은 화재사고 한 번에 바로 구멍이 뚫렸다.

이 사고의 의미는 다시 한번 상수원 주변에서 오염물질 관리의 중요성을 상기시켰다는 데 그치지 않는다. 더 중요한 것은 한반도 대운하에 대한 경고다. 운하가 뚫리면, 떠 있는 것만으로 오염물질을 배출하는 화물선이 수없이 수돗물 원수 위를 오간다. 너른 바다에서도 기름유출사고가 하루에 1건씩 발생한다. 좁은 운하에서 그런 사고 위험성은 더 크다. 만약 허베이 스피리트호가 유출한 기름의 0.1%만 유출한다고 해도 그건 대재앙이다. 게다가 운하의 물은 갑문으로 가둬지기에 재앙은 장기화·광역화된다. 구미에서 오염사고가 나면 부산까지 취수를 할 수 없다.

그 때문에 이명박 정부도 수질논란에선 슬그머니 발을 뺐다. 이들은 한때 배 운항이 수질을 더 좋게 한다는 해괴한 말을 하곤 하였다. 대신 취수 문제를 해결할 요량으로 별도의 상수원댐 건설이나, 강변 여과수 등 간접취수방식을 제안하였다. 그러나 이명박 서울시장 시절 타당성 조사를 한 서울시는, 취수량이 적어 활용가치도 경제성도 없다고 똑 부러지게 결론을 냈다.

운하에 고인 물은 썩어 가고 강변에서는 극소량만 취수할 수 있다면, 국민은 어디에서 물을 구할 것인가. 물은 생명이다. 국민 생명을 판돈 삼아 결과가 뻔한 도박은 하지 말자.

〈한겨레신문, 「사설」, 2008.3.3〉

법으로 완벽한 정화시설을 갖추도록 강제하고 이를 철저하게 단속한다면, 식당과 러브호텔은 수질정화를 하는 데 많은 비용을 지출해야 한다. 이렇게 되면 건설비용과 운영비용이 높아지기 때문에 식당과 러브호텔은 상품의 가격을 높일 수밖에 없다. 가격이 높아지면 이를 찾는 소비자들의 수요가 줄어든다. 수요가 줄어들면 식당과 러브호텔의 건설은 줄어들 수밖에 없다.

이것은 외부효과를 내부화시키는 과정이라고 볼 수 있다. 공해비용을 공해발생자로 하여금 직접 부담하도록 하는 것은 공해라는 상품을 시장으로 끌어들여 발생자가 그 비용을 실제로 부담하도록 하는 것이다. 이렇게 하면 북한강 주변의 식당과 러브호텔은 적정 수준으로 줄어들 수 있다.

외부성을 내부화시키기 위해서는 정부개입이 불가피하다. 정부가 새로운 제도를 만들어 내부화시킬 수도 있고, 세금이나 보조금으로 내부화시킬 수도 있다. 그러나 이런 정부개입이 관료의 부정부패 등으로 인해 역효과를 낸다면 이것은 오히려 정부실패를 가져올 수도 있다.

3. 공공재와 정부의 역할

공공재란

삭막한 도심 속에 '푸른 숲'을 조성하면 많은 도시민이 혜택을 누릴 수 있다. 그런데 모든 도시민이 원하는 이 '푸른 숲'이라는 상품은 과연 누가 조성하려고 할까? 모두가 원하면서도 어느 누구도 자기 돈으로 이를 조성하려고는 하지 않는다. 왜냐하면, 자기가 모든 비용을 대고 이 상품을 만들어 놓았을 때 다른 사람들은 아무런 비용을 지불하지 않고 이 상품이 제공하는 효용을 누릴 수 있기 때문이다. 즉, 다른 사람들은 무료로 이 상품을 소비한다. 이런 현상을 무임승차 문제(free rider problem)라고 한다.

'푸른 숲'이라는 상품에 무임승차 문제가 생기는 것은 이 상품이 두 가지 특성을 가지고 있기 때문이다. 하나는 소비의 비경합성(non-rival consumption)이라

커지는 부작용이다.

그뿐만 아니라 빈민구제정책은 의도하지 않았던 결과를 초래하기도 한다. 일정 소득 이하의 빈민들에게 정부가 보조금을 지불하면 이들은 이제 일하지 않고 보조금으로만 살아가려고 하는 현상도 나타난다. 정부가 게으름을 오히려 조장하는 셈이 되었다. 또는 당장 급하지 않기 때문에 일자리를 찾아 나서는 속도도 늦어진다. 이런 점은 경제를 전체적으로 비효율적으로 만들어 가게 한다. 말하자면, 공평한 분배라는 형평성(equity)을 얻기 위해서는 효율성(efficiency)을 희생시키는 결과를 초래한다. 효율성과 형평성은 동시에 달성해야 하는 목표인데, 이들 사이에 서로 역관계(trade off)가 성립되면 경제정책은 그만큼 실시하기가 어려워진다.

5. 정부지출과 조세

정부지출

우리 경제는 크게 민간부문(private sector)과 공공부문(public sector)으로 나눌 수 있다. 정부가 수행하는 부문을 공공부문이라고 하고, 그 이외의 부문을 민간부문이라고 한다.

오늘날 정부는 많은 일들을 한다. 특히, 국방, 외교, 치안, 교육, 복지, 사회간접자본 등의 부문에서는 정부가 거의 모든 역할을 수행한다고 해도 과언이 아니다. 정부가 직접 수행하는 이런 부문을 공공부문이라고 하는데, 오늘날 대부분의 국가는 공공부문에 많은 예산을 지출하고 있다.

정부는 중앙정부와 지방정부로 나누어 볼 수 있다. 중앙정부는 서울의 중앙관공서이고, 지방정부는 도, 시, 군, 구 등의 지방관공서이다. 그러므로 정부지출(government spending)도 크게는 중앙정부지출과 지방정부지출로 구분할 수 있다. 그런데 정부지출의 대부분은 중앙정부지출이다. 시장경제가 잘 운영되면 정부부문은 점점 작아질 수 있다. 그런데 시장실패가 많고, 정부개입이 늘어나면 공공부문은 커지고 정부지출도 많아진다.

조세

정부는 지출을 충당하기 위해 조세(taxes)를 거두어야 한다. 조세 없이는 지출을 감당할 수 없다. 그런데 조세란 국민들의 경제적 부담이기 때문에 공정해야만 한다. 조세의 공정성(fairness of taxes)은 동서고금을 막론하고 가장 큰 사회적 논쟁거리였었다. 조세가 공정하지 않다고 생각하면 국민들은 세금을 내려고 하지 않고 탈세가 많이 이루어질 것이다. 그러므로 조세를 제대로 거두어들이기 위해서는 공평과세가 매우 중요하다.

공평과세를 위해 몇 가지의 원칙이 제시되고 있다. 먼저 편익의 원칙(benefit principle)을 들 수 있다. 편익의 원칙이란 정부지출로부터 편익을 누리는 사람에게 그 지출을 충당하기 위해 세금을 부과해야 한다는 것이다. 예컨대, 고속도로를 건설하기 위해서는 자동차세와 가솔린세 등을 징수해야 조세가 공평해진다는 논리이다.

그 다음으로 능력의 원칙(ability-to-pay principle)을 들 수 있다. 능력의 원칙이란 받는 혜택과는 상관없이 경제적 능력이 많은 사람에게 더 많은 세금을 징수해야 한다는 원칙이다. 예컨대, 부자들은 공공교육이나 공공복지제도로부터 혜택은 덜 받지만 능력이 많기 때문에 더 많은 세금을 내야 조세가 공평해진다는 논리이다.

세금은 사회적 목적을 가지고 부과되기도 한다. 말하자면, 세금은 사회정책의 수단이 되기도 한다. 예컨대, 자식들로 하여금 부모를 공양하고 효도를 하도록 하는 수단이 되기도 한다. 자식들로 하여금 부모를 공양하고 효도를 하도록 하기 위해서 부모를 모시고 사는 자식에게 조세감면 혜택을 주는 정책 등은 이런 정책에 해당한다.

그러나 조세는 가끔 의도하지 않았던 결과를 초래하기도 한다. 정부가 조세수입을 늘리려고 시도한 세율인상이 오히려 조세수입을 줄일 수도 있다. 예컨대, 담배세율을 올려 조세수입을 늘리려고 하였는데, 세금이 오르자 담배수요가 급감하면 오히려 정부의 조세수입은 감소할 수 있다. 또 부자의 부담을 늘리려고

생활경제 9-6 어떤 세금이 공정할까

세금은 동서고금을 막론하고 골치 아픈 문제였다. 문제는 누구로부터 얼마를 걷느냐 하는 것이다. 가난한 사람과 부자를 어떻게 구분하여 어떤 비율로 세금을 부과하느냐 하는 것이 세금을 둘러싸고 벌어져 온 문제였다.

세금을 부과하는 형태는 크게 세 가지로 나눌 수 있다. 첫째는 비례세(proportional tax)이다. 모든 납세자에게 똑같은 세율을 부과하는 제도가 비례세이다. 둘째는 누진세(progressive tax)이다. 부자에게는 가난한 사람보다 더 높은 세율을 부과하는 제도이다. 예컨대, 연봉 1억 원인 사람에게는 10%의 세율이 적용되고 연봉 5,000만 원인 사람에게는 5%의 세율이 부과되는 것은 누진세제도이다. 셋째는 역진세(regressive tax)이다. 역진세는 누진세와 반대로 부자에게는 오히려 낮은 세율이, 가난한 사람에게는 높은 세율이 부과되는 제도이다.

소득세는 누진세이다. 그러나 소비세는 역진적인 성격이 있다. 조세는 전반적으로 누진세, 비례세, 역진세가 복합적으로 혼합되어 운영되고 있다. 그런데 공평한 과세가 이루어지기 위해서는 모든 형태의 세금을 합한 최종 세부담이 누진적이어야 한다. 그러나 어느 정도 누진적이어야 하느냐는 것은 풀기 어려운 과제이다.

한 조세가 오히려 가난한 사람에게로 전가되기도 한다.

6. 공공선택의 원리

공공선택이론이란

정부의 의사결정은 많은 사람의 이해관계와 결부되어 있다. 정부가 어떤 결정을 하느냐에 따라 한쪽은 이익을 보고 다른 쪽은 손해를 볼 수 있다. 예컨대, 쌀값 지지를 위해 정부가 매년 높은 가격에 벼를 수매하면 쌀값이 올라가서 농민은 혜택을 보지만, 소비자들은 모두 높은 가격을 지불해야 하기 때문에 피해를 볼 수 있다. 그럼에도 불구하고 정부는 많은 예산을 들여서 이 정책을 계속 유지하고 있다. 만약 정부가 국민투표를 해서 이 정책의 시행 여부를 정한다면 그 결과는 어떻게 될까?

이와 같이 정부가 시행하려는 대부분의 정책은 이 정책으로 혜택을 보는 쪽

생활경제 9-7 조세와 국민생활

우리나라 국민 10명중 6명은 현 조세제도가 고소득층에 유리한 시스템이라고 생각하는 것으로 나타났다. 그럼에도 불구하고 10명 중 7명은 성실납세 의향이 있다고 답하였다. 납세가 국민의 의무라고 생각하는 측면이 크지만 탈세하면 처벌될 수 있다는 우려도 영향을 미쳤다. 성실납세 의향이 평균적으로 낮은 계층은 고소득, 고학력, 무종교자, 30 · 40대, 남성인 것으로 분석되었다. 23일 한국조세연구원이 만 25세 이상 일반 국민 2,200명을 대상으로 설문조사를 실시해 분석한 '우리나라 국민들의 납세의식 추이' 보고서에 따르면 이같이 나타났다.

조세형평도에 대한 질문에서는 현행 조세제도가 '고소득층에 유리한 시스템'이라는 답변이 64.4%에 달하였다. '소득 수준을 잘 반영한 공평한 시스템'이라는 응답은 4.3%에 불과하였고 '중산층에 유리한 시스템'(4.9%), '저소득층에 유리한 시스템'(3.0%)이라는 답변도 미미하였다. 조세연구원은 "국민들의 생각을 묻는 설문조사 결과이기 때문에 실제로 현 조세제도가 고소득층에 유리하다는 의미와는 다르다"며 "고소득층이 지금보다 더 많은 세금을 내야 한다고 생각하는 국민들이 많기 때문으로 분석된다"고 설명하였다.

성실납세 의향에 대한 조사에서는 '아깝지만 국민의 의무이기에 전부 낸다'는 답변이 47.7%로 가장 많았고 '들킬 가능성은 낮지만 탈세는 범죄이고 처벌 가능성이 있기 때문에 전부 낸다'는 답변도 4.5%였다. 반면 '가능하면 조금이라도 줄이고 싶다'(39.9%), '빼앗기는 기분이 들어 내고 싶지 않다'(7.7%)는 답변도 상당하였다. 또 자영업자인 경우 부가가치세 등 각종 세금을 정직하게 납부할 의향을 묻는 질문에는 76.6%가, 부동산 거래시 양도소득세 등 관련 세금을 정직하게 납부할 의향이 있는지에 대한 질문에는 83.5%가 성실납세 의향을 나타냈다. 이와 같은 질문을 종합해 구성한 성실납세지표는 100점 만점에 평균 70.7점으로 10명 중 7명이 세금의 성실납세 의향이 있는 것으로 나타났다고 보고서는 덧붙였다.

실제 납세순응도에 대한 조사에서는 '소득 축소신고, 공제 과다계상 등의 경험이 있는지'에 대한 질문에서는 96.0%가 없다고 답하였고 '부동산 거래시 축소계약서를 작성하였는지'에 대한 질문에서도 93.8%가 없다고 답하였다. 또 사업자 중 '매출 축소신고나 비용 과다계상을 하였는지'에 질문도 94.6%가 없다고 답해 실제 납세순응지표는 97.1점에 달하였다. 보고서는 "성실납세 의향도 보다 실제 납세순응도가 높은 것은 성실납세 의향이 낮아도 실제로는 탈세에 대한 처벌 가능성 등으로 수동적으로 납세에 순응하는 사람들이 많기 때문으로 해석된다"고 밝혔다.

성실납세 의향 수준을 응답자 유형별로 보면 고소득층(연소득 4,000만 원 이상)이 66.8점으로 저소득층(연소득 4,000만 원 미만, 71.7점)에 비해 낮았고, 고학력(대졸 이상, 69.7점), 저학력(고졸 이하, 72.0점)보다 낮았다. 또 무종교자(68.6점)가 유종교자(72.4점)보다 낮았으며, 남성(69.4점)이 여성(71.9점)보다 낮았다. 특히, 복권구입 경험이 있는 사람(67.3점)이 없는 사람(73.5점)보다 성실납세 의향이 크게 낮았다.

〈경향신문, 2011. 2. 23〉

이 있는가 하면 피해를 보는 쪽도 있다. 이때 정부는 이 정책을 과연 시행해야 할까? 정부의 선택이 매우 중요하다. 이런 경우 **정부가 어떻게 어떤 선택을 하느**

생활경제 9-8 빈곤과 분배

우리나라는 본격적인 경제개발을 시작한 1960년대 초반부터 약 30년 간 연평균 8% 이상의 고도성장을 하였다. 경제와 기업이 커지고 질 좋은 일자리가 늘어나면서 국민의 생활 수준도 빠르게 향상되었다. 세계은행은 고도성장과 분배개선이라는 '두 마리 토끼'를 잡은 모범국가로 한국을 꼽는다. 성장의 과실이 '재벌'에만 돌아갔다고 주장하면서 의미를 깎아내리는 국내 일부 세력의 주장에 동조하는 외국 연구기관이나 학자는 찾기 힘들다.

- 한국개발연구원(KDI)은 2000년대 들어 한국의 도시가구 상대빈곤율이 소득불평등 정도를 나타내는 지니계수보다 훨씬 가파르게 상승하였다고 분석하였다. 지난해 한국의 빈곤율은 14.3%로 16년 전인 1992년(7.7%)의 두 배에 육박하였다. 최근 10여 년 간 경제협력개발기구(OECD) 회원국들의 평균빈곤율은 0.6%포인트 높아졌지만 한국은 4~5%포인트 상승하였다. 우리는 권위주의적 정부 때 크게 늘어난 경제적 중산층이 제도적 민주화가 이루어진 뒤 오히려 줄어드는 딜레마에 봉착해 있다.
- 빈곤층이 급증한 결정적 원인은 한국 경제가 '저(低)성장 · 저투자의 늪'에 빠진 탓이다. 평등과 균형의 논리가 기승을 부리면서 기업들이 국내 투자를 꺼리게 되었고 이는 성장률 추락, 우량 일자리 감소, 중산층의 빈곤화로 이어졌다. 성장의 혜택이 저소득층에 충분히 돌아가지 못하였다는 것은 부차적 변수다. 우리 경제의 잠재성장률이 3%대로 낮아졌다는 분석도 나오니 앞으로도 걱정이다. 존 F 케네디 전 미국 대통령은 "밀물 때는 모든 배가 함께 떠오른다"는 비유로 성장의 중요성을 강조한 바 있다.
- 저소득층 감소와 분배개선을 위한 정책적 · 정치적 배려는 필요하다. 하지만 있는 사람 것을 빼앗아 없는 사람에게 나누어 준다는 식의 포퓰리즘적 발상은 문제를 더 악화시킨다. '궁핍의 터널'로 들어가는 사람을 줄이는 최선의 해법은 기업의 사기를 북돋우고 경제의 성장 엔진에 불을 붙여 고급 일자리를 하나라도 더 만들어 내는 것이다.

〈동아일보, 「횡설수설」, 2009. 7. 15〉

나 등에 대해 분석하는 것이 공공선택이론(public choice theory)이다.

예산이 소요되는 정부정책은 이론적으로는 그 정책을 통해 사회가 얻는 편익(social benefits)과 사회가 감수해야 하는 비용(social costs)을 비교해서 편익이 비용보다 크다면 그 정책을 선택하고, 그 반대이면 그 정책을 선택하지 않는다고 한다. 그러나 현실적으로는 사회적 편익과 사회적 비용을 정확히 측정할 수가 없다. 또 편익은 이쪽 집단에 가고 비용은 저쪽 집단으로 간다면 이때도 의사결정은 결코 쉽지 않다.

정치적 시장

정치적 시장(political market)은 유권자(voters), 정치인(politicians), 이익집단(special interest groups), 정부관료(government bureaucracy) 등으로 구성된다. 각 집단은 정치제도를 통해 공공선택에 영향을 미친다.

유권자들은 투표행위를 통해 공공선택에 영향을 미친다. 투표방법은 정치제도에 따라 다르다. 이익집단은 특정 정책에 강한 이해관계를 갖는 일군의 사람들이다. 이들은 각종 로비를 통해 정부의 의사결정에 영향을 미친다. 정치인은 선거를 거쳐 뽑혀진 정부관리이다. 이들은 유권자의 표와 이익집단의 로비를 의식하면서 공공선택과정에 참여한다. 관료는 선거로 뽑히지 않은 정부관리를 지칭한다. 이들은 조직 내에서 자기의 입지를 확장하는 방향으로 공공선택 과정에 참여한다고 볼 수 있다.

이와 같이 공공선택은 정치적 시장이 중요한 역할을 한다고 볼 수 있다. 정치적 시장에 참여하는 각 집단이 각기 자기 이익을 추구하는 과정 속에서 공공선택이 이루어진다. 그러나 그 과정을 정확히 분석한다는 것은 결코 쉬운 일이 아니다.

요약하기

❖ 시장실패: 사회적으로 적정한 생산과 소비가 시장을 통해 해결되지 못하는 현상. 공해, 공공재 등

❖ 외부효과: 공해처럼 시장을 거치지 않고 시장 밖에서 사람들의 편익에 영향을 미치는 현상

❖ 공공재: 소비의 비경합성과 비배제성이 존재하는 재화

❖ 정부실패: 외부효과나 공공재의 경우에는 시장실패가 나타나기 때문에 정부가 시장에 개입하는데, 정부의 개입이 오히려 일을 더 그르치게 되는 현상

❖ 기능적 분배, 계층적 분배, 균등분배, 공평분배, 로렌츠곡선

❖ 조세부과의 원칙: 편익의 원칙, 능력의 원칙

❖ 공공선택: 정치적 시장을 통해 해결한다. 정치적 시장은 유권자, 정치인, 이익집단, 정부관료 등으로 구성

복습과 토론하기

9. 1.

사람들에게 혜택을 주는 상품은 그만큼 대가를 받고, 피해를 주는 상품은 상응하는 보상을 해 주어야 한다. 이것은 시장의 원리이다. 자동차는 사람들에게 수송서비스라는 혜택을 제공하면서 동시에 매연으로 피해를 주기도 한다. 그런데 자동차 사용자가 매연에 대해서는 피해자에게 어떤 보상도 해 주지 않는다. 이런 경우에 자동차 사용자는 자동차를 사회적으로 바람직한 수준보다 더 많이 사용하게 된다. 이때 정부는 어떤 방법으로 자동차가 사회적으로 바람직한 양만큼 사용되도록 할 수 있을까?

9. 2.

어두운 골목길을 마주하면서 살고 있는 여러 가구가 있다. 밤에는 무섭고 위험하기까지 하다. 가로등이 있으면 이들 모두가 매우 편리하게 된다. 그러나 어느 누구도 자진해서 가로등을 설치하려고 하지 않는다. 왜 이런 현상이 나타날까? 이 경우에 누가 가로등을 설치해야 할까?

9. 3.

소득은 어떻게 분배되는 것이 가장 바람직할까? 모든 사람들이 똑같은 소득을 갖는 것이 가장 이상적일까? 공평한 분배를 위해 정부는 어떤 일을 할 수 있을까?

9. 4.

정부의 정책결정은 어떤 과정을 거쳐서 이루어질까? 정부의 정책결정 과정에서 유권자, 정치인, 이익집단, 정부관료 등이 하는 역할은 무엇인가?

1. 국가경제의 순환

생산과 소비의 되풀이

경제활동이란 생산과 소비가 되풀이되는 현상이라고 볼 수 있다. 한쪽에서는 재화(goods)와 용역(services)을 계속 소비하고, 다른 한쪽에서는 이를 충당하기 위해 계속 생산할 때 경제활동이 이루어지는 것이다. 국가경제 전체를 하나의 경제단위로 보았을 때 생산과 소비의 규모가 점점 커지는 현상을 경제성장(economic growth)이라고 정의한다.

국가경제 내에서 생산활동을 담당하는 부문을 통틀어 기업(firms)이라고 하고, 소비활동을 담당하는 부문을 통틀어 가계(households)라고 한다. 즉, 국가경제 내에서 생산자(producer)를 총칭하여 기업, 소비자(consumer)를 총칭하여 가계라고 정의한다.

국가경제는 가계와 기업 이외에도 두 부문이 추가적으로 경제적 역할을 수행하고 있다. 하나는 정부(government)이고, 다른 하나는 해외부문(rest of world)이다. 정부는 생산과 소비가 제대로 수행될 수 있도록 적절히 조정해 주는 부문이고, 해외부문은 국내에서의 생산과 소비를 해외에서의 생산과 소비와 연결시켜 주는 부문이다.

그러므로 국가경제는 〈그림 10.1〉에서와 같이 크게 4부문으로 구성되는데, 기업, 가계, 정부, 해외가 바로 이 네 부문이다. 이 네 부문이 적절히 결합된 국가 전체의 경제단위를 우리는 거시경제(macroeconomy)라고 하고, 국가 전체의 경제를 하나의 경제단위로 보고 분석하는 경제학을 거시경제학(macroeconomics)이라고 한다. 거시경제학은 소비자 한 사람 한 사람의 경제행위, 기업 하나 하나의 경제행위를 분석하는 미시경제학(microeconomics)과 구분하여 정의되는 경제학의 한 영역이다.

〈그림 10.1〉에는 네 부문으로 구성된 국가경제의 경제순환(circular flow) 과정이 요약 정리되어 있다.

기업은 생산한 재화와 용역(goods and services)을 가계(⑥번 화살표), 정부(④번

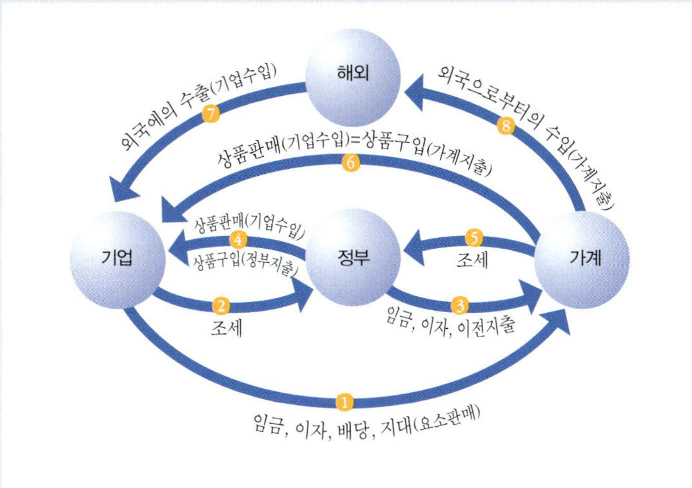

그림 10.1

국가경제의 순환모형

국가경제는 가계, 기업, 정부, 해외 사이에서 끊임없이 순환된다.

화살표), 해외(⑦번 화살표)에 판매하여 판매수입(revenue)을 벌어들인다. 기업은 이 수입으로 화살표 ①번에서처럼 노동, 자본 등의 생산요소를 구입한 대가로 가계에 임금, 이자, 배당, 지대 등을 지불하고, ②번 화살표에서처럼 정부에 세금을 낸다.

가계는 기업과 정부에 생산요소를 제공하고 그 대가로 임금, 이자, 배당, 지대 등의 형태로 소득을 벌어들인다. 이것은 화살표 ①, ③번으로 나타내지고 있다. 그리고 이렇게 번 소득으로 세금을 내고(⑤), 기업으로부터 필요한 재화와 용역을 구입하고(⑥), 해외로부터도 재화와 용역을 구입한다(⑧).

정부는 가계와 기업으로부터 세금을 받아서(②, ⑤) 정부의 역할을 수행한다. 정부의 역할을 수행하기 위해서 기업으로부터는 필요한 상품을 구입하고(④), 가계로부터는 필요한 생산요소

를 구입한다 (③).

〈그림 10.1〉의 순환 과정이 연속적으로 되풀이되는 것이 경제활동이고, 이 순환 과정을 체계적으로 분석하는 것이 거시경제학이다. 이 네 부문이 잘 조화를 이룰 때 나라 경제도 잘 움직여 나간다.

거시경제학의 주요 과제

거시경제학은 네 가지 경제 문제가 주요 관심사항이다. 첫째는 국가 전체로 볼 때의 물가 수준(aggregate price level), 둘째는 국가 전체의 총산출량(aggregate output), 셋째는 국가 전체의 고용 수준(employment), 넷째는 해외부문과의 관계(relationship between domestic economy and the rest of the world)이다.

생활경제 10-1 IMF 구제금융 신청(1997년 11월)

1997년 11월 21일 0시 30분 재정경제원 금융정책실장은 휘하 간부들을 긴급 소집, 비상회의를 열었다. "외환보유고가 70억 달러 정도밖에 남지 않았다. 돈을 빌릴 수 있는 길이 다 막혀 더 이상 버티기 어렵게 됐다. 이제 IMF로 갈 수밖에 없다."

경제부총리는 밤 10시 정부종합청사에서 전국에 TV로 중계된 가운데 "정부는 IMF에 구제금융을 요청했습니다"로 시작되는 발표문을 읽었다. 가공할 만한 여파가 우려되던, 그래서 누구도 함부로 말하고 싶지 않았던 IMF행 발표는 이렇듯 전격적으로 단행되었다.

사실 IMF체제는 1970, 80년대 고도성장 과정에서 누적되었던 우리 경제의 모순들이 한꺼번에 터진 '예고된 사건'이었다. 국제금융자본의 '음모론'이 없는 것은 아니지만, 당시 위기를 촉발하였던 재벌들의 과잉투자와 부실경영, 국민들의 과소비, 강성노조, 일관성 없는 정부 정책 등은 우리가 곰곰히 반성해 보아야 할 주제들이다.

1997년은 1월 벽두부터 터진 한보그룹 부도사태로 얼룩졌다. 이어서 삼미 · 진로 · 대농 · 기아그룹이 잇따라 쓰러져 재벌들의 대마불사(大馬不死) 신화가 깨졌다. 엎친 데 덮친 격으로 나라 밖에서는 5월 태국의 외환위기사태가 발생하였고, 그 불똥이 필리핀, 말레이시아, 인도네시아로 확산되었다. '동남아 외환위기'사태였다. 특히, 10월 24일 발생한 홍콩 증시폭락은 한국 시장에 대한 신뢰에 결정적인 타격을 가하였고, 이를 기다렸다는 듯 국제신용평가회사인 무디스와 S&P는 한국의 대외신용등급을 '투자부적격'으로 떨어뜨렸다.

이와 같은 상황 속에서 이루어진 정부의 IMF행 결정은 국가부도사태를 막기 위한 마지막 카드였던 셈이다. 우리 모두가 걱정하였던 대로 IMF체제는 전대미문의 충격과 고통을 국민들에게 가져다주었다. 달러당 2,000원선까지 치솟았던 환율, 연 30%까지 상승하였던 살인적인 고금리, 한때 200만 명선에 육박하던 실업자 행렬, 부실금융기관의 강제퇴출로 이어진 IMF 충격파는 아직 진행중이다.

〈조선일보, 1999.10.28〉

물가가 계속 인상되면 인플레이션(inflation) 문제가 나타나고 국민들의 경제생활이 어려워진다. 국가 전체의 총생산 수준이 적정 수준으로 못 가면 경기가 침체되고 실업이 증가하는 경제 문제가 나타난다. 그러므로 경제는 일정 수준의 성장을 유지하는 것이 매우 중요하다. 또 고용이 낮아지면 실업 문제(unemployment)가 발생한다. 실업은 여러 가지 사회 문제를 일으키는 주요인이 된다. 국내경제와 외국경제가 어떤 관계를 유지하느냐도 국민경제와 밀접히 관련되어 있다. 환율이라든가 외환보유고 등은 국민의 생활 수준을 정해 주는 주요한 경제변수이다. 그리고 우리와 교역을 많이 하는 미국, 일본 등의 경제상황은 바로 우리 경제에 직접 영향을 미치고 있다.

〈그림 10.1〉의 순환 과정이 적절히 조정되어야 네 가지의 거시경제 과제도 잘 풀려 나갈 수 있다. 기업의 수익성이 높아지면 경제가 활성화되면서 총생산이 증가하고 실업이 감소할 것이다. 그러나 과도한 경제활성화는 초과수요를 유발하여 인플레이션을 야기할 수 있다.

실업이 감소하는데도 인플레이션이 나타나면 국민생활은 어려워질 수 있다. 그러므로 경제는 과도한 것도 문제를 초래할 수 있고 부족한 것도 문제를 초래할 수 있다. 모든 것이 다 그렇듯 적정한 것이 제일 좋은 것이다.

2. 총수요와 총공급

총산출과 물가 수준

우리나라 전체를 하나의 경제단위로 보았을 때, 이 안에서는 수십 또는 수백만 가지의 재화와 용역이 생산 · 소비되고 있다. 그러나 해마다 그 생산량은 다르다. 예컨대, 어떤 해에는 쌀이 100만 석, 자동차가 50만 대, 옷이 1,000만 벌 생산되다가, 또 다른 해에는 쌀이 90만 석, 자동차가 60만 대, 옷이 1,300만 벌 생산된다. 이 상품들의 생산 · 소비량이 얼마냐에 따라 그 해의 경제활동 내용이 다르다. 우리는 국가 전체의 경제활동 내용을 분석하기 위해 모든 종류의 재화와 용역을 합해

이고, *AS*곡선이 2006년도 총공급곡선이라고 하면, 이 두 곡선이 교차하는 점 *E*에서 우리나라의 2006년도 총산출량과 물가 수준이 정해진다. 그 값은 각각 759조원과 111.68이다. 그리고 *AD*곡선과 *AS*곡선이 이동하면 총산출량과 물가도 변한다. 총수요곡선(*AD*)이 오른쪽으로 이동하면 총산출량이 증가하면서 물가 수준도 올라간다. 반면에 총공급곡선(*AS*)이 오른쪽으로 이동하면 총산출량이 증가하면서 물가 수준은 내려간다.

총수요와 총공급은 거시경제학에서의 수요와 공급 개념인데, 이것은 미시경제학에서의 수요와 공급과는 달리 총량을 다룬다는 점에서 차이가 있다. 미시경제학에서(제2장)의 수요와 공급은 한 상품만의 시장을 대상으로 그 상품의 개별 가격과 개별 수급량 사이의 관계를 표시한다. 그러나 여기서 다루고 있는 거시경제학에서의 총수요와 총공급은, 수많은 재화와 용역으로 구성되는 국가경제 전체를 하나의 경제단위로 해서 거기서 나타나는 전체적인 수요와 전체적인 공급의 개념을 표시한 것으로 훨씬 더 복잡한 개념이다.

경기변동

총산출은 장기적으로 일정한 추세(trend)를 가지고 성장한다고 보고 있다. 경제 내의 생산자원과 기술 수준을 가장 적정한 수준으로 활용하였을 때 달성되는 총산출량은 생산자원의 증가와 기술 수준의 발전에 따라 장기적으로 일정한 추세를 가지고 성장해 간다. 〈그림 10.3〉의 추세성장선은 총산출량이 장기적으로 완만한 기울기로 일정하게 성장해 간다는 것을 나타낸다.

그러나 실제적인 총산출량은 단기적으로 파동을 치면서 성장해 간다. 단기적으로는 장기적인 추세성장을 기준으로 그 아래로 가기도 하고 위로 가기도 하면서 성장해 간다. 총산출량이 단기적으로 이렇게 파동을 이루는 것을 경기순환 또는 경기변동(business cycle)이라고 한다.

경기변동의 한 주기는 저점(trough)에서 출발하여 정점(peak)으로 갔다가 다시 저점으로 가는 것을 말한다. 이것은 〈그림 10.3〉에 나타나 있다. 경기순환의 바닥인 저점에서 정점으로 향해 가는 기간을 경기확장(expansion) 또는 호황(boom)이라고 하는데, 확장기간에는 총산출이 증가하면서 고용도 증가한다. 이와

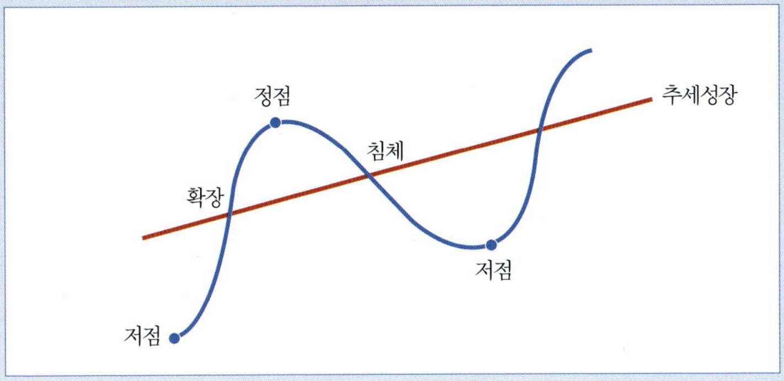

그림 10.3

경기변동

국가경제의 총산출량은 단기적으로는 파동을 이루면서, 장기적으로는 일정한 추세로 성장해 간다.

는 반대로 정점에서 저점으로 향해 가는 기간을 경기침체(contraction; recession) 또는 불황(slump)이라고 하는데, 침체기에는 총산출이 줄어들면서 고용도 감소한다.

현실적으로 경기순환은 〈그림 10.3〉에서처럼 규칙적으로 일어나는 것은 아니다. 경기순환은 총산출이 불규칙해지면서 추세성장을 기준으로 단기적으로 파동을 이루는 현상이다. 이러한 파동은 장기적으로는 추세성장을 따라 성장해 간다고 본다. 경기침체기에는 실업이 늘어나고 소득이 줄어들기 때문에 국민들의 경제생활이 어려워진다. 따라서 정부는 가능한 한 경기를 회복시키려고 정책적으로 노력한다. 경기확장기에는 실업이 줄고 소득이 늘지만 인플레이션이 나타날 가능성이 있기 때문에, 이때에도 정부는 경기가 과잉활황을 보이지 않도록 정책적인 노력을 기울인다. 이런 정부의 노력을 경기안정화 정책(stabilization policy)이라고 한다.

우리나라에서 1997년의 IMF 구제금융 위기 이후에는 경기가 급속히 침체되어 1998년에는 경제성장률이 −6.7%까지 내려갔고, 이때는 실업이 급격히 증가하였다. 그러나 1999년에는 과도한 경기부양책으로 성장률이 10.7%까지 올라갔고 실업이 감소하면서 총산출은 증가하였다. 그러나 2000년에는 경기가 다시 위축되었고 실업이 또다시 증가하기 시작하였다. 경기는 완전고용을 달성하면서 장기

생활경제 10-2 물가와 실질소득

물가 급등으로 지난해 4 · 4분기 실질가계소득이 1년 3개월 만에 감소세로 돌아섰다. 특히, 저소득층의 소득증가율이 크게 둔화하였다. 올해도 연초부터 물가급등세가 지속되는 데다 임금의 상승은 이를 따라가지 못할 것으로 보여 가계 실질소득의 악화는 당분간 지속될 것으로 전망된다.

통계청이 24일 발표한 '2010년 4 · 4분기 및 연간 가계동향'에 따르면 지난해 4 · 4분기 전국 가구의 월평균 명목소득은 362만 원으로 전년 같은 기간보다 2.4% 증가하였다. 가계 명목소득은 5분기 연속 증가세를 이어갔지만 지난해 2 · 4분기(7.6%), 3 · 4분기(6.1%) 등에 비하면 증가율은 크게 둔화하였다. 특히, 물가상승률을 감안한 실질소득은 지난해 4 · 4분기 마이너스 1.2%를 기록, 경제위기가 절정에 달하였던 2009년 3 · 4분기(−2.7%) 이후 5분기 만에 감소세로 전환되었다. 이는 지난해 10월 이후 배추 · 무 등 농수산물 가격이 급등하면서 소비자물가가 크게 상승하였기 때문으로 해석된다.

가계 실질소득의 악화는 올해도 이어질 전망이다. 최근 들어 경기회복세가 주춤한 데다 중동사태 등으로 국제원자재가격까지 급등하면서 물가상승세는 더욱 확대되고 있기 때문이다. 경제학자는 "물가상승을 우려하는 정부가 임금상승도 억제할 것으로 보여 가계의 실질소득이 개선될 가능성이 크지 않다"며 "특히 5% 성장이라는 목표를 달성하기 위해 수출대기업 위주의 정책을 펼치면 가계소득에 실질적 도움이 되는 내수나 중소기업은 상대적으로 성장이 더 둔화할 수 있다"고 말하였다.

가계소득 악화는 고소득층보다 저소득층의 충격이 더 컸다. 지난 해 4 · 4분기 소득 하위 20%인 1분위의 명목 가계소득 증가율은 3.2%로 전 분기(9.9%)에 비해 크게 둔화하였다. 소득 상위 20%인 5분위의 소득증가율도 0.1%로 전 분기(3.9%)에 비해 크게 낮아졌지만 나머지 2분위(5.6%), 3분위(3.5%), 4분위(3.3%)는 상대적으로 양호한 소득증가율을 보였다. 최하위층인 1분위의 소득증가율은 지난해 1 · 4분기(11.9%), 2 · 4분기(13.6%), 3 · 4분기에는 전체 5개 분위 가운데 가장 높은 수준을 기록하였지만 4 · 4분기에는 5분위를 제외하고 가장 낮은 수준으로 떨어진 것이다. 특히, 1분위는 전체 소득계층 가운데 유일하게 근로소득(−3.2%)이 감소하였다. 희망근로 등 정부의 일자리 사업이 종료되었기 때문으로 해석된다.

지난해 4 · 4분기 가계의 소비지출은 명목 기준 월평균 230만 8,000원으로 전년 같은 기간보다 4.2% 늘었지만 실질로는 1.3% 증가에 그쳤다. 실제로 구입한 재화나 서비스는 많지 않았어도 물가가 오르다 보니 지출한 비용은 커진 것이다.

한편, 지난해 연간으로는 경기회복에 힘입어 실질 가계소득 증가율이 2.8%를 기록, 통계 작성을 시작한 2003년 이래 가장 높았다.

〈경향신문, 2011.2.24〉

적인 추세성장을 따라 안정적으로 성장해 가는 것이 가장 좋다. 따라서 정부의 거시경제 안정화 정책은 이 목표를 추구한다.

3. GDP

GDP의 의미

GDP(gross domestic product)는 거시경제학에서 가장 많이 사용되는 개념 중의 하나이다. 국가경제의 총산출량을 가장 잘 나타내는 변수를 GDP라고 본다. 다르게 말해 총산출량을 계산하기 위해 개발한 개념이 GDP인 것이다.

GDP는 우리나라 영토 내에서 1년 동안에 생산된 모든 재화와 용역을 시장가격으로 계산하여 합한 총량이다(우리나라 국민이 생산한 것이 아니라 우리 영토 내에서 생산된 것이라는 데 주의할 것). 우리나라의 2009년도 GDP는 1,063조 원이다. 이것은 2009년도에 우리나라 영토 내에서 생산된 모든 재화와 용역의 시장가치가 1,063조 원이라는 의미이다.

GDP는 중고품(used goods)이나 중간재(intermediate goods)는 배제하고 계산한다. 그러므로 GDP는 그 기간에 생산된 최종적인 재화와 용역(final goods and services)의 시장가치(market value)이다. 이것은 그 기간에 창출된 모든 부가가치(value added)를 합한 값과 일치한다. 그러므로 중고차의 거래액은 GDP에 포함되지 않는다. 또 타이어회사에서 자동차회사에 판매한 타이어가격은 중간재이기 때문에 GDP에 포함되지 않는다. 최종재인 자동차가 소비자에게 판매될 때 타이어가격이 포함되기 때문에 타이어의 2중계산을 배제하기 위해 타이어회사에서 자동차회사로 판매한 타이어가격은 GDP에 포함되지 않는다.

〈표 10.1〉에는 주요 국가의 GDP가 우리나라의 GDP와 비교되고 있다. 2009년을 기준으로 보면 우리나라의 GDP는 8,329억 달러이다. 반면에 일본은 우리나라의 6배 가량인 5조 681억 달러이다. 미국은 우리나라의 17배이고, 독일은 우리나라의 4배 정도이다. 중국은 4조 9,000억 달러로 우리나라의 6배 정도이다.

GDP의 측정

우리나라에서 1년 동안 생산된 수많은 상품의 양을 모두 시장가격으로 계산하여 이들을 합산한다는 것은 결코 쉬운 일이 아니다. 그러므로 GDP를 실제로 측정하

표 10.1 주요국의 GDP

[단위: 억US$]

연도 \ 국가	한국	일본	미국	독일	중국
1981	696 (1,749)	11,836 (10,045)	31,313 (13,769)	6,792 (11,048)	–
1988	1,877 (4,435)	29,386 (24,014)	51,038 (20,840)	13,559 (17,542)	4,011 (361)
1995	5,173 (11,432)	52,476 (41,959)	73,977 (27,296)	25,226 (30,663)	7,279 (601)
2000	5,118 (10,841)	46,675 (37,267)	98,170 (35,159)	19,002 (22,904)	11,985 (946)
2004	6,809 (14,206)	46,059 (36,747)	116,859 (39,742)	27,456 (33,506)	19,316 (1,486)
2006	8,874 (18,372)	43,641 (34,230)	131,947 (44,055)	29,132 (35,706)	26,446 (2,013)
2009	8,329 (17,085)	50,681 (39,857)	142,563 (45,307)	33,402 (40,651)	49,093 (3,648)

주: ( ) 속의 값은 US$로 표시된 1인당 GDP.
자료: 한국은행.

는 데는 다른 방법이 동원된다. 개별 상품들의 가치를 모두 합하는 것은 불가능한 일이기 때문이다.

1년 동안에 우리나라에서 일정 규모의 재화와 용역이 생산되었다면 이것들이 사용된 용도가 있을 것이고, 또 이것들을 생산하는 데 소요된 생산요소의 가치가 있을 것이다. 따라서 GDP는 논리적으로 두 가지 관점으로부터 접근해 갈 수 있다. **하나는 생산된 모든 재화와 용역을 구매하기 위해 지출한 금액을 계산하는 것이고, 다른 하나는 이를 생산하는 데 참여한 생산요소들에게 지불한 금액을 계산하는 것이다.** 이들의 값은 정확하게 일치하는데, 그 크기는 바로 생산된 재화와 용역의 시장가치를 나타내는 GDP와 일치한다.

예컨대, 우리나라에서 1년 동안에 100억 원의 재화와 용역이 생산되었는데, 이 중 60억 원의 재화와 용역은 소비자들에게 직접 판매되었고, 16억 원은 기업들이 구매하여 자본설비로 투자하였으며, 17억 원은 정부가 필요로 하는 상품으로 조달되었다. 그리고 19억 원은 해외에 수출(exports: *EX*)되었다. 그런데 이런 경제활동을 하기 위해 외국으로부터 12억 원의 상품을 수입(imports: *IM*)해 왔다. 이렇게 되었다면 우리나라의 1년간 소비지출(consumption expenditure: *C*)은 60억 원, 투자지출(investment expenditure: *I*)은 16억 원, 정부지출(government expenditure: *G*)은 17억 원이다. 그리고 해외부문의 지출(foreign expenditure)은 7억 원(수출-수입:

생활경제 10-3 **맥주 · 라면 · 커피, 대기업 독식, 5년간 시장집중도 더 심해져**

고질적 독과점구조로 시장경쟁이 사실상 차단된 맥주와 담배, 라면, 커피 등 10개 산업에서 시장지배력이 남용될 가능성이 높다는 분석이 나왔다. 이에 공정거래위원회는 이들 산업에 속하는 대기업에 대한 시장감시활동을 강화하기로 하였다.

21일 공정위가 한국개발연구원(KDI)에 용역을 의뢰해 분석한 '광업 · 제조업 분야의 시장구조 조사 결과'를 보면, 2004년부터 2008년까지 최근 5년 동안 독과점구조가 유지된 46개 산업의 시장집중도(CR_3 · 상위 3개사 시장점유율 합계)는 92.9%(2008년 기준)이다. 이는 광업 · 제조업 전체 평균치(45.5%)를 크게 웃도는 수준이다. 독과점산업이란, 상위 한 업체의 시장점유율이 50% 이상이거나 상위 3개사의 점유율 합계가 75% 이상인 경우를 뜻한다. 승용차(84.0%→90.5%)와 담배(92.9%→99.7%), 라면(75.9%→83.6%), 위스키(82.3%→90.8%) 등 20개 산업은 최근 5년 동안에 상위 3개사의 시장집중도가 더 심화한 것으로 분석되었다.

특히, 공정위는 정유 · 승용차 · 담배 · 라면 · 맥주 · 커피 · 설탕 · 판유리 · 화약 · 조미료 등 10개 산업을 시장지배력 남용 우려가 큰 독과점산업으로 지목하였다. 시장경쟁 여건을 파악할 수 있는 여러 지표들을 종합적으로 분석한 결과다. 대체로 영업이익률과 내수시장 집중도는 높은 반면에 매출액 대비 연구개발(R&D) 투자 비율과 국외 개방도는 낮은 산업들이다. 이 때문에 신규 기업의 진입이 어렵고 경쟁이 이루어지지 않아 소수 독과점기업들이 지배력을 남용할 우려가 많다는 것이다. 한 예로 에스케이(SK)에너지 등 네 기업이 과점하고 있는 정유산업의 경우 매출액 대비 연구개발비 비율은 0.1%로 전체 광업 · 제조업 평균(2.0%)을 한참 밑돌았지만 내수시장 집중도는 67.3%로 평균(32.1%)보다 훨씬 높았다.

또 하이트와 오비(OB), 양강 구도인 맥주산업은 영업이익률이 전체 평균(30.2%)의 갑절 이상인 62.6%에 이르지만, 전체 출하액에서 수출입 물량의 비중(국외 개방도)은 19.9%(전체 평균 30.2%)에 그쳤다. 신영선 공정위 시장구조개선정책관은 "독과점구조가 고착된 10개 산업의 시장지배력 남용 혹은 불공정행위에 대해 엄격한 감시에 나설 예정"이라고 밝혔다.

전반적으로 대기업과 중소기업 간 경제력 격차도 이전보다 더 벌어졌다. 전체 광업 · 제조업 출하액에서 100대 기업의 몫을 나타내는 '일반집중도'가 2008년에는 51.1%로 1980년 이후 최고 수준이었다. 공정위는 정유와 자동차 등 수출주도형 대기업들의 출하액 증가에 따른 것이라고 설명하였다. 일반집중도는 외환위기 직후인 1998년 고점에 이른 뒤 대기업 구조조정과 벤처기업의 급속한 성장 등으로 하락해 왔다. 이후 2002년 벤처붐이 가라앉고 수출호조에 따른 대기업들의 고성장으로 다시 상승 추세에 있다.

〈한겨레신문, 2010.12.21〉

표 10.2 명목GDP, 실질GDP, GDP디플레이터의 계산

연도 / 상품	2000		2005	
	생산량	가격	생산량	가격
쌀	6	50	11	40
자동차	7	30	4	100
의류	10	70	12	90
명목GDP	6×50+7×30+10×70=1,210		11×40+4×100+12×90=1,920	
실질GDP	6×50+7×30+10×70=1,210		11×50+4×30+12×70=1,510	
GDP디플레이터	$1(=\frac{1,210}{1,210})$		$1.27(=\frac{1,920}{1,510})$	

표 10.3 한국의 GDP와 GDP디플레이터

[단위: 10억 원]

연도	명목GDP	실질GDP	GDP디플레이터(%)
1973	338	5,454	6.2
1983	24,519	65,559	37.4
1993	214,228	290,676	73.7
2000	578,665	578,665	100.0
2004	875,245	779,381	112.3
2006	947,077	847,876	111.7
2009	1,063,059	944,110	112.6

자료: 한국은행.

〈표 10.2〉에서 이 값을 계산하면 2000년은 1이 되고, 2005년은 1.27이 된다. **기준연도는 GDP디플레이터가 반드시 1이 된다. 국가경제 전체의 물가 수준 변화는 기준연도를 중심으로 해서 GDP디플레이터를 비교해 보면 알 수 있다.**

우리나라의 명목GDP, 실질GDP, GDP디플레이터는 〈표 10.3〉과 같다. 2000년을 기준으로 하고, GDP디플레이터가 계산되었는데, 기준연도의 GDP디플레이터를 100으로 두었다. 1973년에서 2009년까지 국가경제 전체의 물가는 무려 18배나 오른 셈이다.

국민소득의 여러 가지 개념

국가의 총산출량을 나타내기 위해서는 GDP가 가장 보편적으로 사용되고 있다.

표 10.4 국민소득의 여러 가지 형태

GDP(Gross Domestic Product: 국내총생산)

－ : 국내에서 외국인에게 지불된 요소소득
＋ : 해외에서 내국인이 벌어 온 소득

= GNP(Gross National Product: 국민총생산)

－ : 감가상각

= NNP(Net National Product: 국민순생산)

－ : 간접세
＋ : 보조금

= NI(National Income: 국민소득)

－ : (법인이윤－배당금)
－ : 사회보험 지불
＋ : 정부와 소비자로부터 받은 개인이자소득
＋ : 정부로부터의 이전지출

= PI(Personal Income: 개인소득)

－ : 개인세

= DI(Disposable Income: 가처분소득)

그러나 국가경제의 활동규모를 필요한 관점에 맞추어 파악하기 위해 여러 가지의 국민소득 개념이 개발되어 사용되고 있다.

먼저 GNP(gross national product: 국민총생산)에 대해 살펴보기로 한다. GDP는 우리 영토 내에서 이루어진 총생산량을 의미하는 반면, GNP는 국내·외를 막론하고 우리 국민이 만들어 낸 총생산을 의미한다. 그러므로 GNP는 〈표 10.4〉에서처럼 GDP로부터 외국인이 참여한 부분을 빼고 대신 내국인이 외국에서 활동한 부분을 포함시켜서 도출한다.

그런데 GNP에서 생산활동으로 인해 소모된 감가상각부분을 빼고 남는 부분을 국민순생산(NNP)이라고 한다. NNP로부터 간접세를 빼고 정부로부터 받는 보조금을 합하면 이것은 국민들의 소득이 되기 때문에 이를 국민소득(NI)이라고 한다. 그런데 NI 중에서도 회사에 그대로 남아 있는 (법인이윤−배당금)부분과 사회보험으로 지불되는 부분을 빼고 개인이 받는 이자소득과 정부로부터의 이전지출을 합하면 이 부분은 개인들의 소득이 되기 때문에 이를 개인소득(PI)이라고 한다.

개인소득이라고 이를 개인들이 자유로이 처분할 수 있는 것은 아니다. 개인도 세금을 내기 때문에 PI 중에서 개인세를 빼고 남는 부분만 개인들이 처분할 수 있다. 이것을 가처분소득(DI)이라고 한다. 가처분소득 중에서 일부는 소비하고 나머지는 저축한다.

국민소득의 이러한 개념들은 거시경제 분석의 목적에 따라 각기 그 유용성이 다르다. 그러므로 분석목적에 따라 자기가 원하는 개념을 사용할 수 있다. 우리나라에서는 GDP, GNI, NI, DI에 대한 통계자료가 추계되어 발표되고 있다. GNP는 GNI라는 항목으로 그 자료가 발표되고 있다.

〈표 10.5〉에는 1990년부터 2009년까지 추계된 우리나라의 GDP, GNI, NI, DI가

표 10.5 우리나라의 여러 가지 국민소득 추계

[단위: 10억 원]

연도	GDP	GNI[a]	NI[b]	DI[c]
1990	191,383	191,284	192,088	171,557
1995	409,654	408,014	407,968	360,495
2000	603,236	600,159	600,803	517,626
2003	767,114	767,771	764,328	664,597
2006	908,744	910,134	906,279	785,885
2009	1,063,059	1,068,654	1.067,877	925,416

주: a. 국민계정의 국민총소득.
b. 국민계정의 국민총처분가능소득.
c. 국민계정의 국민처분가능소득.
자료: 한국은행.

정리되어 있다.

GDP와 사회후생

GDP가 높으면 좋은 사회일까? 정부의 거시경제정책은 GDP를 높이려고 한다. 그렇다면 GDP가 높아질수록 사람들이 더 행복해지는 것일까?

GDP는 사회의 후생 수준을 나타내 주는 지표는 아니다. 범죄가 증가하면 사회후생은 낮아지고, 범죄가 감소하면 사회후생은 높아진다. 그런데 범죄의 증감은 GDP와 별로 연관이 없다.

경제성장이 이루어지면 GDP는 높아지지만 환경파괴가 이루어지기도 하고 공해가 많아지기도 한다. 이것은 GDP가 높으면 오히려 사회후생이 감소한다는

생활경제 10-5 법정근로시간 단축은 GDP에 어떤 영향을 미칠까

한국경제연구원은 11일 법정근로시간 단축이 중장기적으로 GDP(국내총생산) 감소를 초래해 경제에 미치는 충격을 완화하는 방향으로 제도가 시행되어야 한다고 주장하였다. 한경연은 이날 『법정근로시간 단축에 따른 경제적 파급효과』 보고서를 내고 "법정근로시간을 단축하면 초기에는 소비증가로 일시적인 내수확대와 생산증가현상이 나타나기도 하지만, 궁극적으로는 임금, 물가 및 수출단가의 상승에 따라 수출경쟁력이 약화되어 수출물량 감소로 이어진다"며 이와 같이 밝혔다.

한경연은 구체적인 분석 결과 "법정근로시간이 현행 44시간에서 40시간으로 줄어들면 GDP는 1차년도에 0.48% 증가하지만 시간이 흐르면서 생산증가효과가 둔화되어 3차년도부터는 GDP가 법정근로시간 단축 이전 수준보다 낮아져 5차년도가 되면 1.62% 감소하는 것으로 추정되었다"고 설명하였다.

한경연은 또 "법정근로시간 단축이 산업에 미치는 영향을 보면 서비스업의 비중은 여가시간 증가의 효과로 높아질 것으로 추정되는 반면 건설업의 비중은 더 축소되고 제조업 등 기타 산업의 비중은 GDP 감소와 유사한 정도의 감소세를 보여 법정근로시간 단축이 건설업과 제조업에 더 큰 영향을 주는 것으로 나타났다"고 말하였다. 한경연은 "이와 같은 현상은 서비스 소비의 증가와 여가산업의 활성화로 인해 산업 간 노동력 이동현상이 나타나는 데다 시간이 갈수록 국내 생산의 감소에 따라 고정투자의 감소가 심화되기 때문"이라고 분석하였다.

한경연은 이에 따라 "중장기적인 생산감소에도 불구하고 근로자들의 삶의 질 확대를 위해 법정근로시간 단축이 불가피하다면 정부는 근로시간 단축이 경제에 미치는 충격을 완화시킬 수 있는 방향으로 제도를 보완해야 한다"고 촉구하였다. 한경연은 이와 관련 "법정근로시간의 단축을 연차적으로 시행하거나 근로시간을 40시간으로 단축하면서 연월차 휴가 12일의 폐지를 병행할 경우 GDP에 미치는 충격이 크게 완화될 것"이라고 전망하였다.

〈동아일보, 2002.4.11〉

1. 민간지출과 정부지출

소비와 저축

제10장에서 설명된 것처럼 국가경제는 가계, 기업, 정부, 해외 등 크게 네 부문으로 구성되어 있다. 분석의 단순화를 위해 먼저 가계부문의 경제활동에 대해 살펴본다.

가계(households)는 소비활동을 담당하는 경제주체이다. 국가 내의 모든 가계가 벌어들이는 (세금 후의) 가처분소득이 800억 원이라면, 이들은 이 소득의 일부를 소비지출(consumption)하고 나머지를 저축(saving)한다. 예컨대, 가계들이 소비활동에 700조 원을 사용하였다면 국가의 총소비지출액은 700조 원이 된다.

800조 원의 가처분소득 중에서 700조 원이 소비지출되었다면 나머지 100조 원은 저축된다. 따라서 가처분소득을 Y_d, 소비를 C, 저축을 S라고 하면 $S = Y_d - C$이다. 가계들은 미래를 위해 저축하는데, 저축한 금액은 은행, 투자신탁, 증권회사 등과 같은 금융기관으로 들어간다. 즉, 가계들은 소비하고 남는 부분으로 예금하거나 주식을 사거나 회사채를 구매한다. 여기서 소득, 소비, 저축이라고 하는 개념은 개인이나 개별 가계의 소득, 소비, 저축을 의미하는 것이 아니라 국가경제 전체의 소득, 소비, 저축을 나타내는 개념이다.

〈표 11.1〉은 우리나라의 GDP와 가계의 소비지출액을 나타내고 있다. 2009년에는 GDP가 1,063조 원인데, 이 중 가계소비지출액은 577조 원이다. GDP의

표 11.1 우리나라의 국민소득과 민간소비지출 [단위: 조 원(경상가격)]

연도	국내총생산(GDP)	가계가처분소득(DI)	가계소비지출
1990	169	165	95
1995	399	353	208
2000	579	507	312
2004	779	673	401
2006	848	719	454
2009	1,063	925	577

자료: 한국은행.

표 11.2 소비함수와 저축함수

가처분 소득(Y_d)	소비 (C)	저축 (S)	소득의 증가 (ΔY_d)	소비의 증가 (ΔC)	저축의 증가 (ΔS)	$MPC=\Delta C/\Delta Y_d$	$MPS=\Delta S/\Delta Y_d$
200	250	–	50	–	–	–	–
400	400	0	200	150	50	0.75	0.25
600	550	50	200	150	50	0.75	0.25
800	700	100	200	150	50	0.75	0.25
1,000	850	150	200	150	50	0.75	0.25
1,200	1,000	200	200	150	50	0.75	0.25
1,400	1,150	250	200	150	50	0.75	0.25

54%가 가계의 소비지출로 나갔다. 가계 가처분소득(925조 원) 중에서는 62%가 소비지출된 셈이다.

한계소비성향과 한계저축성향

〈표 11.2〉는 소득과 소비의 가상적인 관계를 나타내고 있다. 가처분소득이 200일 때는 소비가 250이다. 따라서 저축은 없고 50만큼 빚이 생기는데, 소득이 매우 부족한 상태이다. 가처분소득이 600이면 소비가 550이고 저축은 50이다. 만약 가처분소득이 1,000이 되면 소비는 850이고 저축은 150이다. 소득이 증가함에 따라 소비도 증가하고 저축도 증가한다.

소득과 소비의 관계를 소비함수(consumption function)라고 한다. 가장 간단한 형태의 소비함수는 $C=a+bY_d$이다. 여기서 C와 Y_d는 각각 소비와 가처분소득(disposable income)을 나타내고, a와 b는 상수이다. 그런데 소득이 증가할 때 소비가 얼마만큼 증가하느냐가 매우 중요하다. 즉, 소득증가에 대한 소비증가의 비율이 중요하다. 이것을 한계소비성향(marginal propensity to consume: *MPC*)이라고 한다. 소득의 증가분을 ΔY_d, 소비의 증가분을 ΔC라고 하면 한계소비성향은 다음과 같이 정의된다.

$$MPC=\frac{\Delta C}{\Delta Y_d}$$

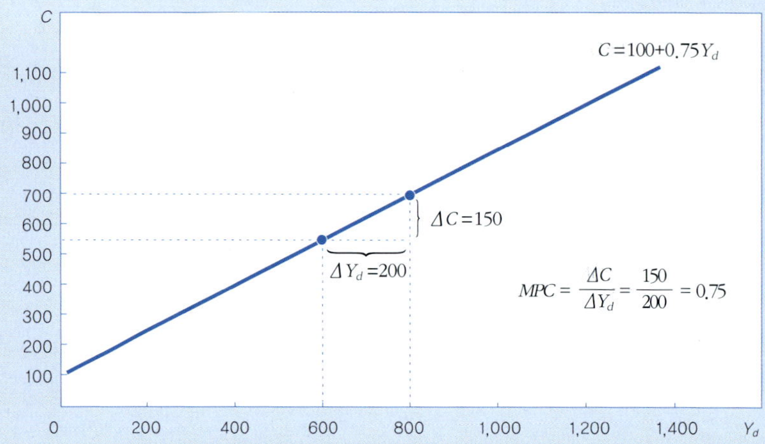

그림 11.1

소비함수의 기울기와 한계소비성향

소비함수의 기울기는 한계소비성향의 크기와 일치한다.

〈표 11.2〉로부터 이 값을 계산하면 $MPC=0.75$이다.

같은 논리로 한계저축성향(marginal propensity to save: *MPS*)도 정의된다. ΔS를 저축의 증가분이라고 하면 한계저축성향은 다음과 같다.

$$MPS=\frac{\Delta S}{\Delta Y_d}$$

〈표 11.2〉로부터 이 값을 계산하면 $MPS=0.25$이다. 가처분소득의 증가분은 소비증가분과 저축증가분으로 나누어지기 때문에 $MPC+MPS=1$이다. 이것은 $Y_d=C+S$이고 $\Delta Y_d=\Delta C+\Delta S$이기 때문이다. 따라서 〈표 11.2〉와 같은 소비함수에서는 $MPC=0.75$이고 $MPS=0.25$이다. 그리고 이 소비함수를 함수식으로 표시하면 $C=100+0.75Y_d$가 된다. 그리고 이 소비함수를 그래프로 그리면 〈그림 11.1〉과 같다. 소비함수는 직선으로 그려지는데, 기울기는 한계소비성향과 일치한다.

계획된 투자와 실제투자

투자라는 용어는 많이 사용되고 있지만 그 의미를 분명히 이해하는 것은 쉽지 않다. 우리가 통상 주식에 투자한다, 또는 채권에 투자한다라고 할 때의 투자는 여기서 의미하는 투자가 아니다. 여기에서의 투자는 기업이 자본량을 늘리는 것을 의미한다. 예를 들면, 현대자동차 회사가 새 공장을 짓는다든지, 새로운 기계설비를 갖춘다든지 하는 것이 투자이고, 식당 주인이 탁자를 늘리고, 요리설비를 갖추고, 내부장식을 하는 것 등이 투자이다.

투자는 제10장에서 논의한 경제의 네 가지 부문 중 기업부문의 지출행위에 속한다. 투자(investment)란 기업이 자본량(capital stock)을 늘리는 것이기 때문에 이

생활경제 11-1 저축이 미덕일까, 소비가 미덕일까

우리는 가끔 매스미디어로부터 "소비가 안 돼서 경제가 어렵다"라는 이야기를 듣는다. 또 "저축을 많이 한 사람들에게 대통령상이 주어졌다"는 보도도 접한다. 그렇다면 소비와 저축 중 어느 것이 좋은 것일까?

한 마디로 말하자면 둘 다 필요한 것이다. 개인의 생활태도로 볼 때는 저축이 분명히 미덕이다. 그러나 국가경제가 잘 돌아가기 위해서는 기업들이 생산한 제품을 국민들이 소비해 주어야 한다. 기업이 생산한 물건을 소비해 주지 않으면 재고가 쌓이고 기업이 도산한다. 그렇게 되면 경기가 침체된다. 따라서 소비도 해야 하고 저축도 해야 한다.

개개인의 생활태도로 볼 때는 저축이 분명히 미덕이지만 국민경제 전체의 관점에서 볼 때는 저축이 더 필요한 상황이 있을 수도 있고, 소비가 더 필요한 상황이 있을 수도 있다. 국가경제가 잘 순환되기 위해서는 소비(consumption)와 투자(investment)가 균형 있게 이루어져야 한다. 소비는 가계(households)의 행동이고 투자는 기업(firms)의 행동인데, 기업의 투자자금은 가계가 소비하고 남는 저축자금으로부터 조달된다. 가계의 저축은 자본시장으로 들어가 기업의 투자자금으로 사용된다.

그런데 경기가 활성화되어 기업들이 많은 투자를 하려고 하는데 가계가 이만큼 저축을 해 주지 않으면 기업들은 외국으로부터 투자자금을 빌려 와야 한다. 외국으로부터도 투자자금이 조달되지 않으면 기업들은 투자를 할 수 없고 경기는 다시 침체된다. 이때는 가계가 저축을 많이 하는 것이 좋다. 말하자면, 저축이 미덕이다. 그러나 경기가 침체되어 기업이 생산한 제품이 제대로 팔리지 않고 재고가 계속 쌓이면 많은 기업들이 도산하는 상황이 된다.

이때는 소비를 많이 해야 경기가 다시 되살아난다. 일본은 1990년대에 와서 장기간 경기가 침체되고 있는데, 이때는 일본 국민들이 소비를 많이 해 주어야 한다. 물건이 팔리지 않으면 기업들은 더 이상 투자도 할 필요가 없기 때문에 경기는 계속 침체될 수밖에 없다. 이때는 소비를 많이 해야 한다. 소비가 미덕이다. 일본은 저축을 너무 많이 하는 나라이다. 따라서 일본에서는 정부가 국민들에게 소비를 호소하기도 한다.

를 기업의 투자지출이라고도 한다. 투자에는 설비투자뿐만 아니라 재고투자(inventory investment)도 있다.

백화점이 미래에 팔기 위해 창고에 쌓아 둔 물건은 재고투자이다. 제조업체는 중간재 등과 같은 생산요소(inputs)를 재고로 가지고 있기도 하고, 생산물(final products)을 재고로 가지고 있기도 한다. 현대자동차 회사가 POSCO로부터 철강을 사서 창고에 쌓아 둔 것도 재고투자이고, 만들어 놓은 자동차를 수출하기 위해 부두에 대기시켜 놓은 것도 재고투자이다.

그런데 기업의 투자지출은 계획에 의해 이루어지는데, 실제로 투자된 것이 처음에 계획하였던 것과 완전히 일치하지 않는 수가 많다. 그 이유는 기업이 투자를 완벽하게 통제할 수 없는 부분이 있기 때문이다. 투자의 어떤 부분은 기업

생활경제 11-2 세계서 가장 빨리 늘어나는 한국의 부채 비율

정부가 재정통계를 올해부터 기존 현금주의에서 발생주의로 변경하면 국가채무가 100조 원 이상 늘어날 것이라고 한다. 지금까지 정부는 국가채무 비율이 국내총생산(GDP) 대비 34% 수준이라며 느긋한 자세를 보여 왔다. 그러나 회계처리 방식을 대다수 선진국처럼 발생주의로 하면 2009년 말 채무가 359조 6,000억 원에서 476조 8,000억 원으로 급증하고 GDP 대비 비율도 44.9%로 높아진다. 이는 OECD 평균(90.6%)과 비교해서는 양호하나, 재정위기에 직면해 있는 스페인(62.4%)과는 불과 16%포인트 차이밖에 나지 않는다.

국가채무는 1990년 24조 5,000억 원(GDP의 13.1%)이었고 97년 외환위기 이전에도 10%대에 머물렀다. 그러던 것이 외환위기를 치유하기 위한 공적자금을 넣은 98년 이후 지속적으로 증가해 30%대를 뛰어넘었고 발생주의를 적용하였을 때 50%대에 육박할 정도로 초스피드로 급상승하였다. 채무증가 속도는 가히 세계 최고 수준일 정도가 되었으니 걱정되지 않을 수 없다.

앞으로 한국은 쓸 돈이 세계 어느 나라보다 많다. 최고 2,200억 달러에 달한다는 통일비용은 한국만의 특수한 사정이고 고령화 · 저출산은 가장 심한 편이다. 그에 따른 연금과 건강보험재정 악화, 복지지출 증가가 입을 딱 벌리고 있다. 여기에다 내년 4월 총선, 그 이듬해 대선으로 이어지는 본격적인 정치시즌 도래를 앞두고 복지 확대 등 포퓰리즘 공약이 동원되면 추가 수요는 걷잡을 수 없이 늘어날 것이다.

정부는 개편된 국가채무지표로 중기국가재정운용계획을 짜고 연도별 채무 비율을 어느 선에서 억제할지 목표를 제시하고 실행해 나가야 한다. 1980년대 초반 20% 수준에 불과하였던 그리스 GDP 대비 국가채무 비율이 포퓰리즘 정책의 남발로 125%까지 상승해 국가부도 위기를 맞은 것을 반면교사로 삼아야 한다.

〈매일경제, 「사설」, 2011. 1. 5〉

그림 11.2

계획된 투자함수

투자함수는 소득 수준과는 관계없이 수평으로 그려진다.

스스로보다 외부의 조건에 의해 좌우된다. 특히, 재고투자는 기업이 계획하였던 대로 이루어지지 않는 경우가 많다. 예를 들어, 현대자동차가 금년에 100만 대를 판매하고 10만 대의 재고를 늘리기 위해 110만 대를 생산하였는데, 수출부진으로 실제로는 판매가 90만 대밖에 이루어지지 않았다면 10만 대의 의도하지 않은 재고투자가 생긴 셈이 된다. 그러므로 실제 재고투자는 20만 대가 된다. 이와 같이 실제투자(actual investment)와 계획된 투자(planned investment)는 일치하지 않는 수가 많다.

소비는 소득의 함수로 정해진다. 즉, 소득의 크기에 따라 소비의 크기가 정해진다. 그러나 계획한 투자는 소득의 함수로 결정되는 것이 아니라 기업들의 계획에 의해 정해지고, 기업이 사전에 계획한 양에 의해 그 크기가 정해진다. 그리고 이 계획된 투자는 실제투자와 일치하지 않을 수도 있다. 그러므로 투자곡선은 소득 수준과는 관계없이 수평으로 그려진다. 만약 계획된 투자가 100이라고 하면 ($I = 100$) 투자곡선은 〈그림 11.2〉와 같이 소득과는 관계없이 수평선이 된다.

정부지출

제10장에서 논의한 경제활동의 네 부문 중 이번에는 정부부문에 대해 살펴보기로 한다. 경제활동면에서만 보면 정부는 정부기능을 수행하는 데 필요한 재화와

용역을 구매하고 사회간접자본에 투자하는 역할을 한다. 이러한 것을 모두 합하여 정부지출(government expenditure: G)이라고 한다.

정부지출의 크기는 소득의 함수로 정해지는 것이 아니라 정부의 계획에 의해 정해진다. 연초에 정부가 계획을 세우면 그 계획대로 지출되는 것이 정부지출

생활경제 11-3 **저축률 3%대 급락…… 일본 닮아 가나**

우리나라 가계저축률이 3%대로 급락해 저성장 · 저물가로 성장동력이 잠식된 일본을 뒤따라가는 것 아니냐는 우려가 나오고 있다. 낮은 가계저축률은 경기변동성을 확대하고 거시건전성을 약화시켜 사회적 불안을 야기하는 것으로 지적되었다.

한국은행이 30일 내놓은 '가계저축률 하락과 정책과제'에 따르면 한때 세계 최고 수준이었던 우리나라의 저축률은 외환위기를 겪으면서 경제협력개발기구(OECD) 국가 중 가장 큰 폭으로 떨어졌다. 가계저축률은 고성장을 구가하던 1988년 24.7%로 사상 최고치를 기록한 후 90년대까지만 해도 20% 내외의 높은 수준을 유지하였다. 그러나 외환위기를 겪으면서 급락해 지난 해에는 3.2%까지 떨어졌다. 현 수준은 OECD 평균치 6.8%보다 한참 밑으로 일본(3.2%), 영국(−3.6%) 등과 함께 가장 낮은 국가군에 속한다.

한국은행은 "다른 선진국도 가계저축률 하락 현상이 나타나긴 하였지만 우리나라처럼 급락한 예는 찾기 어렵다"며 "앞으로 고령화 등의 영향으로 가계저축률은 더 낮아질 것"이라고 전망하였다. 낮은 가계저축률은 경제성장을 통해 얻어진 기업이익이 제대로 가계로 흘러들어가지 못하였기 때문인 것으로 분석되었다. 1990년대 12.7%였던 연평균 가계소득은 2000~2009년에는 6.1%로 크게 낮아졌다. 반면 기업소득은 4.4%에서 25.2%로 대폭 늘어났다. ……1990~1997년 중 취업자수 증가율은 연평균 2.4%에서 2001~2009년 1.2%로 낮아졌다. 일자리가 줄면서 가뜩이나 가계소득이 준 반면 국민연금 등 사회부담금이 늘어난 것도 한 이유다. 여기에 실물경제에 비해 낮은 저금리는 이자소득을 줄이면서 가계의 저축의욕을 꺾게 하였다. 대신 가계대출이 늘어나면서 가계부채가 확대되었다.

문제는 향후 10년간 노년부양 비율이 크게 높아지면서 가계저축률이 더 하락할 가능성이 크다는 것이다. 2015년 가계저축률은 2.1%, 2020년은 1.5%로 예상되고 있다. 가계저축이 뒷받침되지 않을 경우 소비에 기반을 둔 서비스산업이나 내수산업의 성장이 크게 제약받는다. 지금과 같은 수출제조업 위주의 불균형 성장에서 벗어나기 더욱 어려워지고 해외경기에 대한 의존성이 심화된다는 이야기다.

〈경향신문, 2010. 12. 30〉

그림 11.3

정부의 지출곡선

정부지출곡선은 소득 수준과 관계없이 수평으로 그려진다.

이다. 그러므로 정부지출의 크기는 정부가 얼마로 계획하느냐에 달려 있다. 만약 정부가 연초에 지출액을 100으로 정하면 정부지출곡선도 계획된 투자곡선과 마찬가지로 〈그림 11.3〉에서처럼 소득과는 관계없이 수평선으로 그려진다.

2. 총지출과 균형국민소득

총지출

당분간 해외부문을 제쳐 두면 국가경제의 총지출은 가계의 소비지출(C), 기업의 투자지출(I), 정부지출(G)로 구성된다. 즉, 총지출(aggregate expenditure: AE)은 이 세 값을 합한 값이다. 이를 수식으로 표시하면 다음과 같다.

$$AE = C + I + G \tag{11.1}$$

표 11.3 총지출

가처분소득 (Y_d)	소비(C) $= 100+0.75Y_d$	계획된 투자 (I)	정부지출 (G)	계획된 총지출 (AE)
200	250(a)	100	100	450(a')
400	400(b)	100	100	600(b')
600	550(c)	100	100	750(c')
800	700(d)	100	100	900(d')
1,000	850(e)	100	100	1,050(e')
1,200	1,000(f)	100	100	1,200(f')
1,400	1,150(g)	100	100	1,350(g')

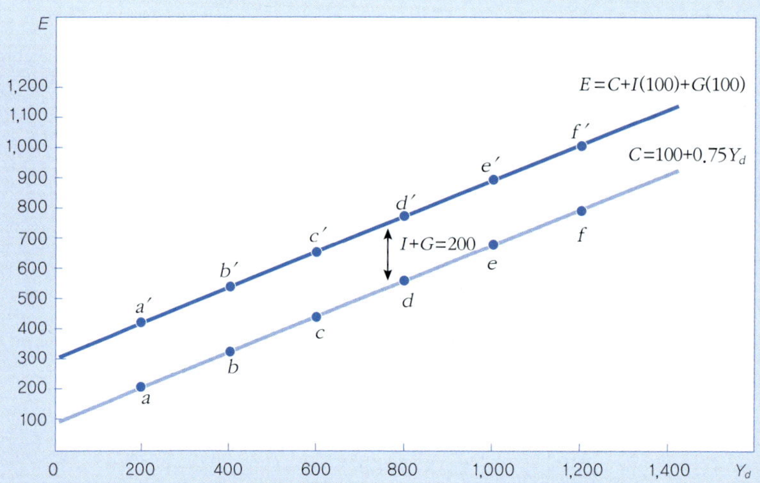

그림 11.4

총지출곡선

총지출곡선은 소비지출곡선, 투자지출곡선, 정부지출곡선을 수직으로 합계하면 도출된다.

소비함수가 $C= 100+0.75Y_d$, 계획된 투자지출(I)이 100, 정부지출(G)이 100이면 식 (11.1)의 총지출값(AE)은 $E= 100+0.75Y_d+100+100$이 되고, 가처분소득이 변할 때 총지출액은 〈표 11.3〉과 같다. 〈표 11.3〉의 총지출액을 그림으로 나타내면 〈그림 11.4〉와 같다. 〈그림 11.1〉의 소비곡선, 〈그림 11.2〉의 투자곡선, 〈그림 11.3〉의 정부지출곡선을 수직으로 합하면 〈그림 11.4〉의 총지출곡선이 도출된다. 총지출곡선은 소비곡선을 수직으로 200만큼 상승시킨 것과 같다. 즉, 점 a를 a'으로,

점 b를 b'으로, ……, 점 f를 f'으로 이동한 것이 총지출곡선이다.

총소득과 가처분소득

정부는 지출액을 세금으로부터 충당한다. 정부지출이 100이라면 균형재정을 위해서는 100만큼 세금을 거두어야 한다. 세금을 T, 정부지출을 G라고 하면 균형재정이 달성되기 위해서는 $G=T$라는 등식이 성립해야 하기 때문이다. 그러므로 세금 이후의 가처분소득(Y_d)이 800이었다면 세금 전의 총소득(Y)은 900이다.

〈표 11.4〉에는 균형재정($G=T$)하에서의 총소득과 가처분소득의 관계가 계산되어 있다. 총소득은 세금(=100) 이전의 소득이기 때문에 가처분소득보다 일률적으로 100만큼 많다.

따라서 총지출과 총소득 사이의 관계를 그래프로 그리면 〈그림 11.5〉와 같이 된다. Y_d값이 일률적으로 100만큼 많아진 새로운 x축이 Y값이 된다. 〈그림 11.5〉의 총지출곡선은 〈그림 11.4〉의 총지출곡선을 그대로 옮긴 것이다. 〈그림 11.4〉와 〈그림 11.5〉의 차이는 x축의 값이 가처분소득(Y_d)이냐 총소득(Y)이냐 하는 것뿐

생활경제 11-4 실업자 절반 서울 · 경기에…… 전체 85만명 중 42만 9,000명

전국 실업자의 절반이 서울과 경기에 밀집해 있는 것으로 나타났다. 실업률은 인천이 가장 높았고 강원은 경제활동참가율과 고용률이 전국 최저다. 16일 통계청에 따르면 지난 해 12월 전국의 실업자 85만 3,000명 중 시 · 도별로는 서울이 22만 4,000명으로 가장 많았고 경기(20만 5,000명), 인천(8만 명), 부산(5만 5,000명), 대구(4만 9,000명) 순이었다. 실업자가 가장 적은 곳은 제주(5,000명)다.

서울과 경기의 실업자를 합하면 42만 9,000명으로 전국 실업자의 절반에 달한다. 이는 서울과 경기지역에 제조업과 서비스업이 집중되어 구직활동이 상대적으로 활발하고 이 과정에서 직업을 얻지 못한 사람들이 상당수 발생하기 때문으로 분석된다. 실업률은 전국 평균이 3.5%인 가운데 인천이 5.7%로 가장 높았다. 이어 서울(4.3%), 대구(4.0%), 대전(3.6%) 순이었다. 실업률이 가장 낮은 곳은 제주(1.7%)였다.

인천의 실업률이 높은 것은 중소기업들이 많이 몰려 있어 구직과 실직이 빈번하기 때문으로 추정된다. 노인층 인구가 몰려 있는 강원은 경제활동참가율(53.9%)과 고용률(52.5%)이 전국에서 가장 낮아 지역경제가 상당히 정체되어 있음을 보여 주었다. 제주는 경제활동참가율(67.1%)과 고용률(66.0%)도 가장 높았다. 경제활동인구는 경기가 586만 3,000명으로 서울(522만 1,000명)보다 많았고, 취업자수도 경기(565만 8,000명)가 서울(499만 9,000명)을 앞질렀다.

〈경향신문, 2011.1.16〉

표 11.4 총소득과 가처분소득

총소득(Y)	세금(T)	정부지출(G)	가처분소득(Y_d)
300	100	100	200
500	100	100	400
700	100	100	600
900	100	100	800
1,100	100	100	1,000
1,300	100	100	1,200
1,500	100	100	1,400

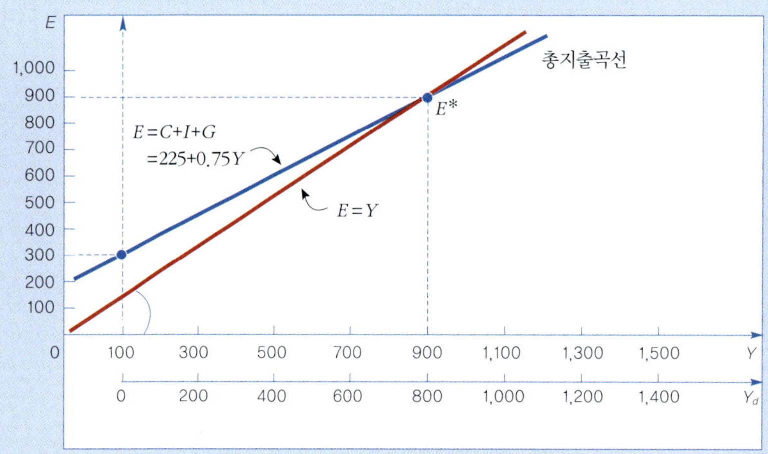

그림 11.5

총수요와 총지출곡선

총지출곡선은 E와 Y_d 사이뿐만 아니라 E와 Y 사이의 관계로도 도출된다.

이다. 〈그림 11.5〉에서는 x축이 총소득을 나타내기 때문에 총지출곡선은 재정균형 하에서의 총소득과 총지출 사이의 관계를 나타내고 있다.

$C=100+0.75Y_d=100+0.75(Y-100)$이고, $I=100$, $G=100$이므로 $E=C+I+G=100+0.75(Y-100)+100+100=225+0.75Y$가 도출된다. 그리고 도출된 $E=225+0.75Y$라는 지출방정식을 그래프로 그린 것이 〈그림 11.5〉의 총지출곡선 E이다.

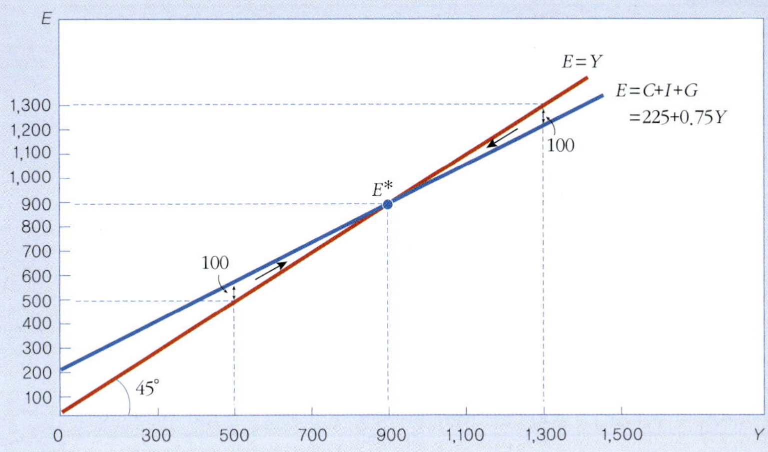

그림 11.6

균형국민소득의 결정

균형국민소득은 $Y=E=C+I+G$가 성립되는 E^*에서 달성된다.

균형국민소득

균형국민소득은 계획된 총지출(E)이 총소득(Y)과 일치할 때 달성된다. 즉, $Y=E$가 균형조건이다. 그런데 $E=C+I+G$이기 때문에 균형조건은 $Y=C+I+G(=E)$로도 표시된다. 따라서 이 두 조건이 충족되는 소득 수준이 균형국민소득이다.

〈그림 11.6〉에서 45°선은 $E=Y$조건이 충족되는 선을 나타낸다. 즉, $E=Y$는 균형조건이기 때문에 균형국민소득은 이 선상에서만 달성될 수 있다. 그런데 $E=C+I+G$이기 때문에 이 곡선과 45°선인 $E=Y$선이 일치하면 $Y=C+I+G$라는 등식도 성립한다. 즉, $E=C+I+G$곡선과 45°선이 교차하는 점 E^*에서 균형이 달성된다. 따라서 이때의 소득을 균형국민소득(equilibrium output)이라고 한다. 〈그림 11.6〉에서 이 조건이 충족되는 균형국민소득은 900이다.

균형국민소득 900은 수식으로도 간단하게 도출된다. $Y=E=C+I+G=225+0.75Y$이기 때문에 이 식을 풀면 $Y=900$이 된다.

총소득이 900이면 국가경제의 총지출이 국민소득과 완전히 일치하며, 이 소득을 변동시키려는 아무런 움직임이 없다. 따라서 이런 국민소득을 균형국민소득이라고 한다. 만약 총소득이 균형국민소득보다 작은 500이면 〈표 11.5〉에서 보

이다. 이미 설명하였듯이 소득의 지출쪽 구성은 $E=C+I+G$이다. 따라서 $Y=E$라는 균형조건은 $C+S+T=C+I+G$로도 표시할 수 있다. 그런데 균형재정하에서는 $T=G$이기 때문에 결국 균형에서는 $S=I$도 충족되어야 한다. 즉, $S=I$ 도 균형조건이 된다. 이것은 국가재정이 균형일 때 가계부문의 저축이 기업부문의 투자와 일치하면 균형국민소득이 달성된다는 의미이다.

3. 재정정책

지출증가와 균형국민소득

〈표 11.5〉와 〈그림 11.6〉에서 균형국민소득은 900이다. $Y=900$이면 $E=Y$이고 $S=I$이다. 그런데 $Y=900$이 비록 균형국민소득이기는 하지만 이때에 국가의 실업률이 너무 높다고 판단되면 정부는 국가의 총생산을 늘려 실업률을 낮추어야 한다. 말하자면, 총산출을 늘려 일자리를 창출하여야 한다. 그러기 위해서는 민간지출이나 정부지출이 증가하여야 한다.

바람직한 현상은 민간지출이 증가하는 것이다. 예컨대, 민간기업들이 앞으로 미국 등에서의 한국 상품에 대한 수요가 증가할 것으로 예측하고 여기에 대비하여 투자지출을 증가시킨다면 신규 일자리가 창출되고 국민소득이 증가할 것이다. 만약 기업들이 50만큼 투자를 증가시킨다면($\Delta I=50$), 총지출곡선은 〈그림 11.8〉에서처럼 위로 50만큼 이동해 갈 것이다. 이렇게 되면 $E=Y$ 조건이 충족되는 점은 E에서 E'으로 이동하고 새 균형국민소득은 1,100으로 증가한다. 균형국민소득이 증가하면 국가경제의 총생산이 증가하면서 실업이 감소한다.

새 균형국민소득에 맞추어 부문별 지출상황을 다시 정리하면 〈표 11.6〉과 같다. 〈표 11.6〉에서 새 균형은 $Y=1,100$일 때 달성된다. 이때는 $E=Y=1,100$이면서 $S=I=150$이다.

그런데 만약 기업부문이 스스로 투자지출을 50만큼 증가시키지 않으면 정부가 개입할 수밖에 없다. 예컨대, 정부가 민간투자를 촉진시키기 위해 투자 관

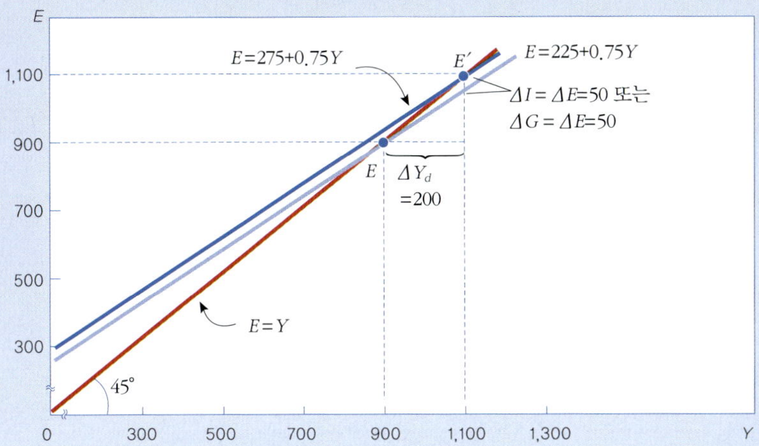

그림 11.8

균형국민소득의 증가

총지출이 증가하면 균형국민소득이 증가한다($E \rightarrow E'$).

표 11.6 투자지출의 증가와 균형국민소득의 변화

총소득 (Y)	세금 (T)	가처분 소득 (Y_d=Y−T)	소비지출 (C=100+0.75 Y_d)	저축 (S=Y_d−C)	계획된 투자지출 (I)	정부지출 (G)	계획된 총지출 (E=C+I+G)	의도하지 않은 재고변동 [Y−(C+I+G)]	조정
300	100	200	250	−50	150(ΔI=50)	100	500	−200	생산량 증대
500	100	400	400	0	150(ΔI=50)	100	650	−150	생산량 증대
700	100	600	550	50	150(ΔI=50)	100	800	−100	생산량 증대
900	100	800	700	100	150(ΔI=50)	100	950	−50	생산량 증대
1,100	100	1,000	850	150	150(ΔI=50)	100	1,100	0	균 형
1,300	100	1,200	1,000	200	150(ΔI=50)	100	1,250	50	생산량 감소
1,500	100	1,400	1,150	250	150(ΔI=50)	100	1,400	150	생산량 감소

런 각종 세율을 낮추어 주면 민간투자가 증가할 수 있다. 이렇게 해서 민간투자가 50만큼 증가해도 균형국민소득에는 똑같은 효과가 나타난다.

이런 것은 세율을 통해 정부가 총지출을 간접적으로 증가시키는 방법이다. 경우에 따라서는 정부가 총지출을 직접 통제할 수도 있다. 즉, 정부지출(G)을 직접 증가시켜 균형국민소득을 증가시킬 수도 있다. 만약 민간투자(I)가 전혀 변화하지 않는다면 정부가 간척사업을 벌이는 등 정부지출을 50만큼 증가시켜 (ΔG=50), 균형국민소득을 1,100으로 끌어올릴 수도 있다. **정부가 세율을 변화시키거나 직접적인 정부지출을 변화시켜 균형국민소득을 변화시키는 이와 같은 정책을 재정정책(fiscal policy)이라고 한다.**

정부지출을 50만큼 증가시켜 균형국민소득을 1,100으로 증가시켰을 때도 이 균형은 〈그림 11.8〉의 점 E'으로 표시된다. 이번에는 ΔI=50이 아니라 ΔG=50이

생활경제 11-5 청년 실업률 8%대 '고통' 여전

지난 해 취업자가 6년 만에 가장 많이 증가하였다. 이는 경기회복으로 고용사정이 호전된 영향도 있지만 2009년 경제위기로 취업자가 감소한 것에 대한 '기저효과'도 크게 작용하였다. 여전히 경제위기 이전에 비해 일자리는 부족한 상태다. 특히, 청년층 고용률은 경제위기가 극심하였던 2009년보다 하락하였고, 실업률도 전년에 이어 8%대 고공행진을 계속하는 등 청년 고용난은 해소될 기미를 보이지 않고 있다.

통계청이 12일 발표한 고용동향에 따르면 지난 해 취업자는 2,382만 9,000명으로 전년에 비해 32만 3,000명(1.4%) 늘었다. 이 같은 증가폭은 2004년(41만 8,000명) 이후 가장 큰 수준이다. 지난 해 경기회복으로 제조업 등 민간부문의 취업자(39만 5,000명)가 크게 늘었기 때문이다. 그러나 2009년 취업자가 7만 2,000명 감소한 것을 감안하면 2009~2010년 2년간 평균으로는 연 12만 5,500명이 늘어난 것에 불과하다. 또 2008년 취업자가 14만 5,000명 증가한 것을 포함하면 이명박 정부 들어 취업자는 연평균 13만 2,000명 증가하였다. 우리 경제가 잠재성장률 수준의 성장을 할 때 30만 명 정도의 취업자가 증가하는 점을 감안하면 여전히 일자리는 부족한 셈이다.

지난 해 실업률은 3.7%로 전년보다 0.1%포인트 상승하였으며 고용률도 58.7%로 전년보다 0.1%포인트 올랐다. 경기회복으로 취업자도 늘고(고용률 상승) 구직활동도 증가(실업률 상승)하였기 때문이다. 전체적인 고용시장은 호전 기미를 보이고 있지만 청년층(15~29세) 고용사정은 오히려 악화되었다. 지난 해 청년층 고용률은 40.3%로 경제위기를 겪은 2009년(40.5%)에 비해 0.2%포인트 하락하였다. 전체 고용률이 상승한 것과 반대다. 청년 실업률도 지난 해 8.0%로 2009년(8.1%)보다는 소폭 둔화하였지만 여전히 높은 수준이 지속되고 있다. 취업자수도 다른 연령층은 모두 증가한 반면 20대는 6만 9,000명, 30대는 4,000명 감소하였다.

한편, 지난 해 12월 취업자수는 당초 예상보다 많은 45만 5,000명 증가해 고용률도 58.0%로 전년 동월(57.6%)보다 0.4%포인트 상승하였다. 하지만 청년 고용률은 40.1%로 전년 동월(40.5%)에 비해 0.4%포인트 감소하였고, 청년 실업률은 전달(6.4%)에 비해 1.6%포인트 급등한 8.0%를 기록하였다. 기획재정부는 "아직 경제위기 이전 추세 수준에 비해 일자리가 부족하고 청년층 등의 고용애로는 지속되고 있다"며 "정부는 올해도 일자리 창출을 국정운영의 최우선 과제로 삼을 예정"이라고 밝혔다.

〈경향신문, 2011.1.12〉

표 11.7 정부지출의 증가와 균형국민소득의 변화

총소득 (Y)	세금 (T)	가처분 소득 (Y_d=Y−T)	소비지출 (C= 100+0.75 Y_d)	저축 (S= Y_d−C)	계획된 투자지출 (I)	정부지출 (G)	계획된 총지출 (E=C+I +G)	의도하지 않은 재고변동 [Y− (C+I +G)]	조정
300	100	200	250	−50	100	150(ΔG=50)	500	−200	생산량 증대
500	100	400	400	0	100	150(ΔG=50)	650	−150	생산량 증대
700	100	600	550	50	100	150(ΔG=50)	800	−100	생산량 증대
900	100	800	700	100	100	150(ΔG=50)	950	−50	생산량 증대
1,100	100	1,000	850	150	100	150(ΔG=50)	1,100	0	균 형
1,300	100	1,200	1,000	200	100	150(ΔG=50)	1,250	50	생산량 감소
1,500	100	1,400	1,150	250	100	150(ΔG=50)	1,400	150	생산량 감소

다. 어느 경우에나 ΔE=50이 되었다. 이때 부문별 지출액의 크기가 어떻게 변하고 있는지는 〈표 11.7〉에 정리되어 있다. 〈표 11.6〉과 〈표 11.7〉의 차이는 민간투자지출이 증가하였느냐, 정부지출이 증가하였느냐의 차이이다.

그런데 〈표 11.7〉에서는 균형에서 E=Y는 충족되나 S=I는 충족되지 않는다. 균형에서 민간저축은 150인데 민간투자지출은 100밖에 되지 않는다. 남는 50은 정부가 소화시키고 있다. 이 50은 자본시장에서 국채 등의 형태로 정부가 흡수하여 정부의 투자재원으로 활용하고 있다. 그런데 정부는 조세수입이 100밖에 안 되면서 지출을 150으로 올렸기 때문에 50만큼의 재정적자를 감수해야 하고, 이 50은 국채발행 등으로 자본시장을 통해 민간저축 50으로부터 조달되었다. 정부는 민간에게 50만큼 빚을 지게 되었다. 재정적자인 것이다. 이렇게 해서 균형국민소득 1,100이 달성되었다.

승수

〈그림 11.8〉에서 투자지출이나 정부지출이 50만큼 증가하였는데, 균형국민소득은 200만큼 증가하였다. 즉, ΔG=50인데 ΔY=200이다. 균형국민소득은 정부지출 증가보다 4배 증가하였다. 이와 같이 **투자지출 또는 정부지출이 증가할 때 균형국민소득이 몇 배나 더 많이 증가하느냐를 나타내는 것이 승수(multiplier)**

이다.

$$\text{승수} = \frac{\text{균형국민소득의 증가}(\Delta Y)}{\text{투자의 증가}(\Delta I)} \quad \text{또는} \quad \frac{\text{균형국민소득의 증가}(\Delta Y)}{\text{정부지출의 증가}(\Delta G)}$$

일반적으로 소득의 증가는 투자증가나 정부지출의 증가보다 훨씬 더 크다. 예컨대, 정부가 지출을 100만큼 증가시키면 균형국민소득은 그 몇 배로 더 증가한다. 따라서 승수는 1보다 훨씬 더 크다.

해외부문

제10장 〈그림 10.1〉에서 본 것처럼 국가경제는 가계, 기업, 정부, 해외 등 크게 4부문으로 구성되어 있다. 우리는 지금까지 가계, 기업, 정부의 거시경제적 역할에 대해서만 살펴보았다. 그런데 해외부문도 국민소득을 결정하는 매우 중요한 부문이다.

생활경제 11-6 소비증가가 GDP 성장을 촉진한다

민간부문의 소비가 증가하면 총지출이 증가하면서 GDP도 증가한다. 2001년도 후반기의 한국 경제는 소비증가가 GDP 성장을 촉진하는 것으로 나타났다.

가계소비가 건설투자와 함께 경기를 지탱하는 가운데 자동차 등 내구재가 잘 팔리고 있다. 한국은행에 따르면 3분기 민간소비는 냉장고, 무선전화기, TV 등 내구재와 외식, 교육, 오락 등 서비스에 대한 지출이 늘어나면서 지난 해 같은 기간에 비해 소비가 3.4% 증가하였다.

한은 관계자는 "올들어 지속된 저금리 상황의 영향을 받아 소비할 여력이 있는 층의 소비가 늘어난 것으로 보인다"고 분석하였다. 이에 따라 올 3분기 국내총생산(GDP) 증가율 1.8% 가운데 민간소비의 기여도가 1.7%포인트로 가장 높았다.

이 기간의 민간소비는 재화(1.5%)보다는 서비스(5.1%)가, 국산(2.7%)보다는 수입품(13.8%)을 중심으로 소비지출이 늘었다.

윤달, 추석 등으로 결혼을 10월에서 9월로 앞당기는 경우가 늘어나 TV와 냉장고, 세탁기, 화장품, 가구 등 혼수 관련 소비지출이 지난해 3분기(4.9%)보다 높은 11%의 증가율을 보였다.

〈중앙일보, 2001.11.25〉

우리나라는 해외의존도가 매우 큰 나라로 수출도 많이 하고 수입도 많이 한다. 수출(exports: *EX*)이란 우리가 생산한 재화(goods)와 용역(services)을 외국에서 소비하는 것이고, 수입(imports: *IM*)이란 외국에서 생산한 재화와 용역을 우리가 소비하는 것이다. 그러므로 수출에서 수입을 뺀 순수출은 우리 상품에 대한 외국인의 순지출이 된다. 그리고 이것은 우리의 소득이 된다.

2006년 자료에 의하면 우리나라의 총수출액은 531조 원이고, 총수입액은

경제학자 이야기 5 존 메이나드 케인즈(John Maynard Keynes, 1883~1946)

케인즈는 경제학자이자 경제관료였다. 그는 영국 케임브리지대학의 경제학 교수를 거쳐 제1, 2차 세계대전 중에는 전후 경제 문제 처리를 위해 영국 정부의 경제관료로 일하였다. 그는 거시경제학의 흐름을 바꾼 명저 『고용, 이자 및 화폐에 관한 일반이론』(*The General Theory of Employment, Interest and Money*)으로 더 잘 알려져 있다. 이 저서는 '케인즈혁명'이라고 부를 정도로 거시경제학의 흐름을 완전히 바꾸어 버렸는데, 이 저서로 인해 시장만을 중시하던 종래의 고전학파 거시경제이론은 정부의 역할을 중시하는 케인즈이론에 의해 주도권을 내주고 밀려나게 된다.

케인즈는 어렸을 때부터 천재학생으로 인정받았다. 그러나 아이러니컬하게도 정부관리 임용시험에서 자기가 원하였던 재무부 관리 자리에는 합격하지 못하였다. 경제학과목의 점수가 가장 낮았기 때문이다. 그는 나중에 "시험관이 나보다 경제학에 대해 잘 몰랐기 때문이다"라고 말하였다.

그는 제1차 세계대전중에 재무부 관리로 들어갔다가 전쟁이 끝난 후 독일의 전쟁배상 협상에 참가하였으나 그의 임무가 실패로 평가되자 정부를 떠나 케임브리지대학으로 되돌아갔다. 그 이후 그는 많은 유명학자 및 작가들과 교류하였고, 미인 발레리나와 결혼하였으며, 경제학 연구에 몰두하였고, 국제환시장 및 선물시장의 투기에서 큰 돈을 버는 등 자기 재능을 충분히 발휘하였다. 그의 돈 버는 능력 덕분에 자신은 물론 그가 속하였던 케임브리지대학의 킹스칼리지(King's College)도 부자가 되었다.

그는 제2차 세계대전 중에 다시 재무부로 들어가 영국 대표로서 전후의 새로운 세계경제질서 확립에 큰 역할을 하였고, 실패를 별로 모르는 인생을 살았다.

표 11.8 우리나라의 부문별 지출금액(2009) [단위: 조 원]

항 목	금 액
GDP	1,063(100%)
민간소비지출(C)	577(54%)
투자지출(I)	276(26%)
정부지출(G)	170(16%)
순수출(EX−EM)	42(4%)

자료: 통계청.

489조 원이다. 그러므로 순수출(net exports: $EX-IM$)은 42조 원이다.

해외부문을 포함시켰을 때 국민소득의 총지출은 $E=C+I+G+(EX-IM)$으로 표시할 수 있고, 또 해외부문을 포함시켰을 때 우리나라의 2009년도 총지출의 구성은 〈표 11.8〉과 같다. 순수출의 비중이 4%이다. 그리고 해외부문을 포함시켰을 때는

생활경제 11-7 가계 금융자산 비중 선진국 절반 못 미쳐

지난 해 '펀드열풍'이 불며 '1가구 1펀드'시대를 열었지만 우리나라 전체 가계자산 가운데 펀드투자가 차지하는 비중은 1.4% 수준인 것으로 조사되었다. 또 부동산을 포함한 전체 자산에서 금융자산이 차지하는 비중도 주요 선진국의 절반에도 못 미치는 것으로 나타났다.

1일 자산운용협회에 따르면 미국과 영국, 일본 등 주요 선진국의 전체 가계자산과 가계금융자산 등에 대해 조사한 결과, 2005년 우리나라의 전체 가계자산에서 금융자산이 차지하는 비중은 14%였다. 이는 같은 해 미국(65.9%), 영국(46.8%), 일본(60.7%)의 금융자산 비중에 비해 크게 낮은 수준이다.

우리나라의 전체 가계금융자산 규모는 2003년 1,000조 원을 넘어선 이후 꾸준히 증가해 2005년 1,167조 원으로 늘었지만, 이 중 금융자산의 비중은 2001년의 17%, 2003년 15%에서 2005년 14%로 오히려 줄어드는 추세다.

전체 가계자산에서 펀드투자가 차지하는 비중도 다른 나라들과 차이가 컸다. 지난해 미국의 가계자산 가운데 펀드투자 비율은 15.5%였고, 영국은 4.8%, 일본 3.1% 등으로 한국의 1.4%보다 훨씬 많았다.

자산운용협회는 "전체 가계금융자산 규모가 꾸준히 늘어나고 있지만 주요 선진국과 비교해 우리나라의 펀드투자 비중은 여전히 낮다"며 "미국 등 선진국처럼 장기투자 문화를 확산시키기 위해서는 퇴직연금과 적립식 펀드에 대한 각종 지원을 확대해야 할 것"이라고 밝혔다.

〈경향신문, 2008. 4. 1〉

생활경제 11-8 물가, 어떻게 안정시킬 수 있을까?

대통령은 4일 새해 첫 국무회의에서 "서민을 위해 '물가와의 전쟁'이라는 생각을 갖고 물가 억제를 위해 노력해달라"고 하였다. 정부는 조만간 공공요금 인상 억제와 식료품가격 동시인상 방지, 농수산물 비축량 방출, 가격담합에 대한 감시를 골자로 하는 동절기 물가안정 방안을 내놓을 계획이다.

연초부터 각종 물가가 들썩거리며 정부가 내걸고 있는 올해 '3% 수준의 물가안정' 목표를 위협하고 있다. 휘발유값이 2년 4개월 만에 최고 수준으로 뛰어올랐고, 도시가스와 LPG 요금도 크게 올랐다. 설탕 · 밀가루 국제가격 상승의 여파가 음료와 과자류를 비롯한 식료품값 인상으로 번져 가고 있다. 채소류 같은 신선식품에 이어 고등어 · 갈치 등 수산물, 과일 값까지 뛰고 있다.

요즘처럼 시장이 개방되어 해외에서 값싼 제품을 얼마든지 들여올 수 있는 상황에서 물가가 뛰는 것은 매점 · 매석이나 담합이 아니라 기본적으로 시중에 돈이 너무 많이 풀려 있기 때문이다. 미국의 달러살포정책으로 넘쳐나는 달러화가 국내로 밀려들어 오고, 그 돈이 원화로 환전되어 시중에 풀린 것이다. 국제유가(油價)와 원자재값이 뛰고, '세계의 공장'인 중국에서 임금인상 등으로 물가가 올라 중국산 제품값도 비싸지고 있는 탓도 있다.

이 정부가 고집스럽게 밀고 온 저금리 · 고환율 정책이 물가상승 압력을 더 키운 측면도 있다. 이미 오래전부터 인플레이션 경고가 나왔지만 정부는 금리를 조금씩 올려 지나치게 풀린 돈을 거둬들이고, 점진적인 통화 절상으로 수입물가 압력을 완화시키는 근본 처방을 취하지 않았다. 저금리 · 고환율 정책 덕분에 우리 경제는 작년 6%대 고성장을 이루어 냈지만 그 후유증이 물가불안으로 나타나고 있는 것이다.

그런데도 정부는 일선 행정력을 동원해 물가 단속에 나서는 식의 구태의연한 대응에 매달리고 있다. 1960~1970년대에나 통하였을 이런 낡은 해법으로 물가안정을 이룰 수는 없다. 정부는 물가불안 문제에 접근하는 발상(發想)부터 새롭게 해야 한다.

〈조선일보, 「사설」, 2011.1.4〉

$E=C+I+G+(EX-IM)$이기 때문에 균형국민소득도 $Y=C+I+G+(EX-IM)$의 조건($Y=E$)으로부터 풀어야 한다.

요약하기

❖ 소비지출: 국민소득 중 소비재에 지출되는 금액(가계의 소비지출)

❖ 투자지출: 국민소득 중 자본재에 지출되는 금액(기업의 투자지출)

❖ 정부지출: 정부부문의 지출

❖ 순수출: 수출–수입

❖ $MPC = \Delta C / \Delta Y$, $MPS = \Delta S / \Delta Y$, $MPC + MPS = 1$

❖ 총지출$(E) = C + I + G$

국민소득$(Y) = C + S + T$

❖ 균형국민소득: $E = Y$ 또는 $C + I + G = C + S + T$일 때의 국민소득

❖ 승수: 균형국민소득의 증가분 / 투자지출의 증가분

또는 균형국민소득의 증가분 / 정부지출의 증가분

복습과 토론하기

11. 1.

가계의 소비함수가 $C=100+0.9Y$이고 기업의 투자가 300이면 균형국민소득은 얼마일까? 세금도 없고 정부지출도 없다고 가정한다. 이 경제의 한계소비성향과 한계저축성향은 각각 얼마인가?

11. 2.

총선이나 대통령선거가 있을 때 정부와 여당은 팽창예산을 추진하려고 한다. 팽창예산이란 정부지출을 증가시키는 것을 의미한다. 왜 이때 정부와 여당은 팽창예산에 매력을 느끼는 것일까?

11. 3.

세계경제가 매우 불투명하다고 판단하여 민간부문이 소비를 줄이거나 기업들이 투자를 축소시키면 균형GDP의 크기는 어떻게 변할까? 이때 정부는 어떻게 해야 할까?

11. 4.

정부는 경기를 활성화시키기 위해 각종 세율을 낮출 것이라고 한다. 세율을 낮추면 왜 경기가 활성화될 수 있을까? 경기가 활성화되면 GDP는 어떻게 변할까?

12

화폐와 국민소득

1. 화폐란
2. 화폐의 수요와 공급
3. 화폐시장과 실물시장의 연결

돈이 없으면 경제활동은 이루어질 수 없다. 미국에서는 '달러' 라는 돈(화폐)을 사용하고, 우리나라에서는 '원'이라는 돈을 사용하고 있다. 만약 정부가 어느 순간에 '원'을 더 이상 돈으로 인정하지 않는다고 선언해 버린다고 가정해 보자. 이렇게 되면 경제는 어떻게 될까? 경제는 그 순간부터 마비될 것이 틀림없다. 경제를 인체에 비유한다면 돈은 혈액과 같다. 돈이 경제 각 부문으로 흘러다니면서 생산과 소비가 끊임없이 이루어지도록 해 준다. 이것은 피가 인체의 각 부문으로 흘러다니면서 건강한 신체활동이 가능하도록 해 주는 것이나 마찬가지이다. 말하자면, 돈은 경제의 피다. 피의 양은 너무 많아도 안 되고 너무 적어도 안 된다. 적정한 양의 돈이 필요하다. 돈의 양이 적정해야 경제 내에서 생산되고 소비되는 실물의 양도 적정해진다. 돈은 그 자체가 우리에게 어떤 효용을 제공하는 상품은 아니다. 돈은 먹을 수 있는 음식도 아니고 입을 수 있는 옷도 아니다. 돈은 그저 돈일 뿐이다. 돈이 아무리 많아도 실물(재화나 용역)이 없으면 우리는 살아나갈 수 없다. 우리가 직접 필요로 하는 것은 상품이라는 실물이다. 그런데 돈은 이러한 상품이 생산되도록 해 주는 역할을 수행한다. 그렇기 때문에 경제에서는 돈이 매우 중요하다. 돈이 돌아가야 실물이 생산되고 소비된다. 말하자면, 돈이 있어야 경제활동이 이루어지는 것이다. 본장에서는 이러한 돈의 경제적 실체에 대해 공부한다.

반면에 법정화폐는 그 자체로는 사용가치가 없지만 다른 상품과 교환하는 데 사용되는 교환가치가 있는 화폐를 말한다. 오늘날 각국이 돈이라고 정해서 사용하는 화폐는 모두 법정화폐이다. 법정화폐가 사용가치는 없으면서도 교환가치를 지니는 이유는 정부가 법으로 그것을 인정하기 때문이다. 우리가 사용하는 지폐와 동전 등은 모두 법정화폐이다. 법정화폐가 화폐로서의 역할을 지니기 위해서는 정부가 그 양을 남발하지 않는다는 믿음을 주어야 한다. 만약 정부가 법정화폐의 양을 무진장으로 찍어 낼 것이라는 불신이 생기면 사람들은 이것을 더 이상 화폐로 사용하려고 하지 않을 것이다. 이때는 극심한 인플레이션이 나타난다(인플레이션에 대해서는 제14장에서 자세히 공부한다). 인플레이션이 나타나면 사람들은 화폐 대신 현물을 가지려고 한다.

화폐의 양

우리가 통상 돈이라고 지칭하는 것은 지폐와 동전이다. 이것은 현금이라고 하는 것으로서 가장 협의의 화폐이다. 그런데 오늘날에는 금융기능의 발달과 더불어 현금과 같은 역할을 수행하는 화폐수단들이 많이 생겨났다. 따라서 지폐와 동전에다 이러한 화폐수단들을 합해서 그 양을 돈의 양으로 보고 있다. 이러한 돈의 양을 통화량이라고 한다. 그리고 이런 통화량을 M1이라고 한다. 따라서 M1은 돈의 기능을 가장 잘 수행해 주는 화폐만을 뽑아 그 양을 계산한 것이다. 돈의 역할을 유동성이라고 하는데 M1은 유동성이 가장 높은 화폐의 양을 의미한다. 이를 협의의 통화라고 지칭한다.

〈표 12.1〉에서 보는 것처럼 우리나라의 2010년도 M1의 양은 399조 원이다. M1은 결제성 예금과 현금통화를 합한 값이다. 일반적으로 통화량이라고 할 때는 M1을 지칭하고 있다. 그런데 유동성은 M1보다 다소 못할지라도 돈으로서의 역할을 충실히 수행하는 것으로는 여러 가지가 더 있을 수 있다. 각종 형태의 저축성 예금은 소지자가 원하면 언제든지 M1과 같은 역할을 수행하는 화폐로 쉽게

표 12.1 우리나라의 통화량

[단위: 조 원]

연도 \ 통화량 형태	M1	M2	Lf	L
1994	78	282	397	-
1998	114	596	751	852
2000	183	691	883	1,044
2002	265	824	1,092	1,353
2004	307	930	1,261	1,519
2006	330	1,077	1,455	1,839
2010	399	1,640	2,097	2,720

자료: 한국은행.

전환시킬 수 있다. 따라서 넓은 의미로는 이런 것들까지 포함한 양을 통화량이라고 정의하기도 한다.

우리나라에서는 M1보다 넓은 개념의 유동성 수단들을 합쳐 M2라는 통화량을 계산하고 있다. M2는 M1에 준결제성 예금을 합한 값이다. 〈표 12.1〉에서 보면 2010년도 우리나라의 M2는 1,640조 원에 이르고 있다.

화폐의 범위를 M2보다 넓게 잡으면 M3, M4 등도 정의할 수 있다. 우리나라에서는 M2보다 넓은 개념으로 Lf라는 아주 넓은 의미의 화폐량을 계산하기도 한다. Lf는 금융기관 유동성을 의미한다. Lf는 M2에 예금은행 및 비은행 금융기관의 기타예수금 등을 합한 값이다. 2010년도의 Lf는 2,097조 원이다. Lf보다 더 넓은 화폐 개념으로 L을 정의하기도 한다. L은 광의의 유동성을 의미한다. L은 Lf에 국채, 지방채, 회사채, 기업어음 등을 합한 값이다. 2010년도의 L은 2,720조 원이다. 종합하면 우리나라에서는 M1 < M2 < Lf < L로 돈의 범위를 확장시키고 있다.

2. 화폐의 수요와 공급

화폐의 수요

가계와 기업은 경제활동을 매끄럽게 수행하기 위해 일정량의 화폐를 가지고 있

생활경제 12-2 한국의 금융기관

금융기관은 크게 통화금융기관과 비통화금융기관으로 나눌 수 있다. 통화금융기관은 은행을 지칭하며 여기에는 중앙은행과 예금은행이 포함된다. 예금은행은 예금을 바탕으로 신용창조를 할 수 있는 것이 특징이다. 은행 이외의 금융기관을 비통화금융기관(비은행금융기관 또는 제2금융기관)이라고 한다. 비통화금융기관에는 개발기관, 투자기관, 저축기관, 보험기관 등이 포함되는데, 개발기관에는 은행이라는 명칭이 붙은 산업은행과 수출입은행이 포함된다.

- 금융기관
  - 통화금융기관 (은행)
    - 한국은행(중앙은행)
    - 예금은행
      - 일반은행(시중은행, 지방은행, 외국은행)
      - 특수은행(기업은행, 농협 등)
  - 비통화금융기관 (비은행금융기관)
    - 개발기관(산업은행, 수출입은행 등)
    - 투자기관(종합금융, 투자신탁, 증권금융 등)
    - 저축기관(저축은행, 신용협동조합, 체신예금 등)
    - 보험기관(생명보험, 손해보험, 체신보험 등)

으려고 한다. 부(wealth)의 일부를 화폐형태로 소지하려는 이러한 경향을 화폐수요(demand for money)라고 한다. 화폐수요는 화폐에 대한 욕구(desire)나 부(wealth)에 대한 욕구와는 구분되는 개념이다. 사람들은 화폐나 부에 대해 무한대의 욕구를 가진다. 그러나 자기가 가진 부의 일부를 화폐형태로 소지하려는 데는 한계가 있다. 이것을 화폐수요라고 한다.

부의 일부를 화폐형태로 가지려는 데는 두 가지의 동기가 있다고 본다. 하나는 거래적 동기(transaction motive)에 의한 화폐수요이고, 다른 하나는 투기적 동기(speculation motive)에 의한 화폐수요이다. 이 두 가지 동기가 합해서 화폐에 대한 총수요가 정해진다.

거래적 동기란 나날의 일상적 경제활동에서 일정한 양의 화폐가 필요하다는 의미이다. 내일 시장에 가서 물건을 살 계획이 있는 가계나 생산원료를 구매할 계획이 있는 기업은 이러한 거래를 위해 일정량의 화폐를 가지고 있어야 한다. 이러한 동기에 의해 화폐를 가지는 것을 거래적 동기에 의한 화폐수요라고 하는데, 이러한 화폐수요는 소득 수준에 의해 영향을 받는다. 소득 수준이 높으면 이

생활경제 12-3 화폐개혁을 준비하자

화폐는 상품가치의 계산단위로 사용된다. 미국인들은 달러로 계산하고, 일본인들은 엔으로 계산한다. 우리는 물론 우리 돈인 원으로 계산한다. 쌀 한 가마에 10만 원이라고 하면 개략적인 환율로 계산해서 미국에서는 1,000달러이고 일본에서는 1만 엔이다. 그런데 미국이나 일본에 비해 우리는 그 단위가 훨씬 크다. 단위가 크면 계산도 어려울 뿐만 아니라 여러 가지 불편한 점이 많을 것은 뻔하다. 반대로 좋은 점은 별로 생각나지 않는다.

그렇다면 우리도 계산단위를 좀 간단하게 할 방법은 없을까? 없을 리가 없다. 1953년에는 100원을 1환으로 바꾸면서 계산단위를 간단하게 만들었고, 1962년에는 10환을 1원으로 다시 바꾸어 계산단위를 또 다시 간단하게 만들었다. 이를 화폐개혁, 영어로는 리디노미네이션(redenomination)이라고 부른다. 이것은 주로 불가피한 상황에 처하였을 때 사용되는 꺼림칙한 경제정책이다. 우리나라도 그랬고 다른 나라도 그랬다. 단순히 계산단위를 바꾼다는 것 이외에 다른 목적도 있기 때문이다. 그리고 정책 이후의 여파도 불확실하기 때문이다. 따라서 화폐개혁은 매우 조심스러운 정책임에 틀림없다.

그러나 계산단위가 너무 크면 이를 무한정 방치해 둘 수도 없다. 우리는 1962년의 화폐개혁 이후 경제규모도 엄청나게 커지고 화폐가치도 많이 떨어졌다. 그 기간에 인플레이션이 많이 일어났기 때문이다. 따라서 지금은 화폐계산 단위가 경제협력개발기구(OECD) 국가 중 가장 커져 버렸다. 이 점은 우리가 외국여행을 다녀 보면 쉽게 경험할 수 있다. 외국 돈을 우리 돈으로 환산하는 것이 쉽지 않을 지경이다. 기축통화인 달러와의 환율이 1,200을 넘기고 있기 때문이다.

우리는 이제 GDP 1,000조 원 시대에 접어 들었다. 1,000조 원이면 1 다음에 15개의 동그라미를 그려야 한다. 그 이상의 계산단위는 무엇인지 궁금하기도 할 정도이다. 돈도 5만 원 짜리까지 출시되었다. 동그라미가 너무 많아 사용할 때마다 조심스럽다. 그리고 일상생활에서 100만 원은 수시로 거래되는 화폐단위가 되었다. 동그라미 세 개는 주로 생략하고 표시할 정도이다. 100원권은 거의 무용지물이다. 100원짜리 상품이 거의 없기 때문이다.

거기다 경제위기를 맞아 시중에는 돈이 엄청나게 풀렸다. 위기가 수습되고 나면 과도한 유동성 때문에 인플레이션은 피하기 어려울 것이라고 이야기하기도 한다. 그렇게 되면 돈의 계산단위는 또 얼마나 커질지 모른다. 이제 이 점을 심각하게 고민해야 할 단계에 와 있다. 막상 닥치고 나서 서두르면 수습비용이 너무 크다. 지금부터라도 원화의 계산단위를 낮추는 화폐개혁을 진지하게 논의하고 미리 준비할 필요가 있다. 한때 이 문제가 논의되다가 무슨 이유에서인지 꼬리를 감추어 버렸다.

계산단위만을 낮추는 화폐개혁은 그렇게 어려울 것도 없다. 화폐의 중립성 원리에 의하면 완벽하게 예고된 통화단위 변경은 실물부문에 부작용을 미칠 이유도 없다. 유럽연합(EU)에서는 통화단위를 모두 유로로 바꾸는 화폐개혁도 별 부작용 없이 시행하였다. 잘 시행하면 화폐개혁이 오히려 많은 일자리를 창출할 수도 있다. 많은 것을 바꾸어야 하기 때문이다. 화폐단위를 1,000 대 1이나 100 대 1로 바꾸면 많은 것이 편리해질 수 있다. 소비를 활성화시켜 경기진작을 가져올 효과도 있다. 부작용은 서머타임을 실시하는 것보다 오히려 적을지 모른다. 매년 두 번씩 시간을 바꾸면 그 부작용과 적응비용은 만만치 않을 것이다. 화폐단위는 한 번 바꾸면 50년 이상 바꾸지 않아도 되니 50년간의 서머타임 비용보다는 적지 않을까.

오늘날과 같이 경제정책의 기술이 고도로 발달한 시대에는 화폐개혁의 부작용도 사전에 예측하여 차단할 수 있다. 이제는 화폐개혁도 공개적으로 연구하고 준비해야 하지 않을까 싶다. 화폐개혁을 통해 우리 경제를 다시 한 번 업그레이드시켜 보는 것도 얼마든지 가능한 일이다.

〈한국일보, 2009. 8. 10〉

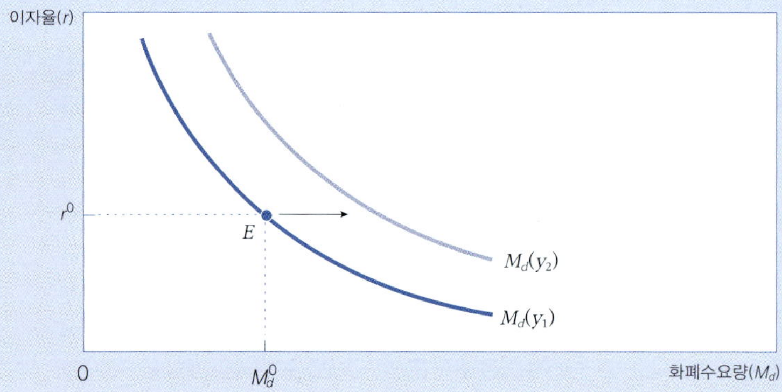

그림 12.1

화폐수요곡선

화폐수요량은 이자율과 서로 역관계에 있다. 따라서 화폐수요곡선은 우하향하는 기울기를 가진다.

러한 거래적 동기에 의한 화폐수요도 높아진다.

투기적 동기에 의한 화폐수요란 미래의 수익을 위한 투기목적으로 화폐를 수요하는 것을 말한다. 이러한 화폐수요는 이자율의 함수이다. 지금 이자율이 낮으면 일단 화폐형태로 가지고 있다가 이자율이 높아지는 미래에 수익증권을 사려고 한다. 그러므로 이자율이 낮으면 화폐수요가 많아진다. 이자율이 높아지면 그 반대 현상이 나타난다. 또 이자율이 낮으면 화폐수요의 비용이 낮다. 부(wealth)를 화폐형태로 가진다는 것은 이자수익을 포기한 것인데, 이것은 화폐수요의 한 비용이라고 볼 수 있다. 이자율이 낮으면 이러한 화폐수요의 비용이 낮기 때문에 화폐를 더 많이 수요하려고 한다. 이자율이 높을 때는 그 반대 현상이 나타난다. 그러므로 투기적 동기에 있어서는 화폐수요가 이자율과 반대 방향으로 변한다.

종합하면 거래적 동기에서는 화폐수요가 소득과 같은 방향으로 변하고, 투기적 동기에서는 화폐수요가 이자율과 반대 방향으로 변한다. 따라서 총화폐수요는 이자율과 소득의 함수가 된다. 만약 x축에 화폐수요를 나타내고, y축에 이자율을 나타내면 화폐수요곡선은 〈그림 12.1〉에서처럼 우하향하는 곡선으로 그려진다. 이자율과 화폐수요는 반대 방향으로 변하기 때문이다. 그런데 소득이 증가하면 화폐수요가 증가한다. 이런 변화를 〈그림 12.1〉에 표시하였을 때 소

생활경제 12-4 은행까지 재벌에…… 외환위기 벌써 잊었나

금융위원회가 어제 이명박 대통령에게 한 업무보고에서 금산분리원칙을 사실상 폐지하겠다는 방침을 밝힌 것은 무원칙한 친재벌정책의 결정판이다. 금산분리란 은행이 재벌의 사금고화하는 것을 막고 경영투명성을 높이기 위해 산업자본이 금융자본을 지배하지 못하도록 칸막이를 친 것이다. 금융위원회는 산업자본의 은행소유를 허용함으로써 사실상 재벌이 은행을 갖도록 하고, 보험회사 같은 비은행금융지주회사에 대한 규제를 완화해 지금의 재벌체제 그대로 합법화하는 길을 터주려 하고 있다. 기업의 여유자금을 금융산업으로 끌어들이고 국제적 경쟁력을 갖춘 금융회사를 육성해 새로운 경제성장의 동력으로 삼자면 정책전환이 필요하다는 게 그 이유다.

그러나 이는 현실의 문제점을 외면한 것으로, 재벌을 위한 금융정책과 다름없다. 금융산업의 발전은커녕 시장질서의 건전성과 안전성을 위협해 외환위기 이후 힘들게 이루어 온 금융시장의 투명성 제고 노력마저 물거품으로 만들 것으로 우려된다. 엊그제 공정거래위원회는 출자총액제한제도를 폐지하고 상호출자 및 채무보증 제한 완화, 지주회사 요건 완화 방침을 밝혔다. 재벌의 규모는 더 커지고 지배력은 더 확장될 수 있도록 길을 열어 준 것이다. 이제 금산분리원칙까지 훼손해 확장영역의 경계를 아예 없애다시피 하였다.

금융위는 1단계로 사모펀드와 연기금이 은행을 소유할 수 있게 하고, 2단계로 산업자본의 은행 소유 한도를 10% 정도로 높이며, 3단계로 지분제한을 없애겠다고 한다. 사회적 공감대만 형성된다면 핵심인 2단계를 1단계와 동시에 시행할 수도 있다고 밝혀, 재벌의 실질적인 은행지배는 1~2년 안에 급속히 진행될 수도 있다. 산업자본의 비은행금융사 소유로도 문제가 적지 않은 현실에서 은행까지 소유를 허용하면 사금고화 등 문제점은 더 커질 수밖에 없다.

감독당국이 국제표준을 강조하지만 세계적인 은행들이 산업자본의 직접 지배 아래 있는 경우는 찾아보기 어렵다. 투명성과 위험관리능력 없이 덩치만 키우고 산업자본의 지배를 허용하는 것은, 오히려 위험을 더 키우는 꼴이다. 금산분리로 말미암아 외국자본은 활개치고 토종자본만 발목이 잡혀 있다는 주장도 펴는데, 사실이 아니다. 발목이 잡혀 있는 것은 산업자본이지 토종자본이 아니다.

은행을 제외한 보험 · 증권 등 비은행금융지주회사가 제조업체를 자회사로 둘 수 있도록 허용하는 것은 사실상 몇몇 재벌에 특혜를 주는 것이다. 특히, 삼성에 대해서는 삼성생명을 통해 삼성전자의 지배권을 유지할 수 있는 길을 터주는 셈이다. 이렇게 되면 에버랜드가 금융지주회사가 되어 삼성생명(금융 자회사)–삼성전자(비금융 손자회사)의 출자구조를 그대로 유지한 채 지주회사체제로 전환해 승계구도를 완성할 수 있게 된다.

우리 금융시장도 많이 투명해졌기 때문에 사전 규제 대신 사후 감독으로 전환하겠다는 발상은 삼성비자금사건에서 목도하는 현실을 외면한 처사다. 무원칙한 친재벌정책은 또다시 국제통화기금 구제금융사태를 불러왔던 재벌의 문어발식 확장과 방만한 경영으로 이어질 가능성이 매우 높다.

〈한겨레신문, 「사설」, 2008. 3. 31〉

득이 y_1에서 y_2로 증가하면 화폐수요곡선은 오른쪽으로 이동한다.

지금까지의 논의는 물가 수준이 일정하다는 전제하에서 이루어진 것이다. 그런데 물가가 변하면 화폐수요도 변할 수밖에 없다. 예컨대, 모든 상품의 물가가

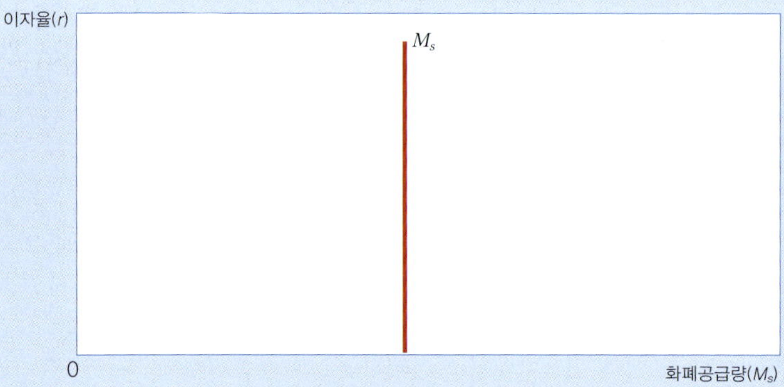

그림 12.2

화폐공급곡선

화폐공급곡선은 수직선으로 그려진다.

2배로 증가하였다고 가정해 보자. 이렇게 되면 경제 내에서 똑같은 양의 산출량을 거래시키기 위해서는 2배의 화폐량이 필요할 것이다. 즉, 화폐수요도 2배로 증가할 수밖에 없다. 물가가 5일 때 화폐량이 100이 필요하였다면, 물가가 10으로 올라가면 똑같은 거래를 수행시키기 위한 화폐량은 200이 필요하다. 따라서 물가수준이 올라가면 〈그림 12.1〉에서 화폐수요곡선은 오른쪽으로 이동할 것이다.

화폐의 공급

화폐의 공급량은 중앙은행에 의해 정책적으로 정해진다. 중앙은행이 경제의 제반 상황을 고려하여 적정하다고 판단되는 통화공급량을 정한다.

통화량을 변화시키는 수단은 다양하다. 시중은행의 지불준비율(required reserve ratio)을 변화시킨다든지, 중앙은행이 시중은행에 돈을 빌려 줄 때 적용하는 할인율(discount rate)을 변화시킨다든지, 국채를 사거나 매각한다든지(open market operations) 하는 방법 등을 통해 중앙은행은 통화공급량을 조절한다.

어떤 방법을 쓰든 통화공급량은 중앙은행의 정책적 배려에 의해 외생적으로 정해진다. 그러므로 통화공급곡선은 이자율의 함수가 아니고 〈그림 12.2〉에서처럼 수직선으로 그려진다. 중앙은행이 그 양을 정하기 때문이다.

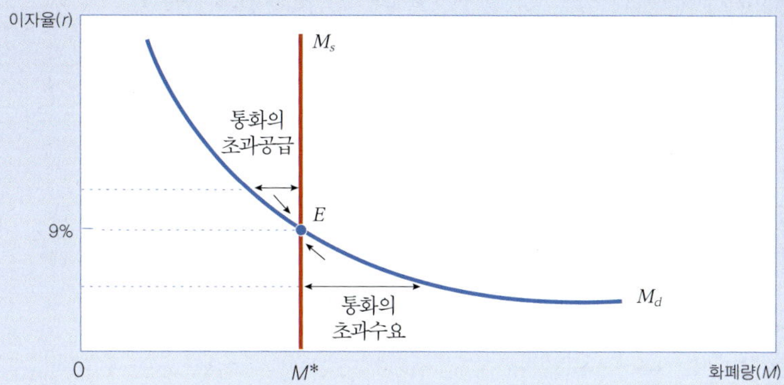

그림 12.3

화폐시장의 균형

화폐공급곡선과 화폐수요곡선이 교차하는 점에서 균형이자율이 정해진다.

화폐시장의 균형과 이자율의 결정

화폐수요가 이자율에 의해 정해지기 때문에 화폐시장에는 화폐수요를 화폐공급과 일치시키는 이자율이 존재한다. 예컨대, 화폐의 공급량이 중앙은행에 의해 일정하게 주어지면 화폐수요를 이것과 일치하도록 만드는 이자율이 존재한다. 이런 이자율을 균형이자율(equilibrium interest rate)이라고 한다.

〈그림 12.3〉에서 수직선은 화폐공급곡선(M_s)이고 우하향하는 곡선은 화폐수요곡선(M_d)이다. 이 두 곡선이 교차하는 점에서는 화폐수요량이 중앙은행에서 정한 화폐공급량과 일치한다. 따라서 점 *E*는 화폐시장의 균형점이고, 이때의 이자율 9%는 화폐수요를 화폐공급과 일치시키는 균형이자율이 된다. 다시 말해, 이자율이 9%이면 화폐시장은 균형을 이룬다.

〈그림 12.3〉에서 이자율이 9%보다 높으면 통화의 초과공급이 발생한다. 시중에 돈이 흔해지고, 따라서 돈을 쉽게 빌릴 수 있으며 이자율은 내려간다.

반대로 이자율이 9%보다 낮으면 통화의 초과수요가 발생한다. 시중에 돈이

귀해지고, 따라서 돈을 빌리기가 어려워지며 이자율은 올라간다. 이자율이 9%이면 화폐의 수요와 공급이 정확히 일치하게 된다. 화폐시장은 균형에 도달한다.

3. 화폐시장과 실물시장의 연결

이자율과 투자

지금까지 우리는 기업의 투자지출은 사전계획에 따라 미리 정해진다고 가정해 왔다. 이것을 계획된 투자(planned investment)라고 하였다. 투자란 자본재의 증가를 의미하는 것으로 기업이 가진 실물자산의 변화를 나타낸다. 기업이 투자를 하면 기업의 생산설비인 자본재의 양이 증가한다. 지금까지 이러한 투자는 기업이

생활경제 12-5 신중해야 할 통화량 관리

기획재정부는 장관이 그제 "최근 현금, 요구불예금, 은행, 저축성 예금 등을 포함한 통화지표인 넓은 의미의 통화(M2)증가율이 15%로 경제성장률에 비해 과도하다"고 말해 물가안정을 위해 유동성 조절에 나설 것임을 강력히 시사하였다. 금융위원장도 "상환능력을 초과하는 수준의 대기업 인수합병(M&A) 대출심사를 강화하겠다"고 밝혔다. 10년 만에 처음으로 소비자물가가 5.5%까지 오르자 정부가 안정대책을 내놓은 것이다.

지금의 고물가는 기본적으로 국제유가 등 원자재값 상승에 따른 비용인상(cost-push) 인플레이션 때문이지만 정부가 지적하듯 돈이 지나치게 많이 풀린 탓도 없지 않다. 그렇지만 금융시장에서는 대출규제를 통한 유동성 관리의 효과에 의문을 제기한다. 중소기업 및 가계의 자금난으로 소비심리만 더 위축되고 기업투자가 되살아나지 못해 결국 성장잠재력 확충이 멀어질 수도 있다. 정부가 정책실패 가능성을 줄이고 실물동향에 맞춘 유동성 관리를 해야 할 텐데, 자칫하면 물가도 못 잡고 시장경색과 충격만 키울 우려가 없지 않다.

……

정부는 경제운용 기조를 너무 쉽게, 너무 빨리 바꿔 오히려 리스크(위험)를 키우지 않느냐는 우려의 목소리도 새겨들을 필요가 있다. 요즘 시장에서는 "수요위축에 긴축이 겹쳐 3~6개월 후 경기둔화가 더 깊어질 가능성은 생각해 보았느냐", "각국이 긴축할 때 홀로 성장을 외친 결과가 겨우 이것이냐" 같은 비판이 나온다. 유동성 관리를 하더라도 시장에서 과도한 쏠림현상이 나타나지 않도록 조용히 해야 한다. 중소기업의 자금사정도 각별히 챙겨야 할 것이다.

〈동아일보, 「사설」, 2008.7.3〉

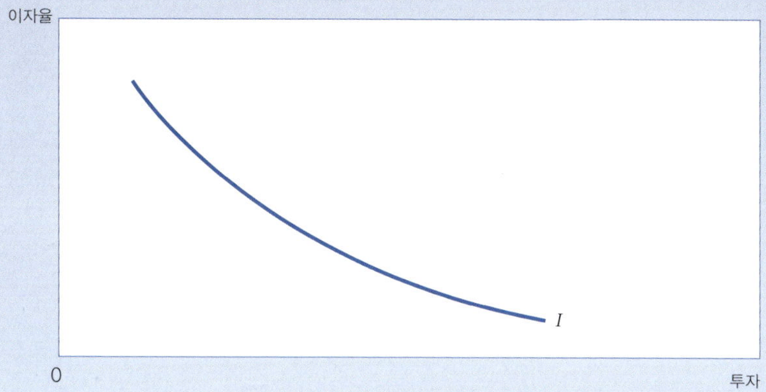

그림 12.4

이자율과 투자지출

이자율과 투자는 서로 반대 방향으로 변한다. 이자율이 높아지면 투자가 줄어들고, 이자율이 낮아지면 투자가 늘어난다.

현재의 경제여건에 맞추어 그 양을 연초에 미리 정해 놓는 것으로 가정하였다.

그런데 기업이 이런 투자결정을 할 때는 투자비용을 고려하기 마련이다. 투자하기 위해서는 기업이 돈을 빌려 와야 하는데, 돈을 빌리기 위해서는 이자를 지불해야 한다. 이자율이 높아지면 돈을 빌리는 비용이 높아지고 수익성이 낮은 사업에는 투자할 수 없다. 수익성이 높은 사업에만 투자할 수밖에 없다. 따라서 이자율이 높아지면 기업은 계획된 투자를 줄이려고 할 수밖에 없다.

반대로 이자율이 낮아지면 돈을 빌리는 비용이 낮아진다. 이때는 수익성이 다소 낮은 사업에까지도 투자할 수 있다. 따라서 이자율이 낮아지면 기업은 계획된 투자를 증가시키려고 할 것이다.

이와 같이 실물시장(product markets)에서 정해지는 투자량은 화폐시장(money markets)에서 정해져 오는 이자율에 의해 영향을 받는다. 즉, 투자는 이자율의 함수이다. 그런데 투자와 이자율은 서로 반대 방향으로 변한다. 이자율이 내려가면 투자량이 높아지고, 이자율이 올라가면 투자량이 낮아진다. 따라서 투자곡선은 〈그림 12.4〉에서와 같이 우하향하는 곡선으로 그려진다. 투자가 이자율의 함수라는 것은 실물시장(투자의 결정)과 화폐시장(이자율의 결정)을 연결시키는 통로가 된다.

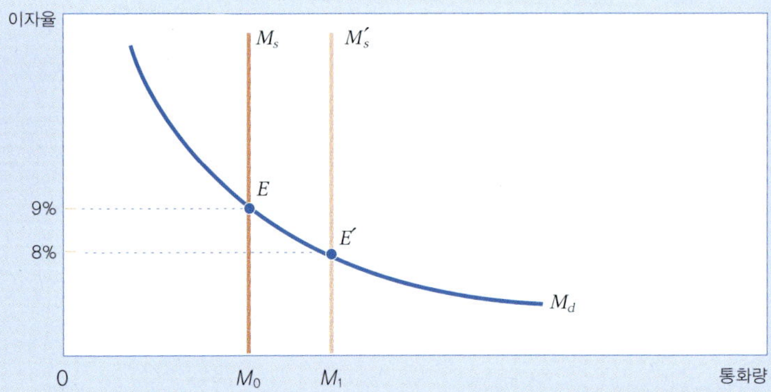

그림 12.5

통화정책과 이자율의 변화

정부가 통화 공급량을 증가시키면 ($M_0 \rightarrow M_1$) 이자율이 하락한다(9% →8%).

통화정책과 균형국민소득

이자율은 화폐시장에서 화폐의 수요와 공급에 의해 정해진다. 그런데 화폐의 공급은 중앙은행이 정책적으로 그 양을 조정할 수 있다. 만약 중앙은행이 화폐의 공급량을 변화시키면 이자율이 변하고, 이자율의 변화는 기업의 계획된 투자지출을 변화시킬 것이다. 기업의 계획된 투자지출이 변하면 국가경제의 계획된 총지출이 변하면서 균형국민소득이 변한다. 이와 같이 중앙은행이 화폐 공급량을 변화시켜 균형국민소득을 조정하는 것을 통화정책(monetary policy)이라고 한다.

제11장의 〈그림 11.5〉와 〈표 11.5〉에서는 균형국민소득이 900인데, 이 균형국민소득이 너무 낮아 실업률이 높아지고 있다고 판단되면 중앙은행은 통화정책을 통해 균형국민소득을 증가시키면서 실업률을 낮출 수 있다. 중앙은행이 통화 공급량을 〈그림 12.5〉에서처럼 M_0로부터 M_1으로 증가시키면 화폐공급곡선이 M_s에서 M_s'으로 이동한다. 이렇게 되면 화폐시장의 균형점도 E에서 E'으로 이동하면서 이자율이 9%에서 8%로 하락한다.

이자율이 9%에서 8%로 하락하면 〈그림 12.6〉에서 기업의 계획된 투자지출이 100에서 150으로 증가한다. 투자가 100일 때는($I=100$) 계획된 총지출이 제11장 〈그림 11.5〉에서처럼 $E=C+I+G=225+0.75Y$이고 균형국민소득이 900이었는데, 통화정책으로 인해 이자율이 하락하면서 투자가 150으로 증가하면($I=150$) 계획된 총지

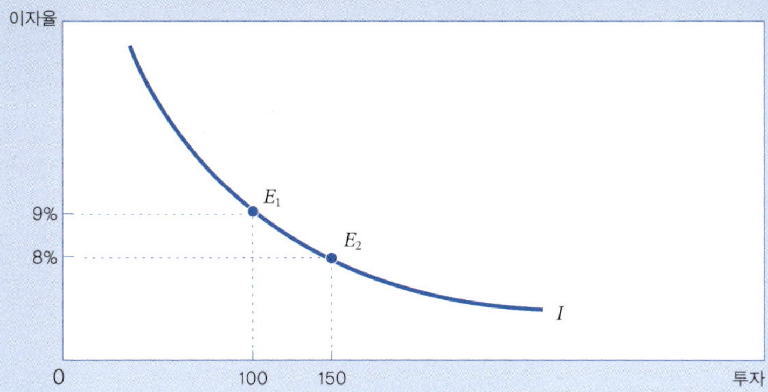

그림 12.6

이자율의 변화와 계획된 투자의 변화

이자율이 하락하면(9%→8%) 투자가 증가한다(100→150).

출은 $E=275+0.75Y$로 변한다. 정부지출과 소비함수에는 아무런 변화가 없고 단지 투자만 50만큼 증가하였기 때문에 총지출함수는 $E=225+0.75Y$에서 $E=275+0.75Y$로 변하였다. 새 지출함수하에서는 제11장의 〈그림 11.8〉에서처럼 균형국민소득이 1,100으로 증가한다. 이와 같이 국민소득이 증가하면 국가경제가 활성화되면서 실업률은 당연히 감소할 것이다.

통화를 증가시켜 균형국민소득을 증가시키는 것을 통화팽창정책이라고 한다. 제11장의 〈그림 11.8〉에서는 정부가 직접적인 정부지출을 증가시키는 재정팽창정책(fiscal expansion)으로 균형국민소득이 변화하는 것을 살펴보았으나, 여기서는 중앙은행이 통화팽창(monetary expansion)을 통해 이자율을 하락시킴으로써 투자를 촉진시키고 균형국민소득을 증가시키는 것을 살펴보았다.

재정정책은 정부가 직접 정부지출(G)을 변화시켜 균형국민소득을 조정하는 것이고, 화폐정책은 통화량을 조정하여 화폐시장에서 이자율을 변화시킴으로써 간접적으로 투자에 영향을 미쳐 균형국민소득을 조정하는 것이다. 어떤 방식으로 접근하든 실물부문의 총지출($E=C+I+G$)을 변화시켜 균형국민소득을 변화시킨다. 필요에 따라 정부는 두 정책을 적절히 혼합하여 사용하기도 한다. 이와 같이 정부가 사용할 수 있는 거시경제정책의 수단은 통화량, 정부지출 등이다. 이런 정책수단을 적절히 활용함으로써 정부는 완전고용을 달성시킬 수 있다.

요약하기

❖ 화폐의 기능: 교환의 매개수단, 가치저장의 수단, 계산의 단위

❖ 화폐의 형태: 상품화폐, 법정화폐

❖ 화폐의 양: 현금(지폐+동전), M1, M2, Lf, L

❖ 화폐의 수요: 소득과 정비례하고(거래적 동기에 의한 수요) 이자율과는 반비례하는(투기적 동기에 의한 수요) 함수

❖ 화폐의 공급: 중앙은행이 정책적으로 통제

❖ 이자율: 화폐시장의 균형(화폐수요=화폐공급)에 의해 결정

❖ 투자: 이자율과 반비례하는 관계

❖ 통화정책: 통화량 변화 → 이자율 변화 → 투자량 변화 → 총지출 변화 → 균형국민소득 변화

❖ 재정정책: 정부지출 변화 → 총지출 변화 → 균형국민소득 변화

복습과 토론하기

12. 1.

북한 사회에서도 '달러'는 통용된다고 한다. 백화점에서 '달러'로 물건을 살 수 있다고 한다. 북한은 미국을 그렇게 싫어하면서도 미국돈인 '달러'는 왜 그렇게 좋아하는 것일까?

12. 2.

한국은행에서 돈을 지금의 2배 이상으로 더 많이 찍어 낸다면 어떤 결과가 초래될까? 사람들은 지금보다 2배 이상 돈을 더 많이 가지게 될까? 사람들은 지금보다 2배 이상 더 부자가 될 수 있을까?

12. 3.

돈은 그 자체로서는 입을 옷도 아니고 먹을 음식도 아니다. 사람들의 생활에 실제로 유용한 것은 돈이 아니고 돈으로 살 수 있는 재화와 용역 등의 상품이다. 그런데 왜 경제학에서는 돈을 중요시하는 것일까? 돈이 이러한 상품의 생산량과 어떤 관계가 있는 것일까?

12. 4.

조선시대에는 쌀도 돈의 역할을 수행하였다고 본다. 어떤 의미에서 쌀이 돈의 역할을 수행하였다고 보는 것일까? 그리고 돈이라는 측면에서 볼 때 그 당시의 엽전과 쌀의 차이는 무엇일까?

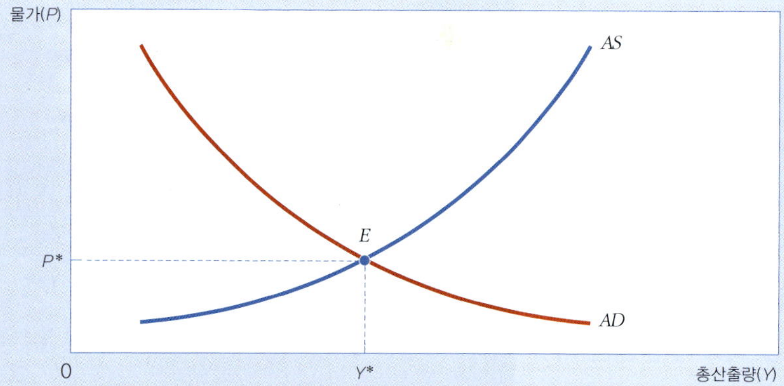

그림 13.4

균형물가와 균형국민소득의 결정

총수요곡선(AD)과 총공급곡선(AS)이 교차하는 점에서 균형국민소득 및 균형물가 수준이 정해진다.

잠재GDP와 장기에서의 총공급곡선

물가는 경제 내의 모든 재화와 용역의 가격을 반영한 것인데, 경제 내의 재화와 용역은 크게 생산물(outputs)과 생산요소(inputs)로 구분해 볼 수 있다. 특히, 생산요소 중에는 노동(labor)이 매우 중요한 요소이다. 그런데 물가가 변할 때는 생산물의 가격이 먼저 변하고, 노동의 가격인 임금(wages)은 시차를 두고 그 다음에 변한다. 기업들은 생산물가격이 올라갈 때 임금이 따라서 상승되지 않아야 공급량을 증가시킨다. 만약 임금도 따라서 올라가면 그만큼 생산비가 증가하기 때문에 공급량을 증가시키려고 하지 않는다. 그러므로 물가가 오를 때는 임금이 따라서 변하지 않는 기간에만 총공급이 증가한다. 이런 기간을 단기라고 한다.

임금이 오르지 않고 물가가 오르면 기업들은 생산비는 증가하지 않은 채 판매수입이 올라가기 때문에 수익성이 높아져 생산, 공급을 증가시키려고 한다. 그러므로 물가가 오르면 단기적으로는 총공급이 증가하고 총공급곡선이 〈그림 13.5〉의 AS_0처럼 우상향하는 기울기를 갖는다. 임금이 물가변동에 미처 따라가지 못하는 이런 기간을 단기라고 한다.

그런데 임금을 비롯한 모든 생산요소의 가격이 함께 오르면 상황이 달라진다. 임금을 비롯한 여러 가지 생산요소의 가격이 모두 오르면 기업은 수익성이 낮아지기 때문에 같은 수준의 물가에서도 산출량을 줄이려고 한다. 즉, 총공급

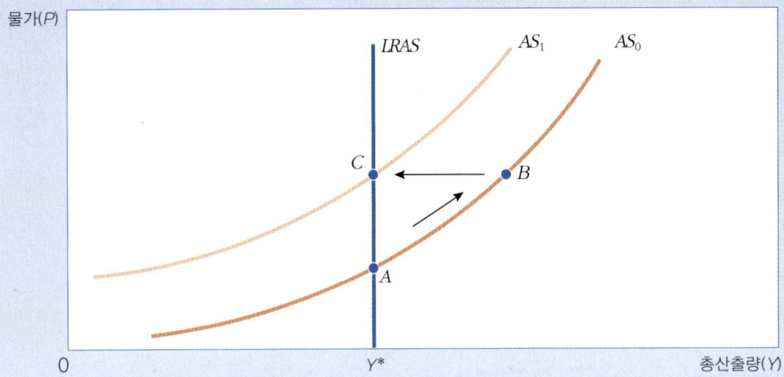

그림 13.5

임금의 변화와 단기총공급곡선의 이동

단기총공급곡선은 우상향하지만 장기총공급곡선은 *LRAS*처럼 수직선이 된다.

이 줄어들면서 총공급곡선은 〈그림 13.5〉의 AS_1처럼 왼쪽으로 이동한다.

석유파동으로 석유가격이 갑자기 상승해도 이런 현상이 나타난다. 기업들의 생산비 부담이 증가하기 때문에 총공급이 줄어들면서 총공급곡선이 왼쪽으로 이동한다.

이런 현상을 비용충격(cost shocks) 또는 공급충격(supply shocks)이라고 한다. 만약 경제가 점 *A*에 위치하고 있는데 해외부문의 수요급증으로 생산물가격이 올라간다면, 단기적으로는 총공급이 점 *A*에서 점 *B*로 증가할 것이다. 즉, 물가가 증가하면서 산출량도 증가한다. 그런데 시간이 지나면 임금을 비롯한 제반 생산요소의 가격들도 함께 증가한다. 이렇게 되면 단기총공급곡선은 AS_0에서 AS_1으로 이동한다. 즉, 장기적으로 공급점이 점 *B*에서 점 *C*로 이동하고, 산출량은 원래의 산출량 수준인 Y^*로 환원하게 된다. 그러므로 장기적으로는 총공급량이 여전히 Y^*이다. 이것은 생산요소가격도 생산물가격과 똑같은 비율로 변하는 장기(long run)에 있어서는 총공급량이 전혀 변하지 않는다는 것을 나타낸다.

그러므로 장기적으로는 총공급곡선이 *A*와 *C*를 연결하는 수직선(vertical line)이 된다. 말하자면, 장기총공급곡선(long run aggregate supply curve)은 우상향하는 것이 아니라 수직적으로 된다는 의미이다. 특히, Y^*가 경제의 모든 생산설비가 거의 완전가동에 가까워져 있을 때의 산출량 수준이라면 이런 현상은 더욱 뚜

생활경제 13-3 OECD 수준으로 소비 늘리면 성장률 2%P 추가 상승

우리 경제가 회복세를 이어가기 위해서는 민간소비를 확대할 대책이 필요하다는 지적이 잇따르고 있다. 국내총생산(GDP) 중 민간소비 비중을 경제협력개발기구(OECD) 수준으로 높일 경우 경제성장률은 2%포인트가량 높아질 것으로 분석되었다.

현대경제연구원은 16일 『한국경제 재도약을 위한 소비확충방안』 보고서에서 "최근 침체가 심화되고 있는 민간소비를 늘리면 추가 성장이 가능하다"고 밝혔다. 보고서에 따르면 지난 해 우리나라의 명목GDP 1,023조 9,377억 원 중 민간소비가 차지하는 비중은 54%였다. 이는 OECD 주요국(미국 · 일본 · 영국 · 프랑스 · 이탈리아 · 캐나다) 평균인 60.8%에 비해 약 6.8%포인트 낮은 수준이다.

예컨대, 지난 해 민간소비 비중을 OECD 주요국 수준으로 높였다고 가정하면 5%였던 명목성장률은 11.7%로 상승한다는 것이 보고서의 분석이다. 보고서는 이 명목성장률 증가분에서 물가상승률(4.7%)을 빼면 실질적으로 2%포인트의 추가 성장여력이 생기는 것으로 평가하였다. 국내 민간소비가 GDP에서 차지하는 비중은 2002~2005년의 57%에서 2006년 54%로 하락, 현재도 같은 수준이다.

민간소비가 침체된 것은 소득양극화가 심화되고 부유층의 소비증가율은 둔화되면서 국내 소비여력이 하락하였기 때문으로 풀이된다. 1996년 68.35%였던 중산층 비율은 2006년 58.48%로 줄어 중산층의 소비여력이 즐어든 반면 고소득층(소득 상위 20%)의 한계소비성향(소득증가에 따라 소비가 늘어나는 정도)은 1999~2007년 0.91에서 지난 해 이후 0.11로 낮아져 소비를 이끌지 못하고 있다.

……

〈경향신문, 2009.8.16〉

렷해진다. 그러므로 Y^*를 잠재적 GDP(potential GDP)라고 본다. 요약컨대, 단기적으로는 총공급곡선이 우상향하지만 장기적으로는 총공급곡선이 〈그림 13.5〉의 *LRAS*처럼 수직적이 된다.

4. 재정 및 금융정책과 물가

재정정책 및 금융정책의 단기효과

경기가 불황이라고 판단되면 정부는 재정정책이나 금융정책으로 경기를 진작시키려고 한다. 정부지출(G)을 늘리는 재정확장이나 통화(M_s)를 늘리는 금융확장정

생활경제 13-4 양극화로 '실감' 안 나는 국민소득 2만 달러 복귀

우리나라의 1인당 국민소득이 올해 2만 달러를 넘어서고 내년에는 사상 최대치를 기록한 것이란 전망이 나오고 있다. 하지만 갈수록 악화하고 있는 성장과 분배의 불균형으로 국민들이 느끼는 체감경기는 여전히 높지 않을 것이란 우려를 낳고 있다. 12일 한국은행의 분석을 보면, 실질구매력 변화를 고려한 소득지표인 명목국민총소득(GNI)은 올해 1조 23억 달러에 이를 것으로 추산되었다. 원-달러 기준환율은 연평균 1,160원 가량일 것으로 예상되었다. 명목국민총소득을 원화로 환산할 경우 1,162조 7,000억 원이 된다. 명목국민총소득을 통계청의 올해 추계인구 4,887만 명으로 나누면 1인당 국민소득은 2만 510달러(2,379만 원)라는 계산이 나온다. 이 달 말까지 환율이 폭등하지 않는 한 1인당 국민소득 2만 달러 돌파는 무난하다는 게 한국은행의 설명이다.

한은은 내년 실질국내총생산(GDP) 증가율이 4.5%로 전망되고 환율이 1,060~1,100원으로 하락할 것으로 예측되면서 1인당 국민소득이 사상 최대치를 기록할 가능성이 있는 것으로 보고 있다. 여기에 엘지(LG)경제연구원이 추정한 내년 'GDP디플레이터'(국민경제 전체의 물가 수준을 보여 주기 위해 명목GDP를 실질GDP로 나눈 값)인 2.0%와 추계인구를 적용하면 1인당 국민소득은 2만 2,998~2만 3,866달러다. 이는 이전 최대 기록인 2007년의 2만 1,700달러를 웃도는 금액이다. 1인당 국민소득은 2007년까지 6년 동안 증가세를 보이다 2008년 국제금융위기로 1만 9,296달러로 떨어졌다. 지난해엔 5년 만에 가장 적은 1만 7,175달러까지 줄었다.

하지만 우리나라의 전체 부가 확대되더라도 개인 호주머니 사정이 좋아지는 것은 아니다. 양극화 때문이다. 소득불평등이 심해져 전체 파이는 커지지만 자신에게 돌아오는 몫은 커지지 못하는 것이다. 빈부격차를 나타내는 '지니계수'는 2000년대 들어 상승(악화) 추세다. 2008년 0.296에서 지난해 0.293으로 조금 낮아졌지만 다시 상승할 것이라고 전문가들은 예상하였다. 엘지경제연구원은 "정부 지원과 주택가격 하락으로 지니계수가 낮아졌지만 앞으로는 정부 효과가 사라져 빈부격차가 심해질 것"이라고 말하였다.

또 소득증가의 과실이 노동자에게 덜 분배되는 상황도 우려된다. 우리나라의 노동소득분배율(전체 국민소득에서 노동소득이 차지하는 비율)은 1980년 50.1%에서 1996년 62.6%까지 올라섰다가 2000년 58.1%, 2002년 58.0%까지 떨어졌다. 2008년 61.0%에는 다소 올라갔으나 2009년 60.6%로 다시 하락해 여전히 외환위기 이전 수준에는 미치지 못하고 있다.

〈한겨레, 2010.12.12〉

책을 쓰면 *AD*곡선이 〈그림 13.6〉에서처럼 오른쪽으로 이동한다.

정부지출을 늘리면 총지출($E=C+I+G$)이 늘어나면서 총수요가 증가한다. 따라서 *AD*곡선이 AD_0에서 AD_1으로 이동해 간다. 통화량을 늘리면 화폐시장에서 이자율이 낮아지면서 투자지출(I)이 늘어나기 때문에 총지출($E=C+I+G$)이 증가한다. 따라서 이때도 총수요가 증가한다. 이 경우에도 *AD*곡선이 AD_0에서 AD_1으로 이동한다.

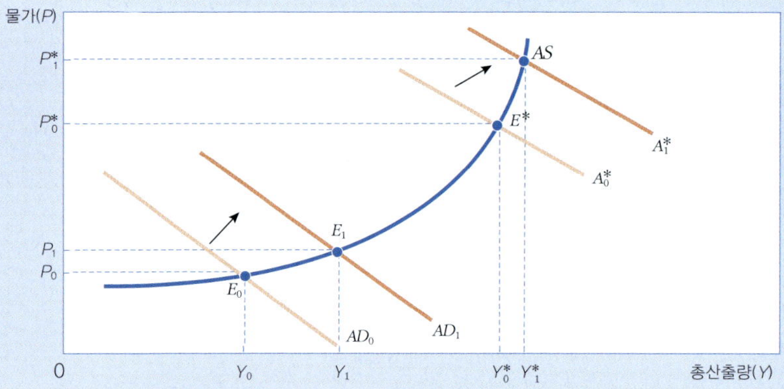

그림 13.6

재정 및 금융정책과 *AD*곡선의 이동

재정확장이나 금융확장정책을 사용하면 물가 수준이 올라가면서 총산출량이 증가한다.

이와 같이 재정확장이나 통화팽창정책을 사용하면 〈그림 13.6〉에서처럼 *AD*곡선이 오른쪽으로 이동한다. 그러므로 균형점은 E_0에서 E_1으로 이동한다.

이때 E_1의 왼쪽 구간에서처럼 *AS*곡선이 비교적 완만한 기울기를 가진다면 재정확장이나 금융확장으로 인해 총산출량은 많이 증가할 것이다. 즉, 물가는 비교적 적게 증가하면서 총산출량이 많이 증가할 것이다. 그 이유는 경기가 불황이어서 기업들이 유휴설비를 많이 가지고 있고, 가동률이 낮기 때문이다. 이런 상황은 총산출량(Y_0)이 잠재GDP(potential GDP)보다 매우 낮을 때 나타나는 상황이다.

반면에 〈그림 13.6〉의 윗부분에서처럼 *AS*곡선이 비교적 가파른 기울기를 가지면 재정확장이나 금융확장이 총산출량(Y)을 크게 끌어올리지 못할 것이다(Y_0^*에서 Y_1^*으로 아주 적게 끌어올린다). 대신에 물가만 대폭 인상시킬 것이다(P_0^*에서 P_1^*으로 아주 많이 올라간다). 그 이유는 이 구간에서는 경제가 거의 완전가동상태에 있

생활경제 13-5 물가는 외부요인 탓만 하며 성장에 집착할 텐가

지난 달 소비자물가는 작년 같은 달에 비해 4.5%나 뛰었다. 27개월 만에 가장 큰 폭이다. 배추(94.6%), 돼지고기(35.1%), 휘발유(11.1%) 값이 폭등한 것을 보면 서민들 물가고가 얼마나 심한지 알 수 있다. 52개 생필품 중 값이 내린 품목은 8개뿐이다. 더욱 심각한 것은 농산물과 석유류를 제외한 근원물가가 18개월 만에 가장 큰 폭(3.1%)으로 오른 점이다. 정부는 지금까지 주로 채소류 작황 부진과 구제역, 국제유가 급등을 물가불안 요인으로 꼽았다. 공급부문의 일시적인 애로가 해소되면 물가 압력도 누그러질 것이라는 인식을 깔고 있었다.

하지만 이는 너무 안이한 자세였다. 정부와 한국은행은 수요부문에서 물가상승 압력이 급속히 커질 수밖에 없다는 점을 굳이 외면하는 듯한 인상마저 주었다. 작년 6.1%에 이른 경제성장률이 올해에도 한은 전망치(4.5%)를 웃돌 것으로 예상하면서도 기준금리를 2년 넘게 2%대에 묶어 두는 초저금리 정책을 고집한 것만 봐도 알 수 있다. 정부와 한은은 근원물가와 서비스물가마저 치솟은 다음에야 수요압력을 걱정하기 시작하였다. 그러면서도 여전히 두더지잡기식 물가관리만 되풀이하고 있다. 어제 관계부처 장관회의에서 나온 물가대책 역시 겨울철 에너지 수요와 농축산물 공급 애로가 완화되는 2분기에는 물가가 안정될 것이라는 전제 아래 내놓은 임시방편일 뿐이다.

기획재정부 장관은 "역풍에 돛을 달아야 할 상황"이라며 "정부의 정책공간이 좁아지고 있다"고 지적하였다. 하지만 정부 스스로 성장에만 집착해 운신 폭을 좁혔음을 깨달아야 한다. 물가안정이 중앙은행의 가장 기본적인 책무임을 잊은 듯한 한은은 더 늦기 전에 금리정상화를 통해 인플레이션 기대를 낮추어야 한다. 물가를 잡지 못하는 중앙은행은 존재가치가 없다.

〈매일경제, 2011.3.2〉

기 때문이다. 이때는 총산출량이 잠재GDP 수준에 와 있기 때문에 재정정책이나 금융정책이 총산출량을 크게 변화시킬 수는 없다. 오히려 물가만 상승시킨다.

재정정책 및 금융정책의 장기효과

이미 앞에서 논의한 것처럼 단기에는 임금이 생산물가격 변화에 미처 따라가지 못한다고 본다. 따라서 물가가 오르면 단기적으로 기업은 수익성이 좋아지기 때문에 산출량을 증가시키려고 한다. 그러나 장기적으로는 임금도 생산물가격 변화에 따라가기 때문에 수익성 향상효과가 없어지고 기업은 산출량을 변화시키려고 하지 않는다. 따라서 단기에는 총공급곡선이 우상향하지만 장기적으로는 총공급곡선이 〈그림 13.5〉의 *LRAS*처럼 수직선이 된다.

이렇게 되면 재정정책이나 금융정책의 효과도 장기적으로는 단기와 다르게

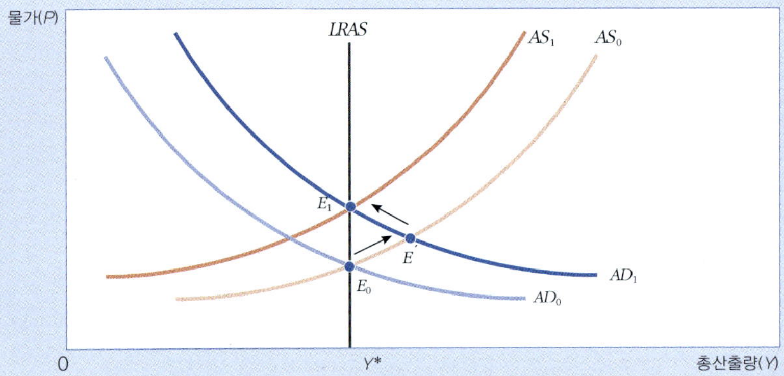

그림 13.7

물가와 산출량의 장기균형

재정확장이나 금융확장정책이 장기적으로는 물가 수준만 상승시키지 총산출량은 증가시키지 못한다.

나타난다. 〈그림 13.7〉에서 재정확장이나 금융확장으로 총수요곡선이 AD_0에서 AD_1으로 이동하면 일단은 균형이 E_0에서 E'으로 이동한다. 물가도 오르고 산출량도 증가한다. 그런데 장기적으로는 임금과 더불어 모든 생산요소가격이 함께 올라가면서 총공급곡선도 AS_0에서 AS_1으로 이동한다. 이렇게 되면 장기적으로 새 균형점은 E_1으로 옮겨 간다.

E_1에서는 총산출량은 증가하지 못하고 물가만 상승시킨다. 이것은 재정정책이나 금융정책이 장기적으로는 산출량을 끌어올리지 못하고 물가만 인상시키고 만다는 것을 나타낸다. 즉, 재정확장이나 금융확장은 장기적으로 인플레이션만 초래하게 된다.

그런데 문제는 장기란 얼마나 긴 기간이냐 하는 것이다. 장기가 2~3개월에 불과한지, 2~3년 이상 되는 것인지에 따라 정책실시 여부에 대한 견해가 달라질 수 있다. 재정 · 금융정책을 실시한 2~3개월 후에 산출량이 본래대로 환원되고 인플레이션만 나타난다면 이 정책은 부작용만 낳는 정책이 될 것이다. 그러나 학자들은 장기가 얼마나 긴 기간인지에 대해 의견의 일치를 보지 못하고 있다. 신고전학파 경제학(neoclassical economics)에서는 장기란 매우 짧다고 주장한다. 극단적으로는 장기가 매우 짧기 때문에 단기와 장기의 구분이 필요 없고, 단기공급곡선 자체가 장기공급곡선처럼 수직선이 된다고 주장한다. 이들은 재정정책이나

생활경제 13-6 저성장 고물가, 투자확대로 풀어 나가야

소비자물가 상승세가 거침 없다. 통계청이 1일 발표한 '3월 소비자물가동향'에 따르면 지난 해 같은 기간에 비해 3.9% 올랐다. 지난 해 10월에 3%대로 진입하더니 11월 3.5%, 12월 3.6%를 거쳐 올 1월 3.9%까지 증가폭이 줄곧 확대되다가 2월에 3.6%로 잠시 주춤하는가 하였더니 3월 들어 다시금 치솟아 4%대에 근접한 것이다. 국제원자재가격 상승이 국내 물가에 본격적으로 영향을 미치기 시작하였음을 말해 준다. 특히, 서민생활에 필수적인 품목들로 구성되어 있는 생활물가지수는 4.9%까지 올라 역시 5개월째 4%대를 지켰다.

더더욱 우려되는 것은 '인플레이션 기대심리'다. 물가는 하방경직성, 곧 한 번 오르면 좀처럼 떨어지지 않기 때문에 인플레이션을 예견 또는 기대하는 심리가 확산되면 임금과 상품가격 인상, 부동산 등 자산가격의 상승 등으로 인해 실제 인플레이션으로 고착화할 개연성이 짙기 때문이다. 비용쪽 상승이 2차, 3차로 파급되면 장기적으로 경제의 체질을 약화시키는 결과로 이어지지 않을 수 없다.

이와 같은 고(高)물가가 저(低)성장 우려와 겹쳐 경제전망을 더 그늘지게 하고 있다. 세계은행은 1일 한국의 올해 경제성장률을 종전 5.1%에서 4.6%로 0.5%포인트 하향조정하였다. 외국계 금융기관들도 앞서거니 뒤서거니 전망치를 내리고 있다. 이명박 정부의 목표 6%로부터도 갈수록 멀어져 올해 내내 '저성장 속 고물가', 곧 스태그플레이션 트랩에 빠질지 모를 상황이다.

트랩을 피해 나가기 위한 활로가 달리 없다. 정부가 기업의 투자확대를 유도해 겹겹의 경제난국에 대처해 나가야 하며, 그 추진력은 역시 규제혁파에서 찾아야 한다는 것이 우리 시각이다. 규제혁파는 직접적으로 물가안정에 기여할 뿐 아니라 기업의 투자확대로 연결될 수 있다. 전국경제인연합회가 294개 회원사를 대상으로 실시한 설문조사를 빌리면 72% 이상이 "정부가 핵심 규제를 완화하거나 폐지할 경우 국내에서 투자를 확대하겠다"고 밝히고 있다.

〈문화일보, 「사설」, 2008. 4. 2〉

금융정책은 인플레이션만 야기할 뿐 실업을 줄이거나 산출량을 증가시키는 데는 별 효과가 없다고 주장한다.

요약하기

❖ 총수요: 소비수요, 투자수요, 정부수요 등의 합계로 물가와는 역관계이다. 총수요곡선은 우하향

❖ 총공급: 기업들의 총공급량이 물가 수준과 어떻게 연관되어 있는지를 나타낸다. 단기총공급곡선은 우상향, 장기총공급곡선은 수직

❖ 균형물가: 총수요곡선과 총공급곡선의 교차점에서 결정

❖ 재정확장정책: 정부지출의 증가

❖ 통화확장정책: 통화공급량의 증가

❖ 재정확장 및 통화확장의 효과: 단기에는 물가상승과 산출량 증가, 장기에는 물가만 상승(산출량은 불변)

복습과 토론하기

13. 1.

물가가 올라가면 기업들은 두 가지 측면에서 그 효과가 나타난다. 한 측면에서는 물가가 상승하면 이자율이 올라가기 때문에 기업들의 투자비용이 증가하여 투자수요가 감소한다. 다른 측면에서는 물가가 상승하면 기업들의 수익성이 높아지기 때문에 기업들은 생산을 더 많이 하려고 한다. 총수요와 총공급은 이 두 효과와 어떻게 연결될까?

13. 2.

경기가 침체되어 기업들이 유휴설비를 많이 가지고 있다면 정부는 어떤 방법으로 기업들의 생산활동을 진작시킬 수 있을까? 정부의 개입과 더불어 물가에는 어떤 변화가 일어날까?

13. 3.

물가가 상승하면 노동자들의 실질소득이 감소한다. 따라서 노동자들은 임금인상을 요구한다. 이와 같이 물가가 상승하면 임금도 상승하게 된다. 그러나 이 변화는 동시에 일어나는 것이 아니고 시차를 두고 일어난다고 본다. 임금이 물가상승에 미처 따라가지 못하고 있는 기간을 단기, 임금이 물가상승을 따라잡는 기간을 장기라고 한다. 정부가 재정확장정책을 쓰면 국가의 총산출량 및 물가에는 단기와 장기에 각각 어떤 변화가 일어날까?

1. 실업

실업의 개념

실업(unemployment)이란 일하기를 원하지만 일자리를 구하지 못한 상태를 말한다. 말하자면, 일은 하고 싶은데 일자리가 없는 상태를 말하고, 이런 상태에 있는 사람을 실업자라고 한다. 어떤 시장에서든 일자리를 구하려고 하지 않는 사람은 비록 일자리가 없어도 실업으로 간주하지 않는다.

15세 이상의 인구는 크게 경제활동인구(labor force)와 비경제활동인구로 구분한다. 〈표 14.1〉에서 보면 2010년도 우리나라의 15세 이상 인구는 4,059만 명이다. 이 중에서 경제활동인구는 61%인 2,474만 8,000명이고, 비경제활동인구는 나머지 39%인 1,584만 2,000명이다.

> 15세 이상 인구=경제활동인구+비경제활동인구

경제활동인구는 다시 취업자(employed)와 실업자(unemployed)로 구분된다. 〈표 14.1〉에서 보면 2010년도 우리나라의 경제활동인구는 2,474만 8,000명인데, 이 중 96.3%인 2,382만 8,000명이 취업자이고 나머지 3.7%인 92만 명이 실업자이다.

> 경제활동인구=취업자+실업자

15세 이상 인구에서 경제활동인구가 차지하는 비율을 경제활동참가율(laborforce participation rate)이라고 한다. 〈표 14.1〉에서 보면 2010년도 우리나라의

표 14.1 한국의 실업률			[단위: 천 명, %]
연도	15세 이상 인구	경제활동인구(경제활동참가율)	실업자(실업률)
1991	31,535	19,109 (60.6)	461 (2.4)
1995	33,659	20,845 (61.9)	430 (2.1)
1997	34,851	21,782 (62.5)	568 (2.6)
1999	35,757	21,666 (60.6)	1,374 (6.3)
2001	36,579	22,417 (61.3)	45 (3.8)
2003	37,340	22,916 (61.4)	777 (3.4)
2005	38,300	23,689 (61.9)	833 (3.5)
2007	39,170	24,166 (61.7)	733 (3.0)
2010	40,590	24,748 (61.0)	920 (3.7)

자료: 통계청, 2011.

경제활동참가율은 61%이다.

$$\text{경제활동참가율} = \frac{\text{경제활동인구}}{\text{15세 이상 인구}}$$

경제활동인구 중에서 실업자가 차지하는 비율을 실업률(unemployment rate)이라고 한다.

$$\text{실업률} = \frac{\text{실업자}}{\text{경제활동인구}}$$

〈표 14.1〉에서 2010년도의 우리나라 실업률은 3.7%이다. IMF 구제금융 이전인 1997년까지는 실업률이 2%대로 매우 낮은 수준을 유지하고 있었으나 그 이후 1999년도에는 실업률이 세 배로 증가하여 6%선에 이르고 있다. 실업자수는 백만 명을 훨씬 웃돌고 있다.

실업률은 여러 가지 각도에서 살펴볼 수 있다. 남녀 성별로도 살펴볼 수 있고, 지역별로도 살펴볼 수 있다. 그 밖에 학력별, 연령별 등으로도 실업률의 상태를 분석해 볼 수 있다. 이렇게 구분하여 실업률을 살펴보아야 하는 것은 실업률을 줄이기 위한 정책을 수행하는 데 꼭 필요한 자료가 되기 때문이다.

실업률은 또 실업기간(duration of unemployment)도 분석해야 한다. 5% 실업률이라고 할 때도 동일인 5%가 1년 내내 실업상태에 있는 것과, 5%의 사람들이 1개월씩 돌아가면서 실업상태에 있는 것은 같은 5% 실업률이라도 그 성질이 완전히 다르기 때문이다.

예컨대, 100명 중 5명이 1년 내내 실업상태에 있어도 실업률은 5%이고, 5명씩 교대로 1개월씩 실업상태에 있어도 실업률은 5%로 나온다. 그러나 5명이 1년 내내 실업상태에 있는 것이 5명씩 교대로 1개월씩만 실업상태에 있는 것보다 훨씬 나쁜 상황의 실업이라고 볼 수 있다.

실업이 발생하는 이유

실업률이 0이 될 수는 없다. 경제는 항상 움직이는 것이기 때문에 노동시장에서도 직장을 떠나는 사람이나 직장을 구하는 사람이 계속 존재한다. 그러므로 일정 수준의 실업이 존재하는 것은 불가피하다. 이런 실업을 마찰적 또는 구조적 실업(frictional or structural unemployment)이라고 한다. 이런 실업은 오히려 바람직한 실업이다. 그리고 이런 실업률은 그렇게 높지도 않다. 문제가 되는 것은 경기변동에 따른 실업(cyclical unemployment)이다. 경기가 침체되면서 실업률이 높아지는 현상이 우리가 풀어야 할 경제 문제이다.

고용량은 이론적으로 노동시장의 수요와 공급의 균형에 의해 결정된다. 〈그림 14.1〉에서처럼 점 *E*에서 노동의 공급곡선과 노동의 수요곡선이 서로 교차하면 임금 W^*에서 L^*만큼이 고용되고 실업은 존재하지 않는다. 구조적 실업 이외에는

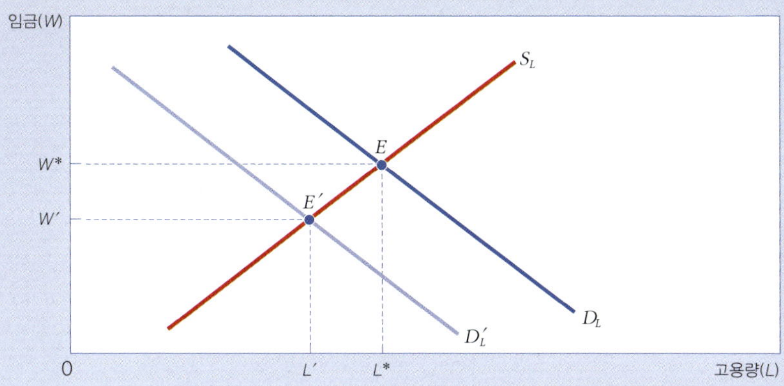

그림 14.1

노동시장의 균형

노동의 수요곡선과 공급곡선이 교차하는 점에서 균형고용량이 정해진다.

일하기를 원하는 사람은 모두 고용되고 있다. 고전학파 경제학자들은 이 원리에 의해 고용량이 정해지기 때문에 아주 낮은 수준의 구조적 실업 이외에는 실업이 존재할 수 없다고 믿었다.

만약 기업들이 생산을 줄이면 노동에 대한 수요가 줄면서 노동수요곡선은 〈그림 14.1〉의 D_L' 처럼 왼쪽으로 이동할 것이다. 이렇게 되면 임금이 W'으로 줄어들기 때문에 이보다 높은 임금을 원하는 사람들은 노동시장에서 철수할 것이다. 남은 사람들은 W'임금에서 모두 고용된다. 이때도 실업은 존재하지 않는다. W'임금에서 일하기를 원하는 사람은 모두 고용되고 있기 때문이다. 이런 견해는 고전학파 경제학자들(classical economists)의 견해이고, 오늘날도 이런 견해를 가진 경제학자들이 많다. 그러나 케인즈 경제학자들(Keynesians)은 다른 견해를 가지고 있다.

케인즈 경제학자들은 "임금이란 아래로 내려가지 않으려는 성질이 있다"고 보았다. 〈그림 14.2〉에서 노동수요곡선이 D_L에서 D_L' 으로 이동하면 임금이 W'으로 하락해야 노동시장이 E'에서 새로운 균형에 도달할 수 있는데, 실제로는 임금이 W'으로 내려가지 않으려는 여러 가지 요인이 있다고 본다. 노동자들은 심리적으로 자기가 한 번 받은 수준 이하의 임금으로 내려가는 데 대해 강력히 저항한다. 아마도 임금이 깎이는 것을 받아들이는 노동자는 거의 없을 것이다.

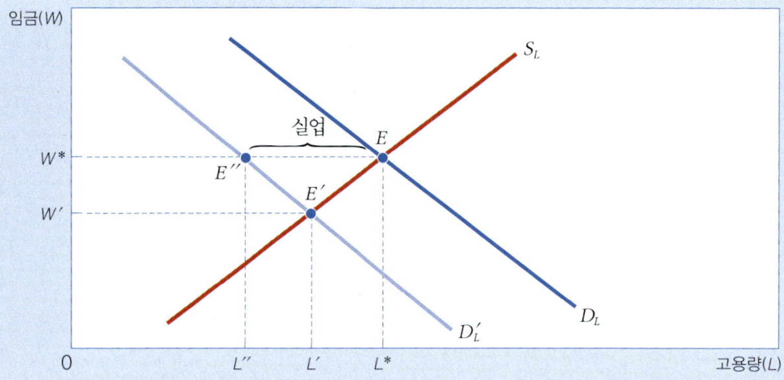

그림 14.2

노동시장의 불균형과 실업

노동수요곡선이 왼쪽으로 이동해도($D_L \to D_L'$) 임금은 W''으로 하락하지 않기 때문에 $L''L^*$만큼의 실업이 발생한다.

그리고 제도적으로도 개인적인 고용계약, 노동조합의 존재, 최저임금제 등으로 인해 임금을 낮추는 것은 결코 쉬운 일이 아니다. 이와 같이 임금은 하방경직적이다(sticky wages).

그러므로 〈그림 14.2〉에서 노동수요곡선이 D_L'으로 이동해도 임금은 W'으로 내려가지 않고 W^* 수준에 그대로 머물러 있다. 노동수요곡선이 왼쪽으로 이동한 후에도 임금이 W^*이면 노동공급량은 점 E에서 L^*이지만 노동수요량은 점 E''에서 L''에 불과하기 때문에 (L^*-L'')만큼의 실업이 생길 수밖에 없다. 임금의 경직성은 실제로 존재하는 성질이며 이 때문에 실업이 발생한다고 보고 있다.

실업의 폐해

미국에서는 1929년의 대공황 때 실업률이 25%까지 이르기도 하였다. 10여 년 동안 실업률이 17% 이상이었다. 1982년에도 실업률이 10.8%나 되었다. 우리나라에서도 1997년의 IMF 구제금융 이후에는 실업률이 10% 가까이 올라갔다. 이것은 매우 높은 실업률이다. 일하기를 원하는데도 10명 중 한 명이 일자리를 구하지 못한다면 이것은 심각한 사회 및 경제문제가 아닐 수 없다.

첫째, 실업자가 된 당사자들은 당장 생계와 관련된 생존의 문제와 직면할 수 있다. IMF 구제금융 이후 서울역 앞에는 수많은 노숙자들이 쏟아져 나왔다. 이들은 생활의 기본 조건인 의식주조차 해결하지 못하는 고통을 겪고 있는 것이다.

생활경제 14-1 공공요금 억제만으로는 물가 못 잡는다

정부가 치솟는 물가를 잡기 위해 서민생활 안정대책을 내놓았다. 공공요금 동결과 함께 유류세와 출퇴근 고속도로 통행료 인하, 국민주택기금 주택담보대출 금리 동결, 주유소 판매가격 실시간 공개, 학원수강료 표시제 점검, 소액 서민대출은행 설립 등이 주요 내용이다.

물가안정을 위해 공공요금을 억제하는 것은 중요하다. 하지만 그것만으로 물가가 잡힐지는 의문이다. 정부가 내놓은 대책은 공공요금 인상 억제와 유류세 및 고속도로 통행료 인하가 고작이다. 주유소 판매가격 실시간 공개는 인터넷에 비슷한 정보가 제공되고 있으며, 학원수강료와 행정수수료 등은 1~2월에 이미 많이 올라버린 상황이다.

겉만 그럴 듯할 뿐 실효성은 없어 보인다. 물가상승은 과잉유동성 때문에 시중에 돈이 많이 풀린 데다가 국제원자재와 곡물값이 급등하면서 수입물가가 오르고 있기 때문이다. 공공요금 몇 가지 손대는 데 그칠 게 아니라 물가안정을 위해 거시경제를 어떻게 가져갈 것인지 경제정책의 방향을 분명히 해야 한다.

……

지난 달 소비자물가는 전년 대비 3.6% 올랐다. 피부에 와닿는 생활물가지수는 지난 해의 두 배 수준인 4.6%나 올랐다. 아파트관리비, 학원비, 교통비, 행정수수료 등이 많이 올랐기 때문이다. 진짜 물가를 잡으려면 과잉유동성 축소와 원유소비 절감대책 등 물가상승을 부추기는 근본원인에 대한 처방을 고민해야 한다. 공공요금이나 세금 몇 푼 깎는다고 해결될 일이 아니다.

〈한겨레신문, 「사설」, 2008. 3. 3〉

둘째, 사회적으로는 자원의 낭비가 초래된다. 많은 인적 자원이 생산활동에서 배제되어 있기 때문에 국가경제의 생산과 소비가 그만큼 줄어들 수밖에 없다.

셋째, 실업은 사회불안의 요인이 되기도 한다. 실업률이 높아지면 범죄율도 높아지면서 사회분위기가 험악해진다. 실업률이 높아지면 분배의 불균등도가 높아지면서 사회정의의 실현이 더 어려워진다.

2. 인플레이션

인플레이션의 개념

인플레이션(inflation)은 그 의미를 명료하게 정의하기 어려운데, 전반적인 물가 수준(overall price level)이 오르는 것을 의미한다. 그런데 이것은 매우 애매한 정의이

생활경제 14-2 **오너일가 일감 몰아주기 금지법안 조속 처리를**

법무부가 어제 대통령 업무보고에서 이사의 자기거래 규제 및 사업기회 유용 금지 등을 포함한 상법 개정안의 국회 통과를 적극 추진하겠다고 밝혔다. 자기거래 규제란 회사의 이사뿐만 아니라 이사의 배우자 및 직계존비속 등 이사와 일정한 관계가 있는 자가 회사와 거래할 때도 이사회의 승인을 얻도록 하는 제도다. 지금까지는 이사가 회사와 거래할 때에 한해 이사회의 승인을 얻도록 하였으나 이사의 관계자까지로 승인 대상을 확대한 것이다.

사업기회 유용 금지는 이사가 직무를 수행하는 과정에서 알게 된 정보 또는 회사가 수행하고 있거나 수행할 사업과 밀접한 관계가 있는 사업기회를 제3자에게 이용하도록 할 경우 이사회의 승인을 얻도록 하는 것이다. 이사 및 그와 밀접한 관계에 있는 자가 회사와 거래해 회사의 이익을 침해하는 것을 막기 위해서다. 조금 복잡해 보이는 이상의 내용을 간단하게 요약하면 주요 재벌 계열사들이 특정 계열사에 일감 몰아주기로 부(富)의 승계를 하는 관행을 막겠다는 취지다.

가령 자동차를 생산하는 그룹이 완성차나 부품 등의 운송을 몰아 주는 회사를 차리고 그 회사의 주식을 초기에 오너 특수관계인에 넘겨 큰 수익이 나고 주가가 급등하면 천문학적인 부의 세습이 가능하게 된다. 합법을 가장한 이런 행태는 상당수 벌어지고 있다. 전국경제인연합회와 대한상공회의소 등 경제단체들도 이런 행태는 사라져야 한다고 지적한다.

자기거래 규제와 사업기회 유용 금지는 선진국 수준의 공정하고 투명한 기업경영 환경을 만들기 위해 반드시 필요하다. 회사 지배구조가 투명해지면 이사들의 내부거래를 통한 탈세와 비자금 조성, 경영권 편법 승계 등도 뿌리 뽑을 수 있다. 그런데도 이 같은 내용의 법 개정이 무슨 연유인지 국회가 처리를 3년 넘게 미루어 왔다. 개정안이 처음 제출된 게 노무현 정부 때인 2007년 9월 제17대 정기국회 때였지만 지금까지 낮잠을 자고 있다. 국회는 더 이상 개정안 처리를 미룰 이유가 없다. 법무부 또한 매년 대통령 업무보고 때 국회 통과를 적극 추진하겠다고 앵무새처럼 반복할 게 아니라 적극적인 통과 의지를 국회에 보이고 설득하는 자세가 필요하다. 이 문제로 사회적 갈등이 더 커지기 전에 법무부와 국회는 함께 머리를 맞대야 한다.

〈매일경제, 「사설」, 2010. 12. 20〉

으며, 이는 인플레이션으로 연결되기 쉽다. 아직은 물가가 안정적이지만 앞으로는 인플레이션에 대비하는 정책이 필요할 것이다.

인플레이션의 폐해

인플레이션이 일어나면 사람들의 실질소득이 감소하면서 이들의 생활 수준(living standard)이 낮아진다. 물가가 소득보다 더 빠르게 증가하는 것이 인플레이션의 일반적인 현상이기 때문이다. 그러므로 사람들은 인플레이션을 두려워한다.

인플레이션이 예기치 않게 발생하면(unanticipated inflation) 채권자(creditors)는 피해를 보는 반면 채무자(debtors)는 혜택을 본다. 연이자율 10%로 돈을 빌려

생활경제 14-3 5만원권

1972년 4월 한국은행은 국내 발권사상 최고액 화폐인 1만원권 발행계획을 발표하였다. 당시 최고액권은 500원짜리였다. 한은은 1962년 2차 통화개혁 이후 국민총생산이 9배나 늘었는데도 최고액권은 500원권 그대로여서 상거래에 불편하다는 이유를 들었다. 고액화폐 대용으로 유통되던 1만 원짜리 자기앞수표가 쉽게 위조·변조된다는 점도 꼽았다. 경제계는 즉각 환영하였지만 물가를 자극할 것이라는 우려의 목소리도 컸다.

문제는 조금 엉뚱한 곳에서 터졌다. 새 화폐 도안에 석굴암 석가여래상이 들어간 데 대해 "특정 종교를 두둔하는 처사"라는 반발이 터져 나왔다. 한은은 국사편찬위원회 등에 자문해 "민족문화를 대표할 수 있는 국보급 예술품 중에서 선정하였다"고 설명하였지만 소용없었다. 결국 박정희 대통령의 재검토 지시로 도안을 세종대왕으로 바꿔야 하였고 1만원권 유통도 1년 늦추어졌다.

1만원권이 발행된 1973년 이후 36년 사이 물가는 12배 이상, 국민소득은 150배 넘게 뛰었다. 고액권 발행의 근거로 이렇게 경제규모가 커졌다는 사실과 함께 자기앞수표의 문제점이 거론되는 것도 그렇고, 과소비와 물가상승의 부작용이 걱정되는 것도 비슷하다. 5만원권 도안을 놓고도 이런저런 시비가 끊이지 않았다.

고액권 발행의 가장 큰 문제는 뇌물수수와 비자금조성 같은 범죄수단으로 악용될 수 있다는 데 있다. 1만원권으로 5억 원이 담긴 사과상자보다는 5만원권으로 5억 원이 담긴 007가방을 건네는 게 훨씬 간편할 것이다. 뇌물수사에서 100달러짜리 지폐가 자주 등장하는 것도 그런 이유에서다. 지난 2000년 캐나다 중앙은행이 "고액권을 이용한 자금세탁과 조직범죄를 예방하기 위해" 최고액권인 1,000달러짜리 발행을 중지하고 회수에 나섰던 게 남의 일만은 아니다.

주머니에 흔히 '배춧잎'으로 불리는 1만원권 한 장이 들어 있으면 든든하던 시절이 있었다. 1만원권이 처음 발행된 1973년 포항제철 기능직 1기로 입사한 직원들은 첫 월급으로 2만 4,000원을 받았다. 쌀 여섯 가마니를 살 수 있는 돈이었다. 당시엔 월급 1만 원도 적은 보수가 아니었다. 지금은 1만 원으로 쌀 3~4㎏밖에 못 산다. 그래서 고액권 발행의 필요성을 인정하면서도 마음 한구석에 불안과 걱정이 가시지 않는 게 대부분 국민의 심정일 것이다.

〈조선일보, 「만물상」, 2009. 6. 23〉

경제학자 이야기 6 밀턴 프리드먼(Milton Friedman, 1912~2006)

밀턴 프리드먼은 폴 새뮤엘슨(Paul Samuelson)과 더불어 20세기 최고의 경제학자로 꼽힌다. 그는 케인즈의 정부개입론을 비판하고 자유방임주의와 자유시장경제를 주창한 자유주의 경제학자의 거두이다. 그는 1912년에 뉴욕에서 헝가리 이민자인 유대인 부모 사이에서 태어났으며, 다른 유명 경제학자와는 달리 비교적 늦게 진가를 발휘한 대기만성형 학자였다. 1946년에 컬럼비아대학에서 경제학 박사학위를 받았으니 학자로서의 시작은 미국 기준으로 볼 때 비교적 늦은 편이었다. 그러나 어느 학자에 뒤지지 않는 위대한 업적을 남긴 대경제학자이다. 1976년에는 그 유명한 통화주의 이론으로 노벨경제학상을 수상하였다.

그는 1946년부터 1976년까지 30년 동안 시카고대학 교수로 재직하면서 그의 이론을 따르는 수많은 추종자를 거느렸으며, 소위 말하는 시카고학파를 형성하였다. 시카고학파는 수많은 노벨경제학상 수상자를 배출하였다.

그의 통화주의 이론은 인플레와 실업률은 서로 역관계에 있다는 필립스곡선을 부정하였다. 필립스곡선은 통화량을 늘리면 물가가 오르면서 실업률이 낮아진다는 이론이다. 그러나 통화주의는 궁극적으로 물가만 오르지 실업률은 본래대로 환원된다는 주장이다. 따라서 통화량 증가는 장기적으로 실물변수(생산, 고용)는 변화시키지 못하고 물가만 상승시킨다고 하였다.

그는 정부를 믿지 않았다. 정부는 예산만 먹는 도둑놈이라고 보았다. 시장만 믿을 수 있다고 하였다. 시장에 맡기는 것이 정부에 맡기는 것보다는 훨씬 수월하다고 주장하였다. 정부역할을 강조한 케인즈이론과는 정반대이다. 그의 이러한 이론은 1980년대 레이건 대통령에 의해 도입된 레이거노믹스로도 연결되어 나름대로 성과를 거두었다. 레이거노믹스의 핵심은 규제완화, 민영화, 감세이다. 이는 결국 정부의 역할보다는 시장의 역할이 더 믿을 수 있다는 것을 의미한다.

정부와 시장에 대한 논쟁은 경제학에서 영원한 숙제로 남아 있다. 케인즈와 새뮤엘슨 등은 정부의 역할을 중시하였지만 프리드먼은 시장의 역할을 중시하였다. 시대와 상황에 따라 정부가 답일 때도 있었고, 시장이 답일 때도 있었다.

주는데 1년 사이에 예기치 않게 인플레이션율이 15%가 되어 버렸다면 돈을 빌려 준 사람은 오히려 5%의 손해를 보게 되는 반면, 빌린 사람은 5%의 혜택을 본다. 연이자율 10%로 100만 원을 빌려 준 사람은 1년 후에 110만 원만 되돌려 받게 되는데, 1년 전에 100만 원 하던 물건은 1년 후에는 그 값이 115만 원으로 올라버리기 때문이다. 채권자는 1년 전에는 100만 원 하는 물건을 살 수 있었으나 1년 후에는 이 물건을 살 수 없게 되어 버렸다. 반면에 채무자는 1년 전에 100만 원 하는 물건을 사두었다가 1년 후에 115만 원에 되팔아 이자를 갚고도 5만 원이 남았다. 이와 같이 예기치 않게 발생하는 인플레이션은 분배상태를 바꾸기도 한다.

인플레이션은 완벽히 예측된 인플레이션(anticipated inflation)이라고 해도 여러 가지 사회적 비용을 초래한다. 인플레이션이 빠르게 진행되면 모든 상점에서 가격표를 바꾸어야 한다. 식당의 메뉴도 가격조정을 위해 수시로 바꾸어야 한다. 각종 가격표와 요금표를 다시 인쇄해야 하고 간판도 바꾸어야 한다. 사회 전체적으로 이런 비용은 엄청나게 높을 수밖에 없다. 이런 비용을 메뉴를 바꾸는 비용에 비유해서 인플레이션의 메뉴비용(menu costs)이라고도 한다. 그뿐만 아니라 인플레이션이 높으면 현금은 가능한 한 적게 가지고 은행에 예금해서 높은 이자를 받거나 실물을 가지려고 한다. 그리고 현금이 필요할 때는 수시로 은행에 가서 인출하거나 실물을 팔아야 한다. 이를 위해서도 시간과 노력이 소요된다. 이런 비용은 은행에 들락거리면서 구두창이 닳는 비용이라는 비유에서 구두창비용(shoe-leather costs)이라고 한다.

종합적으로 볼 때, 인플레이션은 가능한 한 빨리 잡아야 할 경제 문제이다. 사람들은 인플레이션을 싫어하고 두려워한다. 그러므로 정부는 실업증가라는 부담을 감수하면서까지 인플레이션을 잡으려 하고 있다.

3. 실업과 인플레이션의 관계

필립스곡선

실업과 인플레이션은 거시경제학이 다루는 핵심적 주제이다. 이 두 변수를 어떻게 적정 수준으로 유지하느냐가 거시경제학이 풀어야 할 가장 중요한 문제이다. 그러므로 우선 이 두 변수가 서로 어떤 관계를 유지하고 있는지를 살펴보는 것이 중요하다.

총공급곡선에 따르면 물가가 오르면 총산출량이 증가한다. 즉, 물가가 오르면 기업들이 생산을 증가시키기 때문에 국가경제의 총산출량이 증가한다. 그런데 기업들이 생산을 증가시키면 고용은 늘고 실업은 줄어든다. 따라서 물가가 오르면 실업은 줄어든다. 즉, 물가와 실업률은 〈그림 14.5〉에서처럼 서로 반대 방향

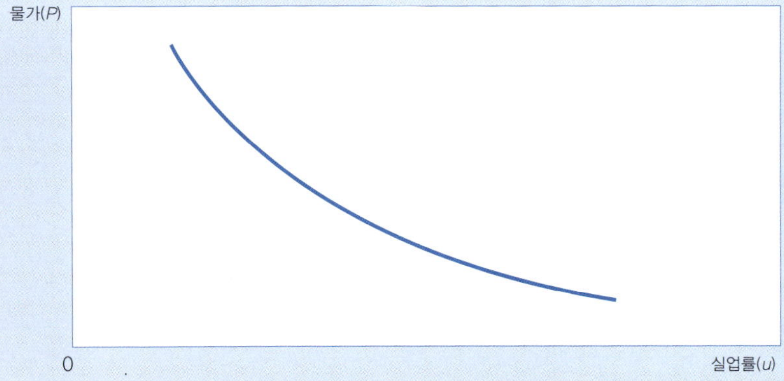

그림 14.5

물가와 실업률

물가가 높아지면 기업들의 생산활동이 활발해지기 때문에 실업률이 줄어든다.

으로 변한다.

필립스(A. W. Phillips)는 영국의 자료를 사용하여 물가변화율(인플레이션율)과 실업률 사이의 관계를 조사해 보았다. 그 결과 두 변수 사이에는 〈그림 14.6〉과 같은 관계가 존재한다는 사실을 발견하였다. 〈그림 14.6〉과 〈그림 14.5〉는 모양은 비슷하나 의미는 다르다. 〈그림 14.5〉는 물가 수준과 실업률 사이의 관계를 총공급곡선(*AS*)으로부터 논리적으로 도출한 것이고, 〈그림 14.6〉은 물가 수준이 아닌 인플레이션율(물가변동률)과 실업률 사이의 관계를 경험적으로 관찰한 것이다. 〈그림 14.5〉의 곡선모양으로 볼 때 인플레이션율과 실업률 사이의 관계가 〈그림 14.6〉과 같이 우하향하는 모습을 가질 것이라고 추론은 되고 있다. 그리고 실제 자료로부터도 이런 관계가 성립하는 것으로 입증되었다. 〈그림 14.6〉에서와 같이 관찰된 인플레이션율과 실업률 사이의 이런 관계를 필립스곡선(Phillips curve)이라고 한다.

필립스곡선은 우하향한다. 이것은 인플레이션율을 낮추려면 높은 실업률을 감수해야 하고, 실업률을 낮추려면 높은 인플레이션율을 감수해야 한다는 의미이다. 두 변수는 서로 역관계(trade-off)에 있기 때문이다. 이와 같이 물가도 잡고 실업도 잡는다는 것은 매우 어려운 일이다. 두 마리 토끼를 한꺼번에 잡는 것은 쉬운 일이 아니다. 이런 것이 바로 경제정책의 어려움이다. 목표는 인플레이션도

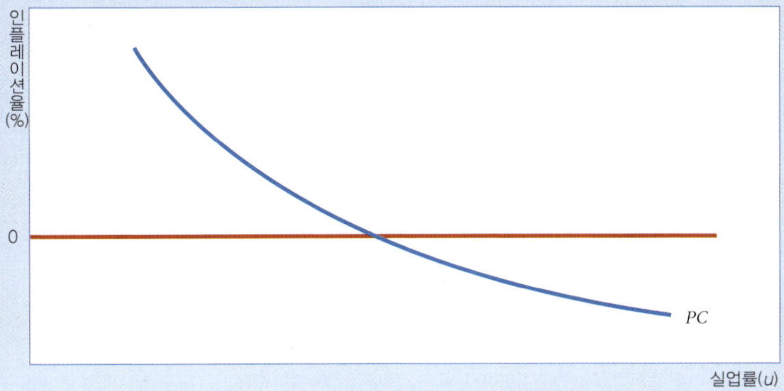

그림 14.6

필립스곡선

인플레이션율과 실업률은 서로 역 관계에 있다.

잡고 실업도 잡아야 하는데, 하나를 잡으려면 다른 것을 어느 정도 희생해야 하니 경제정책이 어렵지 않을 수 없다.

자연실업률과 필립스곡선

제13장 제3절에서 장기총공급곡선은 수직이 된다고 설명하였다. 장기란 임금을 포함한 모든 생산요소가격도 일반물가 수준의 상승을 따라잡아 생산물가격과 생산요소의 가격이 모두 똑같은 비율로 변하는 기간을 뜻한다. 이런 기간을 상정하면 총공급곡선은 〈그림 14.7〉에서처럼 Y^*상에서 수직선이 된다.

이때 Y^*를 잠재GDP(potential GDP)라고 본다. 장기총공급곡선은 잠재GDP 수준에서 수직선이 된다. 장기적으로는 총산출량이 Y^*에 고정되어 있으면서 물가만 계속 올라간다고 본다. 이것은 〈그림 14.4〉에서 설명된 이유와 마찬가지이기 때문이다. Y^*에서는 실업을 낮추기 위해 재정확장 및 통화확장정책을 쓰면 〈그림 14.7〉 (a)에서처럼 AD_0가 AD_1으로 가면서 총산출을 E_0'

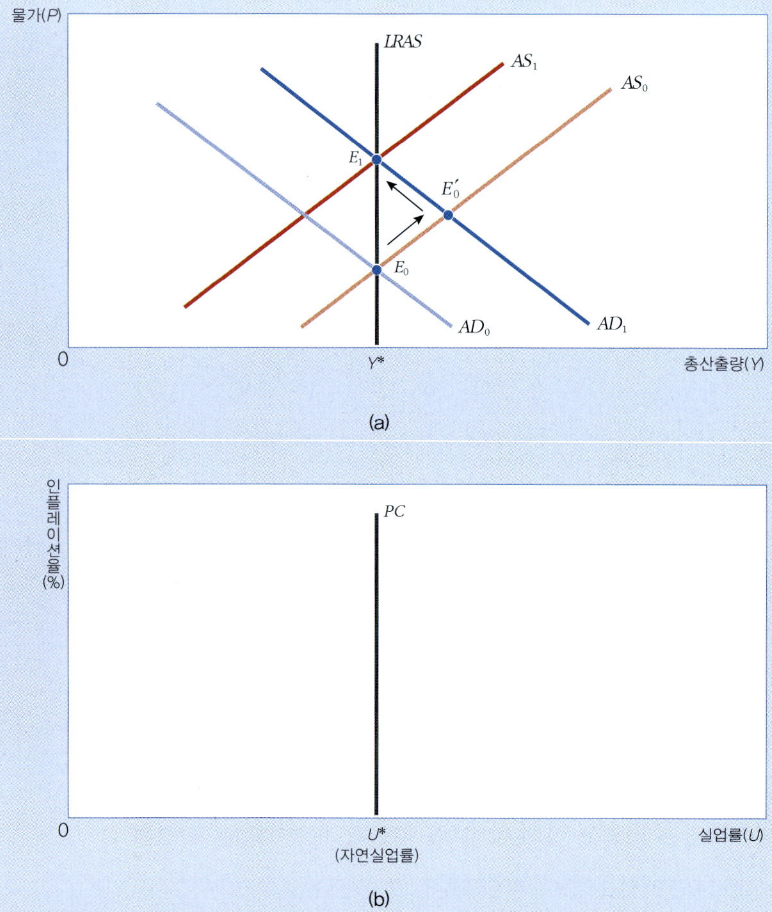

그림 14.7

수직적인 총공급곡선과 필립스 곡선(PC)

장기적으로는 총공급곡선도 수직이고 필립스곡선도 수직이 된다.

으로 증가시키면서 실업률을 낮출 수 있다. 그러나 이것은 단기적 현상일 뿐이다. 장기적으로는 임금을 포함한 모든 생산요소가격도 따라서 상승하기 때문에 비용 압박으로 AS곡선이 AS_0에서 AS_1으로 올라가면서 총산출을 Y*로 되돌려 놓는다. 실업률도 그 전 수준으로 되돌아간다. 결국 재정확장 및 통화확장정책은 일시적으로 효과가 나타날 뿐이지 장기적으로는 실업률 감소에 아무런 영향도 미치지 못하고 인플레이션만 초래하고 만다.

그러므로 장기적으로는 필립스곡선도 Y^*에 상응하는 실업률(U^*)에서 수직으로 된다. 즉, 장기적으로는 U^*라는 실업률보다 조금이라도 실업률을 낮추려면 물가가 계속 올라간다. 이때 잠재GDP인 Y^*에 상응하는 실업률인 U^*를 자연실업률(natural rate of unemployment)이라고 한다. 실업률을 자연실업률 이하로 낮추려고 하지 않아야 물가가 안정될 수 있다. 재정정책이나 화폐정책은 단기적으로는 실업률을 자연실업률 이하로 낮출 수 있으나 장기적으로는 그 이하로 낮출 수 없고 물가인상만 초래한다. 자연실업률은 인플레이션을 막을 수 있는 최저실업

생활경제 14-4 화폐개혁이란

제1차 세계대전에서 패배한 뒤 독일은 극심한 인플레이션에 시달렸다. 전쟁중에는 1달러가 4.5마르크였으나, 1920년대 인플레가 최고조에 달하였을 때에는 달러당 4조 2,000억 마르크까지 뛰었다. 사람들은 빵 한 덩어리를 사기 위해 손수레에 돈을 가득 싣고 가야 하였다. 어떤 대학생이 고향에서 한 학기 학비와 용돈을 받아 밤차를 타고 다음 날 학교에 도착하였더니 그 사이 돈의 가치가 전철 1구간 요금으로 떨어져 버렸다는 에피소드도 있다.

인플레는 경제가 상대적으로 안정된 미국도 예외가 아니어서 현재 5달러를 시간급으로 받는 사람이 100년 후에는 4,799달러를 받게 될 것이라는 계산이 나와 있다. 1814년 급료인상이 있기 전 연방의원들의 회기중 의안심의 보수는 고작 6달러였다. 그에 앞서 독립전쟁 때는 옥수수값이 100배, 밀은 140배, 밀가루는 150배, 쇠고기는 330배가 뛰는 엄청난 인플레가 있었다.

인플레로 화폐가치가 과도하게 하락할 때 쓰는 극약처방이 '화폐개혁'이다. 터키 정부는 작년에 2,000만 리라짜리 새 지폐를 발행하였다. 1961년 이후 18차례나 IMF 구제금융을 받은 터키는 지난 10년 동안 평균 17개월마다 새 지폐를 발행하였다. 러시아는 1998년 1,000 대 1, 중국은 1955년에 1만 대 1의 화폐개혁을 한 바 있다. 미국도 한때 10만 달러짜리 고액권까지 발행한 적이 있으나, 지금은 100달러 이상의 화폐는 찍지 않는 정책을 고수하고 있다.

우리나라는 지금까지 두 차례의 화폐개혁을 겪었다. 그 중 1962년 6월 10일 0시를 기해 기습적으로 단행된 2차 화폐개혁은 박정희 군시정권의 정치적 의도가 개입된 것이었다. 부정부패로 퇴장(退藏)된 자금을 끌어내자는 목적이었으나, 결과적으로는 성공하지 못하였다. 도리어 유통 과정의 경색, 기업가동률의 저하, 생산의 위축 등 부작용이 컸다.

현재 한국은행이 원화의 액면단위를 10분의 1 또는 100분의 1로 줄이는 '디노미네이션'(denomination)을 구상중이라고 한다. 이럴 때의 용어는 '리디노미네이션'(redenomination)이라고 해야 맞지만, 어쨌든 현실화될 경우 경제 · 사회적으로 엄청난 변화가 예상된다. OECD 국가 중에서 대(對)달러 환율이 1,000을 넘어가는 나라가 한국과 이탈리아뿐이라는 점에서 보면 정서적으로 수긍 못할 바도 아니지만, 우리 경제가 과연 이와 같은 조치를 생각해야 할 단계에 와 있는지 한편으론 의아스럽기도 하다.

〈조선일보, 「만물상」, 2002.6.11〉

생활경제 14-5 중국 경제와 한국 경제

중국 중앙은행인 인민은행이 지난 25일 기준금리를 전격 인상하였다. 중국발 인플레이션 우려가 커지고 있는 한국으로서도 중국의 물가억제정책은 긍정적으로 작용할 수 있다. 하지만 중국의 긴축이 과도할 경우 우리 경제성장의 주요 동력이었던 대중국 수출에 타격을 줄 수 있다는 우려도 나온다. 중국 금리인상이 알려지고 첫 개장일인 27일 코스피는 소폭 하락하였지만, 전체적인 금융시장 반응은 담담한 편이었다.

차이나플레이션(중국+인플레이션)은 중국 내 임금과 부동산가격, 물가 등이 상승하면서 중국의 수출품 가격과 국제원자재 가격을 밀어올리고, 이에 따라 전세계 물가상승을 부추기는 현상을 가리키는 조어다. 중국은 불과 3~4년 전만해도 싼 공산품을 대량 수출해 이른바 '골디락스' 경제(고성장을 하면서도 물가는 안정돼 있는 상태)를 가능하게 한 주역이었지만, 이제는 인플레이션을 수출하는 나라로 변신하고 있다.

우리나라 역시 차이나플레이션 우려에서 자유롭지 않다. 중국은 우리나라의 제1 수입국이다. 올해 상반기 우리나라의 대중 수입비중은 17.0%에 이른다. 이런 상황에서 중국의 물가상승은 한국의 인플레이션을 자극할 수밖에 없다. 우리나라의 수입물가는 지난 4월 플러스로 돌아섰고, 11월에는 8.2%까지 치솟았다. 중국이 금리인상을 통해 자국 내 인플레이션을 잘 제어한다면, 우리나라 물가안정에도 기여할 것으로 예상된다.

중국은 내년 상반기 추가 금리인상 등을 단행하며 본격적인 긴축에 나설 것으로 예상되고 있다. 중국이 고강도 긴축을 단행한다면 이는 중국 내 대출 · 소비 감소→중국 성장률 하락→한국의 대중 수출 감소→한국 성장률 하락으로 이어지게 된다. 중국이 우리나라의 수출국가 중 1위가 된 것은 이미 오래된 일이다. 더구나 이번 금융위기를 거치면서 총수출 대비 대중 수출 비중은 2008년 상반기 27%에서 2010년 상반기 30.7%로 더 커졌다. 최근 몇 년 간 중국인들이 대출을 받아 각종 내구소비재를 구입하고, 우리나라는 이런 '소비붐'에 힘입어 중국으로 자동차 · 전자제품 부품 등을 대량 수출하였다.

한국투자증권은 "최근 2년 동안의 대중국 수출증가세는 중국인들의 '과잉소비' 덕을 많이 보았지만, 이런 소비는 지속가능하지 않다"며 "중국이 긴축정책으로 숨고르기에 들어가면 우리도 일시적으로 타격을 받겠지만, 장기적으로는 중국이 '건전한' 성장을 유지하는 것이 우리 경제에도 좋다"고 말하였다.

중국 증시도 약세였다. 상하이종합지수가 1% 이상 내렸고, 홍콩 에이치(H)지수는 0.30% 내렸다. 그러나 일본, 대만, 인도 등 다른 아시아 증시는 큰 영향을 받지 않았다. 서울 외환시장에서 원-달러 환율은 1.8원 하락한 1,149.0원으로 마감하였다.

토러스증권 투자분석팀장은 "이번 금리인상은 선진국 유동성의 신흥국 유입을 강화하는 요인이며, 시장의 (상승) 추세를 훼손하는 악재로 판단하지 않는다"고 주장하였다. 대우증권도 "핫머니 유입 때문에 중국 당국이 향후 금리를 가파르게 인상할 것 같지는 않다"며 "실물에 미치는 영향은 제한적이고, 우리 시장에도 중립적일 것"이라고 내다보았다.

〈한겨레, 2010.12.27〉

생활경제 14-6 물가가 임금인상으로 이어져선 안돼

6월 소비자물가가 전년 동월 대비 5.5%나 올랐다. 경기하강의 골이 깊어 가는 가운데 물가상승률은 높아만 가고 있어 이른바 스태그플레이션(경기침체 속의 인플레이션)이 본격화되는 것이 아닌가 하는 걱정이 커진다. 소득창출은 변변치 않은데 물가가 급등하고 있으니 가계의 실질소득은 줄고 그만큼 소비위축이 심화되어 경기하강이 지속될 수밖에 없는 상황이다. 또 물가가 뛰면 금리도 뛰어올라 부채를 짊어진 가계나 기업의 부담이 커질 수밖에 없다.

……

여기서 특히 걱정되는 것은 물가급등이 임금인상을 야기하고, 이것이 또다시 물가급등과 임금급등이라는 악순환을 초래하지 않을까 하는 점이다. 이른바 코스트푸시(비용견인) 인플레이션이 만연될 수 있다는 점이다. 만일 이것이 현실화된다면 한국 제품의 국제경쟁력이 빠르게 하락하고 국내 비즈니스 여건이 악화되어 투자위축이 가속화할 수밖에 없을 것이다.

따라서 대외요인에 의해 야기된 물가상승이 더 이상 국내 경제상황을 악화시키지 않도록 하려면 물가상승이 임금인상으로 이어지는 것을 적어도 당분간은 최대한 막아야 한다. 공장 근로자이건 기업 경영진이건 공무원이건 임금인상을 최대한 억제해 악순환의 고리가 형성되는 것을 차단해야 한다. 너와 나를 가리지 않는 고통분담이 요구되는 대목이다.

또한 이럴 때일수록 감세와 규제완화 등 기업활동 위축을 완화해 줄 수 있는 과감한 조치가 필요하다. 이는 공급여력을 확대해 물가상승 압박을 완화해 줄 수 있기 때문이다. 전기, 가스 등 에너지 요금을 어느 정도 현실화할 필요는 있으나 최대한 기간을 분산해야 한다.

〈매일경제, 「사설」, 2008.7.1〉

률이다.

자연실업률이 얼마인지는 경제환경에 따라 다르다. 자연실업률은 0이 되지는 않는다. 그렇지만 이 실업률을 완전고용상태의 실업률이라고 간주한다. 실업률이 0이 되는 완전고용이란 결코 존재할 수 없는 것이기 때문에 인플레이션을 야기시키지 않는 수준의 실업률인 자연실업률을 완전고용실업률이라고 부르기도 한다. 그런데 자연실업률이 너무 높으면 이로 인한 사회적 비용이 너무 높기 때문에 이때는 자연실업률 그 자체를 낮추는 별도의 정책이 필요하다.

미국의 자연실업률은 6% 정도라고 보는 학자가 많다. 경제를 효율적으로 운용하고 인플레이션을 막기 위해서는 이 정도의 실업률은 정상적인 실업률로 간주해야 한다는 견해이다.

요약하기

❖ 실업: 일자리를 원하지만 일자리를 구하지 못한 상태

❖ 실업률: [실업자수/경제활동인구(취업자+실업자)]×100%

❖ 실업의 원인: 임금의 경직성(케인즈학파의 주장, 고전학파는 항상 완전고용이 달성된다고 주장)

❖ 인플레이션: 경제의 전반적인 물가 수준이 지속적으로 상승하는 현상

❖ 인플레이션의 원인: 총수요의 과잉(수요 측면), 총공급의 부족(공급 측면), 계속적인 통화증발(화폐적 현상)

❖ 인플레이션의 폐해: 분배구조의 변화, 메뉴비용, 구두창비용

❖ 필립스곡선: 인플레이션율과 실업률은 서로 반대 방향으로 변화

❖ 자연실업률: 인플레이션이 일어나지 않는 상태에서의 실업률

복습과 토론하기

14. 1.

제1차 세계대전 후 독일에서는 1억 마르크 지폐가 나올 정도로 인플레이션율이 매우 높았다. 1년에 인플레이션율이 300% 또는 400%가 된다면 사회적으로 어떤 문제가 발생할 수 있을까?

14. 2.

1997년의 IMF 구제금융 이후 우리나라는 실업률이 한때 10% 가까이 올라갔다. 1930년대의 대공황 시절 미국에서는 실업률이 25%에까지 이르기도 하였다. 실업률이 이렇게 높아지면 왜 문제일까? 실업률이 0%가 될 수 있을까? 받아들일 수 있는 실업률은 어느 정도일까?

14. 3.

실업률과 인플레이션율은 서로 어떤 관계에 있으며, 왜 그런 관계가 나타날까? 실업률도 높은데 인플레이션율까지 높아지는 현상을 무엇이라고 하며, 왜 그런 현상이 나타나는 것일까?

15

개방경제: 국제무역과 국제금융

1. 국가 간의 상품흐름과 화폐흐름
2. 국가 간에 무역이 이루어지는 이유
3. 환율과 국제수지
4. 무역정책과 국가경제

오늘날 어느 나라도 자급자족만으로 살아나갈 수는 없다. 즉, 자기 나라에서 생산한 것만 소비하면서 살아갈 수는 없다. 어느 나라나 외국과 교역을 하면서 살아가야 한다. 교통수단이 발달하지 않았던 옛날에도 국가 사이를 오가면서 장사하는 무역상인들이 있었다. 그 중에서도 아라비아 상인은 잘 알려진 무역상이다. 실크로드는 고대에도 국가 간의 교역이 얼마나 중요하였는지를 말해 주는 생생한 증거이다. 삼국시대에도 중국과 교역이 있었고, 일본과도 교역이 있었다. 심지어는 상상하기 어려울 정도로 먼 중동이나 동남아시아와도 교역이 있었다고 한다. 옛날에도 그랬었는데, 교통과 통신수단이 급속히 발달한 오늘날에는 더 말할 필요가 없게 되었다. 그리고 외국과의 교역량도 급속히 증가하고 있다. 이와 같이 오늘날은 경제활동이 전 세계 차원에서 이루어지고 있다. 본장에서는 세계를 범위로 해서 이루어지는 경제활동에 대해 공부한다. 그리고 국가와 국가 사이의 경제활동은 어떻게 이루어지고, 어떤 효과가 있는지 등에 대해서도 알아본다.

1. 국가 간의 상품흐름과 화폐흐름

수출과 수입

오늘날 외국과 교역하지 않는 나라는 하나도 없다. 가장 폐쇄적인 나라라고 하는 북한도 경제에서는 외국과 교역을 하고 있다. 통신과 수송수단이 발달함에 따라 외국과의 교역에 드는 비용이 점점 낮아지고 있으며, 교역을 통해 교역국들은 서로 혜택을 누리고 있다. 그렇기 때문에 오늘날 국제무역량은 엄청나게 증가하고 있다. 1990년대에 이루어진 세계교역량은 일본과 독일의 경제규모를 합친 양보다 더 크다고 한다. 그리고 각 나라는 무역에 매우 큰 비중을 두고 있으며, 외국과의 교역을 어떻게, 어느 정도 해야 하느냐가 국가의 중요 경제정책 중 하나가 되고 있다.

외국과 교역을 하는 국가경제를 개방경제(open economy)라고 한다. 오늘날

생활경제 15-1 한국 → 칠레 수출 4년새 6배로 늘었다

한-칠레 자유무역협정(FTA)이 2004년 4월 1일 발효된 이후 4년 동안 한국의 대(對)칠레 수출액이 6배 이상으로 늘어난 것으로 나타났다. KOTRA는 27일『한-칠레 교역현황과 시사점, FTA 발효 4년 성과 분석』보고서에서 한국의 칠레에 대한 수출액은 FTA 발효 직전인 2003년 5억 600만 달러에서 2007년 30억 8,700만 달러로 6.1배로 늘었다고 밝혔다. 또 한국에 대한 칠레의 수출은 2003년 10억 1,400만 달러에서 2007년 38억 5,000만 달러로 3.7배 증가하였다. 같은 기간 양국 교역액은 15억 2,000만 달러에서 69억 3,700만 달러로 4.5배 늘었다.

한국은 지난 해 칠레와의 교역에서 10억 6,800만 달러의 적자를 보았다. 이는 세계 최대 구리 보유국인 칠레로부터 값이 폭등한 구리를 28억 5,000만 달러어치 수입한 데 따른 것이다. 한국 제품의 칠레 시장점유율은 2003년 2.98%에서 2004년 3.12%, 2005년 3.61%, 2006년 4.72%, 2007년 7.23%로 매년 높아지고 있다. 특히, 자동차는 지난 해 시장점유율이 29.3%로 2001년 이후 처음으로 일본을 제치고 1위를 차지하였다. FTA 발효로 자동차 관세(6%)가 폐지되면서 가격경쟁력이 높아졌기 때문이다.

한-칠레 FTA 발효 이전 일부에서 우려하던 한국 농가의 피해는 매우 제한적인 것으로 나타났다. 지난 해 한국이 칠레에서 수입한 포도, 와인, 육류 등 농축산물은 9만 2,325달러로 한국이 수입한 전체 농축산물의 0.86%에 그쳤다.

〈동아일보, 2008. 3. 28〉

모든 나라는 규모에 차이가 있을 뿐이지 모두 개방경제를 취하고 있다. 반대로 외국과 교역을 하지 않고 자급자족체제로 유지되는 국가경제를 폐쇄경제(closed economy)라고 한다. 옛날에는 국가 간에 교역이 있기는 하였어도 그 비중이 매우 미미하였기 때문에 대부분의 나라가 폐쇄경제였다.

외국과의 교역은 여러 가지 형태로 이루어진다. 직접 물건을 사고파는 형태도 있고, 외국에 나가서 그 곳에서 직접 생산 · 판매하는 형태도 있으며, 다국적기업들은 현지법인을 만들어 다양한 형태의 교역을 한다. 또한 단순부품을 외국에 보내 완제품을 생산한 후 자국으로 도로 가져오는 교역도 있다. 이와 같이 국제무역에는 다양한 형태가 있으며, 재화와 용역이 우리나라에서 만들어져 외국에서 소비될 때 이를 수출(exports)이라고 하고, 반대로 외국에서 만들어져 우리나라에서 소비될 때 이를 수입(imports)이라고 한다.

수입과 수출은 상품이 어디에서 만들어져 어디에서 소비하느냐에 의해 정의되는데, 상품의 수출입은 국가 간의 실물흐름을 나타낸다. 그런데 실물흐름에는 반드시 그 반대 방향으로의 화폐흐름이 수반된다. 우리나라가 미국에 자동차를 판매하면 우리나라에서 미국으로는 자동차라는 실물이 흐르고, 반대로 미국에서 한국으로는 달러라는 화폐가 흐른다. 경제에서의 모든 거래는 국가 간 거래이든, 국내에서의 거래이든 실물흐름과 그 반대 방향으로의 화폐흐름이 동시에

생활경제 15-2 중국 수출성장, 한국 117만 명 일자리 잠식

중국이 1993년부터 2004년까지 12년 동안 우리나라 수출시장을 잠식한 규모가 금액 기준으로 153조 원에 이르며 117만 명의 일자리를 빼앗아 갔다는 분석이 나왔다. 특히, 최근 들어 중국과의 교역을 통한 국내 고용창출과 수출증가 등 플러스 효과보다 시장잠식 등 마이너스 효과가 갈수록 커지고 있는 것으로 추정되었다.

27일 한국개발연구원(KDI)이 발간한 『KDI 정책포럼』에 의하면 중국과의 교역, 국제시장에서의 경쟁, 중국으로의 직접투자 등 세 가지 측면에서 유발되는 국내 노동시장 효과를 실증적으로 분석한 결과 이와 같이 나타났다. 논문의 저자는 "우리나라가 중국과의 교역에서 무역수지 흑자를 내면서 고용이 창출된 효과보다 국제시장에서 중국이 우리나라의 수출시장을 잠식하면서 고용창출 기반을 위축시킨 효과가 더 컸던 것으로 분석되었다"고 지적하였다.

〈동아일보, 2007. 8. 28〉

발생한다.

세계에는 나라의 수만큼이나 화폐의 수도 많다. 그러나 모든 화폐가 국가 간 거래에서 돈으로 통용되는 것은 아니다. 주로 경제가 튼튼한 나라의 돈이 국가 사이에서 화폐로 통용되고 있는데, 미국돈인 달러가 국제거래의 기준통화가 되고 있다. 그러므로 모든 종류의 화폐는 달러와의 교환 비율이 정해져 있다. 우리나라 돈도 달러와의 교환 비율이 정해져 있고, 다른 나라 돈들도 각자 달러와의 교환 비율이 정해져 있다. 그러므로 어떤 나라든 일단 달러를 거치면 다른 나라 돈과의 교환 비율을 정할 수 있다.

상품수지의 흑자와 적자

우리나라가 어떤 상품을 외국으로 수출하면 달러가 들어오고 수입하면 달러가 나간다. 이는 우리가 수출할 때는 외국사람들이 자기 돈을 달러로 바꾸어 우리나라 상품을 구입하고, 반대로 우리가 수입할 때는 우리가 달러를 지불하면서 외국 상품을 구입하기 때문이다.

우리가 수출하는 상품과 수입하는 상품의 가치를 모두 달러로 환산하여 그 차이를 살펴보면 일정 기간에 우리가 수출을 많이 하였는지, 수입을 많이 하였는지 알 수 있다. 수출액에서 수입액을 뺀 수치를 상품수지라고 하고, 이 값이 (+)

표 15.1 우리나라의 상품수지

[단위: 백만 달러]

연도	상품수출	상품수입	상품수지
1991	70,546	77,450	−6,904
1995	124,934	129,298	−4,365
1997	138,731	141,986	−3,256
1999	145,375	116,912	28,463
2001	151,478	137,990	13,488
2003	197,289	175,337	21,952
2005	288,971	256,288	32,683
2007	378,982	349,573	29,409
2010	464,287	422,383	41,904

자료: 통계청, 2011.

이면 상품수지 흑자(surplus), (−)이면 상품수지 적자(deficits)라고 한다. 즉, 상품의 수출액이 수입액보다 크면 상품수지 흑자이고, 그 반대이면 상품수지 적자이다.

〈표 15.1〉에는 우리나라의 상품수출액과 상품수입액 및 그 차이가 연도별로 정리되어 있다. 1999년 이전에는 무역수지 적자가 많다가 1999년에는 285억 달러라는 대규모의 무역수지 흑자를 기록하고 있다. IMF 외환위기 직후에 환율 급상승으로 수입은 줄고 수출은 늘었기 때문이다. 2010년에는 419억 달러의 대규모 흑자를 기록하였다.

2. 국가 간에 무역이 이루어지는 이유

비교우위론

한국과 미국이 반도체와 청바지 생산에 대해 〈표 15.2〉와 같은 생산조건을 가졌다고 가정해 보자. 한국은 한 사람이 1년에 반도체를 6개 생산할 수 있는데, 미국은 한 사람이 1개밖에 생산할 수 없다. 청바지는 한국에서는 한 사람이 1년에 2개 생산할 수 있는데, 미국에서는 1개 생산할 수 있다.

한국에서는 15명이 반도체와 청바지 생산에 종사한다고 가정하고, 미국에서는 50명이 반도체와 청바지 생산에 종사한다고 가정한다. 만약 한국에서 반도체만 생산하면 90개(=6×15명) 생산할 수 있고, 청바지만 생산하면 30벌(=2×15명) 생산할 수 있다. 이것을 그래프로 그리면 〈그림 15.1〉 (a)와 같다. 한국은 반도체와 청바지의 생산량이 직선 K_yK_x선상에서 정해진다. 이 직선을 생산가능곡선

표 15.2 반도체와 청바지에 대한 한국과 미국의 비교우위 현황

	한 사람이 1년 동안에 생산할 수 있는 반도체의 양	한 사람이 1년 동안에 생산할 수 있는 청바지의 양
한국	6	2
미국	1	1

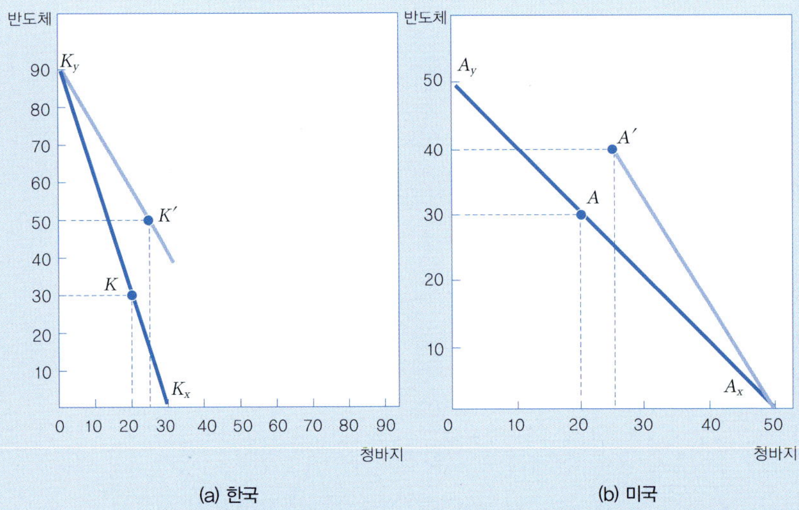

그림 15.1

한국과 미국의 반도체와 청바지에 대한 생산가능곡선

한국은 K_yK_x선상에서 반도체와 청바지의 생산이 가능하고 미국은 A_yA_x선상에서 반도체와 청바지의 생산이 가능하다.

(production possibility frontier)이라고 한다. 한국은 이 직선상의 어느 점에서도 생산이 가능하기 때문이다.

미국에서는 50명이 반도체와 청바지 생산에 종사하는데, 만약 반도체만 생산하면 50개(=1×50명), 청바지만 생산해도 50벌(=1×50명)을 생산할 수 있다. 이것을 그래프로 그리면 〈그림 15.1〉 (b)와 같다. 직선 A_yA_x는 미국의 생산가능곡선이다. 미국은 직선 A_yA_x선상의 어느 점에서나 생산이 가능하다.

반도체를 보면 6 : 1로 미국보다 한국이 생산에 유리하다. 청바지는 2 : 1로 한국이 미국보다 생산에 유리하다. 절대적인 관점에서 보면 한국이 반도체와 청바지 모두에서 생산우위를 가지고 있다. 즉, 한국이 반도체와 청바지 모두에서 절대적 우위(absolute advantage)를 가지고 있다. 그러나 상대적 관점에서 보면 한국은 반도체에 비교적 더 큰 생산우위를 가지고 있다. 그러므로 각 나라에게 한 가지씩 생산하라고 하면 한국은 반도체를 선택하고 미국은 청바지를 선택하는 것이 유리하다. 한국은 반도체에 비교우위(comparative advantage)를 가졌고, 미국은 청바지에 비교우위를 가졌기 때문이다.

국제무역이 성립하는 이유는 어떤 나라든 생산면에서 비교우위에 있는 상품을 생산하여 다른 나라와 교역하면 두 나라 모두가 혜택을 보기 때문이다. 각 나라가 이와 같이 상대적으로 우위에 있는 상품을 생산하여 서로 교역하는 것을 비교우위론(comparative advantage theory)이라고 한다.

〈표 15.2〉와 같은 상황에서는 한국은 반도체 생산에 비교우위를 가지고 미국은 청바지 생산에 비교우위를 가지고 있기 때문에, 비교우위론에 따르면 한국은

생활경제 15-3 작년 무역흑자 412억 달러 "사상 최대"

지난 해 한국의 무역흑자는 412억 달러에 달한 것으로 최종 확정되었다. 이는 당초 정부가 예상하였던 417억 달러보다 적지만 그 동안 최고였던 2009년의 410억 달러를 뛰어넘는 사상 최대 규모다. 수출규모는 세계 9위에서 7위로 뛰어오를 것으로 보이지만 대일 무역적자는 사상 최대 적자였다.

관세청은 16일 '2010년 수출입 동향(확정치)'을 통해 지난 해 한국의 수출은 전년 대비 28.3% 증가한 4,664억 달러, 수입은 31.6% 늘어난 4,252억 달러로 최종 집계되었다고 밝혔다. 수출은 당초 예상하였던 것보다 10억 달러, 수입은 5억 달러 각각 줄어들었다. 관세청에 따르면 연간 수출액 4,664억 달러는 사상 최대 규모다. 반도체(515억 달러)를 비롯해 선박(471억 달러), 디스플레이 패널(296억 달러), 자동차 부품(117억 달러) 등이 최대 수출치를 기록하며 수출을 견인하였다.

관세청 관계자는 "2001년 수출이 1,504억 달러였던 점을 감안하면 10년 만에 3배 이상 증가하였다"면서 "이에 따라 한국은 2009년 세계 제9위 수출국에서 작년에는 제7위 수출국으로 두 단계 올라설 것으로 예상된다"고 말하였다. 국가별로는 중국이 전체 수출의 4분의 1이 넘는 25.1%를 차지해 가장 비중이 컸다. 이어 미국(10.7%), 일본(6.0%), 홍콩(5.4%), 싱가포르(3.3%), 대만(3.2%), 인도(2.5%), 독일(2.3%), 베트남(2.1%), 인도네시아(1.9%) 등의 순이었다.

지난 해 수입은 원유를 비롯한 원자재(34.1%), 자본재(29.8%), 소비재(23.9%) 등 주요 품목들이 모두 큰 폭으로 증가하며 전년에 비해 31.6% 증가한 4,252억 달러를 기록하였다. 일본과의 교역에 있어서는 수출이 282억 달러로 전년에 비해 29.4% 증가하였지만, 수입이 643억 달러로 30.1% 늘었다. 이에 따라 무역수지 적자는 2008년의 327억 달러보다도 훨씬 많은 361억 달러를 기록해 사상 최대 적자를 보였다고 관세청은 전하였다.

〈경향신문, 2011.1.16〉

율)이 더 커지면 한국은 손해이고 미국은 이익이다. 반대로 이 비율이 작아지면 한국은 이익이고 미국은 손해이다.

〈그림 15.1〉에서 교역 후에 한국은 점 K'에서 소비하고 미국은 점 A'에서 소비한다면 반도체와 청바지의 교환 비율(교역조건)은 8 : 5이다. 즉, 반도체 8개와 청바지 5벌을 서로 교환하고 있다. 〈그림 15.1〉 (a)에서 한국은 점 K_y에서 생산하여 점 K'에서 소비하고 있기 때문에 반도체 40개를 미국에 주고(수출) 청바지 25벌을 받는(수입) 교역을 하고 있다(반도체 : 청바지=8 : 5). 〈그림 15.1〉 (b)에서 미국은 점 A_x에서 생산하여 점 A'에서 소비하고 있기 때문에 청바지 25벌을 한국에 주고(수출) 반도체 40개를 받는(수입) 교역을 하고 있다(반도체 : 청바지=8 : 5).

3. 환율과 국제수지

환율의 의미

환율(exchange rate)이란 자국화폐와 외국화폐의 교환 비율을 말한다. 세계 모든 나라의 화폐는 달러와의 교환 비율을 정하고 있다. 〈표 15.4〉에는 달러($)와 우리나라 원(₩)과의 환율 및 달러와 일본 엔(¥)과의 환율이 최근 자료를 중심으로 정리되어 있다. 한국의 원은 1달러당 804원에서 1997년 말의 외환위기시에는 1,400원

표 15.4 환율

연도	₩/$	¥/$
1994	803.6	102.2
1998	1,398.9	130.9
2000	1,130.6	107.8
2002	1,251.2	125.4
2004	1,144.7	108.2
2006	995.5	116.3
2010	1,157.0	87.7

자료: 통계청, 2011.

까지 올라갔다가 그 이후에는 점점 내려가고 있다. 일본의 엔도 1998년까지는 1달러당 131엔까지 갔다가 그 이후에는 내려가고 있다.

한국의 원이 미국의 1달러당 얼마로 교환되느냐는 한국 경제에 매우 중요한 의미를 갖는다. 특히, 원/달러 환율은 모든 대외거래에 영향을 미치면서 한국 경

생활경제 15-4 빅맥(Big Mac)과 환율

환율결정이론 중에는 PPP(purchasing power parity)이론이라는 것이 있다. 이 이론은 동일 상품은 세계 각 나라에서 똑같은 가격이 되도록 환율이 정해져야 한다는 이론이다. 오늘날 맥도날드는 거의 세계 각국에서 영업을 하고 있으며 빅맥 햄버거를 판매하고 있다. 그리고 세계 각국에서 판매하는 빅맥은 모두 똑같은 상품이다. 그러므로 세계 각국의 빅맥가격을 달러가격으로 환산하였을 때 그 가격이 똑같아지도록 환율을 정해야 한다는 이론이 PPP이론이다.

1995년도에 미국에서의 빅맥가격은 2.32달러였다. 그런데 아래 표에서 보는 것처럼 이 당시 일본에서의 빅맥가격은 391엔이었다. 2.32달러와 391엔이 같아지는 환율은 169엔(391/2.32)이다. 그런데 당시 일본의 실제환율은 84.2엔이었다. 이것은 엔의 실제환율이 PPP 환율에 비해 100% 과대평가되었다는 것을 말해 준다.

이런 방식으로 세계 각국의 실제환율과 PPP 환율을 비교해 본 것이 아래 표이다. 스위스 프랑이 가장 많이 과대평가되어 있고, 중국 위안화가 가장 과소평가되어 있다.

2002년 4월 23일 기준으로 빅맥 햄버거의 한국 내 판매가격은 3,100원으로 이를 당일 원/달러 환율을 적용하면 2.36달러로 미국에서의 판매가격 2.49달러보다 5% 정도 싼 것으로 조사되었다. 이는 조사대상국들 중 20위에 해당된다. 이는 빅맥 햄버거가격을 기준으로 산정한 각국 통화가치 비교에서 한국의 원화가 달러화에 대해 5% 정도 저평가되어 있음을 의미한다.

〈동아일보, 2002. 4. 26〉

빅맥을 기준으로 하였을 때의 PPP 환율

국가	빅맥의 자국 내 가격(A)	실제환율	빅맥의 달러가격 (A./B)	PPP 환율 (A./2.32)	실제 환율의 과대 또는 과소평가 정도(%)
미국	$2.32	–	2.32	–	–
영국	£1.74	1.61*	2.80	1.33*	+21
중국	Yuan 9.00	8.54	1.05	3.88	–55
덴마크	DKr26.75	5.43	4.92	11.5	+122
프랑스	FF18.5	4.80	3.85	7.97	+66
홍콩	HK$9.50	7.73	1.23	4.09	–47
이탈리아	Lire4,500	1,702	2.64	1,940	+14
일본	¥391	84.2	4.65	169	+100
스위스	S.Fr.5.90	1.13	5.20	2.54	+124

* 1파운드당의 달러/ Baumol-Blinder, p. 406.

생활경제 15-5 달러 패권시대가 끝났다고?

미국 경제가 서브프라임 모기지(신용도가 낮은 개인에게 빌려 준 주택자금)의 고통 속에서 허덕이자 월 스트리트의 머니 파워(금융력)를 깔보는 여론이 형성되고 있다. 그럴 수밖에 없는 이유가 있다. 주가하락, 달러하락, 경기하강이 겹친 음침한 분위기에서 거대금융회사들이 중동, 싱가포르, 중국, 일본에 구제(救濟)금융을 받아 갔다. 큰손 투자자인 조지 소로스는 달러시대의 종막을 예언하였다. 메릴린치라는 회사에 20억 달러를 출자, 조그만 구명보트를 보낸 한국도 '달러 깔보기' 대열에 합류하였다. 국내 어느 경제연구소는 달러화가 지배하던 독점시대가 저물어 가고, 달러와 유로화, 엔화, 위안화가 발언권을 나눠 갖는 과점(寡占)시대가 온다고 예측하였다.

……

미국의 머니 파워는 그러나 금융위기 때 더 큰 힘을 보여 주었다. 무엇보다도 미국은 다른 나라 돈을 위기돌파용으로 낚아 쓰는 데 천재적이었다. 1980년대에는 엄청난 흑자를 내던 일본과 손잡았다. 한 통계를 보면 1983~1989년 사이 미국의 국제수지 적자액 중 41%를 일본의 외환보유고가 메워 주었다. ……2000년대 들어서는 중국이 미국에 돈을 대주는 역할을 시작하더니 곧이어 아시아 · 중동 국가들이 외화를 맡겼다. ……미국 입장에서 보면 파트너만 바뀌었을 뿐, 남의 돈을 가져다 금융위기를 넘기는 전략은 변하지 않은 셈이다.

……

한국은 1985년 플라자합의 이후 달러하락, 저금리, 유가하락 같은 국제적인 자금흐름의 변화에 잘 올라탔었다. 덕분에 당시 3년여 동안 큰 호황을 누렸다. 반면에 1995년 로버트 루빈 미국 재무부장관 취임 후 시작된 '강한 달러-고금리' 시대에는 대세(大勢)를 잘못 판단, 2년 후 온 나라가 처참한 외환위기를 겪었다.

2000년대 들어서도 국제적인 머니게임에 제대로 대응하였다고 보기는 어렵다. 인도, 중국, 브라질을 비롯, 전 세계가 폭발적인 호황을 누렸으나, 한국은 4~5% 성장에 머물렀다. 구제불능의 낙제점은 아니지만 그렇다고 우등생은 결코 못 되는 성적이다.

지난 20년을 종합평가하면 글로벌 금융전쟁에서 한국은 1승 1패 1무의 그렇고 그런 기록을 남긴 셈이다. 더구나 이번에 한국은 불길한 징조를 노출하고 말았다. ……대형 금융회사들이 외환관리에서 외부투기세력이 치고 들어올 만한 허점을 드러냈다. 예를 들어, 우리은행은 서브프라임과 관련된 파생상품에 투자하였다가 무려 4,000억 원의 손실을 기록하였고, 농협과 외환은행, 산업은행까지 물렸다고 한다. 글로벌 투자를 한다고 설치다가 손가락 잘린 격이다. 작년 하반기부터 국내 은행들이 단기간 운용할 달러를 구하려고 뉴욕에서 구수회의를 거듭하며 땀 흘리는 모습도 외국 언론에 조롱거리로 등장하였다. 그 많다던 외환보유고를 어떻게 관리하였기에 달러가 없어 쩔쩔 매느냐는 투다.

월 스트리트에 몇 푼 투자하였다고 우쭐댈 일도 아니려니와, 미국 경기침체와 달러화 추락을 깔볼 처지는 더더욱 못 된다.

〈조선일보, 「송희영칼럼」, 2008. 1. 25〉

제 전반에 영향을 미친다. 1달러당 원환율이 점점 올라가는 것은 원의 가치가 점점 떨어진다는 의미이고, 반대로 1달러당 원환율이 점점 내려가는 것은 원의 가치가 점점 높아진다는 의미이다.

환율의 결정원리

환율은 외환시장(foreign exchange market)에서 외환의 수요와 공급에 의해 정해진다. 외환은 어떤 장소에 모여서 거래되는 것이 아니라 통신을 통해 서류상으로 상호 거래되고 있다. 따라서 외환시장이란 외환거래행위 그 자체를 의미한다고 할 수 있다.

한국 상품을 구매하려고 하는 외국 사람, 한국에 투자하려고 하는 외국 사람, 한국을 여행하려고 하는 외국 사람 등은 원이 필요하다. 따라서 이들은 외환시장에 달러($)를 내놓고 대신 원을 원한다. 즉, 이들은 달러를 공급하고 원을 수요한다. 반대로 미국 상품을 구매하려고 하는 한국 사람, 미국에 투자하려고 하는 한국 사람, 미국을 여행하려고 하는 한국 사람 등은 달러가 필요하다. 따라서 이들은 외환시장에 원을 내놓고 대신 달러를 원한다. 즉, 이들은 원을 공급하고 달러를 수요한다.

그러므로 외환시장에는 달러와 원에 대한 수요와 공급이 발생한다. 달러를 기준으로 외환시장에서의 수요와 공급을 살펴보면 〈그림 15.2〉에서처럼 우하향하는 달러의 수요곡선과 우상향하는 달러의 공급곡선이 도출된다. 환율(₩/$)이 내려가면 달러는 싸지고 원은 비싸진다. 그러므로 환율이 내려가면 외환시장에서 원과 교환하려고 하는 달러에 대한 수요는 늘어나게 된다(원에 대한 수요는 줄어든다). 즉, 달러에 대한 수요곡선은 우하향한다. 반대로 환율(₩/$)이 올라가면 달러는 비싸지고 원은 싸진다. 그러므로 환율이 올라가면 외환시장에서 원과 교환하려고 하는 달러에 대한 공급은 증가한다(원에 대한 공급은 감소한다). 즉, 달러에 대한 공급곡선은 우상향한다.

〈그림 15.2〉에서와 같이 외환(달러)에 대한 수요곡선과 공급곡선이 도출되면 두 곡선이 교차하는 점에서 균형환율이 정해진다. 점 E에서는 원 대신 가지려고 하는 달러의 양(달러에 대한 수요)과 원을 위해 내놓으려고 하는 달러의 양(달러의 공급)이 서로 일치한다. 즉, 환율 e^*로 계산하면 거래하려고 하는 달러의 양과 원의 양이 정확히 일치한다. 이러한 환율 e^*를 균형환율이라고 한다.

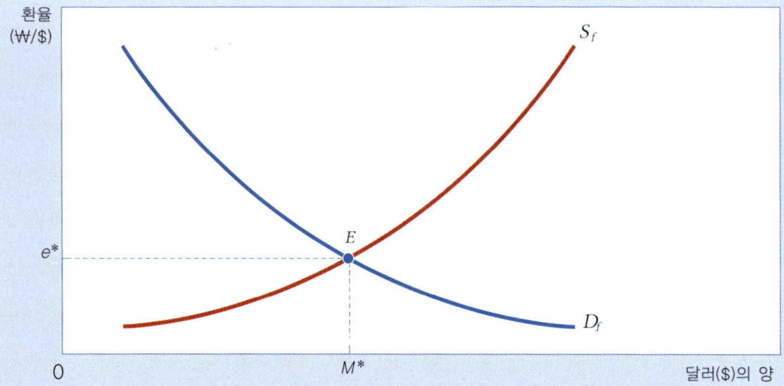

그림 15.2

외환의 수요와 공급

외환수요곡선은 우하향하고 외환 공급곡선은 우상향한다.

국제수지

어떤 나라든 외국과 교역을 하면 그 교역내용을 금액으로 표시해야 한다. 국제수지(balance of payments)란 외국과 거래한 재화(goods), 용역(services), 자산(assets)의 내용을 화폐액으로 기록한 것을 말한다.

국제수지는 크게 두 개의 계정으로 나누어서 정리한다. 하나는 경상계정(current account)이고, 다른 하나는 자본계정(capital account)이다. 이렇게 구분하

생활경제 15-6 미국의 설탕 수입쿼터

미국은 1934년부터 설탕의 수입을 통제해 왔다. 일정한 양의 쿼터(quota)를 정해 놓고, 그 이상 수입할 때는 엄청난 수입관세를 부과하고 있다. 어느 누구도 그러한 관세를 물면서 설탕을 수입하려고 하지는 않는다. 그 결과 미국 국내의 설탕가격은 세계 설탕시장 가격의 2배 정도 된다. 이것은 미국의 설탕생산업자와 콘시럽(corn syrup) 같은 설탕 대체상품의 생산업자에게 엄청난 혜택을 주는 것이 된다.

반면에 미국 내의 설탕소비자, 캔디나 음료수 등의 생산업자에게는 엄청난 피해가 된다. 이들은 해마다 10억 달러에서 2억 달러까지의 추가비용을 부담하는 셈이 된다. 그뿐만 아니라 여러 가지 편법적인 설탕수입현상도 나타나고 있다. 설탕이 많이 든 상품을 수입하여 미국 내에서 이 상품들로부터 설탕을 분리시켜 내는 일까지 벌어지고 있다. 무역제한의 부작용이 어떻게 나타나는지를 보여 주는 하나의 예이다.

표 15.5 국제수지(2010) [단위: 억 달러]

경상계정(current account)	
상품수출	4,643
상품수입	−4,224
(1) 상품수지	419
서비스수입	827
서비스지급	−939
(2) 서비스수지	−112
(3) 소득수지	8
(4) 경상이전수지	−32
(5) 경상수지(1+2+3+4)	282
자본계정(capital account)	
직접투자	−194
증권투자	386
기타투자	−172
(6) 투자수지	19
(7) 기타 자본수지	−2
(8) 자본수지(6+7)	17
(9) 준비자산 증감	−271
(10) 오차 및 누락	−29
(11) 국제수지(5+8+9+10)	0

자료: 통계청, 2011.

는 이유는 각 계정에 따라 거래의 특성이 다르기 때문이다. 〈표 15.5〉에서 보는 것처럼 경상계정에는 주로 실물거래에 수반된 금액들이 기록되고 있다. 반면에 자본계정에는 투자목적으로 국가 간에 자본이 이동된 것들을 기록하고 있다.

2010년도 우리나라의 국제수지를 보면 〈표 15.5〉에서처럼 경상수지는 282억 달러 흑자이다. 이 중에는 상품(goods)의 수출입 차이를 나타내는 상품수지가 주종을 이루고 있다. 2010년도는 상품수지가 419억 달러 흑자이고, 자본수지는 17억 달러 흑자이다.

그런데 어떤 형태로든 해외부문으로의 유출과 해외부문으로부터의 유입은 똑같아야 하기 때문에 국제수지는 〈표 15.5〉에서처럼 0이 된다. 해외부문으로부터의 유입은 +로, 유출은 −로 기록하는데, 장부상으로는 일정 기간의 유입과 유출이 같아야 하기 때문에 국제수지는 0이다. 같지 않게 되는 부분은 오차 및 누락으로 처리하여 결국은 같도록 만들어야 하는 것이 국제수지이다.

국제수지에서 가장 중요한 것은 상품수지로, 상품수지가 흑자(surplus)냐 적자(deficit)냐에 따라 국제교역의 성과가 결정된다.

4. 무역정책과 국가경제

무역제한의 수단

세계적인 관점에서 볼 때는 자유무역(free trade)이 이론적으로 가장 이상적이다. 많은 나라들은 가능한 한 자유무역을 추구하기 위해 세계무역기구(World Trade Organization: WTO)를 만들어 서로 협조를 모색하고 있다. 그러나 각 나라는 나름대로 독특한 사정이 있기 때문에 자국의 이익을 위해 무역을 제한하는 정책을 추구하기도 하는데, 이러한 무역제한 때문에 국가 사이에는 무역마찰이 일어나기도 한다.

무역을 제한하는 가장 대표적인 수단은 수입품에 대한 관세(tariff)이다. 관세란 수입품에 세금을 부과하는 것인데, 관세를 높게 부과하면 수입품의 국내 판매가격이 높아지기 때문에 수입이 억제된다. 이처럼 관세는 강력한 무역장벽(trade barriers)이다.

수입쿼터(quota)도 강력한 무역장벽이 된다. 수입쿼터란 수입량을 미리 할당해서 그 이상은 수입을 하지 못하도록 하는 수입규제정책이다. 또한 쿼터의 한 변형으로서 수출국의 '자율규제'(voluntary restraint)라는 수단도 있다. 미국은 일본으로부터 자동차수입을 규제하기 위해 직접적인 수입쿼터 대신 일본 정부와의 협상을 통해 일본이 자발적으로 미국으로의 자동차수출을 제한하도록 하였다. 1981년에 이 협상이 성립되자 미국으로의 일본 자동차수출은 7.7% 감소하였

생활경제 15-7 미국에 있는 일본의 자동차공장: 현지생산을 통한 수출

일본의 자동차회사들은 미국에 공장을 지어 현지생산을 하고 있다. 그 동안 일본에서 생산하여 미국으로 수출하던 방식을 미국 현지에 공장을 지어 그 곳에서 직접 생산하는 방식으로 미국에 자동차를 수출하고 있다. 이 방식은 미국 현지에서 고용을 증가시키기 때문에 일본의 과잉수출에 대한 미국의 저항을 어느 정도 완화시키고 있다.

그런데 미국에 있는 일본 자동차공장들은 노동자의 작업방식을 일본식으로 바꾸어 많은 성과를 올리고 있다. 오하이오주에 설립된 혼다의 공장에서는 근로자를 고용할 때부터 일본식을 도입하였다. 먼저 부사장과 임원이 직접 근로자를 면접하여 고용 여부를 결정한다.

면접에서의 질문은 자동차 생산과는 관계없는 질문이 많다. 그리고 면접시간도 매우 길다. 미국인들은 이런 생소한 면접에 당황하기도 한다. 일단 고용되고 난 후에는 경영자들과 함께 자주 회의를 갖는다. 회의에서는 작업 과정에 관해 많은 이야기를 나눈다. 작업시작 전에는 함께 "잘합시다"라고 구호를 외친다. 점심시간에는 근로자와 경영자가 같은 식탁에서 밥을 먹는다. 그리고 서로 많은 이야기를 한다.

노동자들은 공식적인 교육에서보다 작업현장에서 작업을 하면서 서로 많은 것을 배운다. 팀워크가 매우 중시되고 있다. 오하이오주에 있는 혼다 공장의 생산성은 일본 내의 생산성과 거의 같은 수준에 올랐고, 자동차의 품질도 거의 같은 수준이 되었다. 캘리포니아의 프리몬트에 있는 도요타와 GM의 합작공장에서는 생산성이 48.5%나 올라갔다. 근로자들의 결근율이 급격히 떨어졌다. 그리고 근로자들의 마약사용 빈도도 현격히 떨어졌고 자동차의 품질은 아주 높아졌다.

다. 그러나 1985년에 이 규제를 풀자 일본으로부터의 자동차수입은 다시 급증하였다.

자유무역이 가장 이상적이지만 자국 내의 노동자를 보호하고 경쟁력이 모자라는 유치산업(infant industries)을 보호하기 위해 각국은 적절한 무역제한을 가하고 있다. 예를 들어, 자동차의 수입을 제한하면 국내 자동차회사가 국내에서 더 큰 시장점유율을 가지기 때문에 자동차산업의 노동자들이 보호받을 수 있다. 또 특정 산업이 국내에서는 아직 유치한 단계에 불과하다고 판단되면 이 산업을 육성하기 위해 수입을 제한하기도 한다. 수입을 제한하면 우수한 외국 상품과의 경쟁이 배제되기 때문에 유치단계의 국내 산업이 보호된다. 이런 이론을 유치산업 보호론이라고 한다. 예컨대, 우리나라의 시계산업이 아직 유치한 단계에 머물러 있다고 판단되면, 이 산업을 보호하기 위해서 외국으로부터의 시계수입을 제한할 필요가 있다.

경제학자 이야기 7 **존 힉스(John Richard Hicks, 1904~1989)**

힉스는 미시경제학의 수요이론과 거시경제학의 IS/LM모델을 체계화시킨 20세기 최고의 경제학자 중 한 명이다. 그는 영국에서 태어나서 옥스퍼드대학을 졸업하였고(1922~1926), LSE(London School of Economics), 케임브리지대학, 옥스퍼드대학 등에서 강의하였다. 특히, 수리경제학에 많은 업적을 쌓았다.

그의 대표저서는 *Value and Capital*(1939)이다. 그는 일반균형이론과 후생이론에 대한 개척자적 공로로 애로(Kenneth J. Arrow)와 공동으로 1972년에 노벨경제학상을 받았다. 그는 수학을 이용하여 경제학을 매우 과학적이고 정치한 학문으로 발전시켰다.

환율과 무역

우리나라에서는 미화 1달러($)와 교환되는 한국 원화(₩)의 크기를 환율이라고 한다. 예컨대, 외환시장에서 1달러와 900원이 서로 교환된다면 900 : 1이 환율이다.

그런데 환율이 900에서 950으로 가면 원화의 가치가 떨어지는 것이기 때문에 이것을 평가절하(depreciation)라고 한다. 반대로 900에서 850으로 가면 원화의 가치가 올라가는 것이기 때문에 이것을 평가절상(appreciation)이라고 한다.

원화가치가 평가절하되면 수출(exports)이 증가하고 수입(imports)이 감소한다. 환율이 900원에서 950원으로 가면(평가절하), 수출업자들은 1달러짜리 상품을 팔았을 때 전에는 900원을 벌었는데 이제는 950원을 벌기 때문에 수익성이 높아진다. 따라서 수출이 촉진된다. 그러나 수입업자들은 1달러짜리 상품을 사기 위해 전에는 900원만 지불했는데 이제는 950원을 지불해야 하기 때문에 수입품의 국내가격이 높아진다. 따라서 수입품의 국내 수요가 줄어들고 수

입이 위축된다.

환율이 평가절상되면 이번에는 그 반대 효과가 나타난다. 예컨대, 환율이 900원에서 850원으로 내려가는 평가절상이 일어나면 수입은 증가하고 수출은 감소한다.

수출입과 균형국민소득

제10장의 〈그림 10.1〉에서는 국가경제가 가계, 기업, 정부, 해외 등의 네 부문으로 구성된다고 하였다. 그런데 제11장 제2절에서는 가계 · 기업 · 정부의 세 부문만 포함시켰을 때 균형국민소득이 어떻게 결정되는지를 살펴보았다. 이제 우리는 해외부문까지 포함시키면 균형국민소득이 어떻게 결정되는지를 살펴볼 필요가 있다.

해외부문이 포함되면 국가경제의 총지출(aggregate expenditure: AE)은 가계의 소비지출(C), 기업의 투자지출(I), 정부지출(G)에 해외로의 순수출($EX-IM$)을 합해야 한다.

$$AE=C+I+G+(EX-IM)$$

순수출은 국내 상품에 대한 외국의 순지출을 의미한다. 균형국민소득은 네 부문의 지출을 모두 합한 총지출(AE)이 총산출(Y)과 일치할 때 달성된다($AE=Y$). 즉, 해외부문을 포함시켰을 때는 국가경제의 균형조건이 $Y=C+I+G+(EX-IM)$이다.

만약 평가절하(환율인상)로 수출이 증가하고 수입이 감소하면 순수출은 증가한다. 즉, 국내 상품에 대한 총지출(AE)이 증가한다. 이렇게 되면 의도하지 않았던 재고감소(decrease in unintended inventories)가 발생하고, 이를 채워 넣기 위해 총산출이 증가할 것이기 때문에 균형국민소득은 증가할 것이다. 즉, 순수출이 증가하면 균형국민소득이 증가한다.

요약하기

❖ 수출: 국내에서 생산되어 해외에서 소비되는 것

❖ 수입: 해외에서 생산되어 국내에서 소비되는 것

❖ 무역수지: 수출−수입 > 0(무역수지 흑자), 수출−수입 < 0(무역수지 적자)

❖ 비교우위론: 각 나라가 상대적으로 생산비가 적게 드는 상품을 특화생산하여 이를 다른 나라에 판매하면 두 나라가 모두 혜택을 누린다는 것으로, 무역이 이루어지는 이유를 설명하는 이론

❖ 교역조건: 두 나라가 두 상품을 서로 사고팔 때 이 두 상품을 서로 교환하는 비율

❖ 환율: 원과 달러의 교환 비율로 외환시장에서 결정

❖ 국제수지: 국내·외로의 자금이동상황을 표로 나타낸 것으로, 상품수지, 경상수지, 자본수지, 국제수지 등으로 구분한다.

❖ 무역정책: 관세, 수입쿼터, 수출자율규제

❖ 환율(₩/$)상승: 수입감소, 수출증가

❖ 환율(₩/$)하락: 수입증가, 수출감소

복습과 토론하기

15. 1.

우리나라는 주로 어떤 상품을 외국에 수출하고 있을까? 우리나라가 금액면에서 가장 많이 수출하고 있는 상품 3개를 열거해 보고 그 금액이 얼마인지를 알아보자.

15. 2.

1997년에 IMF 구제금융이라는 경제위기를 맞았는데, 그 이듬해인 1998년에 수출이 증가하고 수입이 급감하면서 대규모의 상품수지 흑자를 기록하였다. 왜 이런 현상이 일어났을까? 그 이후에는 상품수지 흑자가 왜 점점 줄어들었을까?

15. 3.

우리나라와 일본 사이의 무역은 수출이 많을까, 수입이 많을까? 우리나라와 일본 사이의 무역에서 우리가 많이 수입하는 상품은 무엇이며, 많이 수출하는 상품은 무엇일까? 왜 이런 무역유형이 나타나는 것일까?

15. 4.

유럽에서는 유로(Euro)라는 돈을 만들어 EU 회원국들이 모두 이 돈을 사용하고 있다. EU 회원국이 자국화폐를 없애고 모두 유로만 사용하듯이 전 세계의 각 나라가 자국화폐를 없애고 달러만 사용한다면 세계무역은 오늘날과 비교해 어떤 모습으로 바뀔까? 이런 상황이 가능하지 않는 이유는 무엇일까?

16

경제성장과 경제발전

1. 경제성장: 어떤 의미이며, 그 원천은
2. 경제발전: 어떤 의미이며, 그 전략은

인간은 물질적으로 풍요해지기를 원한다. 물질적 풍요를 누리기 위해서는 생산이 많이 이루어져야 한다. 말하자면, 경제성장이 이루어져야 한다는 것이다. 그런데 경제성장이 이루어진다고 모든 사람이 물질적으로 풍요해지는 것은 아니다. 성장의 혜택을 일부의 사람들이 독차지하는 분배왜곡현상이 나타나면 많은 사람들의 삶은 여전히 어려워질 수밖에 없다. 모든 사람이 골고루 물질적 풍요를 누리는 것을 경제발전이라고 한다. 경제발전이 이루어지기 위해서는 1차적으로 경제성장이 이루어져야 하고, 그 다음으로는 분배구조가 개선되어야 한다. 그래야 모든 사람이 골고루 더 많은 소비를 할 수 있으며 경제가 더욱 발전하는 것이다. 말하자면, 쾌적한 환경에서 여유있는 인생을 살아가는 것이 우리가 추구하는 경제발전이다. 본장에서는 경제성장은 무엇이며 어떻게 달성될 수 있는지에 대해 공부한다. 그리고 경제발전은 무엇이며 경제성장과 경제발전은 어떻게 다른지에 대해서도 공부한다.

1. 경제성장: 어떤 의미이며, 그 원천은

경제성장의 의미

경제활동이란 생산(production)과 소비(consumption)가 되풀이되는 현상이다. 이 과정에서 생산 및 소비규모가 커지는 현상을 경제성장(economic growth)이라고 한다. 생산이 커지는 것은 GDP가 커지는 것이므로 국가적으로는 실질GDP가 커지는 현상을 경제성장이라고 정의할 수 있다.

40년 전에는 오늘날 우리가 가지고 있는 물건의 대부분이 매우 귀한 물건이었다. 따뜻한 털옷도, 냉장고도, 에어컨도, 자동차도, 텔레비전도 매우 귀하였다. 이런 물건을 가질 수 있는 사람은 극히 소수였다. 그러나 오늘날은 거의 모든 사람들이 이런 것을 가지고 있다. 오늘날은 그때에 비해 생산되고 소비되는 상품의 양이 비교가 되지 않을 정도로 커졌다. 이것은 모두 경제성장의 결과이다.

경제성장은 생산가능곡선을 이용하여 보다 더 쉽게 설명할 수 있다. 우리나라에 존재하는 가용자원을 모두 사용하여 공산품과 농산품을 생산한다면 〈그림 16.1〉의 *AaB*와 같은 곡선을 따라 공산품과 농산품을 생산할 수 있다고 하자. 현재의 생산자원을 모두 농산물 생산에만 투입한다면, *B*만큼의 농산물이 생산되고 공산품 생산량은 0이다. 반대로 모든 생산자원을 공산품 생산에만 투입한다면, *A*

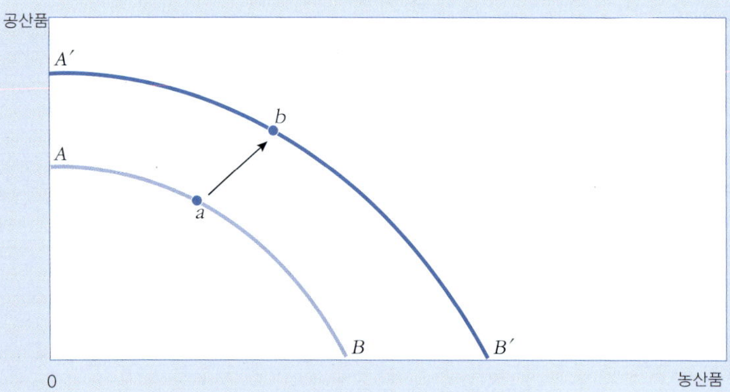

그림 16.1

생산가능곡선과 경제성장

경제성장이 일어나면 생산가능곡선이 밖으로 이동한다.

만큼의 공산품이 생산되고 농산품 생산량은 0이다. 그리고 두 상품을 동시에 생산한다면 *AaB*곡선을 따라 공산품과 농산품을 동시에 생산할 수 있다. 말하자면, 이 곡선은 생산가능한 공산품과 농산품의 양을 나타낸다. 그러므로 이 곡선을 생산가능곡선(production possibility frontier)이라고 한다. 이 곡선을 넘어서는 생산할 수 없다. 이 곡선의 범위 내에서만 생산이 가능하다.

완전고용이 이루어지면 점 *AaB*와 같은 생산가능곡선상에서 실제로 생산이 이루어진다. 그런데 경제성장이란 이러한 생산가능곡선이 *AaB*로부터 *A´bB´*으로

생활경제 16-1 '이공계 기피' 한국 경제 멍든다

"1960~1970년대 한국의 과학기술인 우대와 청소년들의 이공계 선망 분위기가 1980~1990년대의 고도성장을 낳았다. 2000년대 초 이공계 기피현상 속에서 2010년 이후 한국의 모습을 예측하는 것은 어렵지 않을 것이다."(미 과학기술 전문지 『사이언스』 3월 15일자 보도)

이공계 기피현상에 대한 국내 · 외 우려가 높아지고 있는 가운데 삼성경제연구소는 27일 『이공계 인력공급의 위기와 과제』라는 보고서를 통해 과학기술인력의 이탈은 장기적으로 한국 경제의 잠재성장력에 치명적인 악영향을 줄 수 있다고 지적하였다. 보고서는 현재의 이공계 기피 및 학력저하는 상대적으로 이공계 인력의 지위가 낮고 이공계 교육환경이 갈수록 떨어지고 있기 때문이라고 분석하였다.

보고서에 따르면 고도성장기에 파격적 대우를 받던 이공계 고급인력의 소득은 최근 대졸 초임 연봉에서부터 다른 분야와 차이가 벌어지고 있다. 상경계열 출신이 많은 신용평가, 금융업종의 대졸 초임연봉이 2,400만~3,500만 원이지만 비교적 각광받고 있는 전자 · IT업종은 1,800만~2,300만 원에 불과하다.

중국 최고지도부인 공산당 정치국 상무위원회 위원 7명 중 장쩌민(江澤民)을 비롯한 6명이 이공계 출신인데, 한국의 4급 이상 공무원 중 이공계 출신은 11.4%에 머물고 있다. 또 제조업 비중이 큰 산업구조인데도 30대 기업집단 상장사 최고경영자 중 이공계 출신은 22.8%에 불과하였다.

보고서는 이공계 인력 우대정책의 기조가 무너지면서 이공계 기피현상이 확산되고 있는데도 이를 방치한 정부의 책임도 크다고 지적하였다. 현재 노동부, 교육부, 과기부, 산자부 등 관련 부처들이 이공계 기피현상에 대해 각개약진식 정책을 내놓고 있어 효과적 대응이 불가능한 상황이라는 지적도 하였다.

연구소는 "대학가에서 그랜저를 타는 나이가 한의대 30세, 의대 35세이지만 공대는 45세, 자연대는 영원히 못 탄다는 농담이 유포될 정도"라며, "한국과 같은 소국(小國)은 고급인력 양성이 유일한 자원인데도 선진국과의 질적 격차는 물론 인력규모까지 점차 벌어지고 있다"고 주장하였다. 보고서는 이와 같은 이공계 기피현상을 막기 위해 정부와 기업은 이공계 인력양성을 최우선 국가과제로 설정해 각종 지원책을 시행해야 한다고 밝혔다.

〈중앙일보, 2002. 3. 27〉

이동하면서 생산점이 *a*에서 *b*로 이동하는 것을 의미한다. 생산점이 *a*에서 *b*로 이동함으로써 더 많은 농산품과 공산품이 생산될 수 있다.

그런데 생산가능곡선이 *AaB*에서 *A′bB′*으로 이동해도 완전고용이 이루어지지 못해 생산점이 여전히 *a*에 그대로 머물러 있으면 이때는 경제성장이 이루어진 것이 아니다. 총산출량이 증가하지 못하였기 때문이다. 경제성장이란 실제로 경제 전체의 생산량이 늘어나는 것을 말한다.

경제성장이 사람들의 생활 수준을 향상시키려면, 경제성장률(rate of growth)이 인구증가율(rate of population increase)을 앞질러야 한다. 따라서 어떤 경제학자들은 GDP 총량보다 1인당 GDP가 증가하는 것을 경제성장이라고 정의하기도 한다.

경제성장은 생산자원의 양(resources)이 많아져도 이루어질 수 있고, 주어진 생산자원을 사용하는 기술 수준(technology)이 향상되어도 이루어질 수 있다. 즉, 경제성장의 원천은 크게 생산자원의 양과 생산기술이라고 할 수 있다. 생산자원의 양이 많아지거나 생산기술이 향상되면 〈그림 16.1〉에서 생산가능곡선은 *AaB*에서 *A′bB′*으로 이동한다.

생산자원과 경제성장

생산자원은 크게 노동(labor)과 자본(capital)으로 구분할 수 있다. 그리고 자본은 물리적 자본(physical capital)과 인적 자본(human capital)으로 나눌 수 있다. 노동은 노동의 양을 의미하며, 인구(population)가 증가하면 노동의 양이 증가한다. 노동의 양은 노동력이고, 인구가 증가하면 노동력(labor force)이 증가하면서 노동공급량(labor supply)이 증가한다. 완전고용이 이루어지면서 노동공급량이 증가하면 경제성장이 이루어진다.

그런데 최근 우리나라와 선진국에서는 출산율이 급속히 떨어지면서 인구구조가 급속히 고령화 사회로 변해 가고 있다. 소비인구에 대한 생산인구의 비율이 급격히 감소해 가는 현상인데, 이는 경제성장에 불리한 인구구조이다.

생활경제 16-2 국민소득 2만 달러 시대…… 분배는 악화

한국은행이 30일 발표한 2010년 국민계정(잠정)에서 지난 해 1인당 국민소득(GNI)이 3년 만에 2만 달러대로 복귀해 우리나라가 세계 10대 부국으로 올라섰다. 그러나 기업에 비해 노동자에게 돌아가는 몫은 상대적으로 줄어들어 노동소득분배율은 36년 만에 가장 큰 폭으로 하락하였다. 게다가 향후 성장의 바탕이 되는 저축률도 1년 만에 다시 하락해 성장잠재력이 저하될 우려가 남아 있다.

지난 해 1인당 GNI는 2만 759달러로 2007년 2만 1,695달러 이후 3년 만에 2만 달러대로 복귀하였다. 1인당 GNI는 글로벌 금융위기 등의 여파로 2008년 1만 9,296달러, 2009년 1만 7,193달러로 3년 연속 하락세를 보였으나 국내총생산(GDP) 상승에 힘입어 증가세로 돌아섰다. 지난 해 명목GDP는 1조 143억 달러로 전년보다 21.5% 늘어나면서 2007년 1조 493억 달러 이후 3년 만에 1조 달러대를 복귀하였다.

물가 등을 고려한 국민소득의 실질구매력을 보여 주는 실질GNI는 전년보다 5.5% 증가해 2002년 7.5% 이후 8년 만에 최고치를 기록하였다. 실질GDP는 민간소비와 설비투자, 수출증가 등으로 전년보다 6.2% 성장하였다.

한국은행은 "인구가 2,000만 명 이상인 국가 중 1인당 GNI가 2만 달러를 넘는 나라는 10개국 남짓"이라면서 "1인당 GNI 2만 달러 복귀는 우리나라가 세계 10대 부국이 됐다는 것으로 해석할 수 있다"고 설명하였다. 한국은행은 "물가상승과 환율하락 등을 고려한다면 올해 1인당 GNI는 사상 최고치를 경신할 수 있을 것"이라고 전망하였다. 그러나 전년과는 달리 실질GNI 증가율이 실질GDP 증가율을 밑돌아 국내에서 창출된 소득이 국외로 유출되면서 국내 경제주체의 실질구매력이 떨어지고 있음을 나타냈다.

경제성장률은 8년 만에 최고치를 경신하였지만, 기업에 비해 근로자에게 돌아가는 몫은 상대적으로 감소하였다. 근로자에게 돌아가는 몫의 비중을 뜻하는 노동소득분배율은 59.2%로 전년 60.9%보다 1.7%포인트 하락하였다. 1974년 1.8%포인트 하락 이후 36년 만에 가장 큰 낙폭이다. 또 노동소득분배율이 60%를 밑돈 것은 2004년 58.7% 이후 처음이다. 노동소득분배율 하락은 노동의 대가로 가계에 분배되는 급여인 피용자보수 증가율이 생산활동을 주관한 생산주체, 즉 기업에 돌아가는 몫을 의미하는 영업잉여 증가율보다 낮기 때문으로 분석됐다.

지난 해 영업잉여 증가율은 전년 대비 16.4%로 피용자보수 증가율 6.9%의 두 배가 넘었다. 한국은행은 "영업잉여와 피용자보수가 모두 증가하긴 하였지만 영업잉여의 증가폭이 상대적으로 커서 노동소득분배율이 전년보다 하락하였다"고 설명하였다. 한국은행은 "영업잉여의 증가폭이 더 크다는 것은 기업에 잉여가 많이 남았다는 것을 의미한다"면서 "배당금이나 재투자 증가 등이 원인이 되었을 것"이라고 말하였다.

지난 해 총저축률은 32.0%로 전년보다 1.8%포인트 상승하였지만, 개인순저축률은 떨어져 1년 만에 다시 하락세로 돌아섰다. 개인순저축률은 2007년과 2008년 2.6%로 동일하다가 2009년 4.1%로 크게 늘어났지만 지난 해 3.9%로 다시 전년보다 0.2%포인트가 하락하였다. 한은 관계자는 "가계부채 증가 등으로 이자 부담이 커지고 소비는 늘어나면서 개인순저축률이 떨어진 것으로 보인다"고 설명하였다. 개인의 순처분가능소득과 최종소비지출은 각각 39조 4,000억 원이 늘어났다.

지난 해 국내 총투자율은 기업의 설비투자가 큰 폭으로 증가하면서 전년 26.2%보다 3.0%포인트가 상승한 29.2%를 기록하였다. 부문별로는 민간투자율은 24.0%로 전년보다 4.0%포인트 오른 반면 정부투자율은 5.3%로 전년보다 0.9%포인트 하락하였다.

〈연합뉴스, 2011. 3. 30〉

생활경제 16-3 노동의 밀도와 여가

1시간을 일하고 2시간의 효과를 낼 수도 있고, 2시간을 일하고 1시간의 효과밖에 내지 못할 수도 있다. 1주일에 40시간 열심히 일하고 이틀 쉬는 것이 좋을까, 44시간 대강 일하고 하루 쉬는 것이 좋을까?

미국 로스앤젤레스 타임스지는 18일 한국의 주 5일 근무제 도입논란을 소개하면서 한국의 비효율적인 근무행태를 꼬집었다. 신문은 "한국 근로자들은 오전 8시부터 오후 10시까지 계속되는 평일 근무시간에 자고 먹고 빈둥빈둥 시간을 보내며 인터넷쇼핑이나 주식거래, 카드게임을 하는 경우가 흔하다"고 보도하였다. 이와 같은 근무행태는 부분적으로 사용자와 고용자, 일과 가정의 구분이 명확하지 않았던 오랜 농경사회의 영향 때문이라고 전하였다.

신문은 또 하급자가 일을 다 끝냈다고 하더라도 상사보다 먼저 퇴근하는 것을 꺼리는 상명하달식 직장문화와 여가시간에도 업무와 관련된 인간관계를 맺는 데 높은 점수를 주는 문화도 이와 같은 근무행태에 영향을 주고 있다고 지적하였다.

신문은 한국인의 1인당 연간 근로시간이 미국, 일본 등에 비해 500~600시간 정도 길지만 시간당 생산성은 미국과 일본보다 45~62% 정도 낮다며, 한국의 노사 모두 오래 일하지만 효율적으로 일하지는 않는다는 데 공감하고 있다고 보도하였다.

또 이런 상황 속에서 한국 정부가 노동생산성을 높이고 위축된 소비를 자극해 국가 및 지역경제를 활성화하기 위해 주 5일 근무 도입을 추진하고 있으며, 노동자측도 근무시간 단축이 생산성 향상으로 이어질 것으로 기대하고 있다고 전하였다.

그러나 사용자측은 9.11테러 이후 가뜩이나 어려워진 경제상황에서 주 5일 근무는 시기상조라고 주장하고 있다며, 심지어 정부가 제도도입을 서두르는 이유에 대해 내년 대선 등을 염두에 둔 것이라는 주장도 나오고 있다고 소개하였다.

〈동아일보, 2001.11.19〉

물리적 자본은 기계, 건물, 토지 등과 같은 생산설비를 의미한다. 이런 물리적 자본이 증가하면 생산이 더 많이 이루어지기 때문에 경제가 성장한다. 투자에 의해 물리적 자본이 증가하는데, 투자를 통한 자본축적은 경제성장의 매우 중요한 요소이다. 물리적 자본의 양이 많아지면 노동의 생산성이 증가한다. 노동의 생산성은 생산량(Y)을 노동량(L)으로 나눈 값(Y/L)인데, 자본의 양이 많아지면 이 값이 증가한다. 경제성장 과정에서는 물리적 자본의 양(K)이 노동의 양(L)보다 더 빠르게 증가한다. 즉, 노동에 대한 자본의 비율(K/L)이 증가한다. 이것이 노동생산성(Y/L)을 증가시키는 원천이다.

인적 자본이란 노동의 질을 의미한다. 같은 노동자라도 한 사람은 대졸이고 또 한 사람은 고졸이라고 하면, 대졸 노동자는 고졸 노동자보다 인적 자본이 더

생활경제 16-4 일본 성장의 비결

일본은 자유시장에 바탕을 둔 자본주의 경제(free-market capitalist economy)이다. 그리고 가장 성공적으로 경제성장과 경제발전을 이룩한 나라이다. 그렇다면 일본의 성공을 가능하게 한 요인은 무엇일까? 학자들은 4가지 정도의 성공요인을 거론하고 있다.

첫째, 저축률과 투자율이 매우 높았다는 사실이다. 일본인은 저축을 위해 살아간다고 할 정도로 저축을 많이 한다. 이자율이 거의 0 수준으로 낮은데도 저축률은 매우 높다. 그리고 저축자금은 일본의 높은 투자를 뒷받침해 주고도 남았다. 남은 자금은 미국 등으로 흘러가 많은 부동산을 구매하기도 하였다.

둘째, 고도의 숙련된 노동력이 풍부하였다. 일본은 자연자원이 부족한 나라이다. 그러나 교육열이 높고, 높은 교육을 받은 노동력이 풍부해 자본축적이 진행됨과 동시에 이들의 생산성이 점점 제고되었다.

셋째, 기술발전의 속도가 빨랐다. 선진국으로부터의 기술모방이 매우 빠르게 이루어졌기 때문이다. 자체개발 기술은 미진하였으나 미국 등 선진국으로부터의 기술모방이 매우 효율적으로 이루어졌으며, 이 기술을 일본 실정에 맞도록 응용하는 능력이 탁월하였다.

넷째, 정부의 성공적인 성장정책이 주효하였다. 정부주도하에 전략산업을 육성하고 기업을 지원하였다. 정부가 시장의 역할을 보완하였다. 정부의 개입과 시장이 잘 조화를 이루어 일본은 성공적인 경제성장과 경제발전을 이룩해 냈다.

많다고 본다. 이러한 인적 자본에 대한 투자도 경제성장의 중요한 원천이 된다. 건강하고, 교육 수준이 높고, 숙련도가 높은 노동자는 인적 자본이 높다. 이런 인적 자본이 높을수록 경제성장은 더 많이 이루어진다. 한국은 인적 자본의 증가로 고도성장을 이룩해 낸 대표적 국가이다.

생산성과 경제성장

노동의 양, 물리적 자본의 양, 인적 자본의 양이 증가하는 것으로도 설명이 되지 않는 추가적인 경제성장의 원천이 존재한다. 그것은 이러한 생산요소들의 생산성 향상(increase in productivity of inputs)이다.

생산성 향상은 기술진보(technological progress)에 의해 이루어진다. 발명(invention)과 혁신(innovation) 등을 거쳐 기술진보가 이루어지면 경제가 급속도로 성장한다. 오늘날의 경제성장은 많은 부문이 기술진보에 기인한다고 보고 있다. 컴퓨터의 출현과 더불어 첨단기술이 개발됨으로써 기술이 급속도로 발전하고 경제성장이 빠르게 이루어지고 있다. 새로운 육종기법으로 새로운 씨앗을 개발함으로써 농업생산성이 급속도로 증가하였다.

생산성 향상은 신지식에 의해서도 이루어진다. 특히, 경영지식의 발달로 기업의 생산성은 점점 높아지고 있다. 기업경영의 여러 가지 새 기법이 개발됨으로써 기업은 점점 더 효율적인 생산을 하고 있다.

규모의 경제(economies of scale)도 생산성을 증가시키는 중요한 요인이다. 오늘날 대기업의 출현과 더불어 규모의 경제가 실현됨으로써 기업의 생산성은 더 높아지고 있다.

경제성장에 대한 찬반 논쟁

경제성장은 경제학이 달성하고자 하는 하나의 목표이기도 하다. 경제학은 물가를 안정시키면서 실업을 줄이고 경제규모를 키워 나가는 것을 추구하고 있다. 이를 통해 모든 인간에게 물질적 풍요를 가져다 주고자 한다. 경제가 성장해야만 물질적 풍요가 달성될 수 있고, 물질적 풍요가 달성되면 인간생활은 더욱 윤택해진다.

과거 우리나라는 〈표 16.1〉에서 보여 주는 것처럼 급속한 경제성장을 이룩해 왔다. 1973년과 2009년 사이에 실질GDP는 거의 10배가 상승하였다. 그리고 오늘날은 상당한 수준의 물질적 풍요를 누리고 있다. 예컨대, 1960년과 2009년을 비교해 보면 물질적 풍요면에서는 하늘과 땅만큼 차이를 느낄 수 있다. 1960년에는 하루 세 끼를 배불리 먹을 수 없는 사람들이 매우 많았다. 전화, TV, 냉장고, 자동차 등은 그저 상상 속의 물건일 뿐이었다.

표 16.1 실질GDP의 성장률

연도	실질GDP(조 원)	기간	연평균성장률(%)
1973	88	1973	12.0
1980	139	1974~1980	6.9
1990	321	1981~1990	8.7
2000	579	1991~2000	6.2
2009	888	2001~2009	3.9

자료: 한국은행, 『국민계정』, 2011.

그러나 2009년에는 시장에 각종 식료품이 넘쳐 흐른다. 또 살을 빼기 위해 먹지 않으려는 사람이 너무 많다. 너무 많이 먹어 비만증이 될 정도이다. 거의 모든 집이 전화, TV, 냉장고, 자동차를 가지고 있으며, 하나 이상 가진 가구도 무수히 많다. 이 모두가 경제성장(economic growth)의 산물이다. 그리고 이러한 물질적 풍요를 싫어하는 사람은 거의 없다.

그러나 이러한 경제성장에 대해 걱정을 하는 사람들도 많은데 그 이유는 여러 각도에서 찾아볼 수 있다.

첫째, 경제성장이 삶의 질(quality of life)까지도 반드시 개선해 주는 것은 아니다. 산업화가 진전되면 경제성장과 더불어 삶의 질은 오히려 나빠지기도 한다. 많은 사람들이 대도시에 몰려 매일매일 각박한 인생살이에 시달리고 있다. 농경시대의 전원생활과 같은 여유는 이제 하나의 꿈으로만 남아 있다.

둘째, 경제성장은 인간에게 새로운 욕구를 창출시킨다. 전에는 필요 없었던 것을 이제는 필요한 것으로 만들어 이를 얻기 위해 인간을 더 노력하게 만든다. 따라서 인간을 물질의 주인이 아닌 물질의 노예로 만든다. 이제는 상품의 내용물에 만족하지 않고 그 상품이 포장되어 있는 겉모습에 대해서도 인간은 기호와 선호를 가진다. 내용물이 좋아도 포장이 싫으면 그 물건을 사지 않으려고 한다. 인간이 물질에 끌려 다닌다고 걱정한다.

셋째, 경제성장은 유한한 자원을 고갈시킨다. 경제성장과 더불어 에너지 수요가 급증하였기 때문에 지구상의 석유자원이 고갈될 위기에 놓여 있다. 나무와 물 등 재생되는 자원도 사용량이 급증하면 사라질 위기에 직면하게 된다. 그뿐만 아니라 오염과 공해도 심화되고 환경파괴도 심화된다.

넷째, 경제성장은 소득분배를 불공평하게 만든다. 빈익빈 부익부를 심화시키고 성장의 혜택을 골고루 나누어 갖지 못한다. 옛날에도 굶주리는 사람이 있었는데, 고도성장을 이룩한 후인 지금에도 굶주리는 사람이 있다. 경제성장이 모든 사람을 행복하게 하는 것은 아니다.

2. 경제발전: 어떤 의미이며, 그 전략은

경제성장과 경제발전

경제성장(economic growth)과 경제발전(economic development)은 거의 같은 의미로 사용되고 있다. 그러나 엄밀하게 따지면 두 용어는 각기 다른 의미를 지니고 있다. 예컨대, "어떤 나라가 GDP는 높아졌지만 많은 국민이 가난하게 살고 있다"고 말할 때, GDP가 높아졌다고 하는 부분은 경제성장을 의미하고, 가난하게 살고 있다는 부분은 경제발전이 이루어지지 못하였다는 것을 의미한다. 즉, 경제성장은 있었지만 경제발전은 없었다는 의미이다.

경제성장은 국가경제 전체의 총산출량이 커지는 것을 말하고, 경제발전은 국민 개개인의 삶의 질이 좋아지는 것을 말한다. 논리적으로는 경제성장 없이도 경제발전이 있을 수 있고, 경제성장이 있어도 경제발전이 없을 수 있다. 그러나 경제성장은 경제발전의 전제가 된다. 일단 성장을 통해 파이의 크기를 크게 해 놓고, 그 다음에 그 파이를 골고루 나누어 먹는 것이 성장과 발전의 일반적 관계라고 본다.

지구상에는 200개가 넘는 나라가 있고 60억이 넘는 인구가 있다. 그런데 이

생활경제 16-5 선진국과 후진국, 공해는 어느 쪽에

선진국들은 지구온난화나 핵폐기물 등을 심각한 공해 문제로 생각하고 있다. 1992년 리우데자네이루에서 있었던 지구환경정상회의(Earth Summit)에서 미국을 위시한 서구 선진국들은 지구온난화를 방지하기 위해 수십억 달러를 출연하는 데 합의하였다.

그러나 후진국 곳곳에는 더 심각한 환경피해가 일어나고 있다. 후진국에서는 오염된 물과 공기 때문에 매년 800만 명의 어린이들이 죽어 가고 있다. 수질오염과 공기오염은 선진국에서는 이미 심각한 공해가 아니다. 그러나 후진국에서는 13억 인구가 위험한 물과 공기 속에서 살아가고 있다. 콜카타와 멕시코시티의 공기오염은 심각한 상태이다.

이와 같이 후진국들은 이제 선진국들이 별로 관심을 갖지 않는 환경오염의 위험 속에 노출되어 있다. 목재 소각으로부터 나오는 스모그, 분뇨, 농산폐기물, 화학폐기물 등이 심각한 환경오염원이 되고 있다. 후진국들에서는 불결한 수질 때문에 5세 이하 어린이 400만 명이 죽었다. 서구 선진국에서는 결코 이런 사실을 알지 못한다.

인구의 1/4이 선진국(developed countries)에 살면서 세계산출량의 3/4을 소비하고 있다. 반면에 3/4의 세계인구가 저개발국(developing countries)에 살면서 세계산출량의 1/4만 차지하고 있다. 이렇게 볼 때 지구상의 대다수 인구가 빈곤에서 탈피하지 못하고 있다고 하겠다. 저개발국 인구 중에서는 40%가 충분한 영양을 섭취하지 못하고 있는 실정이다.

세계에서 가장 부자나라인 미국도 저소득층 인구 20%가 전체 국민소득의 4%만을 차지하고 있다. 반면에 부유층 인구 20%가 국민소득의 45%를 차지한다. 세계를 기준으로 보면 분배왜곡은 더욱 심각하다. 세계의 저소득층 20%는 전 세계 소득의 0.5%만 차지하고 있고, 부유층 20%는 전 세계 소득의 79%를 차지하고 있다.

경제성장이 높게 이루어져도 많은 사람들이 의식주 면에서 삶의 질을 향상

생활경제 16-6 독일 사람들은 점점 게을러지는 것일까

미국 사람들은 평균적으로 1년에 1,798시간 일하고, 독일 사람들은 1,554시간 일한다. 미국 사람들은 독일 사람들보다 토요일과 일요일에 더 많이 일할 의향을 가지고 있다. 또 미국 사람들은 30%가 더 많이 일해도 좋다는 생각을 가지고 있지만, 독일 사람들은 14%만이 더 많이 일할 생각을 가지고 있다.

독일 사람들은 성실하고 근면한 것으로 정평이 나 있는데, 독일 사람들이 왜 이렇게 변해 버렸을까? 독일 사람들에게는 더 일하도록 하는 동기부여가 부족하다고 경제학자들은 분석하고 있다. 독일은 미국보다 한계소득세율이 30%나 더 높다. 따라서 추가로 일을 해서 100원을 더 벌면 미국 노동자들은 세금납부 후 70원을 받아 갈 수 있으나 독일 사람들은 60원밖에 받아 가지 못한다. 독일 사람들은 1년에 최소한 일정 수준의 소득은 보장해 주는 사회보장제도를 가지고 있다. 그리고 독일에는 후생보조금, 의료복지, 실업보험, 교육보조 등 사회안전망이 잘 갖추어져 있다. 그뿐만 아니라 독일에는 중앙집중적 임금제도를 운영하고 있어서 직종 간의 임금차가 별로 없다. 또 법적으로 해고시키는 것은 무척 어렵게 되어 있다. 따라서 독일 사람들은 기를 쓰고 더 열심히 일할 필요가 없다. 그리고 더 열심히 일을 해도 얻는 것은 일한 만큼 많이 늘어나지 않는다.

더 성실히 일한 만큼 더 많이 보수를 받아 갈 수 있는 제도는 어떤 것일까?

〈Linda Bell and Richard Freeman, "Why Do Americans and Germans Work Different Hours," NBER working paper, No. 4808, 1994〉

생활경제 16-9 더 촘촘하게 엮어야 할 사회안전망

경제위기가 내년부터 국민가계에 심각한 영향을 미칠 것으로 보고 정부가 '일시적이고 탄력적인 대책'을 마련한 것은 시의적절해 보인다. 보건복지가족부 장관은 어제 2009년 업무보고에서 "내년에는 많은 사람들이 중산층에서 서민층으로, 서민층에서 빈곤층으로 전락할 우려가 크다"고 전망하면서 이에 대비한 사회안전망 마련을 '비상대책'으로 설정해 발표하였다.

저소득가정의 위기상황에 정부가 생계비와 의료비를 지원하는 '위기가구 긴급지원 확대'를 최우선 과제로 삼은 것은 옳다. 휴·폐업한 영세자영업자 가정을 '위기가구'로 추가하고, 구직기간이 길어질 상황에 대비해 실직자 지원기간을 늘린 대목도 주목할 만하다. 졸지에 서민층으로, 빈곤층으로 전락한 국민을 대상으로 건강보험료를 인하하고, 본인부담금을 줄인 것도 그렇다. 기초생활보장 대상자 확대나 결식아동 급식 국고지원 등도 불가피하다.

그 동안 사후적 대처에 머물렀던 복지행정이 선제적 대응에 나섰다는 점에서 기대를 가질 만하다. 특히, 경제위기와 이로 인한 가계소득 감소 추이를 1998년 IMF 위환위기 때의 실제상황을 참고하였다니 대책의 실효성에도 신뢰가 간다. 그러나 중요한 것은 필요한 시기와 장소에 신속하고 공평하게 집행하는 것이다. 이를 위해 복지부는 중앙과 지방에 '복지지원단'을 구성하겠다고 밝혔다. 어디서나 국번 없이 129로 신청하면 즉시 달려가겠다는 것인데, 그 취지 못지않게 실행력을 갖도록 철저한 준비가 필요하다. 이른바 '129지원단'은 이미 참여정부 때 구상되었으나 실행력 확보가 어려워 가동되지 못하였다. 이번에 심각성을 인식하여 서둘러 시행에 들어가는 만큼 인원확보와 수급체계 정비 등 전달체계 개편에 한껏 정성을 기울여야 한다.

고용악화에 대비해 12만 5,000개의 사회적 일자리를 만들고 실직자 재취업에 1조 원 이상을 투입하는 방안도 추진한다. 이 역시 시기를 놓치지 않고, 적재적소를 찾는 데 행정력을 집중해야 한다. 정부의 의욕만큼 어려운 사람들이 '체감'하지 못한다면 그들의 어려움은 더욱 커질 것이다.

〈한국일보, 「사설」, 2008. 12. 25〉

특히, 저개발국에서의 경제발전은 매우 어려운 과제로 여겨지고 있다. 저개발국에서는 경제성장은 느리면서도 인구는 빠른 속도로 증가하고 있다. 그러므로 모든 개인에게 인간다운 생활을 보장해 준다는 목표는 매우 어려운 과제가 되고 있다. 선진국의 인구증가율은 0.5% 정도인 데 비해 후진국의 인구증가율은 1.7%에 이르고 있다. 이런 증가율이라면 세계인구는 41년 만에 배로 증가한다.

이렇게 증가하는 세계인구가 모두 인간다운 생활을 누릴 수 있도록 하는 경제발전의 목표가 실현될 수 있을지는 의문이다. 200여 년 전에 이미 영국의 경제학자 맬서스(Malthus)는 이런 문제를 걱정하였다. 그는 생산물의 증가속도는 인구의 증가속도에 따라가지 못하기 때문에 인간의 생존조건은 점점 더 어려워질 것이라고 우려하였다.

경제학자 이야기 8 조셉 슘페터(Joseph Alois Schumpeter, 1883~1950)

슘페터는 20세기 최고의 경제학자 중 한 사람이다. 그러나 그는 다른 많은 경제학자들처럼 특정 분야에서만 뛰어난 업적을 남긴 학자가 아니라 경제학은 물론, 수학, 철학, 사회학, 역사 등 여러 방면에 걸쳐 많은 업적을 남긴 사회학자이다. 그는 경제학에서의 업적 중에서 경기순환이론이나 혁신이론에서의 공헌이 뛰어나며, 자본주의의 작동원리와 혁신(innovations)의 역할을 종합하여 경기순환현상을 설명하고 있다.

슘페터는 체코슬로바키아의 모라비아(Moravia)에서 출생하여 오스트리아의 비엔나대학에서 경제학과 법학을 공부하였다. 그는 교수, 행정가, 은행가, 법률가 등으로 활동하다가 1925년에 독일의 본대학 교수로 부임하였다. 그러나 히틀러가 권력을 장악하자 독일을 떠나 미국으로 이민을 가 하버드대학의 경제학 교수가 되었다.

이와 같이 인구증가는 경제발전의 가장 중요한 논제가 아닐 수 없다. 경제성장이 이루어지기 위해서는 인구증가도 필요하지만 급속도의 인구증가는 경제발전을 더욱 어렵게 하기도 한다. 학자들에 따르면, 1600년 중반까지는 세계인구의 증가율이 0.04% 수준으로 매우 완만하였다고 보고 있다. 그러나 그 이후로는 증가율이 점점 올라가다가 1950년대 이후에는 개도국에서 1.5~4% 수준으로 인구증가율이 높아져 가고 있다.

인구증가율은 출생률(fertility rate)에서 사망률(mortality rate)을 뺀 값인데, 의료 수준의 발달과 더불어 사망률이 급속도로 낮아지기 때문에 인구가 빠르게 증가하고 있다. 출생률도 낮아지지만 저개발국에서는 선진국에 비해 출생률 하락이 적기 때문에 인구가 매우 빠르게 증가하고 있다. 모두가 골고루 잘 먹고 잘 살도록 하는 것이 경제발전이기 때문에 인구증가는 경제발전에서 매우 중요시해야 할 논제가 아닐 수 없다.

식량부족(food shortages)은 경제발전을 위해 풀어야 할 1차적 과제이다. 그런데 식량부족은 흉작이나 생산력 부족과 같은 자연적 요인에 기인하기도 하지만 전쟁이나 분배왜곡과 같은 인적 요인에 기인하기도 한다. 인도에서는 전체적으로는 충분한 식량이 생산되지만 굶는 사람이 무수히 많다고 한다. 이것은 분배구조가 잘못되어 있기 때문이다.

생활경제 16-10 큰 기업과 작은 기업이 공존하는 길은 없을까

기업형 슈퍼마켓(SSM) 개점을 둘러싼 대기업과 영세상인 간의 갈등이 심상치 않다. ……

SSM 점포 개설 허가를 막아달라는 사업조정신청이 전국으로 확산되면서 이 문제는 대기업과 일부 지역의 소규모 슈퍼 간 상권 다툼의 범주를 이미 벗어났다. 지난 달 31일에는 서울시 서점조합이 서울 영등포구의 한 쇼핑몰에 개장할 교보문고를 상대로 사업조정신청을 냈다. 대기업, 중소·영세상인 간 갈등이 서점, 안경점, 꽃집, 주유소 등 다른 생활밀착형 업종으로 번질 가능성이 높아졌다.

……

시장경제 원리대로라면 SSM의 동네상권 진출을 막기는 힘들다. 상인은 다양한 상품을 싼값에 제공하기 위해 경쟁하고, 소비자는 각자 취향대로 상품을 선택하면 그만이다. 인천 연수구 옥련동에서는 주민 600명이 'SSM 입점을 원한다'는 내용의 서명을 구청에 보냈다. 여권에서는 SSM을 규제하는 공정거래법 개정안 등을 발의할 예정이지만, 시장경제에 반하는 이런 정책들이 경제구조를 왜곡할 수 있다는 내부 반발이 만만치 않다.

이처럼 장기적으로 보면 소비자 후생을 극대화하는 유통선진화를 피하기 힘들다. 하지만 경제 논리만을 앞세워 기존 상인들이 일시에 몰락하는 것을 방치할 수도 없다. 비록 가야 할 길이라 할지라도 완급을 조절하고 충격을 완화하는 방법을 찾아 내 그 과정에서 빚어질 사회구성원들의 피해를 극소화하는 것이 정부의 역할이다.……

〈동아일보, 2009.8.3〉

유사 이래로 식량 문제가 해결되었던 시기는 없었다고 한다. 생산량도 절대적으로 부족하였을 뿐 아니라 부를 힘 있는 소수의 권력자가 독차지한 것이 인류의 역사이기 때문이다. 동서양 어느 곳을 막론하고 굶주리고 헐벗은 사람이 없었던 시기는 없었다. 유럽에서도 그랬고 아시아에서도 그랬다. 그런데 오늘날에 와서는 선진국은 물론 개발도상국에서도 많은 나라가 식량 문제를 거의 해결하고 있다. 중국도 유사 이래 처음으로 백성들의 먹는 문제를 해결하였다고 한다. 우리나라 역시도 모두에게 먹는 문제를 해결한 것이 유사 이래 오늘날이 처음이라고 한다. 식량 문제 해결은 생산도 중요하지만 분배제도도 매우 중요하다. 충분히 생산되어도 적절히 분배되지 않으면 많은 사람이 굶주리게 될 수밖에 없다.

오늘날 시장경제에서는 가격기구를 통해 분배가 이루어지고 있다. 가격기능에 의존하지 않았던 사회주의 경제는 이미 실패한 것으로 단정되고 있다. 그런데 식량가격은 시장에만 의존할 수 없고 정부가 개입하는 것이 불가피하다고 보고 있는데, 이중곡가제나 농산물가격 지지정책 등이 그 예이다. 시장과 정부가 어떻게 조화를 이루느냐에 따라 식량 문제는 가장 이상적으로 해결될 수 있다.

오늘날 세계경제에서는 저개발국의 외채 문제도 해결되어야 할 중요 과제로 등장하고 있다. 브라질, 아르헨티나, 태국, 인도네시아 등은 외환위기를 겪으면서 많은 부채를 짊어지고 있다. 부채 문제가 개발도상국의 경제발전을 저해하는 요인이 되고 있다. 후진국의 외채 문제는 선진국의 협조 없이는 해결되기 어렵다.

요약하기

❖ 경제성장: 실질GDP의 증가, 1인당 GDP의 증가

❖ 생산가능곡선: 국가 내의 가용자원이 완전고용되었을 때 생산되는 상품생산량의 조합

❖ 경제성장의 원천: 인구증가, 자원량의 증가, 생산기술의 향상

❖ 경제발전: 모든 사람들이 고르게 물질적 풍요를 누리고 삶의 질이 향상(경제성장+분배의 개선)

❖ 경제성장에서 경제발전으로 가는 것이 경제학이 추구하는 궁극적 목표

복습과 토론하기

16. 1.

우리나라는 40년 전과 비교해 경제적으로 어떻게 달라졌을까? 40년 전의 의식주 수준과 오늘날의 의식주 수준을 비교해 보자. 이런 변화는 어떻게 해서 가능하였을까?

16. 2.

경제가 성장한다고 모든 사람들이 골고루 물질적으로 더 풍요해지는 것일까? 우리가 궁극적으로 추구하는 것은 경제성장일까, 경제발전일까?

16. 3.

오늘날에도 국가와 국가 사이의 경제적 차이, 한 국가에서도 부자와 빈자 사이의 경제적 차이 등은 매우 심각한 상태이다. 이런 모순은 왜 발생하며 어떻게 해결할 수 있을까?

17

경제체제의 문제

1. 대전환기
2. 계획경제냐, 시장경제냐
3. 소련의 변화
4. 중국의 변화

1990년대부터 세계의 정치 · 경제질서는 완전히 새로운 길로 들어섰다. 소련의 붕괴로 냉전은 종식되고 사회주의 실험도 역사의 유물이 되어버렸다. 오늘날까지 사회주의 잔재가 남아 있는 곳은 중국, 북한, 쿠바 정도이다. 그나마도 시장경제로의 전환이 임박한 상황이다. 중국은 이미 시장경제로 들어섰다고들 말하고 있다. 자본주의와 사회주의로 대립되던 체제논쟁은 이제 완전히 새로운 국면으로 들어서 있다. 그렇다고 자본주의가 완전히 승리하였다고는 말하기 어렵다. 자본주의도 나름대로 내부적 모순이 많기 때문이다. 오늘날 세계경제가 전반적으로 침체국면으로 들어서고 있는 것은 자본주의의 새로운 고민이 아닐 수 없다. 자본주의보다 더 우월한 경제체제가 출현할지도 모른다. 본장에서는 경제체제란 무엇이며, 세계역사에서 경제체제는 어떻게 변모되어 왔는지에 대해 공부한다. 특히, 과거 사회주의권에서 경제체제 변화가 어떻게 이루어져 왔는지에 대해 집중적으로 살펴본다.

1. 대전환기

제2차 세계대전 후 40여 년 동안 세계는 미국과 소련이라는 양대 초강국의 대립 속에서 유지되어 왔다. 자본주의로 대변되는 미국과 사회주의로 대변되는 소련이 서로 경쟁하고 대립하는 '냉전'(cold war)이라는 틈바구니 속에서 세계 각국은 나름대로 한쪽의 체제를 바탕으로 생존전략을 구사해 왔다. 어떤 나라들은 자본주의 체제를 바탕으로 미국과 우호관계를 가져 왔고, 또 다른 나라들은 사회주의 체제를 바탕으로 소련과 우호관계를 맺어 왔다.

그러나 1980년대에 와서 미 · 소 대립구조에는 변화가 일기 시작하였다. 1989년에는 폴란드, 헝가리, 체코 등이 평화적으로 시장경제로의 체제전환을 이룩하였고, 그 다음 해에는 동독이 서독에 흡수합병되는 독일통일이 이루어졌다. 1991년에는 소련이 15개의 독립공화국으로 분할되었다. 이로써 냉전은 종식되었다. 냉전은 경제체제의 관점에서 볼 때 시장에 의존하는 자본주의와 중앙계획에 의존하는 사회주의와의 대립이었는데, 소련 및 동구 사회주의 국가의 붕괴로 냉전은 자본주의의 승리로 끝났다.

생활경제 17-1 러시아 마피아

1991년 말 소련이 붕괴할 때까지 소련에서는 정부통제에 의해 자원이 배분되었다. 무엇을 어떻게 누구를 위해 생산할 것인가 하는 3대 경제과제는 중앙관료들에 의해 결정되고 이를 집행하는 것은 공산당이었다. 그런데 새로운 시장경제가 이 역할을 떠맡기도 전에 소련의 계획경제체제가 붕괴해 버렸다. 따라서 소련의 붕괴 이후 적어도 5년여 동안은 혼돈의 시기가 초래되었다.

거리에서 장사할 수 있는 권리는 마피아집단이 정하였다. 부채를 가진 기업가들이 살인청부업자들에 의해 희생되었다. 마피아와 협조하지 않는다는 이유로 많은 은행가들이 암살당하였다.

여기에 그치지 않고 러시아 마피아의 활동영역은 전 세계로 확장되었다. 중동, 동유럽 심지어는 미국에까지 마약과 매춘업을 진출시키고 있었다. 미국에서는 석유를 밀거래한 혐의로 러시아 마피아가 체포되는 일도 있었다. 러시아에서 새로운 시장경제가 점점 틀을 잡아 감에 따라 다시 질서가 회복되고 새 질서 속에서 자원배분이 이루어져 가고 있다.

이와 같이 새 체제가 준비되기도 전에 구 체제가 무너져 버리면 혼돈의 시대가 나타나게 된다. 이런 경험에서 볼 때 북한이 어떻게 새 체제로 전환해 가야 할지 시사하는 바가 크다.

생활경제 17-2 자본주의는 빈곤퇴치의 특효약

스위스 다보스에서 개최된 세계경제포럼에서 빌 게이츠 마이크로소프트 회장은 세계의 빈곤층을 돕기 위한 "보다 친절한 자본주의"를 소리 높여 촉구하였다. 게이츠는 자본주의의 각종 결점에 대한 인내심을 잃어 가고 있다고 말하였다. 그는 자본주의가 세계의 많은 지역에서 실패하고 있다고 생각한다.

게이츠는 350억 달러의 재산을 가진 세계 최고의 부자다. 대학 졸업장도 없는 그는 자기 집 차고에서 새 기술을 발명하였다. 그의 기술은 글자 그대로 세상을 바꾸어 놓았다. 그는 자유로운 자본주의 사회가 제공하는 모든 혜택을 누린 사람이다. 그런 빌 게이츠가 지금 자본주의를 질타하고 있다. 그는 자본주의가 올바로 작동되지 않는다고 주장한다.

선행을 베풀자고 설교하는 빌 게이츠가 외면한 사실이 있다. 전 세계로 확산된 자유시장 자본주의가 지난 수십 년 동안 수억 명의 사람들을 빈곤에서 구출하여 중산층 대열에 올려놓은 사실을 게이츠는 외면하고 있다. 중국과 인도를 생각해 보면 그 사실이 분명해진다. 동유럽도 마찬가지다.

……

게이츠는 세계 각지를 여행하면서 소득과 문화의 심각한 격차를 직접 보았다고 말한다. 특히, 아프리카에서 그 격차를 절감하였다고 한다. 그러나 게이츠는 이런 불평등의 책임을 자본주의 자체보다는 자본주의 원칙의 결여 탓으로 돌리는 것이 마땅하다. 동정심이 지극한 기업 중역들일지라도 국가관리 경제로는 빈곤한 나라들을 번영으로 이끌 수는 없다. 중국과 한국 및 대만 같은 아시아의 호랑이들이 경제를 발전시킨 시장지향적인 개혁에 착수하지 않을 경우 아프리카 국가들은 세계의 번영 순위에서 계속 밑바닥에 머물 것이다.

해리티지재단과 월 스트리트 저널의 2008년 경제자유지수에 따르면, 자유시장경제는 요원의 불길처럼 확산되는 반면 국가가 경제를 운영하는 사회주의는 쇠퇴하는 것으로 나타났다. 그 이유는 간단하다. 자유시장 국가들은 강력하게 번영하는 데 비해 경제적 자유가 적은 국가들은 빈곤의 수렁에서 헤어나지 못한다. 그 대표적인 사례가 북한과 쿠바, 짐바브웨 및 이란이다. 베네수엘라도 주목할 가치가 있다. 신사회주의자인 우고 차베스 베네수엘라 대통령은 피델 카스트로의 실패한 쿠바 경제 모델을 채용하기 위해 노력하는 가운데 자국을 쿠바 타입의 빈곤 속으로 내몰고 있다.

미국의 세계 GDP와 증시에서 차지하는 몫이 줄어드는 것으로 지적되고 있으나 이는 나쁜 소식이 아니다. 그것은 미국의 경제적 쇠퇴를 의미하는 것이 아니라 경제적 자유를 새로 확대한 국가들이 상승하는 것을 의미한다. 세계 자본주의의 고조되는 물결이 그 위에 뜬 모든 국가들을 함께 끌어올리고 있다. 자본주의가 이처럼 제 기능을 발휘하는 것은 반가운 일이다. 자본주의는 국가를 번영으로 이끄는 열쇠다. 자유시장 자본주의는 인류가 발명한 최대의 빈곤퇴치 프로그램이다.

〈세계일보, 2008. 3. 3〉

냉전종식 후 구사회주의 국가들은 시장경제의 성공적인 도입을 위해 몸부림치고 있다. 그러나 초창기에는 산업생산이 30~40%까지 떨어지는 고통을 겪었다. 1995년경부터는 서서히 안정을 되찾아 가고 있고, 중국, 동독, 폴란드, 헝가리, 체코 등 일부 국가들은 외자유치, 민영화, 기업가정신의 도입 등 시장경제로의 전환을 성공적으로 이룩해 내고 있는 것으로 평가받고 있다.

2. 계획경제냐, 시장경제냐

사회주의, 자본주의, 공산주의

어떤 나라든 나름대로의 정치제도(political system)와 경제제도(economic system)를 갖고 있다. '민주'(democracy) 또는 '독재'(dictatorship)라고 하는 말은 정치제도를 나타낸다. 반면에 '사회주의'(socialism) 또는 '자본주의'(capitalism)라고 하는 말은 경제제도를 의미한다. 사회주의는 공장, 기계, 토지 등 모든 생산설비를 국가가 소유하면서 경제를 운영하는 국가체제를 말한다. 자본주의는 이런 생산설비를 민간이 소유하면서 경제를 운영해 가는 국가체제이다.

공산주의(communism)는 순수한 이론적 경제체제이다. 공산주의는 노동과 자본 등 모든 생산수단을 정부의 개입 없이 민간이 공동으로 통제하는 경제제도이다. 정부가 아니라 민간이 공동으로 운영한다는 것이 중요하다. 그런데 오늘날 공산주의라고 하는 나라들은 정부가 주도하는 경제인데, 정부는 민간이 공동으로 운영한다는 의미와 다르기 때문에 엄격한 의미의 공산주의라고 할 수는 없다.

따라서 오늘날의 경제제도는 자유경쟁시장에 바탕을 두고 운영되는 자본주의와 중앙계획에 의해 움직여지는 사회주의로 크게 구분할 수 있다. 자본주의와 공산주의로 구분되는 것이 아니다.

그런데 현실적으로는 순수한 사회주의 경제도 존재하지 않고, 순수한 자본주의 경제도 존재하지 않는다. 사회주의였던 소련도 민간소유부분을 많이 허용하였고, 가장 강력한 자본주의 국가인 미국도 국가소유 기업을 유지하고 있다.

특정 경제제도가 반드시 특정 정치제도와 결부되는 것인지에 대해서는 논쟁이 많다. 미국과 일본은 자본주의 경제체제이면서 민주주의 정치제도를 가지고 있으며, 중국과 쿠바는 일당독재의 권위주의 정치제도를 가지면서 사회주의 경제체제를 유지하고 있다. 그러나 자본주의 국가라고 반드시 민주주의를 하는 것도 아니고, 사회주의 나라라고 반드시 권위주의 통치만 하는 것도 아니다.

그러나 시장경제와 민주주의는 개인의 자유(individual freedom)를 기본 정신으로 하고 있다. 자본주의 경제에서 정부가 개입하는 것은 개인의 자유를 신장

생활경제 17-3 저소득층 엥겔계수 5년만에 최고

지난 해 농수산물을 중심으로 한 장바구니 물가가 크게 오르면서 저소득층의 지출 중 식료품 부담을 보여 주는 엥겔계수가 5년 만에 최고치를 기록하였다. 31일 통계청에 따르면 지난 해 소득 하위 20%인 1분위의 엥겔계수는 20.5%로 2005년 20.7% 이래 가장 높았다. 연도별 1분위 엥겔계수는 2006년 20.1%, 2007년 20.2%, 2008년 20.1%, 2009년 20.0%로 20% 초반에 머물렀다.

엥겔계수는 소비지출 중에 식료품과 비주류음료가 차지하는 비율을 뜻한다. 분위별 엥겔계수는 하위 20~40%인 2분위 15.8%, 하위 40~60%인 3분위 14.0%, 상위 20~40%인 4분위 12.8%, 상위 20%인 5분위 11.5% 등 소득 수준이 높아질수록 낮아졌다. 특히, 1분위의 엥겔계수는 5분위보다 9.0%포인트 높아 저소득층의 먹거리 부담이 고소득층의 배 가량 더 큰 것으로 나타났다.

통계청 관계자는 "저소득층은 소비지출규모 자체가 작기 때문에 의식주 필수항목의 물가가 오르면 엥겔계수도 크게 오른다"며 "작년에는 식료품가격이 오른 것이 가장 큰 영향을 미쳤다고 본다"고 말하였다. 1분위의 경우 식료품을 포함해 생계의 필수항목인 의식주 부담 역시 만만치 않은 것으로 나타났다. 의식주에 해당하는 식료품 · 비주류음료, 의류 · 신발, 주거 · 수도 · 광열, 가정용품 · 가사서비스가 소비지출에서 차지하는 비중은 44.4%로 절반가량을 차지하였다. 이는 같은 항목에 대한 5분위의 비중 31.7%보다 12.7%포인트나 높은 것이다.

1분위는 소득구조도 상대적으로 취약한 것으로 드러났다. 1분위 평균소득 119만 1,107원 중 근로소득과 사업소득이 차지하는 비중은 각각 44.3%, 19.1%인 반면 주변 가족이나 친지 등으로부터 받는 이전소득 비중이 30.0%로 나타났다. 가계 전체로 볼 때 근로소득, 사업소득, 이전소득 비중이 각각 64.7%, 22.2%, 8.9%임을 감안하면 1분위는 근로소득과 사업소득 등 직접 일을 하면서 얻는 소득이 작은 반면 주변 사람의 도움에 의존하는 경향이 높다는 뜻이다.

통계청 관계자는 "1분위에 속하는 계층은 혼자 사는 노인이나 저소득층이 많기 때문에 가족 도움이나 정부 지원에 기대는 비율이 상대적으로 높다"며 "물가 오름세가 계속되면 가장 큰 타격을 받는 층이 될 것"이라고 말하였다.

〈매일경제, 2011. 3. 31〉

하기 위해서이다. 자유시장경제제도가 독점을 초래하고, 분배의 불균등을 심화시키며, 경제력집중을 강화시킨다면 개인의 자유를 신장시키기 위해 정부가 개입하는 것이 불가피하다. 그렇지 않으면 자유시장경제제도는 소수의 부자들을 위한 경제로 전락하기 쉽기 때문이다.

마르크스의 사회주의 이론

사회주의는 칼 마르크스(Karl Marx)의 경제이론으로부터 출현한 경제체제이다. 20세기에 마르크스만큼 인간세계에 크게 영향을 미친 개인사상가는 없다. 소련에서 70년, 그 밖의 사회주의 국가에서 40년간 실제로 사회주의 체제가 실현되었으며, 최근까지 세계인구의 1/3이 사회주의 체제하에서 살아 왔었다.

그런데 마르크스는 그의 저서에서 사회주의에 대해서는 별로 많이 언급하지 않고 주로 자본주의에 대해서 언급하였다. 책제목도 사회주의론이 아니라 『자본론』(*Das Kapital*)이다. 그는 자본주의를 광범위하게 분석하여 이를 비판하였다. 그리고 자본주의는 궁극적으로 망하게 된다고 결론을 내렸다. 그러나 지금까지의 실제 실험 결과에 따르면 사회주의가 망하고 자본주의는 더욱 번창하고 있다.

그의 자본주의 비판의 핵심은 노동가치론(labor theory of value)과 임금착취론이다. 상품의 가치는 그 상품의 생산에 투입된 노동력의 가치에 의해 결정된다는 것이 노동가치설이다. 노동과 자본이 투입되어 상품이 생산되어도 그 자본 자체가 본래 노동에 의해 생산된 것이기 때문에 모든 상품은 결국 노동에 의해서만 생산된다는 것이 노동가치설의 논리이다. 즉, 상품은 현재의 노동과 과거의 노동이 결합하여 생산해 낸 것이다. 자본이라는 것도 하나의 상품으로 노동에 의해 만들어진 것에 불과하다는 것이다. 그러므로 어떤 상품이든 그 가치는 과거로부터 지금까지 그 상품을 위해 투입된 노동력의 가치에 의해 정해진다는 것이 노동가치설이다.

자본가가 이윤(profits)을 차지하는 것은 노동자에게 정당한 임금을 모두 지급하지 않기 때문이라고 본다. 실제로 상품을 생산한 사람은 노동자인데 자본가가 토지, 기계, 공장 등과 같은 생산수단을 소유하였다는 이유만으로 노동자에게 그 상품의 생산에 투입한 가치만큼 임금을 지급하지 않고 일부를 남겨서 자기가 차지한 것이 이윤이라는 논리이다. 마르크스는 이러한 이윤을 잉여가치(surplus value)라고 불렀다. 그리고 이 잉여가치를 노동의 착취라고 하였다. 자본가는 자본이라는 생산수단을 소유만 한 것이지 실제로 상품의 생산에 가치를 투입한 것은 없다고 본다.

이윤율은 장기적으로 떨어지기 마련인데도 자본가는 그대로 이윤을 확보해

경제학자 이야기 9 칼 마르크스(Karl Heinrich Marx, 1818~1883)

마르크스만큼 20세기의 인류역사에 영향을 많이 미친 사회철학자는 없을 것이다. 학문적으로는 철학, 교육학, 심리학, 역사학, 경제학 등 수많은 사회과학 분야에서 마르크스사상이 논쟁의 대상이 되었으며, 정치적으로는 인류사회를 자본주의권과 공산주의권으로 양분시킨 엄청난 사건을 초래하였다.

마르크스는 독일의 트레베스(Treves)라는 곳에서 자유주의 사상을 가진 성공한 변호사의 아들로 태어났다. 본과 베를린 등에서 대학을 다녔으며, 23살 때인 1841년에 제나대학(University of Jena)에서 철학박사 학위를 받았다. 그런데 그는 어떤 대학에서도 교수가 되어 보지 못하였다. 어떤 대학에서도 그를 교수로 채용하려고 하지 않을 정도로 그의 사상과 행동은 사회의 통념을 벗어나 있었다. 20대에 독일, 프랑스, 영국 등을 주유하지만 어느 곳을 가나 경찰의 추적을 받았고 그 국가들로부터 추방당하기 일쑤였다. 신문이나 잡지에의 기고문은 그를 항상 요시찰 인물로 만들었고, 그의 사상은 과격하고 혁명적이고 선동적이었다. 그는 종교를 아편이라고 할 정도로 당시의 사회통념에서 많이 벗어나 있었다.

마르크스에게는 일생 동안 그를 지탱시켜 준 2명의 반려자가 있었는데, 한 사람은 부인인 제니(Jenny)이고, 다른 한 사람은 엥겔스(Engels)이다. 제니는 어렸을 때부터 이웃에서 같이 자란 가냘프고 예쁜 우아한 소녀였다. 반면에 마르크스는 작고 땅땅하고 삐딱한 소년이었다. 그러나 그들은 서로 깊이 사랑하였다. 제니는 친정의 유복한 환경을 포기하고 마르크스에 헌신하였으며, 마르크스도 부인과 가족을 위해 헌신하였다. 하지만 그들은 한평생 가난에서 벗어나지 못하였다.

엥겔스는 부유한 기업가의 아들로 경제적으로 매우 여유 있는 사람이었다. 그는 1843년에 파리에서 마르크스를 만난다. 두 사람은 즉시 의기투합하였으며, 엥겔스는 한평생 마르크스의 후원자가 되었고 그가 죽은 후에는 마르크스의 업적을 세상에 알리는 주역이 된다. 마르크스가 엥겔스 이외에도 친구가 있었는지는 알려져 있지 않을 정도이다. 마르크스는 독일, 프랑스, 벨기에 등으로부터 추방당하여 1849년에 영국으로 가서 정착하였고 죽을 때까지 그 곳에서 살았다. 그의 영국 생활도 빈곤의 연속이었다. 엥겔스는 경제적으로 마르크스를 지원하였다. 그런데 엥겔스의 마르크스 후원은 아직도 불가사의한 점이 있다. 마르크스는 반자본주의 사상가였는데, 엥겔스는 맨체스터에 있는 아버지의 공장을 경영하고 맨체스터 주식시장에 투자를 할 정도로 자본가였었기 때문이다.

마르크스는 모든 것을 희생하면서 연구에 몰두하였다. 아침 일찍부터 밤 늦게까지 대영박물관의 도서관에 파묻혀 연구만 하였다. 수년 간의 그런 작업 끝에 나온 책이 『자본론』 제1부(*Das Kapital*, Vol. 1, 1867)이다. 그리고 연구는 계속되었다. 그러나 그는 건강을 해쳐 1883년에 세상을 떠났다. 엥겔스가 조사를 읽은 그의 장례식에는 조문객이 8명밖에 없었다고 한다. 『자본론』 제2부(1885)와 『자본론』 제3부(1894)는 그의 사후에 엥겔스가 그의 유고를 정리하여 발표한 것이다. 그런데 마르크스의 이론을 현실화시킨 사람은 레닌(Lenin)이었다. 레닌이 주도한 1917년의 러시아혁명이 바로 마르크스 이론의 첫 시험무대가 되었다.

가기 때문에 노동자의 착취는 심해지고 노동자는 더욱 궁핍해진다고 하였다. 따라서 노동자는 봉기하여 자본주의를 전복시켜야 한다고 하였다. 그는 노동조합

생활경제 17-4 보호무역전쟁

미국은 자유무역의 수호신같이 굴지만 늘 그랬던 것은 아니다. 버락 오바마 대통령 당선인이 전범(典範)으로 삼는 에이브러햄 링컨(재임 1861~1865년) 대통령은 공화당 출신이면서도 강력한 보호무역 신봉자였다. 남북전쟁의 비용을 마련하기 위해 고율의 세금을 부과할 정도였다. 종전과 함께 국내 세금은 원상회복되었지만 관세는 1913년까지 전시(戰時)수준을 유지하였다. 이 덕분에 당시 유럽에 비해 경쟁력이 떨어지던 미국의 산업이 발전할 수 있었다.

- ▶ 1929년 대공황이 시작되자 미국은 자국산업의 보호를 위해 2만 개가 넘는 품목에 평균 48%의 관세를 부과하는 초강력 보호무역법을 만들었다. 스무트-홀리법이 바로 그것이다. 컬럼비아대 재그디시 바그와티 경제학 교수는 이 법을 "가장 명확하고 극단적으로 어리석은 반(反)무역법이었다"고 지적한다. 미국이 이렇게 나오자 자유무역을 신봉하던 영국도 1932년 관세를 재도입함으로써 자유무역체제는 막을 내렸다.
- ▶ 자유시장경제를 지키겠다던 주요 20개국(G20) 선언의 잉크가 마르기도 전에 각국이 경쟁적으로 관세를 올리고 있다. 자국 자동차산업의 보호를 이유로 러시아가 관세를 최고 35%까지 인상하였고 일본과 중국도 곧 대대적인 지원에 나설 것이라고 한다. 이런 움직임은 오바마 당선인이 미국 자동차 빅3에 대한 구제금융을 촉구할 때부터 예견되긴 하였다. 하지만 북한까지 자신들이 조립생산하는 자동차(평화자동차)를 보호하기 위해 외제차에 관한 관세를 100% 인상하였다는 소식이고 보면 가히 '관세전쟁'이다
- ▶ 1930년대의 보호무역은 세계의 무역장벽을 높여 경기침체를 부르고 대공황으로부터의 회복을 더디게 하였다. 독일과 일본은 자국산업 보호를 위해 카르텔을 조직하였고 이것이 파시즘을 불러 제2차 세계대전으로 이어졌다. 보호무역은 자국산업의 육성·보호에 한시적으로 효과가 있었다. 하지만 지금은 1930년대가 아니다. 인터넷과 무선통신으로 세계시장은 실시간 움직인다. 국경을 초월한 대외거래가 많아져 기업이윤이 한 나라에 집중되지도 않는다. 이런 마당에 보호무역전쟁이라니. 그 파도가 부메랑이 되어 지구촌을 덮치지나 않을지 걱정이다.

〈동아일보, 「횡설수설」, 2008.12.24〉

을 옹호하였다. 잉여가치를 노동자에게 되돌려주어야 하며, 노동조합은 이런 일을 해낼 수 있는 수단이라고 보았다.

자본주의는 자연발생적인 경제제도인데, 경제의 진화 과정에서 자본주의는 사회주의로 대체된다고 주장하였다. 마르크스의 주장에 따르면 민간소유와 이윤은 불공평(unfair)하고 비윤리적(unethical)인 것이다.

3. 소련의 변화

소련은 1917년의 10월혁명으로 볼셰비키가 정권을 장악하였다. 볼셰비키정권은 곧이어 토지의 사유화를 금지시키고 모든 토지를 경작자에게 나누어 주었다. 공장은 노동자가 관리하도록 하였고 은행은 국유화시켰다. 1918년 6월부터는 모든 생산공장을 국유화시키기 시작하였다. 모든 결정은 중앙에서 이루어졌고, 세계 최초로 마르크스의 아이디어가 실천에 옮겨지고 있었다.

이렇게 시작된 소련의 사회주의는 일면 빠른 성장을 거듭하면서도 또 다른 일면에서는 많은 문제점을 누적시키면서 1980년대까지 흘러왔었다. 누적된 소련의 경제 문제는 1985년 3월, 고르바초프(Gorbachev)가 정권을 잡으면서 본격적인

생활경제 17-5 소련은 자본주의를 거쳐서 사회주의로 갔을까

마르크스는 자본주의가 발달하면 자체 모순으로 인해 자본주의는 붕괴되고 사회주의가 이를 대체시킨다고 하였다. 소련은 1917년의 볼셰비키혁명으로 사회주의 정권이 들어섰는데, 과연 이때 소련에서 자본주의가 매우 발달한 상태였을까? 1913년 무렵의 러시아는 자본주의의 초기 단계에 불과하였다. 결코 성숙된 자본주의라고 볼 수 없었다. 아래 표에 의하면 1913년대에 소련은 서구 국가 중에서 가장 낙후한 경제 수준에 머물고 있었다.

서구 각국의 1인당 소득 [단위: 루블]

국가	1861년	1963년
러시아	71	119
영국	323	580
프랑스	150	303
독일	175	374
미국	450	1,033
노르웨이	166	659
스웨덴	112	340
이탈리아	183	199

자료: Paul Gregory and Robert Stuart, *Soviet Economic Structure and Performance*, 2nd ed, New York: Harper & Row, 1981, p. 20.

요약하기

❖ 냉전의 종식: 폴란드, 헝가리, 체코 등이 시장경제를 도입(1989), 독일 통일(1990), 소련의 해체(1991)

❖ 사회주의(권위주의) vs. 자본주의(민주주의)

❖ 칼 마르크스: 자본론, 노동가치론

❖ 고르바초프: 개방(glasnost), 구조조정(perestroika)

복습과 토론하기

17. 1.

북한은 어떤 경제체제를 가지고 있으며 지금의 경제현황은 어떻다고 보는가? 북한은 동유럽의 과거 경제체제와 어떤 점에서 비슷하고, 어떤 점에서 차이가 있을까?

17. 2.

중국은 지금 사회주의 경제로 볼 수 있을까, 자본주의 경제로 볼 수 있을까? 최근에 와서 중국 경제는 빠른 고도성장을 이룩하고 있다. 그 요인은 어디에 있을까?

17. 3.

미국, 일본, 독일 등은 그 동안 가장 번영을 이룬 자본주의 국가라고 간주되고 있다. 그러나 이들 나라도 지금 심각한 경기침체에 봉착해 있다. 그리고 분배왜곡, 실업 문제, 사회복지 등 내부적으로 여러 가지 경제 문제를 안고 있다. 이 나라들의 경제 문제가 경제체제와 관계가 있을까? 자본주의 체제 속에서도 이런 문제들이 원만히 풀려 나갈 수 있을까?

찾아보기

ㄹ

ㅁ

ㅂ

ㅇ

ㅈ

ㅊ

■ 제2판 생활경제학

2009년 2월 5일 초판1쇄 발행
2011년 8월 26일 제2판1쇄 발행
2013년 8월 26일 제2판2쇄 인쇄
2013년 8월 31일 제2판2쇄 발행

저　자 최 정 표
발행인 노 현 철
발행처 도서출판 해남
서울특별시 서대문구 충정로 3가 227-1 우리타워 6층
전화 739-4822　　팩스 720-4823
e-mail haenam30@dreamwiz.com
homepage www.hpub.co.kr
등록 1995. 5. 10 제 1-1885호

정　가 22,000원

ISBN　978-89-6238-035-4　03320

강의용 파워포인트는 출판사로 문의하시기 바랍니다.